George F. Kennan · Memoiren 1950–1963

George F. Kennan

Memoiren 1950-1963

Goverts Krüger Stahlberg

Aus dem Amerikanischen
von Hans Jürgen Baron von Koskull

Der Autor dankt der Zeitschrift *Foreign Affairs* für die Genehmigung zum Nachdruck verschiedener Auszüge aus seinem Artikel ›America and the Russian Future‹, der im April 1951 dort erschien.

Die amerikanische Originalausgabe erschien
unter dem Titel ›Memoirs‹, 1950–1963, Volume II,
1973 bei Little, Brown and Company, Boston.
Umschlagentwurf Greno
Satz und Druck Poeschel & Schulz-Schomburgk, Eschwege
Einband Ludwig Fleischmann, Fulda
Printed in Germany 1973
ISBN 3 7740 0440 4

Inhalt

Vorwort

In diesem Buch will ich, ebenso wie in dem vorangegangenen Band[1], eine Philosophie der öffentlichen Angelegenheiten im allgemeinen und der Außenpolitik im besonderen entwickeln.

Bei der im I. Band behandelten Periode gründete sich meine Darstellung notwendigerweise auf Erfahrungen, die ich im Verlauf eines Vierteljahrhunderts als Berufsdiplomat im auswärtigen Dienst gemacht hatte, und das waren bis dahin meine einzigen Berufserfahrungen gewesen. Im vorliegenden Band beschäftige ich mich mit den einzelnen Zeitabschnitten, in denen ich noch im Dienste der Regierung gestanden habe, mit meiner Zeit als Botschafter in Moskau (1952) und in Jugoslawien (1961 – 1963) sowie mit den Umständen, die 1953 dazu geführt haben, daß ich aus dem aktiven diplomatischen Dienst ausschied. Ich habe mich entschlossen, nicht über das Jahr 1963 hinauszugehen, damit das Werk, das als ein Memoirenwerk begann, nicht zu etwas ganz anderem wird. Da jedoch in den Jahren 1950 bis 1963 die Anregungen zum Nachdenken über öffentliche Probleme vor allem aus meinem neuen Leben als Wissenschaftler und Publizist gekommen sind und diese Gedanken auch in diesem Rahmen ihren Ausdruck gefunden haben, habe ich überall, wo die dort gemachten Erfahrungen für mein Zentralthema von Bedeutung zu sein schienen, diese Erfahrungen in meine Arbeit einbezogen.

Ich habe nicht den Versuch unternommen, die Auffassungen, zu denen ich dort geführt wurde, zusammenzufassen. Damit hätte ich etwas ganz anderes getan als Erinnerungen zu schreiben, und es wäre eine Abhandlung über die Philosophie der Politik geworden, wie ich sie heute vertrete; denn es wäre ganz unmöglich, die Ansichten, die ich 1963 vertreten habe, vollständig von den Auffassungen und Vorurteilen zu trennen, die heute für mich gelten. Aber etwas von dieser

[1] *Memoiren eines Diplomaten,* Stuttgart 1968.

Philosophie wird – dessen bin ich sicher – sichtbar werden, wenn ich über längst vergangene Episoden berichte, und die verschiedenen Elemente dieser Philosophie werden vielleicht – das hoffe ich wenigstens – lebendiger und überzeugender wirken, wenn sie im Rahmen der Erfahrungen vorgetragen werden, aus denen sie gewonnen wurden oder zu denen sie in Beziehung stehen.

Princeton, Dezember 1971 G. K.

I

Überleitung

Wer die Geduld aufgebracht hat, den ersten Band dieser Memoiren bis zur letzten Seite zu lesen, wird sich vielleicht noch daran erinnern, daß sich meine Sorgen im Frühjahr 1950 als Berater des Außenministeriums vermehrten, weil es sich zeigte, daß meine Auffassungen ständig mehr von denen meiner Kollegen und des Außenministers abwichen. Ich erkannte, daß es zahlreiche wichtige Fragen gab, über die ich tiefer und systematischer nachdenken mußte, als es mir zur Zeit meines aktiven diplomatischen Dienstes möglich gewesen war. Ich bat deshalb um einen längeren »unbezahlten Urlaub«, der mir gewährt wurde und den ich auf die freundliche Einladung von Robert Oppenheimer am *Institute for Advanced Study* in Princeton verbringen wollte. Der Leser wird sich vielleicht auch daran erinnern, daß sich die Verwirklichung dieses Vorhabens im Sommer 1950 durch den Ausbruch von Feindseligkeiten in Korea verzögerte. Ich weiß heute nicht mehr, ob man damals glaubte, die durch diese Entwicklung entstandene politische Krise sei überwunden (wenn das der Fall war, dann irrte man sich ganz entschieden), oder ob ich inzwischen die Ansichten meiner Kollegen hinsichtlich der Koreafrage ebenso entschieden ablehnte wie ihre Haltung in allen anderen außenpolitischen Fragen. Im September 1950 glaubte man jedenfalls, daß es für mich aufgrund der Lage in Korea keine nützliche Verwendungsmöglichkeit mehr gäbe, man entließ mich aus dem Außenministerium und erlaubte mir, nach Princeton zu gehen. Dort blieb ich, obwohl ich offiziell noch als Beamter erster Klasse des Außenministeriums registriert war, der sich aber nicht mehr im aktiven Dienst befand, bis ich auf Anweisung des Präsidenten Truman im Frühjahr 1952 als Botschafter nach Moskau ging.

Meine Familie, der es darin ähnlich ging wie vielen anderen Familien von Akademikern, die von einer Universität zur anderen versetzt werden, traf am 10. September 1950 in einem Kombiwagen, auf dessen Rücksitz wir das Babykörbchen gestellt hatten, in Princeton ein. Das Baby war mein im vergangenen Jahr in Washington geborener Sohn Christopher. Die anderen Insassen waren meine Frau und ich, unsere beiden älteren Töchter Grace und Joan und die russische Emigrantin Shenja, die damals bei uns lebte und meiner Frau half, den Haushalt zu führen. Grace sollte demnächst ihr erstes Semester in Radcliffe beginnen.

Das *Institute for Advanced Study* stellte uns fürs erste eine Wohnung in einem kleinen Holzhaus am Rande des zur Universität gehörenden, weitläufigen Geländes zur Verfügung. Die Landschaft hier war damals noch weniger bebaut und ländlicher als heute. Die Wohnungseinrichtung war einfach. Am Abend hatten wir alles ausgepackt. Das Babyställchen stand in der Mitte des Wohnzimmers. Unser kleiner Sohn stand darin und hatte den Kopf friedlich auf den ausgestreckten Arm gelegt (als wollte er uns damit über sein in späteren Jahren gezeigtes, sehr viel lebhafteres Temperament hinwegtäuschen). Draußen über den Wiesen stieg der Spätsommernebel auf, und man hörte den beruhigenden und geheimnisvoll klingenden Ruf des Feldschwirls.

In diesem Augenblick schien es, als hätte ich endlich Frieden und Freiheit gewonnen. Vierundzwanzig Jahre hatten meine Zeit, meine Tätigkeit und meine Entscheidungen dem Außenministerium zur Verfügung gestanden. Jetzt war diese Last von mir genommen, und vor mir lag eine anscheinend unendliche Reihe von Stunden und Tagen uneingeschränkter Freiheit. Jetzt würde ich für alles Zeit haben, und es war kein Luxus mehr, meine Neugierde in jeder Hinsicht zu befriedigen.

Dieser euphorische Zustand dauerte noch den ganzen folgenden Tag an. Ich ging zur Universität hinüber, und berauscht von der Illusion des Befreitseins wanderte ich auf den Wegen zwischen den mir vertrauten Gebäuden umher; endlich würde ich ein Leben der Muße führen können. Jetzt glaubte ich, ganz meinen eigenen Vorstellungen und Neigungen folgen zu dürfen, um dorthin zu gehen, wohin die Phantasie mich trieb. Ich betrat den Buchladen der Universität und wählte mit dem überlegenen Gefühl, alles dem Zufall überlassen zu dürfen, einen Band der *Institutes* von Calvin aus, den ich bisher noch nicht gelesen hatte. Ich kaufte das Buch, nahm es mit nach draußen, setzte mich auf eine Bank und las darin mit Vergnügen und Gewinn.

Natürlich konnte es nicht lange so weitergehen. Die Zeit, die mir zur Verfügung stand, war nicht unbegrenzt. Schon nach wenigen Stunden und nicht erst nach Tagen begannen die Erfordernisse der Wirklichkeit die Illusion der Freiheit zu zerstören.
Diese Erfordernisse belasteten mich in doppelter Weise, und zwar erstens in geistiger. Ich würde nicht sagen, die Erkenntnis der eigenen Unvollkommenheit käme einem im akademischen Leben deutlicher zum Bewußtsein als im öffentlichen Dienst; aber hier hatte man mehr Zeit. Man spürte häufiger die Einsamkeit, und in solchen Augenblicken konnte man sich mit diesem Gedanken beschäftigen. In meinem privaten Tagebuch enthielten die Eintragungen nun häufiger Selbstvorwürfe. Ich beklagte die Vergeblichkeit dessen, was ich gerade tat, und protestierte gegen die Ziellosigkeit meiner eigenen Existenz. Ich sehnte mich danach, meine Kräfte geschlossener auf ein bestimmtes Ziel vereinigen zu können. Gerade die mir hier überlassene freie Wahl, das Fehlen der in den Regierungsgeschäften gegebenen Disziplin, die mich augenscheinlich der Verpflichtung enthoben hatte, persönliche Entscheidungen zu treffen, zwangen mich hier mehr zu dieser Art der Selbstprüfung.

Sie nützte natürlich nichts. Die klaren Zielsetzungen, nach denen ich strebte, habe ich niemals gefunden. Was ich bisher an positiven Leistungen erbracht hatte, war auf Anforderung der Regierung geschehen. Wenn ich jetzt überhaupt etwas leistete, dann geschah dies aufgrund von Verpflichtungen, die ich leichtsinnig und gedankenlos übernommen hatte, und hinter diesen Verpflichtungen stand kein System, kein bestimmter Zweck und sehr oft nichts als das Fehlen einer Hauptaufgabe und die Unfähigkeit, »nein« zu sagen. Im Leben eines Menschen wie ich es bin kann es nicht ausbleiben, daß es zu einer Reihe von Fehlschlägen kommt, zu kleinen und großen, daß man oft entmutigt wird und Veranlassung hat, etwas zu bereuen. Aber das alles wurde durch ein Temperament ausgeglichen, das zu oberflächlich, zu unseriös, zu sehr von Stimmungen abhängig, zu begeisterungsfähig und für äußere Anregungen zu empfänglich war, um sich allzu lange deprimieren zu lassen oder grüblerisch zu werden. Ich hatte ein Leben geführt, das nicht von einem planenden Willen beherrscht wurde, sondern durch die Erfordernisse dessen, auf das ich mich zufällig eingelassen hatte.
Der zweite Umstand, der die Illusion der totalen Freiheit zerstören

sollte, war das Problem, das neue Leben zu organisieren, und zwar besonders in der Weise, daß es möglich wurde, für längere Konzentration Zeit und Raum zu gewinnen. Man könnte sagen, daß dies ja gerade der Sinn und Zweck des *Institute for Advanced Study* wäre, und es ist auch durchaus nicht das *Institute* gewesen, durch welches meine Lage problematisch wurde. Es war die Gesellschaft, in deren Rahmen es bestand, es war die Unbeständigkeit meines Willens und die Tatsache, daß ich durchaus nicht darauf vorbereitet war, die Rolle einer halb in der Öffentlichkeit stehenden Persönlichkeit zu übernehmen.

Die amerikanische Gesellschaft ist eine Gesellschaft des Wettbewerbs und der Herde. Hier herrscht der Herdentrieb sogar dort, wo man miteinander im Wettbewerb steht. Jedermann in Amerika oder wenigstens jeder, dessen Interessen auch die Massenmedien interessieren, kann es augenscheinlich nicht verhindern, daß sich ihm die Aufmerksamkeit der ganzen Öffentlichkeit zuwendet. Wenn irgend jemand einen bescheidenen Beitrag zu den Überlegungen über ein wichtiges öffentliches Problem leisten will, dann gleicht seine Lage derjenigen eines heiratsfähigen jungen Mädchens. Entweder interessiert sich niemand für die junge Dame, oder sie hat sofort tausend Bewerber. Wenn niemand den Namen eines Menschen kennt, dann türmt sich vor ihm eine Barriere auf, die er nur mit großen Anstrengungen und viel Glück überwinden kann. Wird man andererseits in zu weiten Kreisen bekannt – besonders wenn bekannt wird, daß man etwas anzubieten hat, für das sich sehr viele Menschen interessieren –, dann begibt man sich auf einen schlüpfrigen Boden, und das führt zur Zersplitterung der Bemühungen, zur Überaktivität und schließlich zur Sterilität. Wird der Name eines Menschen in Amerika bekannt, dann bedeutet dies für ihn mit an Sicherheit grenzender Wahrscheinlichkeit, daß er verloren ist.

Das war meine Lage in der Zeit unmittelbar nach meinem Ausscheiden aus dem Staatsdienst. Man glaubte, daß ich etwas besäße, und zwar besondere Fachkenntnisse über Rußland, die sich auf persönliche Erfahrungen gründeten, und daß ich die Fähigkeit hätte, interessant und nicht allzu kontrovers über allgemeine außenpolitische Probleme zu sprechen. Diese Fähigkeiten waren damals sehr gefragt. Hunderte von Universitäten, Schulen, Klubs, Diskussionsgruppen usw., die alle darum rangen, sich von den Verwirrungen des Krieges, von dem durch ihn entstandenen emotionalen Aufruhr zu erholen und sich im Hinblick auf den gegenwärtigen Stand unserer Beziehungen zur Sowjetunion zu orientieren, für welche sie nichts aus den bisherigen Erfahrungen Amerikas und nur sehr wenig aus den Erklärungen unserer Regierung vorbereitet hatte, schienen mein Erscheinen als die Erhörung eines Gebets anzusehen. Die Massenmedien, die sich des Umstandes bewußt waren, daß der 1947 in *Foreign Affairs* veröffentlichte »X-article« überall bekannt geworden war, Aufsehen erregt und einer Reihe von Leuten Geld eingebracht hatte, kamen nun mit ihren verschiedenen Angeboten und aufdringlichen Bitten zu mir. Es erschienen auch zahlreiche Einzelpersönlichkeiten und baten mich um ein Gespräch. Das waren Menschen, die eine Anstellung suchten, die von mir verlangten, ich solle ihre Manuskripte lesen, die behaupteten, sie hätten schon früher einmal mit mir gesprochen, und die jetzt von mir verlangten, ich solle alle möglichen Dinge tun, nur nicht das, was ich eigentlich in Princeton hätte tun wollen.

In dieser und ähnlicher Weise wurde ich – manchmal in noch viel stärkerem Maße als am Anfang – fast während der ganzen nun folgenden zwanzig Jahre unter Druck gesetzt. Ich habe es niemals gelernt, mit dieser Situation fertig zu werden. Mit der Zeit habe ich es fertigbekommen, neunzig Prozent der an mich gestellten Ansinnen abzulehnen, aber alljährlich erhielt ich insgesamt meist mehrere hundert Aufforderungen, und schon das Ablehnen von neunzig Prozent nahm viel Zeit in Anspruch. Es blieben die restlichen zehn Prozent, die Einladungen, die ich nicht ablehnen durfte. Sie kamen häufig von Freunden oder Verwandten, von den eigenen Kindern oder von den Schulen, welche die Kinder besuchten. Sie kamen von hochgestellten Persönlichkeiten, von der Exekutive der Regierung, von Kongreßausschüssen oder ausländischen Regierungen. Schließlich konnte es sich um Ehrungen handeln, die nicht anzunehmen peinlich gewesen wäre, wie etwa die Verleihung einer Ehrendoktorwürde und die Aufforderung, aus diesem Anlaß eine Rede zu halten. Am allerschwierigsten war es, die Dinge zu bewältigen, die mir am wichtigsten erschienen, Bitten von Menschen, für welche einem das Herz blutete, von Menschen, die Hilfe brauchten und verdienten, von Leuten, die sich für etwas einsetzten, was ich selbst für außerordentlich wichtig hielt. Und schließlich gab es noch die für mich persönlich sehr schmeichelhaften Verpflichtungen. Das waren Einladungen, die natürlich dem Ego schmeichelten, aber ich erkannte auch, daß ich, wenn ich sie annehmen würde, meinen Wirkungskreis erweitern konnte.

Ich machte mir keine Illusionen darüber, daß dies ganz und gar mein

Problem war. Ich erinnere mich, vor vielen Jahren einen sehr scharfsinnigen Artikel von dem englischen Dichter Stephen Spender gelesen zu haben, in dem dieser darauf hinwies, daß es für den amerikanischen Schriftsteller (und damit meinte er den Schriftsteller auf dem Gebiet der schönen Literatur, den Dichter, den Romanschriftsteller und den Verfasser von Kurzgeschichten) zwei große und fürchterliche Gefahren gäbe; erstens die Gefahr des Mißerfolges und zweitens die des Erfolges, denn in Amerika werde der Mißerfolg nicht leicht verziehen, während der Erfolg dem Erfolgreichen eine solche Flut von Publizität und kommerziellem Druck brächte, daß er nur zwei Alternativen habe; auszuwandern und im Ausland zu leben oder niemals wieder etwas Lesenswertes zu schreiben. Meine eigene Erfahrung lehrte mich jetzt, daß man nicht nur auf dem Gebiet der Belletristik in dieses Dilemma kommen konnte.

Ich habe niemals eine befriedigende Antwort gefunden, und wie gesagt ist es mir auch nach erfahrungsreichen Jahren nicht gelungen, mit den hieraus resultierenden Belastungen fertig zu werden. Aber ganz besonders auf den ersten Ansturm dieser Belastungen war ich vollständig unvorbereitet. Die Illusion, es stehe mir unbegrenzte Zeit zur Verfügung, verführte mich in jenen ersten Jahren nach meinem Ausscheiden aus dem Staatsdienst dazu, anzunehmen, daß ich jetzt irgendwie Zeit für alles finden würde. Die Aufmerksamkeit, die man mir schenkte, freute mich, und deshalb stimmte ich freudig den Vorschlägen zu, die man mir von allen Seiten machte. Die Folge war, daß ich bald in Gefahr geriet, jede Kontrolle über mein Leben zu verlieren. Dabei mußte ich oft an das Opfer des Spiels denken, das zu Weihnachten im Nußknackerballett auf der Bühne des Bolschoitheaters gespielt wird, wo die Kinder einen großen Kreis bilden, und der alte Tanzmeister mit verbundenen Augen von einer Seite des Kreises zur anderen gestoßen stolpert und herumtaumelt, mit jedem Anstoß aufs neue in Verwirrung und Hilflosigkeit gerät und ehe er noch das Gleichgewicht gefunden hat, schon wieder angestoßen wird, um sich schwindelnd im Kreise zu drehen. Nach kurzer Zeit war ich, soweit ich mich erinnere, Vertrauensmann der Studenten an der Universität von Princeton, Berater der Fordstiftung (was damals häufige Reisen nach Pasadena bedeutete), Mitbegründer und Präsident einer Hilfsorganisation für Flüchtlinge aus dem sowjetischen Machtbereich in New York und – gemeinsam mit Arthur Schlesinger, McGeorge Bundy, Don Price und anderen liebenswerten Freunden – Angehöriger einer Studiengruppe an der Woodrow-Wilson-Stiftung in New York. Außerdem hatte ich mich leichtsinnigerweise bereit erklärt, an verschiedenen Orten Einzelvorträge und an zwei Stellen (der Northwestern University und der University of Chicago) Vorlesungsreihen zu halten. Zudem hatte ich mir vorgenommen, einen zweiten »X-article« für die Zeitschrift *Foreign Affairs* zu schreiben. Schließlich ging ich daran (und versammelte dazu eine Gruppe jüngerer Wissenschaftler um mich, die mir dabei helfen sollten), den innenpolitischen Hintergrund der amerikanischen Außenpolitik zu untersuchen; festzustellen, was mit den materiellen Hilfsquellen auf unserem Kontinent geschah, zu welcher Art von Gesellschaftssystem wir uns entwickelten und welche unabweisbaren Anforderungen man in den kommenden Jahrzehnten an unsere Umwelt würde stellen müssen. Unter den Anforderungen dieser verschiedenen Verpflichtungen, die zu verschiedenen Zeiten und von verschiedenen Seiten auf mich einstürmten, taumelte ich hin und her wie der Tanzmeister, dem man die Augen verbunden hatte, und war dabei ebenso hilflos und bot einen ebenso lächerlichen Anblick.

Oft kam es mir auch vor, als würden Leute, wenn sie aus dem tätigen Leben an das *Institute for Advanced Study* kamen, in einer noch anderen Weise überfordert. Das war das Gefühl der Panik und Hilflosigkeit, das einen überkommen kann, wenn man sich plötzlich der absoluten Freiheit gegenübersieht, das zu schreiben, was einem gerade einfällt. Bei meinem ersten Besuch nach meiner Ankunft warnte mich Robert Oppenheimer davor. »Vergessen Sie nie«, ermahnte er mich, »daß nichts im Leben schwerer ist, als nur ein unbeschriebenes Stück Papier und die Aufgabe vor sich zu haben, jetzt das Bestmögliche zu leisten.«

In meinem Fall hätte er sich seine Worte sparen können. Diese Art von Panik ist mir fremd geblieben. Die Gründe dafür darf ich mir nicht als Verdienst anrechnen. Mir ist es nie – wie vielen anderen – schwergefallen, den Anfang zu machen. Ein kaum zu unterdrückendes intellektuelles Ungestüm, ein Gefühl, daß es wirklich kaum darauf ankäme, wo oder wie man beginnt, eine Vorliebe dafür, sich in geschliffenem Stil auszudrücken und damit zu glänzen, haben es mir stets erleichtert, die ersten Passagen zu formulieren. Im weiteren Verlauf wurde die Arbeit schwerer, und manchmal verlor der rosige Anfang durch das später Geschriebene seinen Wert. Aber schließlich ließ sich das Ganze ja immer wieder umschreiben!

Oppenheimer hat mir noch einen Rat gegeben, den ich hätte befolgen sollen. Er meinte, anstatt zu versuchen, selbst etwas zu schreiben, sollte ich mich in den ersten Monaten hinsetzen und in aller Ruhe ganz unprogrammatisch vieles lesen, um meine intensive, aber doch in sehr engen Grenzen gehaltene wissenschaftliche Erfahrung auf eine breitere intellektuelle und kulturelle Basis zu stellen. Niemand hat mir jemals einen vernünftigeren Rat gegeben – aber ich habe ihn natürlich nicht befolgt. Ich war voller Pläne, diese oder jene konkreten Zusammenhänge zu untersuchen oder darüber zu schreiben. Ich hätte seinem Rat aber ohnehin nicht folgen können, wenn ich nicht die Zielstrebigkeit besaß, alle äußeren Verpflichtungen abzulehnen und während meines Aufenthaltes am *Institute* auf jede unmittelbare, wenn auch nur intellektuelle Teilnahme am öffentlichen Leben meiner Zeit zu verzichten.
Ich möchte nicht den Eindruck erwecken, die wissenschaftliche Arbeit ganz vernachlässigt zu haben. Das habe ich weder in den Jahren nach meinem Ausscheiden aus dem Staatsdienst noch später getan. Wie wir unten sehen werden, ist es mir gelungen, sogar in den hektischen ersten Monaten genügend geschichtliche Forschungen zu treiben, um ein Werk zu schreiben, das auch noch zwanzig Jahre später in Dutzenden von Colleges im ganzen Lande verwendet wird. Zwei oder drei Jahre danach, als ich meine dienstlichen Aufgaben in Moskau abgeschlossen hatte, habe ich noch intensivere geschichtliche Studien getrieben. Als ich daranging, eine kleine historische Monographie von etwa 80 bis 100 Seiten über die Entwicklung der sowjetisch-amerikanischen Beziehungen von 1917 bis heute zu verfassen, stellte ich fest, daß es für die Jahre 1917 und 1918 so reichliches, interessantes und wenig erforschtes Quellenmaterial gab, daß ich vier Jahre später zwei dicke Bände mit zusammen 1600 Seiten vorlegen konnte, die nur die ersten neun Monate (vom November 1917 bis zum Juli 1918) der fraglichen Beziehungen behandelten. Der Umstand, daß ich leichtsinnigerweise die Verpflichtung übernommen hatte, verschiedenes über die Geschichte der sowjetischen Außenpolitik zu schreiben oder Vorträge darüber zu halten, führte mich anschließend dazu, intensiv weiter zu forschen und vieles schriftlich zu fixieren. Diese Vorhaben, zu denen zahlreiche Aufsätze, Einzelvorlesungen, Kurse und Buchbesprechungen über dieses und verwandte Themen hinzukamen, genügten, mich für den Rest meiner Tage an ein Leben zu binden, in dem ich mich niemals längere Zeit woanders auf-

halten durfte als in der unmittelbaren Nähe der Archive und Bibliotheken.
Ich durfte mich auch nicht darüber beschweren, daß diese Arbeit mich nicht befriedigte. Wenn man die lebendige Vergangenheit aus den Hieroglyphen und toten Buchstaben herauszufiltern versucht, wenn man fühlt, wie die Persönlichkeiten einer vergangenen Epoche zum Leben erwachen, wie ihre Handlungen plausibel werden und wie dies durch die wiederbelebende Berührung mit der eigenen Aufmerksamkeit und Vorstellungskraft geschieht; wenn man weiß, daß man an der Entdeckung neuer und wesentlicher geschichtlicher Wahrheiten beteiligt ist; das alles ist, wenn man Geschmack daran findet, in der Tat eine der wirklich großen schöpferischen Erfahrungen, deren der Mensch fähig ist.
Es ist aber eine einsame Arbeit. Der Wirtschafts- oder Sozialhistoriker wird gelegentlich mit anderen zusammenarbeiten können. Wer sich die politische oder Kulturgeschichte zum Thema genommen hat, ist normalerweise durch die Eigenart dieser Disziplinen dazu verdammt, im einsamen Kämmerlein zu wirken. Das ist besonders dann der Fall, wenn er es für notwendig hält (und das tut er gewöhnlich), das, was er zu sagen hat, im Interesse der Aussagekraft in eine literarische Form zu bringen. Ich kann nicht bestreiten, daß all diese im Halbschatten stehenden Gestalten, die geschichtlichen Persönlichkeiten, mit denen ich mich im Verlauf meiner Forschungen beschäftigt habe, für mich auch eine Art menschlichen Umgangs gewesen sind. Sie wurden zu einem Teil meines Lebens, und rückblickend kommt es mir vor, als hätte ich sie persönlich gekannt. Aber sie haben mich nicht kennengelernt und nicht auf mich reagiert. Ich bin durch ihre leblose Welt gewandert wie ein einsamer Besucher, der ein Wachsfigurenkabinett besichtigt, der ihre Kostüme, ihre Gestalten und den gefrorenen Ausdruck auf ihren Gesichtern beobachtet. Manchmal schienen ihnen noch die schriftlich der Nachwelt überlieferten Worte und Sätze auf den Lippen zu liegen wie die Sprechblasen der handelnden Personen in den Comics. Gelegentlich ließen sich die in geschichtlichen Aufzeichnungen dargestellten Aktionen in der Vorstellung neu erschaffen, aber das Ganze blieb eine einseitige Beziehung. Mein Interesse für sie begegnete keinem entsprechenden Interesse auf ihrer Seite. Nach dieser wechselseitigen Beziehung zu anderen, deren der Mensch als soziales Wesen bedarf, mußte ich mich anderswo umsehen, und dennoch war die Beschäftigung mit der Vergangenheit auch

eine Herausforderung. Sie war erregend und befriedigend. Es lag, wenn man sie mit anderen Tätigkeiten verglich, eine gewisse Reinheit und Unschuld darin. Meine Arbeit kostete niemanden etwas, und doch wurden dabei die wertvollsten Kräfte des Geistes und der Vorstellung mobilisiert. In diesem Sinne genügte sie mir als eine Lebensarbeit, wenn sie auch nicht das Leben selbst war – oder sie hätte genügt, wäre es mir gelungen, ihr meine ganze und ungeteilte schöpferische Kraft zu geben.

Schließlich durfte ich mich auch nicht über das Fehlen der Anerkennung meiner Bemühungen beschweren. Für *Russia Leaves the War*, das erste meiner beiden Bücher über die Beziehungen zwischen Sowjetrußland und Amerika, erhielt ich fast jeden denkbaren Preis, darunter den National Book Award, den Pulitzerpreis und den Benjamin Franklin Award für das beste literarische Werk des Jahres über ein geschichtliches Thema. Wie man mir sagte, hatte ich 1957 in London, als ich persönlich die *Reith Lectures* im für Großbritannien bestimmten Programm der BBC in den Abendsendungen an mehreren aufeinanderfolgenden Sonntagen vortrug, mehr Zuhörer als alle anderen geschichtlichen Sendungen jener Serie, mit Ausnahme des ersten Vortrages, den der verstorbene Bertrand Russell 1948 gehalten hatte. Auch die Vorlesungen, aus denen ich später die Bücher *Realities of American Foreign Policy* und *Russia and the West under Lenin and Stalin* zusammengestellt habe, wurden in Princeton und Harvard und später auch in Oxford von außergewöhnlich vielen Studenten besucht.

Das alles war natürlich erfreulich, und wäre es mir gelungen, meine historischen Studien während des ganzen Jahres ununterbrochen fortzusetzen und dabei an den Wochenenden und in den Ferien den Kontakt zur Natur und zur See zu halten, dann hätte ich das Gefühl gehabt, das Leben voll genossen und mir diese Fähigkeit erhalten zu haben. Leider war dies nicht möglich, und der Grund dafür waren die von außen auf mich einstürmenden Verpflichtungen. Es war der Umstand, daß man von mir verlangte, mich auch mit dem unmittelbaren Tagesgeschehen auseinanderzusetzen. Warum habe ich mich dem nicht widersetzt? Warum bin ich auch nur auf einen Teil dieser Aufforderungen eingegangen? Einige der Gründe habe ich schon erwähnt. Aber hinter allem stand die Tatsache, daß ich nicht bereit war, mich mit der Vorstellung zufriedenzugeben, ich hätte im öffentlichen Leben unserer Zeit keine Rolle mehr zu spielen.

Es war mir ebenso wie jedem anderen denkenden Menschen klar, daß meine und die Welt meiner Kinder ernsthaft bedroht sei. Konnte ich wirklich nichts dagegen unternehmen? Hinter mir lagen viele Jahre, in denen ich Erfahrungen im Staatsdienst gesammelt hatte. Zu Recht oder zu Unrecht war ich davon überzeugt, daß viele schwierige und unangenehme Probleme in der Nachkriegszeit nicht mit der gleichen Schärfe aufgetreten wären, hätte man sich während des Krieges mehr nach meinen Auffassungen über Rußland gerichtet. Ich fühlte, daß der politische Planungsstab zur Zeit meiner Amtsführung als dessen Direktor positiv zur Lösung einiger dieser Probleme beigetragen hatte. Ich war jetzt erst 64 Jahre alt, und es war schwer für mich, zu glauben, daß ich nichts mehr zu bieten hätte. Daß man noch immer auf meine Stimme hörte, erschien mir an sich schon eine Verpflichtung. Ob ich nun eine solche Wertschätzung verdiente oder nicht, sie war immerhin vorhanden. Nicht jeder verfügte über einen solchen Aktivposten, und wenn man darüber verfügte, dann hatte man nicht das Recht, ihn zu vergeuden. Zu diesen Überlegungen kam dann schließlich auch noch der Einfluß meiner Freunde hinzu. Einen entscheidenden Eindruck machte es auf mich, daß die englische Historikerin Veronica Wedgwood, vor deren wissenschaftlichen Erfahrungen und allgemeinen vernünftigen Ansichten ich die größte Achtung hatte, mich ermahnte, ich sollte nicht den Fehler begehen, mich durch die zu intensive Beschäftigung mit historischen Fragen von der Teilnahme an den Tagesproblemen ausschließen zu lassen.
So versuchte ich mit allen Kräften, in den Jahren nach meinem Ausscheiden aus dem Staatsdienst zwischen der Vergangenheit und der Gegenwart hin- und herzumanövrieren, wobei ich mich niemals ganz dem einen überließ. Zur Hälfte war ich dabei Historiker und zur anderen Hälfte Kommentator. Gelegentlich war ich Verfasser geschichtlicher Bücher und Geschichtslehrer. Zeitweilig beriet ich die Regierung oder nahm an der Diskussion über öffentliche Probleme und Krisen teil. Dabei geriet ich unter den Spannungen und Konflikten, welche dieses Doppelleben erzeugte, häufig an den Rand der Verzweiflung, war aber dennoch unfähig, einen der beiden Aspekte dieses Lebens aufzugeben. Erst recht spät wurde ich mir der Tatsache bewußt (meine letzte, hart für mich arbeitende Sekretärin, Jane Smith, machte mich darauf aufmerksam, daß die beiden scheinbar miteinander im Konflikt stehenden Tätigkeitsbereiche in Wirklichkeit in engen Beziehungen zueinander standen und voneinander abhängig

waren – daß ein Teil meiner Stärke auf dem Gebiet der Geschichte der Außenpolitik daher rührte, daß ich selbst als Verantwortlicher an den Problemen der Außenpolitik meiner Zeit teilgenommen hatte, während mein Wert als Kommentator des politischen Tagesgeschehens wenigstens zum Teil darin lag, daß die Öffentlichkeit der Überzeugung war, ich verstünde etwas von Geschichte.

An dieser Stelle sollte ich etwas über das *Institute for Advanced Study* sagen, an dem sich meine Tätigkeit vor allem konzentrierte. Mit Ausnahme von zwei weiteren kurzen Perioden, die ich im aktiven diplomatischen Dienst (in Moskau und Belgrad) verbrachte, und von einigen Semestern, die ich mich ein paar Jahre später in Oxford aufhielt, sollte das *Institute* von 1950 bis zum heutigen Tage meine berufliche Heimat und der Mittelpunkt meiner Tätigkeit sein. Von 1950 bis 1956 war ich, wie die meisten Gelehrten, die sich der Einrichtung des *Institute* bedienen, als Gast dort. Seit 1956 gehöre ich als ständiges Mitglied der Fakultät von Princeton an.

Das *Institute for Advanced Study* ist in seiner Art unter den amerikanischen wissenschaftlichen Einrichtungen einmalig, denn es gibt hier weder Studenten noch Lehrer. Die als Gäste in Princeton arbeitenden Wissenschaftler und die ständigen Mitglieder des *Institute* zeichnen sich durch ein besonders hohes Niveau aus, und man bemüht sich, den höchsten Anforderungen gerecht zu werden, die man an die wissenschaftliche Arbeit stellen kann. Diese Einrichtung steht fast ausschließlich der Forschungsarbeit einzelner Wissenschaftler zur Verfügung. Hier ist es ruhig, das Leben ist asketisch, und es gibt nichts, was den Forscher von seiner Arbeit ablenken könnte. Das *Institute* besitzt keine Laboratorien. Bis vor kurzem gab es nur drei Disziplinen, die höhere Mathematik, die Naturwissenschaften (in erster Linie die theoretische Physik) und die Geschichte. Erst kürzlich hat man ein neues Forschungsprogramm dazugenommen, und dabei geht es um einige mit den Sozialwissenschaften verwandte Gebiete.

Die Qualität der am *Institute* geleisteten Arbeit wird durch die sorgfältige Auswahl seiner Mitglieder gewährleistet. Dem als Gast eingeladenen Wissenschaftler steht es vollkommen frei, sich die Arbeit nach Gutdünken einzurichten. Wenn er seine Zeit vergeudet, was selten vorkommt, dann trifft der Vorwurf das *Institute*, das die falsche Wahl getroffen hat, und nicht den Wissenschaftler. Nichts hindert die ständigen Mitglieder des *Institute* oder die Gäste daran, zusammenzukommen, um – wenn sie es wünschen – an Vorlesungen, Diskussionen und Seminaren teilzunehmen. Das *Institute* stellt in diesem Fall gerne die notwendigen Einrichtungen zur Verfügung. Es ergreift aber nicht die Initiative, um solche Tätigkeiten zu organisieren. Wie Robert Oppenheimer das einmal in einem Gespräch mit mir ausgedrückt hat, liegt ihm daran, »es unmöglich zu machen, daß sich diese Leute darüber beschweren, sie hätten hier nicht das tun können, was sie hätten tun wollen«.

Es fehlen mir die Worte, zu sagen, was ich dieser Einrichtung zu verdanken habe. Das *Institute* nahm mich auf, einen schon älteren Mann, dem jede akademische Voraussetzung fehlte, und tat das auf Treu und Glauben. Es setzte darauf, daß ich wissenschaftliche Fähigkeiten besäße, die ich noch nachweisen mußte. Es gab mir dann nicht nur die Möglichkeit, diese Fähigkeiten zu entwickeln, sondern es stellte mir auch die Vorbilder zur Verfügung, disziplinierte mich in sanfter Weise, und ohne diese Hilfen hätte ich meine Fähigkeiten niemals entwickeln können.

Ich erwartete, im Lauf der Jahre durch die Kontakte mit den vielen Gastwissenschaftlern manches zu gewinnen, und diese Erwartung hat mich nicht getäuscht. Aber den größten Gewinn hatte ich natürlich durch den ständigen Umgang mit den wirklich bedeutenden ständigen Mitgliedern des *Institute*. Ich werde nicht versuchen, etwas über diejenigen zu sagen, die heute noch am Leben sind, obwohl es eine ganze Reihe von Persönlichkeiten gibt, die es verdienen würden, hier genannt zu werden. Es gibt aber andere, die heute nicht mehr unter uns sind und die ich erwähnen muß.

Neben Oppenheimer selbst war es, glaube ich, in erster Linie der energische und vielseitig gebildete Militärhistoriker Edward Mead Earle, der dafür gesorgt hatte, daß ich in das *Institute* aufgenommen wurde. Unter seiner taktvollen, aber tatkräftigen Anleitung arbeitete ich zunächst. Er starb im Juni 1954, und leider ist es mir nicht mehr möglich gewesen, ihm persönlich zu sagen, wieviel ich ihm zu verdanken habe.

Im akademischen Leben ist es wie in der Familie. Die Menschen beeinflussen einander mehr durch das persönliche Beispiel als durch Worte. Ein glänzenderes Vorbild als Erwin Panofsky kann man sich für einen Menschen nicht denken, der am Anfang seiner akademischen Laufbahn steht. Als einer der bedeutendsten Kunsthistoriker aller Zeiten vereinigte »Pan« in sich eine umfassende Bildung, einen reichen, warmen und teilnehmenden Humor, eine unendliche Wißbegierde und Liebe zu seinem Forschungsgebiet und eine großzügige Bereitwilligkeit, sich mitzuteilen, die das typische Kennzeichen des geborenen Lehrers ist. Er hat mich ebenso wie ungezählte andere ganz entscheidend beeinflußt.

Panofsky war nur eines der zahlreichen unschätzbaren Geschenke, welche die amerikanische Wissenschaft im allgemeinen und das *Institute for Advanced Study* im besonderen Adolf Hitler zu verdanken hatten. Ein zweites war der große Kenner des Mittelalters, Ernst Kantorowicz – »Eka«, wie ihn seine Freunde und Kollegen nannten. Als Junggeselle, Ästhet und unübertroffen charmanter Vertreter der Alten Welt war »Eka«, der in der Alexanderstreet eine gemütliche kleine Wohnung besaß, ein typischer Vertreter des Princeton der 1950er Jahre, wie ich es damals kennenlernte. Mit seinem Hinscheiden entstand eine Lücke, die nicht wieder ausgefüllt werden konnte.

Ich möchte ein Beispiel dafür geben, was das Interesse eines Menschen wie »Eka« einem jüngeren Gelehrten bedeuten konnte und bedeutete. Als ich den Entwurf für mein Buch *Russia Leaves the War* fertiggestellt hatte, bat ich ihn, das Manuskript durchzusehen. Das Thema war schließlich die Zeit des Ersten Weltkrieges, an den er sich noch lebhaft erinnerte, denn er hatte damals in der deutschen Armee gedient. Manchmal hatten wir uns schon über die Probleme und Ereignisse jener Zeit unterhalten. Es war meine erste größere Arbeit, und ich war mir über den Wert dessen, was ich geleistet hatte, noch nicht ganz im klaren. Er nahm das auf der Maschine geschriebene Manuskript mit nach Hause und las zumindest längere Abschnitte daraus. Dann lud er mich allein zum Abendessen ein. Er war nicht nur ein Feinschmecker, sondern auch ein ausgezeichneter Koch, bereitete eigenhändig eine köstliche Mahlzeit für uns beide, servierte sie mit ausgezeichneten Weinen, und nachdem wir uns bei Kaffee und Cognac im Wohnzimmer zusammengesetzt hatten, nahm er das Manuskript vor und sagte: »Nun, mein Freund, werden wir darüber sprechen, was Sie getan haben.« Dann unterzog er die Arbeit nicht im Hinblick auf ihren sachlichen Inhalt (denn er behauptete nicht, das Thema genau zu kennen), sondern im Hinblick auf die Technik und den Stil historischer Darstellungen einer sehr gründlichen, nützlichen und unvergeßlichen Kritik. Damit, so glaube ich, erwies er sich nicht nur als großer Wissenschaftler, sondern auch als großer Gentleman.

Ein weiterer Angehöriger des *Institute*, der mir in der Zeit meines Aufenthaltes dort viel geholfen hat, war der frühere Historiker des britischen Außenministeriums, der Professor in Oxford und Fellow of All Souls, Sir Llewellyn Woodward. Er war der typische Engländer; etwas altmodisch und schrullig liebte er einsame Spaziergänge durch die weiten Felder der Umgebung des *Institute*. Es war nicht leicht, mit ihm Kontakt zu bekommen. Er zeigte nicht nur die normale englische Zurückhaltung, sondern war außerdem nach außen schroff, kritisch und skeptisch und besaß die strenge Integrität als hervorragende Eigenschaft eines guten Arbeiters auf jedem Gebiet; denn er war ein guter Arbeiter, streng, genau und unerbittlich in den Ansprüchen, die er an sich selbst stellte, und diese Eigenschaften kennzeichneten ihn als Historiker. Aber hinter dieser wissenschaftlichen Strenge, die für die unter seiner Mitarbeit herausgegebenen Quellenwerke über die britische Außenpolitik so wichtig war, verbarg sich ein Philosoph, ein Ästhet, ein erstklassiger, wenn auch viel zu wenig anerkannter Verfasser schöngeistiger Schriften und ein aufmerksamer Beobachter des politischen Tagesgeschehens, und mit dieser Zurückhaltung kam noch einmal das typisch Britische an ihm zum Ausdruck.
Nach dem Tode seiner liebenswerten und charmanten Frau, die meine Frau und ich sehr hoch schätzten, war Woodward ein gebrochener Mann. Es war unmöglich, ihn in seinem Kummer zu trösten. Er kam nicht mehr nach Princeton, weil, wie er mir sagte, beide dort so glücklich gewesen waren und es so viele Erinnerungen gäbe, daß der Verlust ihm hier in unerträglicher Weise zum Bewußtsein gekommen wäre.
Woodward war ein sehr verschlossener Mensch. Bedenkt man, welche Laufbahn hinter mir lag und mit wie vielen peripheren Dingen ich mich beschäftigen mußte, dann versteht man, wenn er meine wissenschaftlichen Fähigkeiten zunächst sehr skeptisch beurteilt hat. Meine Auffassungen über den Ersten Weltkrieg unterschieden sich grundsätzlich von den seinen, und dies war ein Thema, das ihm sehr am Herzen lag, denn er hatte damals als Artillerieoffizier an der Westfront gedient. Allmählich erkannte er aber, glaube ich, die Aufrichtigkeit meiner Bewunderung für ihn und sah, daß ich bereit war, überall dort von ihm zu lernen, wo das möglich war. In seinen einsamen letzten Lebensjahren entwickelten sich unsere Beziehungen zur Freundschaft, und es entstand sogar eine gewisse gegenseitige Zuneigung.

Während meiner ersten Jahre am *Institute* befand sich dort natürlich auch Albert Einstein. Er wußte, wer ich war, und daß ich hier arbeitete. Gelegentlich tauschten wir schriftlich ein paar freundliche Worte aus. Wir sind uns aber niemals persönlich begegnet. Es ist schwer zu erklären, warum das so war. Ich kannte seine wissenschaftliche Arbeit nicht und verstand nichts davon. Ich hatte keine Veranlassung, ihn zu besuchen, und ich wußte nur zu gut, welche Belastung wohlmeinende gelegentliche Besucher, Bittsteller und Neugierige aller Art für ihn bedeuteten. Ich wollte diese Last nicht noch vermehren und meinte, ich könnte meine Achtung vor ihm am besten dadurch zum Ausdruck bringen, daß ich ihn nicht störte. Rückblickend bin ich nicht ganz sicher, ob das richtig gewesen ist. Aber vieles spricht dafür. Er war alt und wahrscheinlich auch müde. Über Rußland hätte er vermutlich nicht mehr viel wissen wollen, und ich hätte bei einem aus Neugierde abgestatteten Besuch wohl kaum etwas aus dem Bereich der Physik und Mathematik erfahren können.

Zum Schluß muß ich noch den außergewöhnlichen und unvergeßlichen Mann erwähnen, der während der ersten sechzehn Jahre meines Aufenthalts dort nicht nur ständiges Mitglied des *Institute,* sondern auch sein Direktor gewesen ist, den Mann, dem ich es mehr als irgendeinem anderen zu verdanken hatte, daß man mich in Princeton aufnahm, Robert Oppenheimer.

Es gibt, glaube ich, kaum einen Menschen, der schwerer zu beschreiben ist als er. In mancher Hinsicht war er sehr jung, in anderer sehr alt. Er war zugleich ein Wissenschaftler und ein Dichter, wirkte manchmal stolz und dann wieder ganz bescheiden. Gelegentlich verstand er es ausgezeichnet, mit den Problemen des praktischen Lebens fertig zu werden, um dann wieder hilflos vor ihnen kapitulieren zu müssen. Er war aus erstaunlichen Widersprüchen zusammengesetzt. An seiner menschlichen Größe kann es nach meiner Meinung keinen Zweifel geben. Er besaß einen außergewöhnlich scharfen Verstand, ein subtiles Denkvermögen, und er reagierte erstaunlich schnell. Er war einer der wenigen Menschen, die als Intellektuelle und Ästheten in einer Person einen ungeheuren Schatz an wissenschaftlichen Erkenntnissen, eine umfassende Bildung in den Geisteswissenschaften und ein tätiges, auf klare Vorstellungen gegründetes Interesse für die außenpolitischen Probleme ihrer Zeit vereinigten.

Man hat ihm oft seine Arroganz vorgeworfen. Vielleicht – aber nur vielleicht – hat man damit recht gehabt, obwohl es mir scheint, dieser

Eindruck sei nur durch den Einfluß der Menschen in seiner näheren Umgebung entstanden. Eine arrogante Haltung entsprach nicht den natürlichen Impulsen, von denen er geleitet wurde. Seine Fähigkeit, ungewöhnlich schnell und kritisch zu denken, ließ ihn zweifellos ungeduldig werden, wenn andere im Gespräch schwerfällig waren, Belanglosigkeiten äußerten und Gemeinplätze verwendeten. Hinter seiner empfindsamen Ungeduld standen jedoch eine erstaunliche Sentimentalität, ein starkes Verlangen nach Freundschaft und Zuneigung und ein rührender Glaube – wie ich ihn niemals an jemand anderem beobachtet habe – an eine brüderliche Verbundenheit derjenigen, die sich auf höchster Ebene mit wissenschaftlichen Fragen beschäftigten. Ich glaube, er hätte Bucharin zugestimmt, der gesagt hat, die intellektuelle Freundschaft sei die tiefste und schönste Form menschlicher Verbundenheit. Den Persönlichkeiten, deren intellektuelle Qualitäten er am meisten bewunderte – wie etwa Niels Bohr –, begegnete er mit größter Bescheidenheit und Zurückhaltung. Die schlimmste Tragödie seines Lebens war, wie ich vermute, nicht die schwere Prüfung, der er ausgesetzt wurde, als man an seiner Loyalität zweifelte, wenn dies auch wahrhaftig eine böse Sache war, sondern der Umstand, daß die ständigen Mitglieder des *Institute* einander neben der Achtung, die sie für die wissenschaftlichen Leistungen eines jeden ihrer Kollegen bekundeten, oft nicht die Zuneigung und persönliche Verehrung entgegenbringen konnten, die solche Leistungen nach seiner Auffassung verdienten. In seinen kühnsten Träumen hat er, glaube ich, die Vorstellung von einer reichen und harmonischen geistigen Gemeinschaft gehabt. Er hatte gehofft, sie am *Institute for Advanced Study* verwirklichen zu können. Bis zum gewissen Grade ist ihm das im Rahmen der einzelnen Disziplinen auch gelungen. Aber in den Beziehungen der Disziplinen zueinander hat sein Wunschtraum sich kaum realisieren lassen. Dieser Umstand, die Tatsache, daß Mathematiker und Historiker im Restaurant des *Institute* an verschiedenen Tischen saßen, und daß er selbst in seiner Fähigkeit, diese verschiedenen Bereiche des menschlichen Intellekts zu überbrücken, im allgemeinen allein blieb – das war, dessen bin ich sicher, für ihn Anlaß für eine tiefe Bestürzung und Enttäuschung.

Für die Beschuldigungen, die gegen ihn erhoben wurden, und die Belastungen, denen er Anfang der 1950er Jahre im Zusammenhang mit der Frage seiner Loyalität ausgesetzt war, habe ich nicht das geringste Verständnis. Was er getan hat und was dann zum Vorwand für dieses Vorgehen gegen ihn genommen wurde, waren kleine Fehler, Torheiten, die er selbst sehr bald als solche erkannte. Er hat jedoch keine Informationen an ausländische Regierungen weitergegeben und nichts getan, was den Verdacht gerechtfertigt hätte, er habe Verrat begangen. Die Regierung der Vereinigten Staaten kannte diese Zusammenhänge lange bevor dieselbe Regierung ihm den Vorsitz im wissenschaftlichen Beratungsausschuß anvertraute. Ich kann mir nicht vorstellen, daß es für das Wiederausgraben dieser Dinge und die offizielle Anklageerhebung gegen ihn in den 1950er Jahren andere Motive gegeben hat als persönliche Feindschaft und schamlosen, herzlosen politischen Opportunismus. Wenn die Regierung der Vereinigten Staaten alle Möglichkeiten ausnutzen wollte, die Amerika als Großmacht hat, dann müßte sie sich der Tatsache bewußt werden, daß sogar unser Land nicht genügend hoch begabte Wissenschaftler besitzt, um mit denen, die wir haben, so brutal und rücksichtslos umzugehen.

Es sind in erster Linie gewisse Episoden aus der Zeit unserer Bekanntschaft, die mich heute noch an Oppenheimer erinnern.

Ich habe ihn vor allem noch so in Erinnerung, wie ich ihn kennenlernte. Das war im Herbst 1946. Er war zum National War College gekommen, um dort einen Vortrag zu halten. Mit unsicheren Schritten und schüchterner Miene, fast als wolle er sich für seinen Auftritt entschuldigen, ging er an das Rednerpult. Er trug einen dikken braunen Tweedanzug mit viel zu langen, ausgebeulten Hosen. Er hielt sich nicht ganz gerade und machte einen fast zerbrechlichen Eindruck. Seine großen Füße waren auswärts gerichtet, und mit seinem kleinen Kopf und dem schmalen Gesicht sah er manchmal fast wie ein junger Student aus. Dann sprach er etwa eine Stunde, ohne irgendwelche Notizen zu verwenden, aber mit so erstaunlicher Klarheit, Feinheit und Präzision des Ausdrucks, daß am Schluß niemand eine Frage zu stellen wagte. Jeder war überzeugt, er habe irgendwie jede Frage schon vorweggenommen. Ich sage »irgendwie«, weil sich seltsamerweise niemand mehr genau daran erinnern konnte, was er gesagt hatte. Die Faszination, die von seiner Person ausging, die Virtuosität des Vortrags und die äußerste Feinheit seiner Formulierungen hatten die Zuhörer abgelenkt und daran gehindert, den Inhalt dessen zu erfassen, was er gesagt hatte. Dieses Phänomen hat ihn während seines ganzen Lebens verfolgt, sobald er vor Zuhörern sprechen mußte, die keine wissenschaftlichen Experten waren.

Ich erinnere mich auch an einen Augenblick in seinem Hause. Es war ein regnerischer Sonntagvormittag, und ich fragte ihn (es war zu der Zeit der öffentlichen Anhörungen, die darüber entscheiden sollten, ob er geeignet sei, weiter den Vorsitz im wissenschaftlichen Beratungsausschuß zu führen, eine Zeit schwerer Prüfungen für ihn), warum er angesichts dieser Belastungen noch im Lande bliebe. Ich sprach davon, daß er auch in anderen Teilen der Welt zu Hause sei. Seinen Doktorgrad hatte er in Holland erworben. Er besaß viele Freunde in der akademischen Welt Europas, und es gab keine einzige Universität auf dem ganzen Erdball, die ihn nicht mit offenen Armen aufgenommen hätte.
Einen Augenblick stand er mit tränenüberströmtem Gesicht vor mir. Dann stammelte er mit einer Unbeholfenheit, die ihm selbst ebenso bewußt war wie mir, deren Hilflosigkeit jedoch die Kraft seiner Aussage nur erhöhte: »Verdammt, ich liebe nun einmal dieses Land.«
Das stimmte. Obwohl er immer wieder von seinem eigenen Volk enttäuscht worden war und trotz aller Mißverständnisse, in die er in den Beziehungen zu seiner Regierung und Teilen der amerikanischen Öffentlichkeit geriet, war Oppenheimer eine durchaus amerikanische Gestalt und ist das auch immer geblieben.
Schließlich erinnere ich mich seiner Haltung am 22. November 1963, als wir, erschüttert durch den Inhalt der ersten unvollständigen Berichte über das Attentat, in seinem Büro im *Institute* einander gegenüberstanden und im Radio die Bestätigung des Todes von Jack Kennedy hörten. Weder er noch ich sagten etwas. Das war nicht notwendig. Aber ich sah, wie sich der Ausdruck in seinen Augen ganz plötzlich verwandelte und Zorn und Entmutigung daraus sprachen, Gefühle, die auch ich teilte. Keiner von uns beiden hatte Jack Kennedy persönlich näher gekannt, aber es war uns bewußt, daß hier mehr als ein menschliches Leben ausgelöscht worden war. Die Welt, für die wir lebten, hatte einen schweren Verlust erlitten, und zugleich waren unsere Möglichkeiten, ihr zu dienen, verringert worden. Für Oppenheimer mit seiner starken Vorstellungskraft war es ein fürchterlicher Schlag, und ich glaube kaum, daß ich unrecht habe, wenn mein Instinkt mir sagt, daß in diesem Augenblick auch sein eigenes Ende begann.

Ich erwähne alle diese verstorbenen Kollegen nicht nur, weil sie mich vieles gelehrt, sondern weil sie mich so reich beschenkt haben, daß ich heute als Schriftsteller und Wissenschaftler niemals weniger tun kann als ich leisten könnte, ohne eine gewisses Schuldgefühl zu haben, das Gefühl, das von ihnen in mich gesetzte Vertrauen nicht zu verdienen. Und das wäre jetzt, da sie tot sind, noch schäbiger und würde mein Gewissen noch mehr belasten, als wenn sie am Leben wären.

Auf diese Weise können sich Menschen in der Einsamkeit der subtilen Atmosphäre des geistigen Lebens gegenseitig helfen, und ich glaube, das ist die einzige Art, in der man sich überhaupt helfen kann. Darin liegt der Grund, weshalb diejenigen, die sich der Tatsache bewußt sind, gute und großzügige Lehrer gehabt zu haben, sich verpflichtet fühlen, irgendwann und irgendwie selbst zu lehren.

II

Korea

In den ersten hektischen Monaten nach meinem Ausscheiden aus dem Staatsdienst wurde ich noch ohne mein Dazutun in eine besondere Angelegenheit hineingezogen. Ich mußte dabei gewissermaßen einen Rest der mir im Rahmen meiner Verantwortlichkeiten als Regierungsbeamter übertragenen Aufgaben erledigen. Es ging hier um das Koreaproblem.

Von Anfang an hatte auch ich dem Entschluß zugestimmt, dem Eindringen der Nordkoreaner nach Südkorea, das am 25. Juni 1950 begonnen hatte, mit Waffengewalt entgegenzutreten. Ich hatte das aber in der Annahme und unter der Voraussetzung getan, daß unsere Aktion nur ein begrenztes Ziel haben dürfe, die Wiederherstellung des *status quo ante* auf der koreanischen Halbinsel, und daß unsere Streitkräfte, auch wenn die militärischen Erfolge das erlauben sollten, nicht über die bisherige Demarkationslinie am 38. Breitengrad hinaus vorgehen würden. In dem Angriff Nordkoreas sah ich einen ausreichenden Grund für uns, militärische Operationen mit einem so begrenzten Ziel einzuleiten. Ich sah darin keine Rechtfertigung, um uns in einen neuen Weltkrieg zu verwickeln. Selbst wenn aus diesem begrenzten Kriege gegen unseren Willen ein größerer Krieg entstehen sollte, war ich durchaus nicht davon überzeugt, daß wir ihn ausgerechnet auf der koreanischen Halbinsel würden führen wollen. Es lag mir daher sehr viel daran, sicherzustellen, daß aus dem Entschluß, sich der nordkoreanischen Aggression in Südkorea zu widersetzen, nicht unmerklich mehr entstand, als ursprünglich geplant war.

In der internen Diskussion unserer Regierung erklärte ich schon im Juli 1950, daß ich dagegen sei, über den 38. Breitengrad nach Norden vorzurücken. Daß man diese Auffassung berücksichtigte, ging schon aus der Tatsache hervor, daß Mr. John Foster Dulles sie gegenüber einem Journalisten zitierte (bedenkt man das dadurch für unsere Regierung entstehende Sicherheitsrisiko, dann war diese Erklärung unzulässig), um damit zu beweisen, in wie gefährlicher Weise meine Auffassung von der offiziellen abwiche. Ich vertrat jedoch meine Meinung mit allem Nachdruck bis zu meiner Abreise aus Washington im September. So schrieb ich z. B. am 8. August in einer Denkschrift für meine Vorgesetzten im Ministerium:

> Wie Bohlen bei seinem Hiersein betonte, wird der Kreml in dem Fall, daß sich das Kriegsglück wendet, nicht darauf warten, etwas zu unternehmen, bis wir den 38. Breitengrad erreichen. Wenn wir beginnen, militärische Erfolge zu haben, dann wird es Zeit, auf der Hut zu sein; dann kann alles geschehen – die Beteiligung sowjetischer Streitkräfte, die Beteiligung chinesischer kommunistischer Streitkräfte, ein neuer Versuch zur Beilegung des Konflikts durch die Vereinten Nationen oder alle drei Maßnahmen zugleich.

Zwei Wochen später, kurz vor meinem Ausscheiden aus dem Ministerium, trug ich diese Auffassung in einer außerplanmäßigen Pressekonferenz vor einer Anzahl von Journalisten aus Washington vor. Als man mich fragte, wie die Russen im Falle einer Niederlage Nordkoreas reagieren würden, sagte ich, ich glaubte,

> daß die Russen nicht geneigt sein werden, stillzuhalten, wenn unsere Streitkräfte oder irgendwelche Streitkräfte der Vereinten Nationen ... die Nordkoreaner wieder über den 38. Breitengrad zurückwerfen sollten ... Sie würden vielleicht Nordkorea wieder besetzen oder unter Umständen andere Streitkräfte einsetzen, und das wären wahrscheinlich chinesische kommunistische Streitkräfte ... (niemand kann sagen, wer diese Streitkräfte wirklich befehligen wird) ... Es ist ganz klar, daß sie es uns nicht erlauben werden, die ganze Halbinsel hinaufzustürmen und unsere Stellungen siebzig oder achtzig Kilometer vor Wladiwostok einzurichten.

Meine Besorgnisse in diesem Zusammenhang erhöhten sich durch die Schwierigkeiten, die es uns im Außenministerium bereitete, vom Pentagon eine befriedigende Erklärung dafür zu bekommen, daß wir den Hafen Rashin an der Ostküste von Nordkorea bombardiert hatten. Dieser Umstand hatte in mir Zweifel daran geweckt, daß General MacArthur sich von irgend jemandem in Washington wirklich etwas sagen ließ, oder daß irgend jemand wirklich wußte, was er tat. Ich hatte den Eindruck, daß das offizielle Washington aus innenpolitischen Gründen das Schicksal unseres Landes und des Weltfriedens praktisch einer einzigen Behörde, nämlich dem Stabe des Generals MacArthur, in die Hand gegeben hatte, die wir nicht wirksam kontrollieren konnten. Am 21. August schrieb ich an den Außenminister Dean Acheson (für den mein Brief kaum eine Enthüllung gewesen sein kann):

> »Wenn wir dem General MacArthur eine so weitgehende Handlungsfreiheit zugestehen, wie er sie bei der Festlegung unserer Politik im nordasiatischen und westpazifischen Raum bisher gehabt hat, dann tolerieren wir einen Zustand, bei dem wir nicht absolut bestimmen können, welche Erklärungen in unserem Namen abgegeben und welche Maßnahmen in unserem Namen getroffen werden.«

Vor diesem Hintergrund wird man verstehen, daß ich den weiteren Verlauf des Koreakrieges nach meinem Eintreffen in Princeton Anfang September mit großer Sorge beobachtete und es mir nicht nur an Vertrauen und Begeisterung fehlte. In den ersten Oktobertagen überschritten unsere Streitkräfte den 38. Breitengrad. Im Oktober und November wurden deutliche Anzeichen dafür erkennbar, daß die Chinesen sich auf eine Intervention vorbereiteten. Am 21. November standen amerikanische Streitkräfte an der mandschurischen Grenze. Am 24. November verkündete MacArthur den Beginn einer »kriegsentscheidenden« Offensive. Am folgenden Tage griffen die Chinesen mit starken Kräften in die Kämpfe ein. Vom 26. bis zum 28. November wurden schließlich amerikanische Einheiten am Jalu durch überlegene chinesische Truppen geschlagen, und der amerikanische Rückzug begann. Da ich jetzt nicht mehr in Washington war, wußte ich natürlich nicht, daß inzwischen eine Reihe hochgestellter Persönlichkeiten dort meine ablehnende Haltung im Hinblick auf einen Vormarsch bis zur mandschurischen Grenze teilten und daß sogar die Joint Chiefs of Staff sich bis zu einem gewissen Grade dieser Auffassung angeschlossen hatten. Auch wußte ich nicht, daß General MacArthur versichert hatte – einmal persönlich gegenüber dem Präsidenten auf Wake Island und dann wieder in den ersten Novembertagen in Beantwortung einer direkten Anfrage aus Washington –, daß eine direkte russische oder chinesische Intervention nicht zu fürchten sei.[1] Ich wußte auch nicht, daß die chinesischen Kommunisten dem indischen Botschafter in Peking, Mr. K. M. Panikkar, am 3. Oktober 1950 gesagt hatten, China werde in den Krieg eintreten, wenn amerikanische Streitkräfte den 38. Breitengrad überschritten, und daß die amerikanische Regierung sich dieser Tatsache durchaus bewußt war.[2] Hätte ich das gewußt, dann wäre ich noch mehr beunruhigt gewesen. Was ich jedoch durch die Presse erfuhr, war schon entmutigend genug.

In den letzten Novembertagen sah die Lage besonders düster aus. Die Zeitungen waren voll von Berichten über die Katastrophe, in die wir geraten waren. Am 1. Dezember rief mich Charles E. Bohlen, der damals als Gesandter an unserer französischen Botschaft arbeitete, aus Paris an. Er sagte, er sei sehr beunruhigt, und zwar nicht nur wegen der Nachrichten aus Korea, sondern in diesem Zusammenhang besonders deswegen, weil er den Eindruck gewonnen habe, keiner der gegenwärtigen ranghöheren Berater der Regierung in Washington verfüge über ausreichende Erfahrungen in der Zusammenarbeit mit den Russen oder über eine genaue Kenntnis der sowjetischen Politik und Psychologie. Er sagte: »Ich rufe Sie an, um Sie dringend darum zu bitten, nach Washington zu gehen und General Marshall um eine Unterredung zu bitten, der, wie ich weiß, viel auf Ihre Ansichten gibt, und auch mit dem Außenminister zu sprechen, um ihm klarzumachen, welche Überlegungen ohne Zweifel hinter den russischen und chinesischen Reaktionen stehen, Zusammenhänge, über die Sie und ich schon immer einer Meinung gewesen sind.«

Auf diese Bitte bot ich dem Außenministerium durch die Vermittlung von Freunden in Washington meine Hilfe an. Am folgenden Tage teilte man mir mit, man werde mich gerne empfangen, und deshalb meldete ich mich am Sonntag, dem 3. Dezember, noch einmal im Büro des Außenministers.

Am gleichen Vormittag waren alarmierende Nachrichten von MacArthur eingetroffen.

Er sah jetzt keine Möglichkeiten für weitere Erfolge, ja nicht einmal für eine wirksame Verteidigung auf längere Sicht, »wenn unsere Bodentruppen nicht sofort durch sehr starke Kräfte verstärkt wer-

[1] Harry S. Truman, *Memoirs*, II. Band. *Years of Trial and Hope, 1946–1952*, 24. Kap., Garden City: Doubleday, 1956.

[2] Dean Acheson, *Present at the Creation: My Years in the State Department*, S. 452, New York: Norton, 1969.

den«.[3] Solche Kräfte standen Washington nicht zur Verfügung, und man wollte sich nicht in einen größeren Krieg verwickeln lassen. Eine Eskalation des Konflikts in diesem Ausmaß konnte auch nicht erfolgen, ohne daß die Vereinigten Staaten einen vollkommenen Bruch mit ihren in den Vereinten Nationen organisierten Verbündeten riskierten. Die Lage war deshalb im höchsten Maße gefährlich.

Der Außenminister war bei meiner Ankunft nicht in seinem Amt, sondern hatte eine Besprechung mit den militärischen Führern und dem Präsidenten über die Lage, wie sie sich nach dem Telegramm von MacArthur darstellte. Ich nahm zunächst an einer Besprechung über die militärische Lage beim Unterstaatssekretär Mr. James Webb teil und sprach dann persönlich mit ihm. Das Bild, das sich nach diesen Gesprächen ergab, war verworren, aber alarmierend. Nach meinem Tagebuch befand sich Mr. Webb

> augenscheinlich in einem Zustand großer Erregung. Er sagte, die militärischen Führer meinten, die einzige Alternative gegenüber dem Verlust praktisch aller militärischen Einrichtungen der Bodentruppen sei der vollständige Rückzug aus Korea. Sie glaubten, es blieben uns vielleicht 36 Stunden, um den Entschluß für einen geregelten Rückzug zu fassen. Wenn diese Entscheidung nicht getroffen würde, dann könne das zur totalen Katastrophe und zum Verlust unserer gesamten Streitkräfte führen. Er sagte, man diskutiere gegenwärtig die Haltung, die wir bei den Vereinten Nationen und bei den Gesprächen mit Attlee (dem britischen Premierminister) einnehmen sollten, mit dessen Eintreffen man am folgenden Morgen rechnete. Vor den Gesprächen mit den Briten würde keine endgültige Entscheidung getroffen werden. Eine Variante, über die man mit den Briten sprechen müsse, wäre die direkte Verbindungsaufnahme mit den Russen mit dem Ziel, einen Waffenstillstand in Korea auszuhandeln. Von mir erwarte man jetzt, wie er sagte, eine Beurteilung der Aussichten, die wir bei Verhandlungen über dieses Problem mit den Russen zur Zeit hätten.

Als der Außenminister nach dem Mittagessen in sein Büro zurückkam, bestätigte er diesen Auftrag. Man wünschte meine Meinung über die Aussichten direkter Verhandlungen mit den Russen zu hören, die vielleicht dazu führen könnten, uns aus der unangenehmen militärischen Lage herauszuhelfen. Ich zog mich deshalb zurück und

[3] Truman, *Memoirs*, Bd. II, S. 392.

machte mich, unterstützt von John Paton Davies und dem verstorbenen G. Frederick Reinhardt (der ebenfalls lange in Moskau gewesen war und längere Zeit mit Erfolg den Posten des amerikanischen Botschafters in Rom innegehabt hatte) daran, eine solche Lagebeurteilung zu verfassen.

Am 3. Dezember 1950 stellten wir eine vier eng beschriebene Seiten lange Denkschrift her, deren Inhalt zu dem Traurigsten und Unangenehmsten gehört haben muß, was je in die Akten des Außenministeriums gelangt ist. Etwas anderes konnten wir nicht tun.

Es war uns klar, daß es für diplomatische Gespräche über die Lage in Korea mit den Russen nur zwei Möglichkeiten gab. Entweder wir behandelten die Koreafrage als ein isoliertes Problem und lehnten es ab, sie mit den umfassenderen Problemen des Fernen Ostens als eines Gesamtgebietes in Verbindung zu bringen, oder wir betrachteten sie bei diesen Gesprächen als Teil einer ganzen Reihe von Fernostproblemen, zu welchen auch so schwierige Fragen gehörten wie diejenige eines japanischen Friedensvertrages oder die Frage unserer Politik gegenüber dem kommunistischen China.

Für Gespräche der letzteren Art waren wir natürlich völlig unvorbereitet. Wir befanden uns auf dem Höhepunkt der durch McCarthy ausgelösten Massenhysterie. Besonders die chinesische Lobby war aufs äußerste beunruhigt. Im Kongreß gab es scharfe Meinungsverschiedenheiten wegen unserer Fernostpolitik. Es konnte nicht der Versuch unternommen werden, diese Politik genau zu definieren, und insbesondere war es unmöglich, mit den Russen darüber zu sprechen, ohne einen innenpolitischen Sturm zu riskieren. Die Lage war so schwierig, daß wir nicht einmal mit unseren Verbündeten vernünftig darüber reden konnten.

Aber die Alternative – der Versuch, die Lage in Korea mit den Russen als isoliertes Problem zu behandeln, ohne sie mit den zahlreichen umfassenderen Fragen in Verbindung zu bringen, auf welche sie sich auswirken mußte – war für uns noch ungünstiger. Wir schrieben:

> Wollten wir bei unseren Gesprächen mit den Russen... einfach um einen sofortigen Waffenstillstand in Korea nachsuchen, ohne zugleich politische Vereinbarungen über die Zukunft von Korea oder andere Fernostprobleme anzustreben, dann würden die Füh-

rer im Kreml das wahrscheinlich so deuten, daß wir gezwungen seien, um jeden Preis Frieden zu schließen.
Sie würden diese Haltung als eine Bestätigung dafür ansehen, daß wir vor der Alternative stünden, entweder zu kapitulieren oder die vollständige Vernichtung unserer Truppen und eine militärische Katastrophe hinzunehmen. In einer solchen Lage würde es ihnen vor allem darauf ankommen, unsere Ausweglosigkeit voll auszunutzen und dabei unserem Prestige und der Geschlossenheit der nicht-kommunistischen Staaten den größtmöglichen Schaden zuzufügen. Da dies so ist, hätten sie keinen Grund, uns die Demütigung einer militärischen Katastrophe zu ersparen. Sie wären nicht daran interessiert, einen Waffenstillstand zu befürworten, es sei denn unter Bedingungen, die wenigstens unserem Prestige schadeten, wie dies auch bei einer Weiterführung der militärischen Operation erwartet werden kann ...
Seitdem wir Beziehungen zur Sowjetunion unterhalten, hat es wahrscheinlich noch keinen Zeitpunkt gegeben, der ungünstiger für Verhandlungen mit den sowjetischen Führern gewesen ist als der gegenwärtige ... Die Voraussetzung für jede befriedigende Verhandlung über die Lage in Korea wäre der Nachweis, daß wir die Fähigkeit besitzen, die Front irgendwo auf der koreanischen Halbinsel zu stabilisieren und starke kommunistische Streitkräfte längere Zeit zu binden. Wenn wir das nicht können, dann haben die Russen nach meiner Auffassung nicht die geringste Veranlassung, uns in der schwierigen Lage zu helfen, in der wir uns befinden ... Jeder Versuch, mit ihnen zu verhandeln, ohne daß wir selbst gute Karten in der Form irgendeines Druckmittels in der Hand haben, um sie in ihrem eigenen Interesse zu einer Übereinkunft zu veranlassen, wird von ihnen wahrscheinlich zu dem Zweck ausgenutzt werden, unsere Schwäche ins Licht der Öffentlichkeit zu stellen und die eigene Stellung in den Augen anderer Völker zu verbessern ... Die Voraussetzung für erfolgreiche Verhandlungen über politische Fragen wäre, daß wir eine Haltung einnähmen, die unsere Geschlossenheit, unsere Zuversicht und unsere gesammelte Stärke zum Ausdruck bringt.

Als ich mit diesem Schriftstück in das Büro des Außenministers Acheson kam, war es schon sieben Uhr abends. Für ihn gab es damals kein Wochenende und keine Zeit zum Ausspannen. Er war augenscheinlich müde und wollte gerade nach Hause fahren. Ich brachte es nicht übers Herz, diesen anstrengenden Sonntag für ihn noch durch die Vorlage einer so wenig hilfreichen Denkschrift zu verlängern und schlug ihm vor, es auf den nächsten Vormittag zu verschieben. Er bat mich aber sehr freundlich zu sich nach Hause, um mit ihm und Mrs. Acheson zu Abend zu essen. Ich nahm die Einladung dankbar an.[4] Ich weiß heute nicht mehr genau, was an diesem Abend im einzelnen besprochen worden ist, und ich besitze auch keine Aufzeichnungen darüber. Ich kann mich außer an den großen Charme von Mrs. Acheson nur an den für den Außenminister so charakteristischen Esprit erinnern, der ihn auch in den kritischsten Situationen nie verlassen hat, und ich weiß heute noch, daß ich ihm gegenüber Sympathie und Mitgefühl empfand und daß diese persönlichen Gefühle auch nicht gedämpft wurden, als unsere Meinungsverschiedenheiten sich in den folgenden Jahren verschärften. Hier erwies er sich als Gentleman, als untadeliger Ehrenmann, der versuchte, dem Interesse seines Landes zu dienen, während das offizielle Washington vor Zorn kochte und Verwirrung und Mißverständnisse die Szene beherrschten. Er trug die denkbar größte Last der Verantwortung für eine katastrophale Lage, an deren Entstehen er selbst nicht schuld war. Er mußte aber dennoch täglich die gehässigsten und ungerechtesten persönlichen Angriffe gerade der Männer ertragen – der Bewunderer des Generals MacArthur und seiner Parteigänger im Kongreß –, die diese Lage dadurch geschaffen hatten, daß sie darauf bestanden, das unkluge Abenteuer eines Vormarsches an den Jalu zu unternehmen. Keinen Augenblick habe ich ihm meine Bewunderung dafür versagen können, wie er diese schwere Belastung ertragen hat. Gerade dieser Abend – unsere Streitkräfte in Korea befanden sich auf dem Rückzug, viele unserer militärischen Führer waren der Panik nahe, und am folgenden Tag sollte der britische Premierminister eintreffen, um uns im Namen unserer Verbündeten in den Vereinten Nationen für unser Verhalten zur Rechenschaft zu ziehen – muß, das erkannte ich deutlich, für ihn der schwärzeste Augenblick in einer Karriere

[4] Diese Seiten sind ebenso wie alles andere, was ich über den verstorbenen Dean Acheson geschrieben habe, vor seinem Tode verfaßt worden. Ich bedaure, daß es nicht mehr möglich gewesen ist, ihn zu bitten, das Geschriebene in seiner unvergleichlichen Art selbst kritisch zu beurteilen. Ich kann es nur so vorlegen wie es ist und muß den Leser bitten, daran zu denken, daß Mr. Acheson die Dinge vielleicht anders im Gedächtnis behalten hat, und seine Auffassungen sich mit Sicherheit von den meinen unterschieden haben.

gewesen sein, in der es nicht an Prüfungen und Enttäuschungen gefehlt hatte.
Soweit ich mich erinnere, versuchte ich damals, ihm ein weiteres Gespräch über die Entscheidung zu ersparen, um die er den ganzen Tag gerungen hatte. Wir müssen aber, glaube ich, über die offensichtliche Unberechenbarkeit der Lagebeurteilung und des Verhaltens von General MacArthur und über die ängstlichen Reaktionen und unvernünftigen Vorschläge gesprochen haben, die jetzt überall in Washington zu sehen und zu hören waren, besonders in militärischen Kreisen und im Kongreß. Ich verabschiedete mich jedenfalls an jenem Abend in deprimierter Stimmung bei dem Gedanken, daß mein Gastgeber am folgenden Tage mit Sicherheit von Leuten umgeben sein würde, die augenscheinlich keine Ahnung davon hatten, wie man eine Niederlage mit Würde und in anständiger Haltung hinnimmt. Am folgenden Morgen setzte ich mich deshalb in der Hoffnung, seine Position für die Prüfungen des Tages zu stärken, hin und richtete eine handschriftliche Notiz an ihn. Er hat dieses Schreiben in seinem Buch *Present at the Creation* zitiert, aber ich bringe es hier noch einmal, weil es inhaltlich zu meinem Bericht gehört:

> Im Anschluß an unser Gespräch von gestern abend möchte ich noch eines sagen.
> In der Außenpolitik zählt ebenso wie im Privatleben nicht das am meisten, was jemandem geschieht, sondern wie es derjenige erträgt, dem es geschieht. Von jetzt an hängt deshalb alles davon ab, wie wir Amerikaner das ertragen werden, was für das Schicksal unserer Nation fraglos eine aus schweren Fehlern entstandene Katastrophe ist. Wenn wir sie unvoreingenommen, mit Würde und mit dem festen Entschluß hinnehmen, etwas daraus zu lernen und unsere Fehler durch doppelte, entschiedene Anstrengungen gutzumachen – ganz von neuem zu beginnen, wenn notwendig so wie seinerzeit nach Pearl Harbor –, dann brauchen wir weder unser Selbstvertrauen noch unsere Verbündeten noch auch unsere Verhandlungsposition zu verlieren, die wir gegenüber den Russen werden einnehmen müssen. Wenn wir aber versuchen, das ganze Ausmaß unseres Unglücks vor unserem eigenen Volk oder vor unseren Verbündeten zu verheimlichen, oder wenn wir uns selbst durch Großtuerei, Verbitterung oder Hysterie über unsere Lage hinwegzutäuschen versuchen, dann kann es nur allzu leicht geschehen, daß

diese Krise zu einer entschiedenen Verschlechterung unserer Stellung in der Welt führt – und daß unser Selbstvertrauen erschüttert wird.

Ich übergab ihm dieses Schreiben am nächsten Vormittag zusammen mit der offiziellen, von Davies, Reinhardt und mir am Vortage verfaßten Denkschrift. Beide Schriftstücke wurden bei der regulären Vormittagssitzung des Ministers mit seinen Chefberatern besprochen. Im Hinblick auf die offizielle Denkschrift gab es keine Meinungsverschiedenheiten. Man war sich darin einig, daß es im Augenblick zu nichts führen könne, wenn man versuchen wollte, in Gesprächen mit den Russen die Koreafrage als isoliertes Thema zu behandeln.[5] Es blieb jedoch noch die Frage der Militärpolitik offen. Ich konnte nicht einsehen, daß der vollständige und plötzliche Abzug aller militärischen Kräfte von der Halbinsel die einzige Antwort sei. Unter anderen teilte auch Dean Rusk[6] diese Auffassung. Nach meinem Tagebuch stellte er die Frage,

ob wir wirklich gezwungen seien, ganz Korea aufzugeben, und ob es nicht gut für uns wäre, wenn wir versuchten, einen Brückenkopf zu halten, besonders angesichts dessen, was ich über Verhandlungen mit den Russen gesagt hatte. Ich ergriff die Gelegenheit, die von ihm angedeutete Auffassung noch zu unterstreichen. Ich sagte, ich fürchtete, unsere militärischen Führer seien sich vielleicht nicht der Tatsache bewußt, wie ähnlich unsere Lage derjenigen sei, in welcher sich die Briten früher lange Zeit befunden hätten, und wie notwendig es für uns sei, gelegentlich und allein aufgrund des politischen Instinkts entschlossen eine Stellung zu halten, auch wenn es nach militärischen Gesichtspunkten nutzlos erscheine. Man könne sich hier niemals festlegen. Ich erinnerte an die Kämpfe in Nordafrika während des letzten Krieges und daran, daß sich das Kriegsglück oft drastisch gewendet hatte. Die Front an der nordafrikanischen Küste war mehrmals Hunderte von Meilen vor- und zurückverlegt worden. Hätten die Briten ihre Stellungen kurz vor Kairo nicht hartnäckig verteidigt, obwohl die Aussichten für sie sehr un-

[5] Am folgenden Tage sagte Mr. Acheson dem britischen Premierminister, Mr. Attlee, er hielte diesen Augenblick für »den ungünstigsten seit 1917 für Verhandlungen mit den Russen«. Er fügte hinzu, die Russen »glauben, die Trümpfe in der Hand zu haben, und werden keine Zugeständnisse machen«. (Acheson, *Present at the Creation*, S. 482.)

[6] Dean Rusk, der spätere Außenminister, war damals stellvertretender Unterstaatssekretär für politische Angelegenheiten.

günstig zu sein schienen, dann hätten sie nie den endgültigen Sieg davongetragen. Ich sagte, wenn wir beweisen könnten, daß wir in Mittel- oder Südkorea in der Lage seien, eine Verteidigungslinie oder einen Brückenkopf zu halten, um starke feindliche Kräfte zu binden, dann glaubte ich nicht, daß dem Gegner die Fortsetzung der Kämpfe angesichts unserer Luftangriffe gegen seine rückwärtigen Verbindungslinien aussichtsreich erscheinen würde.

Ich kann mich nicht daran erinnern, daß bei der Vormittagsbesprechung irgend jemand dieser Lagebeurteilung widersprochen hätte. Für uns lag die Problematik offenbar nicht hier im Außenministerium, sondern ganz woanders. Rusk, Matthews[7] und ich brachen sofort nach der Sitzung auf, um auf Veranlassung des Außenministers zum Pentagon zu fahren und dort den General George Marshall aufzusuchen, der erst vor kurzem des Amt des Verteidigungsministers übernommen hatte. Hier fanden wir, wie wir mit Sicherheit erwartet hatten, einen ruhigen, klugen und zuverlässigen Verbündeten. In mein Tagebuch schrieb ich, der General habe

sich mit unseren Auffassungen prinzipiell ganz einverstanden erklärt. Es sei, wie er sagte, unmöglich, zum gegenwärtigen Zeitpunkt festzustellen, ob man irgendeine Linie oder einen Brückenkopf halten könne. Wichtig sei vor allem die Sicherheit der dort eingesetzten Truppen, die nicht gefährdet werden dürfe. Zuerst müßten wir feststellen, ob man die Streitkräfte an der Ostküste evakuieren könne, und zwar in welchem Zustand und mit welcher Ausrüstung. Dann müßten wir uns Gewißheit über die Lage im Raum Seoul–Inchon verschaffen. Gegenwärtig würde die Situation noch durch die nach den Kämpfen eingetretene Verwirrung verschleiert, und wir besäßen keine ausreichenden Informationen.
Im Hinblick auf die grundsätzliche Frage, die wir gestellt hatten, erinnerte der General an seine Erfahrungen, die er in Bataan und Corregidor gesammelt hatte, und führte diese Ereignisse als Beispiele dafür an, wie wichtig es sein könne, eine Stellung aus Gründen des Prestiges und der Moral hartnäckig zu verteidigen.

Noch ehe wir das Gespräch mit General Marshall beendet hatten, kam der damalige stellvertretende Verteidigungsminister Robert A.

[7] H. Freeman Matthews, damals stellvertretender Unterstaatssekretär.

Lovett hinzu, der gerade im Abgeordnetenhaus auf Capitol Hill gewesen war, um dort die Mitglieder des Kongreßausschusses für die Streitkräfte über die Lage zu informieren und diese mit ihnen zu besprechen. Wie er berichtete, waren die meisten Mitglieder des Kongresses der Auffassung, daß wir einen Fehler begangen hatten, als wir nach Korea gingen, und daß wir uns so schnell wie möglich von dort zurückziehen sollten. Ich war einigermaßen erstaunt, das zu hören, aber der General nahm den Bericht mit Gleichmut auf. Er sagte, ein solcher Meinungsumschwung im Kongreß sei nichts Neues. Auch die gegenwärtige Stimmung werde unter Umständen nicht lange vorhalten.[8]

Um die Mittagszeit war die Angelegenheit erledigt. Als wir in das Ministerium zurückkamen, aßen wir mit dem Außenminister Acheson, der vorher beim Präsidenten Truman gewesen war, zu Mittag. Die Entscheidung des Präsidenten war wie immer in Krisensituationen klar und entschlossen. Mr. Acheson berichtete, er sei mit dem Vorschlag, wir sollten Korea räumen, durchaus nicht einverstanden. Wir würden dort bleiben und kämpfen, solange es möglich sei.

Der britische Premierminister, Mr. Clement Attlee, traf am gleichen Nachmittag in Washington ein, und die Gespräche zwischen ihm und den führenden Mitgliedern unserer Regierung begannen am folgenden Vormittag. Für diese Gespräche wurde ich als Berater nicht benötigt. Ich glaube, ich stimmte insofern mit dem Präsidenten und dem Außenminister überein, als ich meinte, die Briten sollten sich damit zufriedengeben, daß wir ihnen versicherten, wir würden weder Südkorea ganz aufgeben noch die kriegerische Auseinandersetzung so weit treiben, daß ein neuer Weltkrieg daraus entstehen könne. Ich war mit ihnen der Ansicht, daß es nicht notwendig sei, weiter zu gehen und zu versuchen, schon jetzt im Hinblick auf das dornige Chinaproblem zu einer Übereinstimmung zu kommen. Diese Angelegenheit ließ man daher auch ruhen. Ich blieb in Washington nur noch, um (augenscheinlich mit Erfolg) einige für die UN begeisterte höhere Beamte im Ministerium von dem Versuch abzuhalten, eine weitere Resolution der Vereinten Nationen zur Verurteilung der chinesischen Kommunisten als Aggressoren durchzusetzen (ein Unternehmen, das

[8] Diese Zusammenfassung der Reaktion von General Marshall entspricht fast genau dem, was Mr. Acheson in seinen Erinnerungen schreibt (*Present at the Creation*, S. 477), stammt jedoch aus meinen damals niedergeschriebenen Notizen.

eine Auseinandersetzung zwischen uns, den Briten und anderen Staaten wegen der Chinafrage zur Folge gehabt hätte). Dann kehrte ich nach Princeton zurück. Die größte Gefahr – die des vollständigen Abzugs aus Korea – war durch die Standhaftigkeit des Präsidenten und die vernünftige Haltung des Außenministers und des Verteidigungsministers für den Augenblick gebannt. Aber die allgemeine Lage war so, daß ich den Zug nach Princeton an jenem Nachmittag in recht verzweifelter Stimmung bestieg. In Washington herrschte offenbar eine große und für uns beschämende Verwirrung. Am gleichen Tage schrieb ich an Bohlen:

»Sie haben mit Ihrer Besorgnis recht gehabt, wenn Sie glaubten, Washington müsse eine andere Haltung einnehmen. Aber heute ist es zu spät, mehr zu tun, als die Scherben zusammenzufegen. In erster Linie sind wir die Opfer absolut unglaublicher und horrender militärischer Fehler. Aber selbst das hätte uns nicht in ein so böses Dilemma bringen können, wie wir es heute erleben, wenn die Grundlage unserer Außenpolitik in den letzten Wochen und Monaten eine realistische und nicht eine legalistische gewesen wäre. Sie werden mir vielleicht vorwerfen, daß ich nicht mehr getan habe, um die Lage wiederherzustellen. Denken Sie aber daran, daß es für jeden von uns eine bestimmte Grenze gibt, bis zu der er gehen kann, wenn er sich nützlich machen will, und das ist der Punkt, an dem man dem anderen so sehr auf die Nerven geht, daß er einem nicht mehr mit Respekt zuhören will. Dem Umstand, daß ich in den letzten Wochen nicht in Washington gewesen bin, habe ich es zu verdanken, jene Grenze nicht überschritten zu haben. Ich bin jedoch sicher, daß es geschehen wäre, wenn ich meine bisherige Stellung im Ministerium behalten hätte. Ich würde sicher auch sehr bald dort landen, wenn ich noch länger die Rolle einer ›Wanderniere‹ spielen würde, wie Sie das so treffend genannt haben.«

Die Aufgabe, die Front auf der Mitte der Halbinsel zu stabilisieren, erwies sich natürlich als absolut durchführbar. Bei den Chinesen machte sich, als sie hier ankamen, die Länge ihrer Nachschublinien bemerkbar, und bald war das Gleichgewicht der Kräfte einigermaßen wiederhergestellt. Damit war auch die Basis für Waffenstillstandsverhandlungen gegeben, denen ich mich in der ungünstigen Lage des Dezember 1950 widersetzt hatte. Es gab jetzt auch eine politische

Grundlage für solche Verhandlungen, nicht nur weil unsere Regierung endlich bereit war, zu erkennen, daß der Versuch, ganz Nordkorea mit Waffengewalt zu befreien, unklug sei, sondern auch deshalb, weil Präsident Truman so mutig gewesen war, General MacArthur seines Postens zu entheben und damit unsere Koreapolitik unter die Kontrolle Washingtons zu bringen. Aber jetzt im späten Frühjahr 1951 erhob sich die Frage, wie konnten wir, ohne uns eine demütigende Abfuhr zu holen oder sie zu riskieren, feststellen, ob die Russen gewillt seien, solche Verhandlungen zuzulassen und zu unterstützen. Eine offizielle Initiative unsererseits, die nur eine uns beleidigende Absage der Nordkoreaner zur Folge hätte, wäre unter Umständen viel schlimmer als gar keine Initiative.

Am 6. Mai 1951 schrieb Mr. Stewart Alsop in der *New York Herald Tribune* über die Konsequenzen eines Vormarsches in das Gebiet nördlich des 38. Breitengrades und gab dabei in einer Gegenüberstellung meinen allgemein bekannten Auffassungen über die Gefahren eines solchen Vormarsches den Vorzug gegenüber gewissen öffentlichen Erklärungen, die General MacArthur kürzlich abgegeben hatte. Wie Mr. Alsop berichtete, hatte General MacArthur gesagt: »Ich glaube nicht, daß irgend etwas, was in Korea oder anderswo in Asien geschieht, die grundlegende Entscheidung (des Kreml) darüber, ob (die Sowjets) offen im Koreakrieg intervenieren sollten oder nicht, beeinflussen würde.« Das stand natürlich im direkten Widerspruch zu meiner Meinung, daß die Russen im Hinblick auf die Sicherheit an ihren Grenzen im Fernen Osten und der mandschurischen Grenze äußerst empfindlich wären und sicherlich militärisch reagieren würden, bevor sie uns erlaubten, jenes Gebiet militärisch zu besetzen.

Alsop fügte hinzu: »Kennan glaubt, daß ein wirklicher politischer Sieg in Korea bald möglich sein könnte, wenn wir nicht wieder den verhängnisvollen Fehler begehen, die ›bedingungslose Kapitulation‹ zu fordern. Gelingt das nicht, dann kann es in jedem Fall zum Kriege kommen. Es wird jedoch berichtet, Kennan glaube, bevor wir durch die Hintertür in einen Weltkrieg hineingerieten, müßten wir eine letzte Anstrengung unternehmen, und zwar auf dem Wege der Geheimdiplomatie, um wenigstens zu einer vorläufigen Übereinkunft mit den eigentlichen Herren der Lage, den Männern im Kreml, zu kommen.«

Dieser Bericht war nicht falsch und hat augenscheinlich auch seine Wirkung gehabt. Zwölf Tage später wurde ich nach Washington gerufen und gefragt, ob ich mich darum bemühen wollte, privat mit dem sowjetischen Vertreter im Sicherheitsrat der Vereinten Nationen, Herrn Jakob Malik, die Verbindung aufzunehmen, um ihm die Haltung und die Absichten unserer Regierung zu erläutern und, wenn möglich, etwas über die Haltung und die Absichten seiner Regierung zu erfahren. Ich sollte dabei zu erkennen geben, daß unser Gespräch ein ganz inoffizielles, exploratives sei, daß sich keine Regierung durch den Ausgang dieser Aussprache gebunden fühlen werde, und daß über die Tatsache unseres Zusammentreffens und den Inhalt unserer Gespräche nichts offiziell verlautbart werden würde. In einer Beziehung war ich vielleicht für diese Aufgabe besser geeignet als die meisten anderen, weil ich die russische Sprache beherrsche und mit Herrn Malik unter vier Augen und ohne Dolmetscher sprechen konnte, wodurch gewisse Protokollfragen vereinfacht und Sicherheitsprobleme gelöst wurden.

Mr. Dean Acheson hat die Vorgeschichte dieser Gespräche und den Erfolg, den man ihnen zuschreiben darf, in seinen Erinnerungen gut und richtig geschildert.[9] Sie fanden am 1. und 5. Juni 1951 statt. Sie waren insofern ein Erfolg, als sie, ohne daß es öffentlich bekannt wurde, den Hintergrund für die Erklärung Maliks vom 23. Juni in einer Rundfunksendung der Vereinten Nationen bildeten, nach der die sowjetische Regierung der Auffassung war, der Koreakonflikt ließe sich beilegen. Der erste Schritt müßten Gespräche zwischen den Kriegführenden sein (zu denen die Sowjetunion offiziell nicht gehörte), und ein solcher Schritt könne Erfolg haben, »wenn beide Seiten die Kämpfe wirklich einstellen wollen«.

Wie jedermann weiß, wurden – angeregt durch diese sowjetische Initiative – sehr bald offizielle Gespräche eingeleitet. Sie nahmen lange Zeit in Anspruch, waren ermüdend, und sie bereiteten den Amerikanern und den Vereinten Nationen unwahrscheinlich viel Ärger. Es muß für die amerikanischen Unterhändler zeitweilig schwer gewesen sein, zu glauben, daß ihre koreanischen Verhandlungspartner etwas anderes im Sinne hatten als sie vom Verhandlungstisch zu vertreiben und die Feindseligkeiten wieder zu eröffnen. Wie Mr. Acheson meint, ist es möglich, daß die Verhandlungen günstiger verlaufen wären, wenn wir uns damit abgefunden hätten, von einer am 38. Breitengrad gelegenen Demarkationslinie auszugehen, anstatt auf einer Linie zu bestehen, die etwas weiter nördlich lag. Ob dies nun

[9] Acheson, *Present at the Creation,* S. 532-533.

richtig oder falsch war, auch hier haben militärische Überlegungen wieder ein größeres Gewicht gehabt als politische. Jedenfalls waren die Verhandlungen außerordentlich zäh und für uns oft sehr unerfreulich. Einige unserer Unterhändler hätten mich wahrscheinlich verflucht, wenn sie gewußt hätten, welche Rolle ich dabei gespielt hatte, sie zu ermöglichen – und ich hätte ihnen das auch gar nicht übelnehmen können.
Tatsache ist es jedoch, daß die Gespräche geführt wurden. Während dieser Zeit wurde meist nicht gekämpft. Am Schluß einigte man sich auf die neue Demarkationslinie, die auch wirklich für die Südkoreaner günstiger lag als die vor Beginn des Koreakrieges bestehende. Während es für alle auf nichtkommunistischer Seite daran Beteiligten niemals eine leichte oder angenehme Aufgabe gewesen ist, diese Linie zu halten, hat das schwere und meist nutzlose Blutvergießen der unglücklichen Jahre 1950 und 1951 sich nicht wiederholt.

Wie man sieht, habe ich hier eine verhältnismäßig unbedeutende Rolle gespielt. Es war, nachdem ich mich 1950 erfolglos gegen ein Vorrücken der Streitkräfte von MacArthur über den 38. Breitengrad hinaus gestellt hatte, ganz einfach mein Auftrag, meinen kleinen, aber nicht unwichtigen Beitrag dabei zu leisten, das Militär zur Vernunft zu bringen, nachdem diese verhängnisvollen Fehler zu den vorhersehbaren Folgen geführt hatten, um dann, nachdem die Folgen dieses Rückschlages aufgefangen worden waren und die Lage sich stabilisiert hatte, in ähnlicher Weise an der Ermöglichung des Übergangs von der offenen Feindseligkeit zu einem Waffenstillstand teilzunehmen, währenddessen die Lage zwar noch gespannt und unsicher blieb, aber doch erträglicher wurde. Dieser Waffenstillstand ist trotz schmerzlicher Spannungen bis zum heutigen Tage bewahrt geblieben. Ich glaube, trotz aller damit verbundenen Schwierigkeiten muß man ihn der Alternative vorziehen, der wir damals gegenüberstanden, die Feindseligkeiten auf der koreanischen Halbinsel mit der Verfolgung militärischer und politischer Ziele fortzusetzen, deren Verwirklichung, je näher sie gerückt wäre, mit allergrößter Wahrscheinlichkeit die Russen gegen uns auf den Plan gerufen und zugleich zum Ausbruch des dritten Weltkrieges geführt hätten.
Aus dieser Geschichte können wir zwei Lehren ziehen. Die erste wird überall dort gezogen, wo etwas über diesen Abschnitt in der amerikanischen Geschichte geschrieben worden ist. Sie lautet, daß es eine

schreckliche Gefahr bedeutet, die Politik einer Nation nur durch militärische Überlegungen bestimmen zu lassen. Hätte man den Militärs nachgegeben (und damit meine ich die Gesamtkombination von MacArthur und den Joint Chiefs of Staff in Washington), wären sie nicht – angesichts einer bisher nicht dagewesenen heftigen politischen Opposition – durch den Außenminister des Präsidenten Truman, Dean Acheson, und den General Marshall in kluger Weise diszpliniert worden, dann wäre es mit größter Wahrscheinlichkeit zur Katastrophe gekommen.

Die zweite Lehre wird in diesem Falle nur in den Erinnerungen von Mr. Acheson und in meinen Memoiren erwähnt. Sie besteht darin, daß man erkennen muß, welchen großen und manchmal entscheidenden Wert streng geheime, inoffizielle exploratorische Kontakte sogar zwischen politischen und militärischen Gegnern haben, und zwar wenn man solche Kontakte neben den offiziellen und der Öffentlichkeit bekannten außenpolitischen Begegnungen pflegt – aber diese Lehre wird in der amerikanischen Außenpolitik leider nur selten beachtet und läßt sich hier vielleicht auch nur schwer befolgen.

III

Der Ferne Osten

Bevor wir das Thema des Koreakrieges abschließen, wird es sich lohnen, daß wir uns mit einem weiteren politischen Aspekt beschäftigen, besonders weil damit der Zusammenhang deutlich wird, der zwischen jenem Konflikt und den umfassenderen Problemen der amerikanischen Fernostpolitik der damaligen Periode bestand. Es geht hier nicht darum, was im Verlauf der Feindseligkeiten in Korea geschehen ist oder was wir hätten tun sollen, sondern um die Motive und Überlegungen, welche die sowjetischen Führer vielleicht veranlaßt haben, den Angriff Nordkoreas überhaupt zu sanktionieren und zu unterstützen.

Im ersten Band dieser Memoiren habe ich gesagt, daß Stalin unter anderem auch dadurch veranlaßt worden sein könnte, diesem Vorgehen zuzustimmen, daß »wir uns eben entschlossen hatten, sofort in Verhandlungen über einen separaten Friedensvertrag mit Japan einzutreten, an dem die Russen nicht beteiligt sein würden, und daß wir in Verbindung mit diesem Abkommen amerikanische Truppenverbände und militärische Einrichtungen für unbestimmte Zeit auf japanischem Boden unterhalten würden«.[1]

Wenn man diese Feststellung richtig beurteilen will, dann muß man sich erinnern, daß ich, als ich 1948 (siehe S. 393-394 des ersten Bandes dieser Memoiren im amerikanischen Original) dringend empfohlen hatte, »daß zu dieser Zeit über den möglichen Abschluß eines Friedensvertrages keine Entschlüsse gefaßt werden sollten«, dies in der Hoffnung tat, »es werde uns schließlich möglich sein, mit den Russen zu einem allgemeinen Einverständnis im Hinblick auf die Sicherheit des nordwestlichen pazifischen Raumes zu gelangen, was (den Abschluß eines separaten Friedensvertrages) unnötig machen würde«.

[1] *Memoirs, 1925-1950*, S. 498, Boston: Atlantic-Little, Brown, 1967.

Sobald sich die Lage in Japan innenpolitisch stabilisiert hatte und das Land über Kräfte verfügte, welche ausreichten, um es gegen Subversion zu schützen und die innere Sicherheit zu garantieren, würden wir – so schien es mir – es uns leisten können, »den Russen praktisch den Abzug unserer Streitkräfte vom japanischen Archipel im Austausch gegen ein Abkommen anzubieten, das uns Garantien gegen die Einbeziehung von ganz Korea in den kommunistischen Machtbereich geben würde (was Okinawa betraf, war ich mir nicht so sicher)«.[2]
Mit Rücksicht auf diese Möglichkeiten hatte ich gehofft, wir würden nicht auf den Abschluß eines japanischen Friedensvertrages drängen, besonders nicht auf einen Separatfrieden, der uns verpflichten würde, ständig amerikanische Truppenbasen in Japan zu unterhalten, bevor wir mit den Russen über alle Möglichkeiten gesprochen hatten, eine Regelung zu finden, der auch sie zustimmen könnten.
Wie gesagt, waren dies meine Hoffnungen im Jahre 1948 gewesen, als General Marshall Außenminister war. Es wäre irreführend zu behaupten, Dean Acheson sei, als er Außenminister wurde, nicht damit einverstanden gewesen. Ich bin sicher, er hat niemals etwas davon erfahren, und ich bezweifle, daß irgend jemand in der Fernostabteilung des Ministeriums sich veranlaßt gesehen hat, ihm diese Gedanken vorzutragen. Ich habe im ersten Band meiner Erinnerungen meinem Zweifel daran Ausdruck verliehen, daß in den mit so viel Arbeit angefüllten Monaten der Jahre 1949 und 1950, als sich der Koreakonflikt entwickelte, außer mir irgend jemand im Ministerium so ungewöhnliche Vorstellungen hätte entwickeln können.[3] Auch Dean Acheson hat, als er seine Erinnerungen schrieb, dieser Auffassung aufrichtig (und mit einem Augenzwinkern) zugestimmt.[4]
Mr. Dean Acheson kam daher bei Konsultationen mit seinen Beratern von der Fernostabteilung des Ministeriums und mit den Briten, aber keineswegs in Gesprächen mit mir, im Herbst 1949 zu dem Schluß, es sei sowohl wünschenswert als auch dringend notwendig, auf den baldigen Abschluß eines Friedensvertrages mit Japan ohne Rücksicht auf die Einwände der Russen und, wenn notwendig, auch ohne ihre Zustimmung und Teilnahme hinzuarbeiten. Die Tatsache, daß es fast ein Jahr dauerte, das Einverständnis der Joint Chiefs of

[2] Ebenda, S. 394.
[3] Ebenda, S. 395.
[4] Dean Acheson, *Present at the Creation: My Years in the State Department*, S. 429-430, New York: Norton, 1969.

Staff zu diesem Vorhaben zu gewinnen, ändert nichts daran, daß es in den letzten Monaten des Jahres 1949 und in den ersten Monaten des Jahres 1950 der Wunsch und die Politik des Außenministeriums gewesen ist, in dieser Richtung vorzugehen.

Dean Acheson hat mich in seinen Erinnerungen (S. 429-430) für die Ansichten, die ich eben vorgetragen habe, und besonders für die Vermutung, unsere Entscheidung, »einen Friedensvertrag anzustreben, der es möglich machen soll, Japan als Verbündeten zu gewinnen«, könne etwas damit zu tun haben, daß die Sowjets ihre nordkoreanischen Schützlinge gegen uns ins Feld schickten, streng getadelt. Die endgültige Entscheidung, einen solchen Vertrag abzuschließen, wurde, wie er ausdrücklich betonte, in Washington erst drei Monate nach Ausbruch der Feindseligkeiten in Korea gefällt, aber wie hätten die Russen unter solchen Umständen darauf vorbereitet sein können? Und warum, so fragt Acheson weiter, sollte irgend jemand angenommen haben, die sowjetische Politik könne durch solche »unilateralen« Zugeständnisse, wie ich sie implizite empfohlen hätte, beeinflußt werden? Mir scheint, jede dieser Fragen verlangt eine Antwort. Ich bedaure, daß diese Antworten nicht gegeben werden konnten, solange Dean Acheson noch am Leben war, und daß sie daher nicht der Überprüfung durch sein scharfes und skeptisches Auge und seine spitze Feder unterzogen worden sind. Ich muß sie dennoch geben und den Leser bitten, daran zu denken, daß es nicht möglich gewesen ist, sie dieser Prüfung zu unterziehen.

Es fällt mir schwer zu glauben, daß die Russen auf die endgültige Beilegung der Differenzen zwischen dem Außenministerium und dem Pentagon wegen des Zeitplanes für unsere neuen Bemühungen um einen Friedensvertrag mit den Japanern gewartet haben sollten, ehe sie über das, was in Washington vorging, ihre eigenen Vorstellungen entwickelt hatten. Ich würde annehmen, daß es allen Verantwortlichen in Moskau *spätestens Mitte Februar 1950* (ich betone hier das Element der Zeit) klar gewesen ist, daß 1) der Vertrag, um den sich das Außenministerium bemühte, ein separater Friedensvertrag sein sollte (es sei denn, die Russen wollten sich einer Sache anschließen, der sie niemals zugestimmt hatten und an der eine Beteiligung ihnen nicht vorgeschlagen worden war); 2) dieser Vertrag zugleich eine Übereinkunft bezeichnete oder von ihr begleitet würde, durch welche Japan ein Militärbündnis auf die Dauer mit den Vereinigten Staaten schloß; 3) der Vertrag es den Amerikanern erlauben würde, den japanischen Archipel als ständige Basis für ihre Streitkräfte zu benutzen und 4) die noch bestehenden Meinungsverschiedenheiten innerhalb des offiziellen amerikanischen Establishment in dieser Angelegenheit die endgültige Verwirklichung eines solchen Programms bestenfalls verzögern, nicht aber verhindern könnten. In den ersten Monaten des Jahres 1950 gab es in der japanischen Presse – aus den Veröffentlichungen der *Nippon Times* läßt sich das ersehen – zahlreiche Berichte, aus denen dies alles klar zu entnehmen war. Und sogar Mr. Acheson hatte am 12. Januar 1950 vor dem Nationalen Presseklub gesagt, daß

> die Niederlage und die Entwaffnung Japans es notwendig gemacht haben, daß die Vereinigten Staaten die militärische Verteidigung Japans übernehmen, *solange das erforderlich ist,* und zwar sowohl im Interesse unserer Sicherheit im gesamten pazifischen Raum als auch – in allen Ehren – im Interesse der japanischen Sicherheit ... Ich kann Ihnen versichern, daß keineswegs die Absicht besteht, die Verteidigung Japans aufzugeben oder zu schwächen, und daß diese *Verteidigung aufrechterhalten werden muß und wird, gleichgültig welche zeitweiligen oder dauernden Vereinbarungen getroffen werden sollten* (Kursivierung vom Verf.).

Diese Sprache ließ an Klarheit nichts zu wünschen übrig, und es gibt keinen Grund daran zu zweifeln, daß die Russen verstanden haben, was damit gemeint war. Am 24. Januar 1950 stellte die *Prawda* fest, diese Worte von Mr. Acheson bedeuteten »in konkrete Begriffe übersetzt, daß die amerikanischen Imperialisten sich in Japan festgesetzt haben und es nicht mehr verlassen wollen«.

Etwa einen Tag nach Erscheinen dieser Erklärung in der *Prawda* begaben sich die amerikanischen Joint Chiefs of Staff gemeinsam auf eine Besichtigungsreise zu den amerikanischen Truppen und Militärbasen in Japan. Aus zahlreichen Presseberichten ging hervor, daß der Besuch mit der Absicht gekoppelt war, viele dieser militärischen Anlagen zu Dauereinrichtungen zu machen, und auch Moskau nahm das zur Kenntnis. In der Regierungszeit Stalins erschienen in den sowjetischen Zeitungen keine ausländischen Presseberichte, es sei denn, man verfolgte einen bestimmten Zweck damit. Es war deshalb kein Zufall, daß am 4. Februar in der sowjetischen Presse ein Bericht aus Tokio über den Besuch der Joint Chiefs of Staff erschien, der als Beweis für die besondere Bedeutung dieses Besuchs die Erklärung des

Admirals Decker, des Befehlshabers der Flottenbasis in Yokosuki, zitierte, in der es hieß, die amerikanische Flotte brauche diese Basis als Dauereinrichtung.

Mitte Februar 1950 erschien in der Zeitschrift *U. S. News & World Report* ein zwei Seiten langer Artikel zum Thema der amerikanischen Militärbasen in Japan. Hier hieß es zu Beginn, die amerikanischen Chiefs of Staff hätten »soeben Tokio mit Plänen verlassen, in Japan ständige Militärbasen zu errichten. Es werden mindestens drei Luftbasen, eine Marinebasis und ein Armeestab benötigt.« Es folgte eine genaue Beschreibung der betreffenden Basen, und auf einer großen Karte war auch ihre Lage eingetragen. Diese Karte zeigte übrigens auch, daß Südkorea außerhalb des amerikanischen Verteidigungsgürtels lag (verständlich angesichts der wiederholten Erklärungen von Angehörigen der amerikanischen Regierung, zu denen auch Mr. Acheson gehörte). Weiter hieß es, die Regierung Yoshida sei »bereit, Basen an die Vereinigten Staaten im Austausch gegen militärische Daueramachungen zwischen Amerikanern und Japanern abzutreten«. Dabei würde Yoshida sicherlich mit einem heftigen internationalen Widerstand rechnen müssen. Aber dann schrieb das Blatt, »was man in Japan erwarten muß«, hinge schließlich von Entscheidungen ab, »die in Washington und nicht in Tokio fallen werden«.[5]

Wieder begriffen die Russen sehr schnell, worum es hier ging. Der Artikel erschien gleichzeitig mit dem Abschluß des chinesisch-sowjetischen Vertrages in Moskau am 14. Februar. Das war die erste grundlegende und offizielle Übereinkunft zwischen Sowjetrußland und dem neuen revolutionären China, das Ergebnis von Verhandlungen, die Mao während eines zweimonatigen Aufenthaltes in der Sowjetunion geführt hatte. Es gibt gute Gründe zu glauben, daß der Wortlaut des Artikels I jenes Vertrages, der die Vertragspartner zu Maßnahmen »mit dem Ziel der *Verhinderung* aggressiver Akte von seiten Japans *oder irgendeines anderen Staates, der sich direkt oder indirekt mit Japan verbünden sollte, um Akte der Aggression durchzuführen,*«[6] verpflichtet, gerade im Hinblick darauf abgefaßt worden ist, daß der Status der Vereinigten Staaten in deren Beziehungen zu Japan sich voraussichtlich bald von dem einer Besatzungsmacht in den eines Ver-

[5] *U. S. News & World Report,* 17. Februar 1950, S. 26–27.

[6] Das hier verwendete Wort war »Verhinderung« und nicht »Abwehr«. Das sollte man nicht vergessen, wenn man die Motive für den Angriff Nordkoreas beurteilen will.

bündeten verwandeln würde. Wie das auch sein mag, als die *Prawda* zwei Tage später die offizielle sowjetische Interpretation des chinesisch-sowjetischen Vertrags in einem ausführlichen Leitartikel auf der ersten Seite darstellte, druckte sie bezeichnenderweise in den Nachrichtenspalten der gleichen Ausgabe einen genauen Bericht über den oben erwähnten Artikel in der Zeitschrift *U. S. News & World Report* ab. In dem redaktionellen Kommentar zu dem Vertrag brachte die *Prawda* außerdem einen Abschnitt, der den in der Nachrichtenspalte zitierten Artikel offenbar illustrieren sollte. Nachdem der redaktionelle Kommentar die Behauptung wiederholt hatte, die Vereinigten Staaten machten Japan zu ihrer militärischen Basis, hieß es weiter unten: »Gerade in dieser Absicht verzögern führende Kreise in den Vereinigten Staaten den Abschluß eines Friedensvertrags mit Japan, während sie nach Mitteln suchen, einen Separatfrieden mit Japan abzuschließen, der ihnen die Möglichkeit geben soll, das Land auf unbestimmte Zeit besetzt zu halten und ihre Streitkräfte längere Zeit dort zu stationieren.«[7] Die Tatsache, daß in einem in so ernstem Ton abgefaßten Leitartikel so wichtigen Inhalts darauf Bezug genommen wurde, ist Beweis genug für jeden, der die Praktiken der sowjetischen Presse kennt, daß die Frage eines japanischen Friedensvertrages auch mit den Bestimmungen des erwähnten chinesisch-sowjetischen Vertrages im Zusammenhang stand, und wir können andererseits sicher sein, daß die Bestimmungen jenes Vertrages ihre Auswirkungen auf das Verhalten beider Vertragspartner während der entscheidenden, dann folgenden Monate in ihrer Politik gegenüber Korea gehabt haben.

In den Wochen zwischen dem Abschluß des chinesisch-sowjetischen Paktes und dem Ausbruch des Koreakrieges erlaubte man es dem sowjetischen Zeitungsleser nicht, zu vergessen, daß die Vereinigten Staaten ein Militärbündnis mit Japan vorbereiteten. Am 19. März kommentierte die *Prawda* die von Mr. Acheson in seiner am 16. März in Berkeley gehaltenen Rede geäußerten Ansichten zur Frage des japanischen Friedensvertrages und besonders seine Behauptung, die Sowjetunion blockiere den Fortschritt auf dem Wege zu einem sol-

[7] Wenn die Zeitung davon sprach, daß die Regierung der Vereinigten Staaten den Abschluß eines Vertrages »verzögerte«, dann bedeutete das natürlich die Verzögerung des Abschlusses im Rat der Außenminister, in dessen Rahmen die Verhandlungen über einen Friedensvertrag nach dem Willen der sowjetischen Regierung geführt werden sollten, eines Generalvertrages, bei dem auch die sowjetische Regierung ein Vertragspartner sein würde.

chen Vertrag. Die *Prawda* schrieb: »Es würde Mr. Acheson wahrscheinlich keine Schwierigkeiten bereiten, sich an seine jüngste Erklärung zu erinnern, in der er behauptete, gleichgültig ob ein Friedensvertrag mit Japan unterzeichnet würde oder nicht, die Vereinigten Staaten seien in keinem Falle bereit, Japan zu räumen.«

Es ist schwer zu verstehen, wie man angesichts solcher Erklärungen behaupten kann, die Russen hätten bis September 1950 warten müssen, um zu erkennen, daß die Regierung der Vereinigten Staaten Japan auf die Dauer in ihre militärischen Planungen einbeziehen wollten.

Ich könnte auch kaum der Auffassung zustimmen, mein Vorschlag, Erkundungsgespräche mit den Russen über die Möglichkeiten für eine Übereinkunft mit ihnen im Hinblick auf die Sicherheitsprobleme im nordwestlichen pazifischen Raum zu führen, könnte mit Recht als »einseitiges« Zugeständnis bezeichnet werden. Ich habe meine Auffassungen zu diesem Punkt in einer an Mr. Acheson gerichteten Denkschrift vom 21. August 1950 (die er in seinem Buch erwähnt[8]), drei Wochen bevor der Präsident endlich den Bedingungen des Friedensvertrages zustimmte, der abgeschlossen werden sollte, dargelegt. Hier schrieb ich:

> »Für uns wäre es am besten, mit den Russen echte diplomatische Kontakte herzustellen (d. h. Kontakte im Geiste der Gespräche zwischen Malik und Jessup vom vergangenen Jahr), deren Ziel es sein müßte, etwa das folgende zu erreichen: Wir würden der Neutralisierung und Entmilitarisierung Japans (mit Ausnahme starker Polizeikräfte) zustimmen, während die Russen sich bereit erklären müßten, den Koreakrieg zu beenden, was bedeuten würde, daß sich die nordkoreanischen Streitkräfte und unsere Truppen zurückziehen, und die Vereinten Nationen für mindestens ein bis zwei Jahre die effektive Kontrolle in Korea übernähmen, wobei die UN sich nur der Staatsangehörigen und der Streitkräfte anderer asiatischer Länder bedienen dürften.«

Was man nach diesem Konzept von den Russen im Austausch gegen unsere Zustimmung zur Neutralisierung und Entmilitarisierung Japans forderte, war – wie wir sehen werden – nicht weniger als die Verwirklichung unserer Höchstforderungen im Koreakrieg. Zwar konnte ich verstehen, daß man dies unter Umständen als unzurei-

[8] Dean Acheson, *Present at the Creation,* S. 445-446.

chendes Tauschobjekt angesehen hat, es fällt mir aber schwer einzusehen, wie man das für so vollkommen unbedeutend halten kann, daß alle Zugeständnisse, zu denen wir bereit waren, um dieses Ziel zu erreichen, mit Recht als »einseitig«[9] bezeichnet werden könnten.

Diese Meinungsverschiedenheiten wären heute für sich allein genommen kaum von Belang und würden es nicht verdienen, hier erwähnt zu werden. Sie deuteten aber Zusammenhänge an, die wichtiger waren als die Auffassungen irgendwelcher zwei Einzelpersönlichkeiten, und das wird man, glaube ich, sofort erkennen, wenn man sich die Mühe macht, die umfassenderen Probleme der amerikanischen Fernostpolitik zu untersuchen, mit denen sie im Zusammenhang standen.

Meine Beurteilung der Geschichte der amerikanischen Fernostpolitik wurde auf ein noch breiteres Fundament gestellt, als ich nach meinem Ausscheiden aus dem Staatsdienst für meine Vorlesungen in Chicago vieles lesen mußte, und besonders durch das Studium der hervorragenden Arbeit des verstorbenen Präsidenten der Yale University, Professor A. Whitney Griswold, mit dem Titel *The Far Eastern Policy of the United States.* Aber auch schon vor meinem Ausscheiden aus der Regierung hatte ich mich mit der Geschichte der internationalen Beziehungen im mandschurisch-koreanischen Raum beschäftigt und mir gewisse Meinungen gebildet, die sich in späteren Jahren zwar weiterentwickelt, aber nicht grundsätzlich geändert haben.

Im 19. Jahrhundert bis in die 1880er Jahre hing die internationale Stellung, ja sogar die Integrität Koreas von dem sehr empfindlichen und delikaten Gleichgewicht der Kräfte zwischen Chinesen und Japanern ab, und dieser Umstand drückte sich in der praktischen Neutralisierung und Isolierung des Landes aus. Es war ein Amerikaner, Commander Robert W. Schufeldt, der mit Zustimmung, wenn nicht sogar dem Segen der Regierung der Vereinigten Staaten eine wichtige Rolle dabei spielte, dieses empfindliche Gleichgewicht zu stören, indem er es erzwang, daß das Land sich – wie man das damals nannte – dem amerikanischen Handel »öffnete«. Indem er das tat, öffnete er es in nicht geringem Maße auch ausländischen politischen Einflüssen und Intrigen. Wie delikat das politische Gleichgewicht vor der Zeit war, als sein Eingreifen es zu stören begann, zeigt sich darin, daß es in Korea nur einen einzigen chinesischen und keinen japanischen Be-

[9] Siehe oben.

amten gab. Wenige Jahre nach seinem Eingreifen erregte das Land, das jetzt ein politisches Vakuum war, den Ehrgeiz und die Besorgnis der benachbarten Mächte, und es sammelten sich hier alle möglichen politischen Agenten. Die meisten von ihnen waren zunächst Japaner, aber gegen Ende des Jahrhunderts hatten sich auch die Russen im Fernen Osten einen starken Einfluß verschafft, denn die chinesische Osteisenbahn wurde durch die Mandschurei bis nach Wladiwostok gebaut, und die Russen verdrängten nun die Chinesen in ihrer Rolle als Hauptkonkurrenten der Japaner im Hinblick auf ihren Einfluß in Korea.

Während der folgenden Jahrzehnte ging das russisch-japanische Ringen weiter, und die Stellung der Russen wurde immer schwächer. Das war eine Folge des ungünstigen Ausgangs des russisch-japanischen Krieges, der Auswirkungen des Ersten Weltkrieges und der russischen Revolution. In den 1930er Jahren besaßen die Japaner den stärksten Einfluß, und die Russen waren als Konkurrenten praktisch ausgeschaltet. Aber wegen der Schwäche der Chinesen war die Alternative gegenüber dem japanischen Einfluß in diesem Gebiet bis zum Zweiten Weltkrieg niemals der chinesische, sondern der russische Einfluß. Amerikanische Staatsmänner weigerten sich, das zu sehen. Sie waren Legalisten, und China war völkerrechtlich der Besitzer der Mandschurei, auch wenn die Macht der Chinesen dort nur eine Fiktion war. Außerdem ließen sich die Amerikaner von Gefühlen leiten. Sie betrachteten China als ein armes und von edlen Menschen bewohntes Land, das den Amerikanern für ihren Schutz und ihre Hilfe dankbar war und die amerikanischen Vorzüge bewunderte. China besaß daher ihre besondere Zuneigung. Vierzig Jahre bemühten sich die Amerikaner deshalb darum, die Position der Japaner auf dem Festland zu untergraben, weil sie eigensinnig daran glaubten, das Ausschalten der Japaner werde es ermöglichen, die Chinesen als Herren der Lage zu installieren, und das werde den Amerikanern die Gelegenheit geben, ihren wirtschaftlichen Einfluß geltend zu machen und ihren Handel auszuweiten. Dabei wollten sie nicht erkennen, daß sobald die Chinesen dieses Gebiet aufgaben, die Russen eindringen würden.

In den Jahren vor dem Zweiten Weltkrieg wirkten sich diese Bemühungen in erster Linie auf die Stellung Japans in der Mandschurei und in China selbst aus. Der militärische Eifer, mit dem wir den Krieg im Pazifik führten – jener eigenartige Mangel an Verständnis,

welcher die Amerikaner veranlaßt, wenn sie sich im Kriege befinden, ihre Verbündeten zu idealisieren und ihre Gegner zu verteufeln, um dabei das auf die Dauer erforderliche Gleichgewicht der Kräfte völlig außer acht zu lassen –, zwang uns jedoch, unseren Sieg dazu auszunutzen, die Japaner auch aus Korea hinauszudrängen und damit dieses unglückliche Land, soweit wir es nicht selbst schützen konnten, auf Gnade oder Ungnade den Russen und – drei bis vier Jahre später – den Russen und den kommunistischen Chinesen auszuliefern. Nachdem wir in unserer selbstgerechten Art die Japaner aus Korea vertrieben hatten, sahen wir uns nach dem Kriege genötigt, die Bürde zu übernehmen, welche die Japaner bisher auf der Halbinsel getragen hatten, die Aufgabe nämlich, die rivalisierenden Festlandmächte im Zaum zu halten. Früher war es Rußland allein gewesen, jetzt waren es die Russen und die chinesischen Kommunisten gemeinsam.
Ich habe oft darüber nachgedacht, wie ironisch und bezeichnend es war, daß die Linie, die wir nach meiner Auffassung jetzt halten sollten, der 38. Breitengrad, die gleiche war, welche den Russen von dem japanischen Sonderbeauftragten bei der Krönung des letzten Zaren Nikolaus II. 1894 als Demarkationslinie vorgeschlagen worden war, die zwischen der russischen und der japanischen Einflußsphäre auf der Halbinsel liegen sollte. Militärisch durch kommunistische Marionetten herausgefordert hatten wir es 1950 übernommen, Südkorea aus der kommunistischen Einflußsphäre herauszuhalten. Im Verlauf des Koreakrieges stellte es sich heraus, daß es uns, wenn auch unter großen Schwierigkeiten, gelingen würde, wenigstens vorläufig eine über die Mitte der Halbinsel verlaufende Linie zu halten. Aber was würde die Zukunft bringen? Konnten und sollten wir auf die Dauer dort bleiben? Ich glaubte das nicht. Für uns war dies eine unnatürliche Aufgabe und, wie die Ereignisse des Jahres 1951 gezeigt haben, eine nicht ungefährliche. Was konnten wir also tun?
Die erste, mit einigem Widerwillen an die Vergangenheit anknüpfende Idee bestand natürlich darin, die Japaner wieder hineinzulassen. Das war aber nicht mehr möglich. Japan war entmilitarisiert. Niemand hatte von den Japanern eindringlicher verlangt, sie sollten ihr bisheriges Verhalten bereuen und nicht mehr über andere Völker herrschen, als wir. Die anti-japanische Stimmung in Korea war so stark, daß es undenkbar war, sie auch nur als Verbündete ins Land zu lassen, und das koreanische Volk verdiente es, wenn das irgend möglich war, selbst die Kontrolle im eigenen Lande zu übernehmen.

Das Ideal wäre es natürlich gewesen, das Gebiet politisch und militärisch irgendwie zu neutralisieren. Eine vollständige politische Neutralisierung war jedoch kaum denkbar. Dafür waren die koreanischen Kommunisten zu stark und als politische Kraft zu gut organisiert. Sie hätten sich nur so aus Nordkorea vertreiben lassen, wie General MacArthur es gegen meine und Bohlens Warnungen versucht hatte, durch die Einnahme und Besetzung des ganzen Landes, bei der amerikanische Streitkräfte bis zum Jalu hätten vorrücken müssen. Wie sich herausgestellt hatte, mußte das jedoch die vitalen Interessen Rußlands und der Chinesen berühren und beide zu militärischen Gegnern machen.

Es blieb deshalb nur die Möglichkeit einer militärischen Neutralisierung, d. h. eines Zustandes, bei dem man es den politischen Kräften überließ, selbst das Gleichgewicht zu finden, auch wenn das nur geschehen konnte, wenn man militärische Spannungen in Kauf nahm. Aber alle ausländischen Mächte einschließlich unserer selbst mußten bereit sein, nicht Teile dieses Gebiets zu besetzen und es nicht für ihre eigenen militärischen Zwecke zu verwenden. Wenn sich das erreichen ließ, dann würde sich sogar die Existenz eines kommunistischen Regimes im Lande vielleicht nicht als absolut katastrophal erweisen – wie es das Beispiel Jugoslawiens gezeigt hatte.

Aber augenscheinlich waren die Russen nur bereit, eine solche Lösung in Betracht zu ziehen, wenn wir selbst Japan nicht besetzt hielten. Man durfte nicht erwarten, daß die Russen Korea nicht auf jede mögliche Art in ihre militärischen Pläne einbeziehen würden, wenn wir darauf bestanden, Japan auf unbestimmte Zeit in unser militärisches Aufmarschgebiet einzugliedern. Jede Übereinkunft über eine militärische Neutralisierung von Korea würde auch eine ähnliche Neutralisierung Japans voraussetzen.

War das undenkbar? Augenscheinlich entsprach es gerade der amerikanischen Politik. Es war das, was General MacArthur schon vorher gefordert hatte. 1948 hatte er mir gesagt, es sei für uns nicht notwendig, in Japan Militärbasen zu haben, vorausgesetzt, wir könnten sicherstellen, daß die japanischen Inseln auch weiterhin entmilitarisiert blieben und nicht gegen uns aufrüsteten. Wenn das zutraf, gab es dann nicht hier die Möglichkeit für eine Einigung, wenigstens zwischen uns und den Russen? Man durfte nicht daran zweifeln, daß sie, auch wenn sie sich darin irrten und es nicht notwendig war, aufrichtig waren, wenn sie die Stationierung amerikanischer Streitkräfte in Japan als Bedrohung auffaßten. Sicherlich würden sie bereit sein, einen gewissen Preis dafür zu zahlen, daß wir die Inseln militärisch räumten. Sollten wir nicht wenigstens mit ihnen die Frage klären, ob der Preis, den sie zahlen wollten, unter anderem vielleicht auch darin bestehen könnte, Korea in beiderseitigem Einvernehmen ebenso zu entmilitarisieren wie Japan?

Dean Acheson hätte sicher gesagt, »wie können Sie den Russen trauen?« Sie hatten, wie er in seinem Buch schreibt, bereits damit begonnen, »interalliierte Vereinbarungen zu brechen«. Wie könnte man sicher sein, daß sie nicht eines Tages aufbrechen würden, um Korea ganz unerwartet im Sturm wieder zu nehmen und vielleicht sogar auch Japan?

Diese Fragen, welche die fundamentalsten Probleme berührten, sollten mich sehr bald in direkten Gegensatz nicht nur zu Mr. Acheson, sondern auch zur ganzen amerikanischen Regierung und zu den meisten NATO-Regierungen bringen, und zwar nicht nur im Hinblick auf pazifische Probleme, sondern – was noch wesentlicher war – auch im Hinblick auf europäische. Dies ist nicht der Ort, diese Fragen eingehend zu erörtern. Um jedoch zu erklären, weshalb die Gegenargumente mich niemals überzeugt haben, möchte ich noch das folgende sagen. Es gab drei Gründe:

1) Für die Russen und besonders für Stalin gab es zweierlei Arten von Vereinbarungen und auch zweierlei Arten von Verhandlungen. Wenn es sich um ganz spezifische Übereinkünfte im Hinblick auf militärische Maßnahmen und die militärische Besetzung bestimmter Gebiete handelte, dann durfte man eher ihre Einhaltung durch die Russen erwarten als bei deren allgemeiner Zustimmung zu hohen moralischen Grundsätzen. Vereinbarungen, die sich auf ein offensichtliches und konkretes sowjetisches Interesse militärischer oder politischer Art gründeten, wurden eher respektiert als Vereinbarungen, bei denen es um internationale Rechtsnormen oder die Entscheidungen multilateraler internationaler Körperschaften ging. Auch durfte man eher damit rechnen, daß Moskau Vereinbarungen respektieren würde, die geheim und inoffiziell ausgehandelt worden waren und in denen man sich über realistische politische Fragen geeinigt hatte und keine offiziellen Vertragsverpflichtungen übernahm, und zwar solange auch der Vertragspartner sie respektierte. Anders war es bei Verträgen, die im Lichte der Öffentlichkeit ausgehandelt worden waren (die Russen nannten solche Verhandlungen »demonstrative Verhandlun-

gen«), wobei es augenscheinlich oder wirklich das Ziel des Vertragspartners war, die andere Seite vor der Weltöffentlichkeit in ein ungünstiges Licht zu stellen.

2) Ich habe weder damals noch seither etwas bemerkt, das auf den sowjetischen Wunsch hingewiesen hätte, die Verantwortung für die Besetzung größerer Gebiete und die damit verbundene Belastung zu übernehmen, welche nicht als Folge des Zweiten Weltkrieges von der Sowjetunion besetzt worden oder in deren Einflußsphäre geraten waren. Das traf besonders für den Fernen Osten zu. Etwas anderes war es, wenn die Sowjets die Anwendung von Gewalt durch ihre Marionetten sanktionierten, ganz besonders wenn diese Maßnahmen innerhalb des Rahmens eines zivilen, internen und nicht eines internationalen Konflikts getroffen wurden. Schließlich hatten die Russen ihre Streitkräfte auch mit Vorbedacht aus dem Koreakrieg herausgehalten. Das war kein Zufall. Man könnte die sowjetische Politik dort und anderswo nicht verstehen, wenn man nicht den Unterschied erkennen und respektieren wollte, den die Sowjets zwischen den Streitkräften der Sowjetunion und denen anderer kommunistischer Länder machten, und wenn man nicht zwischen dem Einsatz sowjetischer Streitkräfte in einem internationalen Konflikt und der Verwendung der Streitkräfte eines Satellitenstaates in einem inneren Konflikt unterschiede. Ich hatte nie geglaubt oder behauptet, die sowjetischen Führer würden zögern, die letztere Art des Einsatzes von Gewalt zu dulden oder dazu zu ermutigen, wenn sie glaubten, damit ihren politischen Interessen dienen zu können; und was sie in Korea taten, hat mich im Prinzip nicht überrascht. Aber hier handelte es sich genau um das, was im Rahmen eines plötzlichen sowjetischen bewaffneten Angriffs gegen Japan *nicht* geschehen würde. Damals wie heute schien mir die Wahrscheinlichkeit für ein derartiges sowjetisches Vorgehen außerordentlich gering.

3) Die Sanktion gegen jede militärische Rückkehr der Sowjets nach Korea konnte und sollte in der Möglichkeit bestanden haben, daß wir als Antwort auf ein solches Vorgehen mit unseren Streitkräften sofort nach Japan zurückkehrten. War das militärisch unmöglich? Ich glaube nicht, es sei denn, wir betrachteten es als unmöglich. Ich hatte mich schon 1947 für »die Unterhaltung zahlenmäßig schwacher, schlagkräftiger und kompakter Streitkräfte eingesetzt, die in der Lage sein sollten, in kürzester Zeit auf begrenzten Kriegsschauplätzen weit von der amerikanischen Küste entfernt wirksame

Schläge zu führen«.[10] Ich hatte darauf hingewiesen, daß es eines Tages notwendig sein könnte, »in sehr kurzer Zeit weit abgelegene Basen auf Inseln oder Halbinseln auf anderen Kontinenten zu besetzen und zu halten, wenn auch nur, um andere daran zu hindern, sie in der Zeit in Besitz zu nehmen, die wir für weitere militärische Vorbereitungen brauchten«.[11]

Den amerikanischen Militärs wollte diese Idee gar nicht gefallen. Ihnen war der Gedanke an einen Krieg mit begrenztem Ziel außerordentlich unsympathisch, und nach ihrer Vorstellung sollte es nur den Masseneinsatz starker und schwer beweglicher Kräfte geben. Wären wir jedoch meinem Vorschlag gefolgt, dann hätten wir uns in einer viel besseren Ausgangslage befunden als zu dem Zeitpunkt, in dem die Herausforderung in Korea kam. Solche Streitkräfte hätten auch dabei mitwirken können, die Unverletzlichkeit einer Vereinbarung über die Entmilitarisierung und Neutralisierung von Japan zu garantieren.

Ein weiterer Grund für meine Ablehnung der Unterhaltung amerikanischer Militärbasen und Streitkräfte in Japan auf unbestimmte Zeit waren die Spannungen, die nach meiner Ansicht deshalb in den amerikanisch-japanischen Beziehungen entstehen würden. Ich habe wiederholt zum Ausdruck gebracht, wie wenig es mir gefiel, wenn wir starke amerikanische Streitkräfte in anderen Ländern unterhielten. Meine Ablehnung war zweifellos übertrieben, aber die Sorgen, die ich mir um die Auswirkung einer Stationierung von Truppen im Ausland machte, waren nicht vollkommen unbegründet. Ich habe sie 1950 im Zusammenhang mit dem Problem der Zukunft Japans wieder geäußert. In der Denkschrift vom 21. August schrieb ich, wir könnten

> nicht auf unabsehbare Zeit hinaus mit Erfolg den japanischen Widerstand gegen einen sowjetischen Druck aufrechterhalten, wenn wir nur unsere eigenen Kräfte als Hauptinstrument bei diesen Bemühungen einsetzten. Das einzig wirksame »Hauptinstrument« dafür wird *auf die Dauer* (Kursivierung des Verf.) das wohlverstandene eigene Interesse des japanischen Volkes sein, wie es durch eine japanische Regierung in die Tat umgesetzt wird. Wenn wir

[10] *Memoirs*, 1925-1950, S. 311-312.

[11] Diese Empfehlung wiederholte ich in meiner Denkschrift vom 21. August 1950 an den Außenminister.

darauf bestehen, Truppen in Japan zu unterhalten, dann wird ihre Gegenwart dort mit Sicherheit zu einem politischen Zankapfel werden, und die Kommunisten werden unter allen Umständen Kapital daraus schlagen.

Wenn ich meine Behauptungen im Lichte dessen, was in den inzwischen verflossenen 21 Jahren geschehen ist, betrachte, dann sehe ich, daß ich übertrieben hatte. Wir haben es gerade fertigbekommen, durchzuschlüpfen, und zwar in dem Sinne, daß wir auch weiterhin amerikanische Streitkräfte in Japan unterhalten, und unser militärisches Bündnis mit diesem Lande weiter besteht, ohne daß wir das innenpolitische Gleichgewicht in Japan ganz oder entscheidend gestört hätten. Aber die Spannungen waren erheblich. Unsere militärische Gegenwart hat bei der Polarisierung der Meinungen in Japan eine wesentliche Rolle gespielt, besonders insofern als die japanische Jugend in besorgniserregender Weise gemäßigten und demokratischen politischen Einrichtungen entfremdet worden ist. Man muß nur an die wiederholten schlimmen Straßenunruhen und die erzwungene Absage des Eisenhowerbesuchs denken, um zu erkennen, welchen Belastungen die japanische Demokratie während dieser ersten Versuchsperiode ihrer Existenz ausgesetzt war. Es ist schwer zu sagen, welche Folgen diese Entfremdung der Jugend in der weiteren Entwicklung des politischen Lebens in Japan haben wird. Günstig werden sie kaum sein.

Im vorigen habe ich ausführlich die mit Korea und Japan im Zusammenhang stehenden Probleme behandelt. Das war der Fragenkomplex, mit dem ich mich in jenen Jahren des Koreakrieges jedenfalls persönlich am meisten beschäftigt habe, und er war meist auch die Ursache für das schmerzliche Ringen um offizielle Entscheidungen. Aber die Korea und Japan betreffenden Auffassungen waren natürlich nur ein Teil der Auffassungen über die amerikanischen Beziehungen zum Fernen Osten im allgemeinen und im weiteren Rahmen. Jetzt aber muß auch etwas über die damals heiß umstrittenen Themen China und Südostasien gesagt werden.
Der Triumph der chinesischen Kommunisten auf dem chinesischen Festland war zu dieser Zeit erst zwei oder drei Jahre alt, und wir rangen immer noch um die Lösung der politischen Probleme, die sich durch diese Entwicklungen für uns und die internationale Gemein-

schaft stellten. Ich habe im ersten Band dieser Erinnerungen die Gründe dafür erläutert, weshalb ich es, obgleich mir jede Begeisterung für die Aufnahme der chinesischen Kommunisten in die Vereinten Nationen fehlte, für unklug gehalten habe, daß unsere Regierung sich ihrer Zulassung widersetzte. Ich teilte auch mit meinem Freund John Paton Davies das Gefühl, wir hätten einen großen Fehler begangen, als wir es zuließen, daß sich das Regime von Tschiang Kai Tschek auf Formosa festsetzte. Ich habe meine Auffassungen in einer Denkschrift zusammengefaßt, die ich im September 1951 entworfen, aber nie benutzt habe, und in der ich versuchte, meine Meinungsverschiedenheiten mit dem Außenministerium in politischen Angelegenheiten genauer darzulegen. Damals schrieb ich:

»Was China angeht, so habe ich keine Verwendung für eines der beiden Regime, denn das Regime von Tschiang hat in diesem Lande in einer Art und Weise intrigiert, wie sie für es selbst kaum weniger beschämend ist als für uns, während das andere sich einem Programm der Feindseligkeit uns gegenüber verpflichtet hat, wie wir es brutaler und arroganter noch kaum erlebt haben. Ich halte die Bindungen an das Regime von Tschiang für verhängnisvoll und entehrend, und ich bin der Ansicht, sie sollten sofort gelöst werden, wenn notwendig auf Kosten einer echten innenpolitischen Entscheidung. Je weniger wir Amerikaner nach dieser Entscheidung mit China zu tun haben werden, desto besser. Wir brauchen weder um die Gunst irgendeiner chinesischen Regierung zu buhlen, noch ihre Feindschaft zu fürchten. China ist *nicht* die Großmacht des Orients, und wir Amerikaner haben eine gewisse subjektive Schwäche, die uns kaum dazu befähigt, erfolgreich mit den Chinesen zu verhandeln ... Ich habe (zunächst) nie geglaubt, es sei gerechtfertigt, Formosa an China zurückzugeben, und auch nachdem in China der Bürgerkrieg ausgebrochen war, bestand keine Verpflichtung für uns, dies zu tun. Und ich habe 1949 empfohlen, daß wir auf der Insel die Oberhoheit des SCAP (des Stabes von MacArthur) wieder herstellen und sie besetzt halten, bis befriedigendere Lösungen gefunden werden könnten.«

Diese Auffassungen gründeten sich auf gewisse Eindrücke im Hinblick auf China, die vielleicht näher erläutert werden sollten.
Zunächst einmal habe ich China nicht als eine bedeutende Großmacht

angesehen. Seine industrielle Kraft war verglichen mit derjenigen jeder anderen wirklichen Großmacht minimal. Seine militärische Stärke war nur in unmittelbarer Nähe der eigenen Grenzen von Bedeutung. China verfügte über kein amphibisches militärisches Potential. Seine Möglichkeiten, Kapital zu bilden, waren gering. Es stand vor dem ungeheuer schwierigen Problem der Überbevölkerung. Seine große Bevölkerungsdichte war eine Schwäche und nicht eine Stärke. Immer wieder flehte ich meine Kollegen an, zu glauben, daß die sowjetischen Führer, wenn sie die Wahl hätten, sich entweder mit Japan oder mit China zu verbünden, sofort Japan den Vorzug geben würden, denn es war das einzige Land im Fernen Osten, wo man die modernsten Waffen in großen Mengen herstellen konnte, und das über eine große Zahl industrieller Facharbeiter und wissenschaftlich ausgebildeter Fachkräfte verfügte.

Zweitens glaubte ich nicht, daß engere Beziehungen zwischen den Vereinigten Staaten und China irgendwelche Vorteile bringen würden, auch wenn der bestehende politische Antagonismus überwunden werden könnte. Deshalb war auch meine Begeisterung für die Weiterentwicklung unserer Beziehungen zu Tschiang nicht größer als für den Ausbau der Beziehungen zu den chinesischen Kommunisten.

Das bedeutete keine Geringschätzung der Chinesen. Ganz im Gegenteil; ich habe die Chinesen damals ebenso wie heute für das wahrscheinlich intelligenteste Volk der Welt gehalten. Was mich zu meiner Ansicht geführt hat, war das Studium der Geschichte der chinesischen Außenpolitik und was ich daraus über den chinesischen Nationalismus und die Traditionen der chinesischen Staatskunst erfahren hatte.

Drei Dinge schienen mir einigermaßen klar zu sein. Erstens war das chinesische Volk im allgemeinen sehr fremdenfeindlich und arrogant. Gegründet auf die Vorstellung, China sei das »Reich der Mitte«, nahmen die Chinesen gegenüber dem Fremden und seiner Welt eine grundsätzlich ablehnende Haltung ein, und diese Einstellung ließ es nicht zu, daß sich – außer ganz oberflächlichen Beziehungen zum Ausland – wirklich befriedigende internationale Beziehungen entwikkelten.

Zweitens war es klar, daß die Chinesen, wenn sie sich hintergangen fühlten, grausam und skrupellos sein konnten, obwohl sie im normalen Leben eine im höchsten Grade zivilisierte Nation waren. Zwar besaßen sie viele bewundernswerte Eigenschaften wie Fleiß, Ehrlichkeit im Geschäftsleben, Sinn für das Praktische und politisches Geschick, doch schien es mir, als fehlten ihnen zwei Eigenarten der westlich-christlichen Mentalität: die Fähigkeit, Mitleid zu empfinden, und das Verständnis für den Begriff der Sünde. Ich war durchaus bereit zuzugeben, daß diese beiden Charakterzüge des westlichen Menschen eher Schwächen als Stärken waren. Die Chinesen waren, weil sie ihnen fehlten, wahrscheinlich desto gefährlicher, und das war einer der Gründe, weshalb man sie respektieren, aber doch einen gesunden Abstand von ihnen wahren sollte. Es war jedenfalls kein Grund, sie zu idealisieren oder ein allzu intimes Verhältnis mit ihnen zu suchen.

Drittens habe ich beobachtet (und damit kehren wir in gewissem Sinne zu der Frage der Einstellung der Chinesen zur Außenwelt zurück) oder geglaubt zu beobachten, daß die Chinesen zwar oft bereit gewesen sind, ungeschriebene praktische Vereinbarungen zu treffen, die gewöhnlich auch willkürlich in ihr Gegenteil verkehrt werden konnten, wenn es ihnen paßte, daß sie jedoch niemals bereit waren, in prinzipiellen Fragen nachzugeben. Wenn sie unter Druck gesetzt wurden, machten sie gelegentlich Zugeständnisse und erlaubten der anderen Seite, gewisse Dinge zu tun, aber nur unter der Voraussetzung, daß man ihnen erlaubte, auf dem Standpunkt zu beharren, der andere habe in Wirklichkeit nicht das Recht, so zu handeln. So waren sie theoretisch immer im Recht und der andere im Unrecht. Auch das war nach meiner Ansicht eine Art der Arroganz, die eine schlechte Voraussetzung für wirklich gute Beziehungen zu einer fremden Macht ist.

Schließlich hatte ich mit einigem Unbehagen festgestellt, mit welcher Geschicklichkeit und welchem Erfolg die Chinesen im Lauf der Jahrzehnte einen großen Teil jener Amerikaner korrumpiert hatten, die mit ihnen in Berührung gekommen waren, besonders aber solche, die längere Zeit in China gelebt hatten. Ich will damit nicht sagen, es habe sich hier immer oder in den meisten Fällen um finanzielle Korruption gehandelt. Die Chinesen gingen dabei viel hinterhältiger vor und verstanden es unendlich geschickt, ausländische Besucher, im Lande lebende Ausländer und sogar ausländische Diplomaten zu Geiseln zu machen, indem sie diese Leute mit einer erstaunlichen Kombination von Feingefühl und Rücksichtslosigkeit erpreßten, um ihnen – je nach ihren Wünschen – zu erlauben, das Land zu verlassen oder dort zu bleiben. Die Chinesen haben uns alle tausendmal zum Narren

gehalten, indem sie die Lage der amerikanischen Missionare und Kaufleute in der vorrevolutionären Zeit ausnutzten, gar nicht zu reden von dem Erfolg des Regimes von Tschiang Kai Tschek, dem es gelang, in diesem Lande eine politische Claque auf seine Seite zu bringen. Mit unserer Sentimentalität, unserem wichtigtuerischen guten Willen, unserem Eifer, Handelsbeziehungen anzuknüpfen und andere zu bekehren, unserer politischen Naivität und der Vertrauensseligkeit, mit der wir uns durch die Unterwürfigkeit gerissener Dienstboten schmeicheln und täuschen ließen, die uns in Wirklichkeit hinter der Maske des treuen Dieners aus tiefstem Herzen haßten, waren wir ihnen einfach nicht gewachsen. Als ich die Geschichte unserer Beziehungen zu China im vergangenen Jahrhundert und in der ersten Hälfte dieses Jahrhunderts las, konnte ich die chinesische Revolution nur begrüßen, weil sie die Vertreibung westlicher Ausländer aus China zur Folge gehabt hatte. Mit Befriedigung stellte ich fest, daß die Chinesen zum erstenmal seit hundert Jahren keine amerikanischen Geiseln mehr festhalten konnten. Sie konnten uns durch ihre Art der Korruption nicht mehr zum Narren halten und uns nicht mehr unter Druck setzen, indem sie die Amerikaner, die sich leichtsinnig in ihre Gewalt begeben hatten, schlecht behandelten.
Aus diesen Gründen habe ich die Herstellung zweiseitiger diplomatischer Beziehungen zwischen den Vereinigten Staaten und China nie befürwortet, obwohl ich mich dagegen stellte, den Beitritt der Chinesen zur Organisation der Vereinten Nationen zu behindern, wenn andere diesen Beitritt wünschten. Ich habe nie geglaubt, wir könnten sicher sein, amerikanische Diplomaten würden in Peking mit dem Respekt behandelt werden, der für eine erfolgreiche Arbeit unerläßlich ist. Ich habe nicht geglaubt, wir könnten etwas dadurch gewinnen, daß wir irgend jemanden in die Gewalt der chinesischen Führer gäben, wenn wir keine Garantie dafür hätten, daß unsere Vertreter dort nicht gedemütigt und lächerlich gemacht würden, um den unersättlichen Hunger der Chinesen nach »Gesicht« und Prestige zu stillen. Um diese Gedanken zu verstehen, muß man sich vorstellen, was während der sogenannten Kulturrevolution mit einem amerikanischen Vertreter in Peking geschehen wäre, wenn es damals einen solchen gegeben hätte – d. h. zu der Zeit, als der britische Geschäftsträger gezwungen wurde, sich in eine schreiende und johlende Volksmenge zu begeben, wo man ihn an den Haaren zog, damit er sich vor dem kleinen roten Buch des Genossen Mao ehrfürchtig verbeugte.

Aber doch habe ich nie verlangt, wir sollten die Existenz des kommunistischen China »ignorieren«. Ich war mir bewußt, daß es Zeiten und Gelegenheiten geben werde, zu denen wir mit den chinesischen Führern verhandeln müßten. In späteren Jahren bin ich zu der Überzeugung gekommen, Warschau sei für solche Verhandlungen der am besten geeignete Ort.

Ich erkannte, daß die Zulassung des kommunistischen China zu den Vereinten Nationen für das chinesische Regime auf Formosa ein Problem entstehen lassen würde. Ich habe es für richtig gehalten, zum Schutz dieser Insel (und nicht des Regimes) vor einem Angriff vom chinesischen Festland her unsere Flotte einzusetzen. Ich habe es aber nie für richtig gehalten, daß wir die Auffassung vertraten, das Regime von Tschiang sei die rechtmäßige chinesische Regierung. Schon damals habe ich auf dem Standpunkt gestanden, wir sollten uns bereit erklären, das Ergebnis einer ordnungsgemäß durchgeführten Volksabstimmung zu respektieren, welche den Bewohnern der Insel die freie Wahl ließ, sich entweder der Regierung auf dem Festland zu unterwerfen, unter die Oberhoheit Japans zurückzukehren oder selbständig zu werden – und zwar nur unter der Voraussetzung, es würde zugesichert, daß die Insel entmilitarisiert bliebe, daß sie nicht als Plattform für amphibische militärische Operationen im pazifischen Raum bewaffnet würde, und daß jeder, der mit der getroffenen Lösung nicht einverstanden war, amnestiert würde und die Möglichkeit bekäme, auf seinen eigenen Wunsch auszuwandern. Das ist im wesentlichen seither mein Standpunkt geblieben.

Es bleibt nun noch das Problem Südostasien. Damit haben wir uns sogar schon 1950 und 1951 beschäftigen müssen, wenn auch in erster Linie in Verbindung mit der Frage, wieweit und ob wir die Franzosen unterstützen sollten, die damals in ganz ähnlicher Weise und gegen etwa den gleichen Gegner kämpften, dem wir in den Jahren nach 1964 im Kampf gegenüberstanden.

Wenigstens hier habe ich der Meinung von Walter Lippmann uneingeschränkt zugestimmt. Ich meinte, es sei nicht unsere Sache, zu versuchen, in den politischen Angelegenheiten des ostasiatischen Festlandes eine Rolle zu spielen. Das gleiche galt für die Franzosen. Sie hatten keine Aussicht auf Erfolg, und es war besser für sie, ihre Ansprüche in diesem Raum aufzugeben.

In meiner Denkschrift vom 21. August 1950 schrieb ich an den Außenminister und beklagte die damalige Lage:

»In Indochina geraten wir in eine Lage, in der wir den Franzosen bei einem Unternehmen Garantien geben, das weder sie noch wir noch auch wir beide zusammen erfolgreich zu Ende führen können ... Wir sollten Schuman (dem französischen Außenminister Robert Schuman) mitteilen, daß wir uns, nachdem wir die Probleme in diesem Gebiet im Verlauf unserer Bemühungen, die französische Stellung dort während der vergangenen Monate zu stärken, bei näherer Betrachtung davon überzeugt hätten, daß ihre Position im Grunde hoffnungslos sei. Wir sollten sagen, wir würden alles in unserer Macht Stehende tun, um zu vermeiden, daß die Franzosen bei der Lösung ihrer Probleme in eine peinliche Lage gerieten, und um sie bei jedem vernünftigen Versuch zu unterstützen, den sie in der Absicht unternähmen, ihre Bindungen hier zu lösen. Wir könnten aber, wenn wir ehrlich wären, nicht darin mit ihnen übereinstimmen, daß reale Hoffnungen bestünden, sie könnten mit Erfolg in Indochina bleiben, und wir seien der Ansicht, anstatt mit einem weiteren kostspieligen und erfolglosen Versuch, ihren Willen mit Waffengewalt durchzusetzen, ihre Schwäche zu demonstrieren, sollte man es den turbulenten politischen Strömungen in jenem Gebiet lieber erlauben, ohne das störende Eingreifen ausländischer Truppen selbst zur Ruhe zu kommen, auch wenn das wahrscheinlich bedeutete, daß es zu einer Vereinbarung zwischen Vietnam und dem Viet-Minh kommt, und daß der Viet-Minh seine Herrschaft über das ganze Land ausweitet, aber vielleicht in einer etwas modifizierten Form. Wir könnten anregen, daß es im Hinblick auf das französische Prestige am günstigsten wäre, den Rückzug so zu gestalten, daß man das ganze Problem einer regionalen asiatischen Verantwortlichkeit zuschreibt, um so die Räumung des Landes durch die Franzosen plausibler zu machen.«

Daß ich eine Intervention in Vietnam für eine Torheit hielt, beruhte übrigens nicht nur auf den spezifischen Aspekten der Lage, der wir uns 1950 gegenübersahen, sondern auch auf grundsätzlichen Überlegungen. In einer in der ersten Jahreshälfte (am 5. Mai) gehaltenen Vorlesung in Milwaukee hatte ich – diesmal bezugnehmend auf die Forderung, Amerika solle in China intervenieren – gesagt:

»Ich weiß nicht, wie viele von Ihnen erkennen, was das wirklich bedeutet. Ich kann mir keinen schlimmeren und verhängnisvolleren Fehler vorstellen, und nichts könnte die Lage in dieser Welt in größere Verwirrung bringen, als wenn wir in ein anderes Land gingen, um zu versuchen, mit Gewalt und mit dem Einsatz unseres Blutes und unserer materiellen Hilfsmittel ein Regime am Ruder zu halten, das – wie wir deutlich erkennen – das Vertrauen des eigenen Volkes verloren hat. Nichts würde unsere Feinde mehr freuen ... Hätte unsere Regierung diesem Druck nachgegeben, dann wäre – dessen bin ich sicher – heute das ganze Ringen gegen den Weltkommunismus in Europa und Asien in eine hoffnungslose Lage geraten und schwer kompromittiert worden.«

Während ich diese Zeilen schrieb, ahnte ich noch nicht, daß ich damit schon fünfzehn Jahre im voraus meine Haltung zum Vietnamkrieg definierte.

IV

Wiederbegegnung mit Amerika

Während ich mich so mit Orten und Problemen auf der anderen Seite dieses Erdballs beschäftigte, erfreute ich mich in diesen ersten Monaten und Jahren nach meinem Ausscheiden aus dem Amt zahlreicher unerwarteter Aufenthalte und Reisen in Teilen der Vereinigten Staaten außerhalb des Distrikts von Columbia. Mit Ausnahme einer in Wisconsin verbrachten Kindheit, der ersten Studienjahre in Princeton und der täglichen Fahrten zwischen meiner Wohnung und dem Büro in Washington hatte ich bisher dieses Land noch kaum kennengelernt und war während des größten Teils des vergangenen Vierteljahrhunderts nicht in den Vereinigten Staaten gewesen. Meine Eindrücke waren deshalb sehr lebhaft, und da sie mit dem charakteristischen Verlangen eines Menschen zusammentrafen, der lange freiwillig im Exil gelebt hatte, etwas zu finden, mit dem er sich identifizieren konnte, gingen sie tief. Es fällt mir aber schwer, diese Eindrücke zu verallgemeinern oder sie in einem analytischen System zusammenzufassen. Daten, Szenen und Ereignisse verschwimmen in der Erinnerung, und ihre Reihenfolge vermischt sich. Die Gedanken und Überlegungen, die damals in mir aufstiegen, hatten in jenen Jahren wie die Nebenflüsse eines großen Stromes die Tendenz, in den breiten Strom des Erstaunens, der Wißbegier und der Sorge um den Zustand des eigenen Landes zu münden, der in den vergangenen Jahren das Bewußtsein jedes denkenden Amerikaners beherrschte. Wo keine schriftlichen Aufzeichnungen überlebt haben, welche die jeweilige Situation kennzeichnen, ist es mir unmöglich, zwischen dem zu unterscheiden, was ich damals gedacht habe und was ich heute denke.

Ich kann daher nicht mehr tun, als mir gewisse zusammenhanglose Episoden ins Gedächtnis zu rufen, die mir noch lebendig vor Augen stehen – entweder weil sie so neuartig waren, oder weil ich etwas darüber aufgeschrieben habe. Dem Leser muß ich es überlassen, sich daraus – wenn er kann – eine Vorstellung davon zu machen, wie es war, unter solchen Umständen das eigene Vaterland stückweise neu zu entdecken.

Bevor ich diese Episoden schildere, sollte ich etwas über die Orte sagen, an denen wir nach meinem Ausscheiden aus dem Amt gelebt haben. Während der Jahre im öffentlichen Dienst habe ich mit meiner Familie eine Reihe von Interimswohnungen bewohnt, die mir entweder von der Regierung zur Verfügung gestellt wurden oder die wir selbst gemietet hatten. Nun war es uns zum erstenmal vergönnt, in Häusern zu leben, die uns selbst gehörten, und diese Häuser sollten wie alte Freunde eine Dauerrolle in unserem Leben übernehmen. Es waren zwei, ein Haus in Princeton und ein Bauernhof in Pennsylvania. Da es sie beide noch gibt und da sie weiter eine Rolle in unserem Leben spielen, muß ich in der Gegenwart von ihnen sprechen.

Das Haus in Princeton ist ein massives, geräumiges Gebäude aus der Zeit um die Jahrhundertwende und steht auf einem großen Grundstück an einer der schattigen, von Platanen gesäumten, einst stillen und immer noch schönen, für Princeton so bezeichnenden Straßen. Als wir es kauften, war es verwohnt und vernachlässigt. Für die Arbeit und Mühe, die wir im Lauf der Jahre hineingesteckt haben, ist es dankbar gewesen. Für uns ist es eine bequeme, verläßliche und angenehme Behausung. Da es im Lauf der siebzig Jahre seines Daseins augenscheinlich nur die normalen Wechselfälle des Familienlebens gesehen hat, gibt es darin keine Gespenster und keine finsteren Winkel. Uns persönlich kommt es freundlich und still entgegen, wahrt aber einen gewissen Abstand und verhält sich wie eine Hausfrau gegenüber einem zufälligen Gast. Man hat das Gefühl, es erwarte nicht, daß wir für immer hier blieben.

Die Farm in Pennsylvania ist groß, liegt in einem fruchtbaren Flußtal in einem landwirtschaftlichen Gebiet, das noch ganz unberührt war, als wir hinkamen. Der Besitz liegt 240 Kilometer von Princeton entfernt, westlich des Susquehanna, der fast in seiner ganzen Länge die Westgrenze des reichen Farmlandes der Pennsylvania Dutch bildet, das sich ostwärts davon bis in die unmittelbare Nähe von Philadelphia erstreckt. Im Westen schließen die Vorgebirge der Appalachen an, ein Obstbaugebiet, das nicht so fruchtbar ist wie das weiter ostwärts gelegene und nicht mehr von Deutschen bewohnte

Land. Sie wußten nur allzu gut, wo der fruchtbare Boden zu finden war. Wenn man an einem schönen Sommertag inmitten unserer Felder auf einer Anhöhe steht, dann kann man in der Ferne die Umrisse der Berge wie Schatten am Horizont erkennen. Es sind die Nordausläufer der Blue Ridge, die sich von Virginia und Maryland bis hierher erstrecken.

Der Besitz war und ist auch heute noch in gewisser Weise eine richtige Farm. Um hinzukommen, biegt man von einer Landstraße zweiter Ordnung nach Süden ab, fährt etwa 1,5 Kilometer einen durch Felder führenden Kiesweg entlang und erblickt in der Ferne Berge und kleine Waldstücke. Schließlich kommt man an eine kleine Steinbrücke, hinter welcher der Weg nach links biegt und, von Weiden auf der einen, von Platanen – die ich selbst gepflanzt habe – auf der anderen Seite gesäumt, etwa hundert Meter an einem im Sommer trockenen kleinen Wasserlauf entlangführt. Dann wendet er sich wieder nach rechts und steigt zwischen zwei Häusern eine Anhöhe hinauf, um schließlich in einem weiten Bogen zu enden, an dessen Rand eine Reihe von Farmgebäuden steht. Das rechte Haus ist ein doppelgeschossiges Standardfarmhaus aus Holz und im 20. Jahrhundert erbaut. Dort lebt der Farmer mit seiner Familie. Das linke Gebäude sieht ganz anders aus. Es hat drei Stockwerke mit vielen Balkons und Schlafzimmervorbauten. Besonders von der Straße aus macht es den Eindruck eines Sommerhotels.

Es ist in der Tat ein ganz einzigartiges Haus – nicht gerade häßlich, aber mit seinen achtzehn Zimmern und etwa achtzig Fenstern sehr groß für diese Gegend. Damit ist es in rätselhafter Weise anziehend und zugleich so absurd, daß es fast peinlich ist. Vor langer Zeit, in der Dämmerung eines Winterabends, war ein Nachbar, der mich in seinem Wagen mitgenommen hatte, so freundlich, mich bis vor das Haus zu bringen. Als er dieses Bauwerk plötzlich in seiner ganzen Größe aus den Schatten aufsteigen sah, war er so erstaunt, daß er den Wagen anhielt, sich ohne zu ahnen, wo er sich befand, an mich wandte und kopfschüttelnd fragte: »Sagen Sie mir, wer zum Teufel würde ein solches Haus besitzen wollen?«

Uns hat es gefallen, und es gefällt uns noch. Mit der Rückseite gegen die kreisförmige Straße gewendet, wo jeder ankommt, aber mit Portikus und Säulen auf der Seite geschmückt, wo gewöhnlich niemand das Haus betritt oder verläßt, mit einem Haupteingang an einer schmucklosen Seitentür, die ganz unmotiviert direkt ins Eßzimmer führt, ist es wirklich eine Absurdität. Trotz all dieser Ungereimtheiten ist es in seiner Grundstruktur doch ein 160 Jahre altes Farmhaus, und in seinem Inneren empfindet man eine Vertrautheit, Harmonie und natürliche Entspanntheit, die charakteristisch sind für ein lange bewohntes, wirkliches und vertrautes Heim. Jeder von uns ist, wo er auch vorher gewesen sein mochte, immer wieder gern in dieses Haus zurückgekehrt. Und waren die Wintertage hier auch manchmal noch so düster, grau und trübe, ich habe niemals sagen müssen: »Oh, was ist das doch für ein langweiliger Ort!«

Gegenüber dem Haus, auf der anderen Seite des großen Bogens liegt das im überlieferten Stil der Pennsylvania Dutch erbaute Stallgebäude. Sein Grundriß ist 35 mal 13 Meter groß, und der überhängende Vorbau, das »foreshot«, wie es die Ortsansässigen nennen, überdacht an der Südseite vor dem Wirtschaftshof einen mit Ziegeln gepflasterten Gehweg. Im Halbdunkel des Erdgeschosses, das in zahlreiche Gänge und Stallboxen eingeteilt ist, leben alle möglichen Tiere harmonisch zusammen; Kühe, Ochsen, Jungvieh und der Bulle (von dem die Familie des Farmers mit dem auf dem Lande üblichen Euphemismus sagt, er sei »mürrisch«), Katzen mit ihren Jungen, Mäuse und Ratten, ein paar Hunde, manchmal ein Pferd oder Pony (früher waren hier sechzehn Maultiere untergebracht) und gelegentlich eine schwere Muttersau; dazu ein Schwarm Schwalben, die eifrig aus- und einfliegen, wenn die Türen zum Melkstall offenstehen. Alle diese Lebewesen nimmt der Stall in seinen starken, schützenden Armen auf, und die dicke Schicht frischen Strohs, welche den Boden bedeckt, neutralisiert durch das dort herrschende bakterielle Gleichgewicht alles, was diese Tiere produzieren, ohne einen unangenehmen Geruch zu erzeugen. Über dem Ganzen liegt der Heuboden, ein großer luftiger Raum, in den man über eine neben dem Gebäude aufgeschüttete Rampe gelangt. Auch hier ist es dunkel, aber wenn sich die Augen an das Dämmerlicht gewöhnt haben, dann sieht man die riesigen Heu- und Strohstapel, die sich bis zum Dach hinauftürmen. Dazwischen spielen die Sonnenstrahlen, die durch die Ritzen in den Wänden eindringen und dem Inneren des Raumes fast die Atmosphäre einer Kathedrale verleihen. Die Luft ist erfüllt von dem kräftigen Geruch nach Heu und Dung, und man hört das beruhigende Rascheln, Stampfen und Kauen der Kühe in ihren Ständen darunter.

Die kleine Häusergruppe liegt mitten in den Feldern, auf denen im Sommer die reiche Getreideernte und das Gras wachsen, während der feuchte gepflügte Acker im Winter oft von Schnee bedeckt ist. In den Sommernächten schwärmen die Glühwürmchen über den Wiesen, und man hört das sanfte, eindringliche und etwas geheimnisvolle Zirpen der Grillen, das Quaken des Ochsenfrosches in Bächen und Teichen und gelegentlich den lauten Ruf eines erschreckten Fasanen. Wenn im Winter der Schnee in der Luft liegt, fliegen Abertausende von Krähen in endloser Prozession von Nordosten nach Südwesten, und man sieht die mit schweren Flügelschlägen sich bewegenden Silhouetten vor dem bleifarbenen Himmel.

Von hier aus bin ich immer wieder zu meinen Reisen in andere Teile des Landes aufgebrochen, und hierher kehrte ich wieder zurück. Solche Fahrten haben die lebendigsten Eindrücke hinterlassen.

Im Spätwinter 1950 besuchte ich Lateinamerika. Ich reiste im offiziellen Auftrag, aber mein Ausscheiden aus dem diplomatischen Dienst stand schon kurz bevor. Innerlich hatte ich mich schon halb von Washington gelöst. Zunächst fuhr ich mit der Bahn von Washington nach Mexico City (damals war die Bahn für einige von uns noch das übliche Verkehrsmittel). Ich besitze noch meine zu jener Zeit verfaßten Aufzeichnungen. Der Leser mag sich, wenn er will, den Verfasser als einen Mann mittleren Alters vorstellen, der nach dreijähriger Tätigkeit als Beamter in Washington ein wenig erschöpft war. Er hatte das Gefühl, als habe man ihn in die Fremde geschickt, und er nahm die Eindrücke, die er auf der Fahrt durch seine Heimat empfing, mit der Empfindsamkeit auf, die man bei einem Menschen findet, der sich nach Vertrautheit und Sicherheit sehnt und wie ein durstiger Wanderer in der Wüste, der gierig das Wasser aus dem endlich gefundenen Brunnen trinkt, jeden Augenblick genießt, der jedoch bei der geringsten Enttäuschung zusammenfährt, als habe ihn ein schwerer Schlag getroffen.

Samstag, den 18. Februar 1950

Der Zug verließ Union Station und fuhr in die frühe Dämmerung des Februarabends hinaus. Er beförderte einen Fahrgast, dem es eigenartig vorkam, sich in diesem Alter noch auf eine so weite und abenteuerliche Reise begeben zu müssen, die würdige Ordnung und Routine des Ministeriums zu verlassen, sich für so lange Zeit von der Familie zu trennen und sich vorzustellen, er könne im Verlauf eines solchen Unternehmens etwas sehen oder erfahren, was andere nicht auch schon vor ihm gesehen und erfahren hatten.

Zwei Stunden später passierte der Zug die Stadt York in Pennsylvania. Die Farm des Reisenden, so überlegte er, lag nur etwa 26 Kilometer weiter im Westen irgendwo in der winterlichen Dunkelheit. Dort war es jetzt ganz still. Annie und Merle hatten ihre abendliche Arbeit getan und saßen beim Essen. Da es Samstag war, hatten sie wahrscheinlich einen Besuch in der Stadt hinter sich. Vor den Häusern brannte kein Licht, und die Nacht war kalt, denn der Himmel war klar. Die Tiere waren in den Ställen, und sogar die Katzen lagen vermutlich im warmen Stroh. Nur der alte Enterich stand noch auf dem Wassertrog aus Beton auf dem Hof; seine weiße Silhouette leuchtete im Dunklen, eine tragische, statuengleiche Figur, gleichgültig gegen die Kälte, gegen die Menschen, die ihn vergessen hatten, gegen die anderen Vögel und Haustiere, die sich der Gunst der Menschen erfreuten – ja gegen jedes Wohlwollen, käme es nun von den Menschen oder von den Tieren. Er stand dort stundenlang in der Dunkelheit, und die ganze Umgebung war in die kühle Stille der Winternacht eingehüllt. Er hörte nur das Mahlen der Zähne und das Stampfen der Tiere im Stall hinter sich, das Rascheln irgendeines Wildtieres draußen auf der Wiese, das Dröhnen eines in der Ferne vorüberfahrenden Lastwagens und vielleicht das laute Rattern des alten Autos meines Nachbarn, der auf dem Wege nach Hause über die losen Bohlen der kleinen Brücke im Tal fuhr.
Der Zug setzte sich wieder in Bewegung, und die Entfernung zwischen uns, die bald so unendlich weit werden sollte, wurde immer größer. Möge Gott uns beistehen, dachte ich ...

Sonntag, den 19. Februar

Ich wachte früh auf, zog die Vorhänge am Schlafwagenfenster beiseite und sah hinaus. Wir fuhren gerade über einen Fluß. Der Sonntagmorgen dämmerte. Das schwache Licht wurde auf dem öligen Schaum des Wassers reflektiert, ließ aber die häßlichen Fabriken, Schlackenhalden und Eisenbahnschienen am Ufer noch im Halbdunkel zurücktreten, doch die kalten und stummen Betonklötze der hoch aufragenden Wolkenkratzer lagen schon im bleichen Glanz des Himmels. Dies waren die Fabrikvororte irgendeiner Industriestadt. Welche Stadt es war, wußte ich nicht, und es kam auch nicht darauf an.
Mir kam der Gedanke, daß das Morgengrauen in einer Großstadt irgendwie mitleidlos und düster wirkt. Die Farm in ihrer Einfachheit und Bescheidenheit kann es vertragen. Sie kann es sogar als Wie-

derkehr eines alten Freundes freudig begrüßen. Aber die schlafende Großstadt duckt sich unruhig darunter, besonders wenn es das Morgengrauen des Sonntags ist. In diesem kalten, stillen Licht ist die Stadt hilflos und gewissermaßen nackt. Ihre Träume werden gestört. Ihre Überheblichkeit, Häßlichkeit und Vergänglichkeit werden enthüllt, ihre Schwächen treten zutage, und ihr Urteil wird gesprochen. Die Dunkelheit mit ihren Neonlichtern, ihrer Erotik und ihrem Rausch hatte sie schützend eingehüllt und ihr alles vergeben, die Träume und die Täuschungen. Das Morgengrauen ist die Stunde des Gerichts, erbarmungslos und gleichgültig.

. . .

Der Zug näherte sich jetzt St. Louis auf der am Ostufer des Mississippi entlangführenden Strecke und passierte ein Gewirr sich überschneidender Schienenstränge, Bahndämme, Viadukte, Abfallhalden, Lagerhallen und verfallener menschlicher Wohnstätten.

Ein hochgewachsener, adrett gekleideter junger Mann mit magerem Hals, großen Ohren und einem offensichtlichen Mangel an Zurückhaltung inspizierte in aller Ruhe die Anhänger an meinen Koffern und fing an, mich auszufragen: »Sagen Sie, sind Sie etwa der Mann ...« An diese Anrede knüpfte er eine Reihe verworrener Assoziationen, die der Wirklichkeit zu nahe kamen, um ganz geleugnet zu werden, aber auch zu weit von ihr entfernt waren, um ihnen zuzustimmen. Nachdem er seine Neugierde endlich befriedigt hatte, begann er, mir Fragen über die Außenpolitik, besonders über China zu stellen.

Ich nahm Zuflucht bei Gegenfragen und stellte fest, daß er Politiker und Mitglied der Legislative des Staates Missouri war. Er war eben in Washington gewesen, um an dem Jefferson-Jackson-Day Dinner teilzunehmen. Als ehemaligen Soldaten hatten ihn seine Freunde dazu bewogen, nach der Rückkehr aus dem Kriege in die Politik zu gehen. Ich versuchte, etwas über seine Auffassungen und Interessen zu erfahren, konnte aber nicht feststellen, daß er sich außer für sich selbst für irgend etwas einsetzte oder bestimmte Überzeugungen vertrat und sagen konnte, wie man das Leben im Staate Missouri anders gestalten sollte als es gegenwärtig war. Man hatte den Eindruck von einer gewissen konfusen Selbstzufriedenheit und einer ruhelosen, leeren Neugier, mit der er etwas über Menschen zu erfahren suchte, deren Namen man in den Zeitungen las.

Ich versuchte festzustellen, was er über die Regionalplanung wußte.

Er hatte etwas von dem Missouri-Valley-Authority-Projekt gehört und festgestellt, daß es ein politisches Problem sei. Als ich ihn jedoch fragte, wo der Missouri in den Mississippi mündet, sah er sich in die Enge getrieben und meinte, es sei der Missouri, den wir jetzt überqueren würden. Mit einigen Schwierigkeiten erklärte ich ihm, weshalb es nicht möglich sei, daß wir den Missouri überquerten, bevor wir über den Mississippi gelangt seien, und er glaubte, er habe mich verstanden.

Die Wände des Fred-Harvey-Restaurants auf dem Bahnhof von St. Louis waren mit sentimentalen alten Flußlandschaften bemalt. Konservenmusik *(The Rustic Wedding)* mischte sich mit dem Klappern der Teller, den schrillen Rufen der Kellnerinnen und den Gesprächsfetzen der Gäste, die sich über die für das Leben im mittleren Westen so charakteristischen Probleme unterhielten: »Yessir, der Präsident unserer Firma ist erst vierundvierzig Jahre alt ... Das sind fünf der besten Mädchen, die es in unserer Branche gibt ... Sie haben ihn in die Geschäftsleitung versetzt, und schon nach einem Monat gingen die anderen zum Chef und sagten, sie würden alle kündigen, wenn er noch länger dort bliebe ... Ich möchte heute etwas ganz Leichtes essen ... Eleanor wird für die Präsidentschaft kandidieren, das ist sicher ... Die Hub Ice Fuel Company ist eine große Firma. Man kann dort schnell befördert werden ... Das war das erste Mal, daß ich eine Frau mit einer Katze an der Leine gesehen habe. Die Katze war es nicht gewöhnt; sie wußte nicht, was das sollte ... Was meinen Sie, wird er wohl mit dem Nachthemd machen? ...«

Der Platz vor dem Bahnhof lag im blassen Licht der Wintersonne – Sonnenschein am Sonntagnachmittag –, das die leeren Fronten der Lokale im Bahnhofsviertel beleuchtete: Pop's Pool Hall; Hotelzimmer ab $ 1.50; Danny's Tavern; Chemische Reinigung und Bügelstube, prompte Bedienung; Julio's Place.

Ich nahm den Omnibus zum Fluß. Wie in der Hauptstadt hatte sich der Busunternehmer auch hier schon darauf eingestellt, das Fahrzeug mit einem Tonbandgerät auszustatten *(Rose Marie)*.

Die an den beiden letzten Blocks vorüberführende Strecke mußte ich zu Fuß zurücklegen. Lokale und Fremdenpensionen reihten sich aneinander, und vor den Fenstern der geschlossenen Läden lungerten schmutzige Gestalten herum. Sie lehnten in der Sonne an den Wänden und warteten. (Worauf warteten sie? Was suchten sie hier? Was meinten sie, werde in dieser ausgestorbenen Straße von St. Louis an einem Sonntagnachmittag im Winter passieren? Wird ein hübsches Mädchen vorübergehen? Oder gibt es eine Prügelei? Wird man einen Betrunkenen festnehmen? Vielleicht – vielleicht ...)

Dort stand das Gerichtsgebäude – im Stil der Mitte des 19. Jahrhunderts, ein massiver Backsteinbau mit hohen blinden Fenstern. Ein Anschlag wies darauf hin, daß der Fall Dred Scott verhandelt wurde. Hinter dem Gerichtsgebäude Parkplätze und die mit Kopfsteinen gepflasterte, zum Flußufer hinunterführende Straße. Unten, dicht am Wasser, war das Pflaster von Schlamm bedeckt, der aussah, als sei er trocken, in Wirklichkeit aber glitschig war. Am Ufer lagen einige Stücke Treibholz.

An diesem Nachmittag sah man am Flußufer sechs herrenlose Hunde, einen Landstreicher, der mit einem der Hunde auf dem Schoß auf einem Stück Treibholz saß, zwei kleine farbige Kinder mit einer Tüte Puffmais und einen Fremden aus Washington, der sich auf ein zweites Stück Treibholz gesetzt hatte und vier am Kai befestigte Boote skizzierte: ein mit Benzinfässern beladenes, großes Flachboot, einen Schwimmbagger, ein schmutziges Motorboot und ein echtes altes »Showboat«, das zwar noch in Betrieb war, aber doch schon einen recht traurigen Eindruck machte. Die Kinder blickten mir über die Schulter, schwatzten ganz unbefangen und streuten mir ihren Puffmais in den Kragen, während sie aufmerksam beobachteten, wie ich mit der Zeichnung vorankam. Die Sonnenstrahlen schienen schräg über die Hausdächer auf uns herab. Dabei hörte man das Rattern der Eisenbahnzüge an beiden Flußufern und auf der stromaufwärts gelegenen hohen Brücke. Eine Möwe flog heran und untersuchte den Schlamm zwischen den Pflastersteinen, und langsam strömte das Wasser an uns vorbei, dessen schmutziggraue, weite Fläche hier und da im Sonnenschein glitzerte, sich kräuselte, gurgelte und sich im Vorüberfließen selbst etwas zuzuflüstern schien.

Ich ging zu Fuß durch das alte Geschäftsviertel zurück, durch enge, dunkle Straßen, vorbei an rußgeschwärzten, festungsartigen Bankgebäuden und ehemals eleganten Hotels. (Das Schlimme an den amerikanischen Großstädten ist, daß sie zu schnell gewachsen sind und sich verändert haben. Das Neue ist schon da, ehe das Alte vergangen ist. Was einmal funktional, elegant und modisch war, bleibt später als groteskes Überbleibsel einer vergangenen Periode stehen. Diese Städte haben nie Zeit gehabt, das Überholte fortzuräumen und Ordnung zu schaffen. Überall findet man häßliche Skelette; in den verkommenen Wohnvierteln die verlassenen Prunkvillen aus den neunziger Jahren, in der Nähe der alten Bahngleise und Häfen die »Häuser am Bahndamm«.)

Auch im Salonwagen des Zuges von St. Louis nach Texas gab es Konservenmusik (*Ave Maria*), die irgendwo aus einem Lautsprecher in der Decke tönte. Bei uns hieß es, »der Kunde hat immer recht«, aber wie es ist, wenn ihm heute *The Rustic Wedding, Rose Marie* oder *Ave Maria* nicht gefallen, oder wenn er diese Stücke zu oft gehört hat, wenn er Lautsprechermusik oder Musik im allgemeinen überhaupt nicht mag? Ich stellte mir diese Frage, als ich mich fluchtartig in den Schlafwagen zurückzog. Und die Räder des Zuges, deren Rattern mir auf den Bahnfahrten in meiner Knabenzeit so vertrauenerweckend und freundlich vorgekommen war, schienen zu rufen: »Das ist für dich, das ist für dich, das ist für dich.«

Montag, den 20. Februar

Während der Fahrt im Schlafwagen von San Antonio nach Mexico City saß ich einem Herrn aus Indiana und seiner Gattin gegenüber. Ich hatte das unangenehme Gefühl, meiner Heimat im mittleren Westen untreu zu werden, denn ich stellte fest, daß mir die Art meines Gegenüber nicht gefallen wollte. Ich konnte seine aufdringliche Geschwätzigkeit nicht ertragen und ebensowenig den Zahnstocher, den er außer bei den Mahlzeiten ständig im Munde hatte (ich bin überzeugt, er schlief damit), seine Neugier ging mir auf die Nerven (»warum haben Sie diese Tinte mitgenommen?«), das ständige Gerede mit anderen Mitreisenden aus Indiana über die Verhältnisse zu Hause (»ja, ich erinnere mich an ihn, er leitete die Bank in New Cambridge, und sein Onkel war Makler in Red City,«), die dummen Witze, die er seinem Landsmann über das Eheleben erzählte (»ich werden Ihnen sagen, was Sie tun müssen. Klettern Sie mit Ihrer Frau angezogen in das Bett da oben, und wenn sie Sie hinausgeworfen hat, dann werden Sie sich nicht mehr so wohl fühlen, ha, ha, ha«), taten meinem Heimatstolz nicht besonders wohl. Weshalb, so dachte ich bei mir, reiste er nach Mexico, wenn er doch nur über Indiana reden wollte, und weshalb müssen sich die Leute betragen wie Karikaturen ihrer selbst?

Etwa ein Jahr nach diesem Besuch Lateinamerikas mußte ich in Chicago eine Reihe von Vorlesungen halten. Es war, wie ich mich erinnere, gerade zu der Zeit, als General Douglas MacArthur von seinem Posten abberufen und entlassen worden war – ein Ereignis, das damals in Chicago eine besonders traumatische Wirkung hatte. Denn hier ist der Isolationismus zu Hause, die Stimmung ist anti-europäisch, und gerade Chicago war besonders von der damals herrschenden anti-kommunistischen Hysterie ergriffen. All das erhöhte, wie ich es empfand, die Schärfe der Auswirkungen dieses Ereignisses.

Um zu erklären, wie ich dazu kam, die Vorlesungen zu halten, muß ich für einen Augenblick zu den ideologischen Aspekten der amerikanischen Außenpolitik zurückkehren.

Bei meiner Arbeit als Leiter des Planungsstabes war mir die Verwirrung aufgefallen, die in offiziellen Kreisen in Washington herrschte, wenn es darum ging, grundsätzliche außenpolitische Vorstellungen zu formulieren. Es gab keine zwei Persönlichkeiten, die sich darin einig waren, was wir zu erreichen suchten, und die Vermutungen eines jeden einzelnen zu diesem Thema waren im allgemeinen oberflächlich, emotional gefärbt und von dem Wunsch inspiriert, auf andere Amerikaner Eindruck zu machen, nicht aber von dem Verlangen getragen, den Bedürfnissen unseres Landes und der gesamten Völkergemeinschaft auf lange Zeit hinaus gerecht zu werden. Bei dem oberflächlichen Studium der Geschichte der amerikanischen Außenpolitik, das mir während meiner Amtszeit möglich gewesen war, hatte ich zu meinem Erstaunen festgestellt, welchen Unterschied es zwischen dem klaren und realistischen Denken amerikanischer Staatsmänner in der frühen föderalistischen Periode und der unklaren Geschwätzigkeit ihrer Nachfolger in späteren Jahrzehnten gab. Jetzt wollte ich in den Annalen der amerikanischen Diplomatie blättern und versuchen festzustellen, welche Auffassungen im Hinblick auf die nationalen Interessen und die Verpflichtungen unseres Landes in der Außenpolitik die verschiedenen amerikanischen Staatsmänner geleitet hatten.

Als ich in Princeton mit diesen Untersuchungen begann, war ich überrascht festzustellen, einen wie großen Teil unseres Rüstzeugs, d. h. unserer Grundsätze und außenpolitischen Vorstellungen wir von den Staatsmännern aus der Zeit zwischen dem Bürgerkrieg und dem Zweiten Weltkrieg übernommen hatten, und wie vieles davon in seinen Erwartungen utopisch, im methodologischen Sinne legalistisch, darin was wir von anderen erwarteten, moralistisch und selbstgerecht war insofern, als man voraussetzte, daß nur wir hochherzig und rechtschaffen seien. Dann ging ich daran, dieses Material in einer Reihe von Aufsätzen zusammenzufassen, die sich mit den verschiedenen Vorurteilen und Initiativen beschäftigen sollten, in denen diese Tendenzen zum Ausdruck gekommen waren, ganz besonders mit unserer außergewöhnlichen Vorliebe, bei Verträgen als Schiedsrichter mitzuwirken, mit den Bemühungen um eine weltweite Abrüstung, dem Versuch, den Krieg durch die simplen Formulierungen des Kelloggpaktes für ungesetzlich zu erklären, und mit den Illusionen über die Möglichkeiten, durch internationale Organisationen und multilaterale Diplomatie den Weltfrieden zu sichern, wie sie sich in den Hoffnungen zeigen, die man an den Völkerbund und die Vereinten Nationen geknüpft hat. Ich wollte zeigen, wie die Staatsmänner mit nach außenhin so idealistischen und anspruchsvollen Vorhaben immer wieder versucht hatten zu verschleiern, daß es uns nicht gelungen war, eine echte Außenpolitik zu treiben, bei der es um die realen Probleme internationaler Beziehungen in einer Welt ging, die sich ständig veränderte – mit anderen Worten, wie all diese großsprecherischen und anmaßenden Zielsetzungen unbewußt die Tatsache verschleiert hatten, daß es uns nicht gelungen war, ja daß wir gar nicht in der Lage waren, die eigentliche Substanz der Außenpolitik in den Griff zu bekommen.

Im Lauf der anderthalb Jahre, die ich unmittelbar nach meinem Ausscheiden aus dem Staatsdienst in Princeton verbrachte, stellte ich die Rohentwürfe für diese Aufsätze fertig. Heute liegen sie in einem dicken schwarzen Ordner bei meinen Akten, der die etwas übertrieben bescheidene Aufschrift trägt: »Notizen für Aufsätze«. Aber viele der auf diese Weise entwickelten Ideen haben doch noch ihren Ausdruck gefunden; gewöhnlich wenn ich es übernahm, Vorträge zu halten, für die ich im letzten Augenblick ein Thema finden mußte. So habe ich auch die Arbeit an der bis heute nicht beendeten Polemik über die Rolle der Moral in der Außenpolitik begonnen.

Etwa ein halbes Jahr vor meinem Ausscheiden aus dem diplomatischen Dienst hatte mich die University of Chicago gebeten, im Frühjahr 1951 eine Vorlesungsreihe zu halten, die dort alljährlich von der Charles-B.-Walgreen-Stiftung veranstaltet wurde. Dies war das erste Mal, daß man mit einer solchen Bitte an mich herangetreten war, und da ich wußte, daß ich im Frühjahr 1951 beurlaubt sein würde, sagte ich leichten Herzens zu und legte die Angelegenheit dann für viele Monate beiseite.

Als die Zeit für meine Abreise nach Chicago näher rückte und ich mich gezwungen sah, zu überlegen, worüber ich sprechen wollte, entschloß ich mich zu dem Thema meiner unvollendeten Aufsätze über die amerikanische Diplomatie, um dabei einige Episoden aus den Annalen der Geschichte unserer Außenpolitik zu behandeln, welche die Schlüsse illustrieren sollten, zu denen ich gekommen war. Ich setzte mich deshalb hin und notierte mir einige Gedanken über den spanisch-amerikanischen Krieg als Beispiel für die Oberflächlichkeit eines politischen Grundkonzepts und den Einfluß chauvinistischer Rhetorik und der Kriegshysterie. Die Episode mit der »offenen Tür« sollte als Beispiel dafür dienen, welche Kluft zwischen dem Verständnis der Öffentlichkeit für unsere Staatsführung und der Realität ihrer Leistungen bestand, während ein allgemeiner Überblick über unsere Fernostpolitik in der ersten Hälfte dieses Jahrhunderts als Beispiel für die Anwendung legalistischer und moralistischer Vorstellungen in der Beurteilung der Angelegenheiten anderer Völker gelten sollte. Außerdem machte ich mir vorbereitende Notizen über die amerikanische Diplomatie im Ersten Weltkrieg als Beispiel für den Mangel an folgerichtigen Grundsätzen und Zielen in der Außenpolitik und für die außerordentliche Wirkung, welche der Emotionalismus im Kriege auf unsere Vorstellungen von den Kriegszielen haben konnte. Diesen letzten Entwurf zeigte ich meinem verstorbenen Kollegen am *Institute* Ed Earle. Ich fürchte, er war leicht erschüttert über die Kühnheit meiner Auffassungen und die weitreichenden Folgerungen meiner Schlüsse – denn alles kam wirklich oder angeblich von den Lippen eines Mannes, der von seinem Thema nicht sehr viel verstand. Das Ergebnis war, daß er mir den großen Gefallen tat, eine kleine Gruppe von Fachleuten auf dem Gebiet der Geschichte der Außenpolitik zusammenzubringen, zu der auch Arthur Link und Richard Leopold gehörten. Sie sollten den Entwurf kritisch prüfen. Sie taten es freundschaftlich, aber ohne mich zu schonen, und obwohl keiner von ihnen – dessen bin ich sicher – meinen Schlußfolgerungen uneingeschränkt zustimmen wollte, haben sie diese Vorlesung ganz wesentlich verbessert.

Bewaffnet mit dem vollständigen Text von drei Vorlesungen und Notizen für eine vierte (die übrigen zwei von den geplanten sechs glaubte ich, an Ort und Stelle ausarbeiten zu können) reiste ich also nach Chicago ab und ahnte kaum, wie stark und für wie viele Jahre ich mich damit binden sollte.

Ich finde in meinen Akten einen Bericht über die Ankunft in Chicago – wieder mit der Eisenbahn – an einem Sonntagnachmittag Anfang April 1951:

Der Zug kam um 13.00 Uhr an. Ich hatte mich auf der Fahrt nicht recht wohl gefühlt und nichts zu Mittag gegessen.
Die Sonne schien milchig weiß, aber im Gegensatz zum Osten war es noch Vorfrühling.
Das zerbeulte und schmutzige Taxi holperte im breiten Strom des Sonntagnachmittagsverkehrs auf dem *Outer Drive* nach Süden und brachte mich zu einem an dieser Straße gelegenen Hotel auf der Südseite. Wenn man das Gebäude als Fußgänger näher betrachtete, dann war es ein großer Backsteinkasten, den man im Erdgeschoß mit Steinquadern und Metallornamenten geschmückt hatte, um ihm ein vornehmeres Aussehen zu geben. Man hatte den Eindruck einer verwahrlosten, verrußten Pracht, die wie ein Pilz aus einem Meer von mit Schlacke befestigten Grundstücken, verkehrsreichen Straßen, Tankstellen und einstöckigen Backsteinrestaurants emporgeschossen war.
Am Spätnachmittag ging ich spazieren. Mein Weg führte mich zuerst an das Seeufer. Hier kam ich in einen kleinen Park mit Rasenflächen, einem steinernen Verwaltungsgebäude und einer öffentlichen Toilette. Das Ufer war mit schweren Betonplatten gegen die Angriffe der Wellen gesichert. Vor dem Verwaltungsgebäude sprachen zwei Soldaten ein paar schlampige kleine Teenager in Blue jeans mit heraushängenden Hemdenzipfeln an. Die Mädchen, kaum älter als 13 Jahre, lehnten an der Mauer, kauten Kaugummi und antworteten ihren Bewunderern mit obszönen Schimpfworten. Ein Junge stand oben auf dem Bollwerk und warf mit faustgroßen Steinen nach einem zweiten Jungen unter ihm. Er hätte ihm mit den schweren Steinen den Schädel zertrümmern können. Ich hatte den Impuls, mich einzumischen, erinnerte mich aber noch rechtzeitig an das Entsetzen von Joan, die es nicht mochte, wenn ich mich öffentlich in dieser Weise produzierte. Deshalb hielt ich mich zurück und überlegte, daß es zweifellos das Vorrecht der jüngeren Generation ist, sich auf offener Straße umzubringen – besonders in Chicago ... Südlich dieser Stelle hatten sich Studenten auf den Stufen der Kaimauer niedergelassen, sonnten sich und lasen. Einer von ihnen las den *New Yorker*. Darüber auf dem Rasen versuch-

ten ein junger Mann und seine Freundin sich gegenseitig zu photographieren, und sie stolperte in einer Weise herum, daß man nicht sagen konnte, ob sie übermütig oder nur betrunken war.

Ich verließ das Seeufer und ging stadteinwärts. Die Straßen waren schmutzig. Nur die Trinkstuben, Drugstores und großen Gebrauchtwagenhändler hatten geöffnet. Man begegnete Männern ohne Hüte, in blauen Mänteln, ohne Krawatte, mit ungekämmtem Haar und offenen Schnürsenkeln. Sie sahen alle aus, als hätten sie einen Kater. An einer Straßenecke standen drei ältere Männer und blickten schweigend und bewegungslos eine Seitenstraße hinauf. Auch ich sah hin, konnte aber nicht erkennen, worauf sie starrten.

Da ich nichts zu Mittag gegessen hatte, ging ich in einen Drugstore, um hier etwas zu mir zu nehmen. Der Schanktisch mit dem Mineralwasserausschank war naß und schmutzig. Eine Bedienung ließ sich nicht blicken. Ein Mann mit einem großen Besen fegte den Abfall über den Fußboden. Ich wartete, bis der aus Pappbechern, Zellophanpapier und Zigarettenstummeln bestehende kleine Haufen an meinen Füßen vorbeigekehrt war, gab dann auf und ging zum Hotel zurück. Unterwegs dachte ich an die Dinge, die ich gesehen und an die *Chicago Tribune*, die ich in meinem Zimmer gelesen hatte. Sie enthielt unter anderem einen Artikel über den Kommunismus in Harvard. Ich dachte daran, daß mein Großvater und meine Mutter aus dieser Stadt stammten. Dann hörte ich, wie ein paar Jungen auf Fahrrädern sich über die Straße etwas zuriefen, und es wurde mir klar, daß mir sogar die Sprache fremd war.

So schlenderte ich zurück zum Hotel, deprimiert durch den Hunger und ein überwältigendes Gefühl des Mangels an Vertrauen zu meiner Umgebung. Eine leise innere Stimme schien heiter und melodramatisch sagen zu wollen: »Du bist an dir selbst verzweifelt; nun verzweifle an deinem Land!«

Ich glaube, ich muß mich fast entschuldigen, wenn ich hier das deprimierende Bild der ersten Begegnungen mit meinem heimatlichen Mittleren Westen wiedergebe. Ich muß jedoch sagen, daß dies nur Eindrücke von der äußeren Fassade seines Lebens waren. Es war die äußere Schale, die der Fremde sieht. Das alles wurde natürlich durch positivere Aspekte ausgeglichen, besonders wenn man die Dinge von innen und nicht von außen betrachtete. Wie wir bald sehen werden, haben die Vorlesungen in Chicago mir keinen Grund gegeben, mich zurückgewiesen zu fühlen – jedenfalls nicht durch die damalige Jugend. Die verzweifelte Reaktion auf die Fassade des Lebens im Mittleren Westen war eine Reflexreaktion auf die Tatsache, daß mir bewußt war, jetzt wieder in dem einzigen Teil der Welt zu sein, in den ich eigentlich gehörte, in einem Teil der Welt, die ich in der Erinnerung so sehr liebte, wie man nur den Ort lieben kann, an dem man aufgewachsen ist. Ich glaubte damals aus tiefstem Herzen an den Mittleren Westen und tue das noch; an seine essentielle Anständigkeit, seinen moralischen Ernst, seine immanente emotionale Frische. Ich betrachtete ihn damals und betrachte ihn heute als das Herz der moralischen Kraft der Vereinigten Staaten. Gerade deshalb war ich so empfindlich gegenüber seinen Unvollkommenheiten. Unter dem Eindruck dieses und anderer Besuche in der Mitte unseres Jahrhunderts habe ich meine Heimat immer mehr als eine große, verschlampte Mutter gesehen, die, wenn sie sich selbst überlassen war, steril blieb, aber ungeheuer fruchtbar und schöpferisch wurde, sobald sie irgend etwas außerhalb ihrer selbst berührte. Aber, so fragte ich mich, war das nicht die Eigenart und Funktion aller solcher Gebiete auf der ganzen Welt, die man als »Provinz« bezeichnet. Wieviel künstlerische Schaffenskraft muß schließlich nicht überall und zu allen Zeiten darauf zurückgeführt werden, daß die passive Rezeptivität der »Provinz« von den erregenden Einflüssen der übersättigten Großstadt überlagert wird?

Die Vorlesungen an der University of Chicago begannen in einem großen quadratischen Raum, einer Art Aufenthaltsraum für Studenten, in dem es nicht einmal ein richtiges Podium gab. Die schon zu Beginn ansehnliche Zahl der Zuhörer nahm unerwartet schnell zu. Beim dritten Vortrag saßen die Studenten schon in Gruppen auf dem Fußboden und in den Gängen zwischen den Stuhlreihen und drängten sich auf den Korridoren. Sie mußten jetzt in einen größeren Vortragssaal verlegt werden, in dem viele hundert Menschen Platz hatten. Das störte die kommunikative Wirkung der Vorträge. In dem kleineren Raum hatte ich die Studenten direkt und persönlich ansprechen können, fast wie im Gespräch; in dem Saal war ich von ihnen durch die größere Entfernung getrennt und konnte mich nur als kaum erkennbarer Schatten durch Mikrophon und Lautsprecher verständlich machen. Aber die Zahl meiner Zuhörer nahm nicht ab, und ich war durch den Erfolg des Unternehmens überrascht, erfreut

und doch in gewissem Sinne ernüchtert. Zum erstenmal in meinem Leben hatte ich erfahren, wie erregend und befriedigend es ist, zu lehren, und konnte verstehen, warum dies vielen Menschen so viel gibt, daß sie es zum Lebensberuf machen.
Weil ich das Ganze zu sehr auf die leichte Schulter genommen hatte, war ich schlecht vorbereitet, und es gelang mir nur unter großen Anstrengungen, die Vorlesungen schriftlich zu fixieren und zu redigieren, bis ich vor dem letzten Vortrag stand. Am frühen Morgen der letzten Vorlesung hatte ich noch nichts aufgeschrieben. Als die Verleger (die University of Chicago Press) das feststellten und fürchteten, ich könnte abreisen, ohne den Text abgeliefert zu haben, bestanden sie auf ihrem Recht. Ganz unerwartet wurde ich am Vormittag in ihr Büro gebeten und mußte dort in einem großen Raum, in dem ein Dutzend Schreibmaschinen klapperten, an die Arbeit gehen, um ein einigermaßen druckreifes Manuskript herzustellen, während mein Vertrag vorwurfsvoll vor mir auf dem Tisch lag.
Nur wer oft vor einem großen Zuhörerkreis gesprochen hat, kennt wahrscheinlich das besondere Gefühl der Spannung und Verzweiflung, das den unvorbereiteten Vortragenden ergreifen kann, wenn die Stunde des Vortrags unausweichlich näherrückt und er ständig daran denken muß, daß er in so und so vielen Minuten auf dem Podium stehen wird, um *irgend etwas* zu sagen, daß er aber noch gar nicht weiß, was er sagen will. Ich habe dieses Lampenfieber schon so intensiv erlebt, daß es mich auch heute, da die Zeit meiner Vortragsreisen längst vorüber ist, noch in meinen Alpträumen verfolgt. Niemals war es jedoch intensiver als an jenem Vormittag in Chicago. Ich wäre aber wahrscheinlich noch mehr erschrocken, hätte ich gewußt, daß bestimmte Teile dessen, was ich hier in dieser nervenzerrüttenden Kakophonie produzierte, mich auch noch weiter verfolgen und zwingen würden, während der nächsten Jahrzehnte damit zu leben. Der kleine Band, der aus dieser Übung entstand und 1951 mit dem Titel *American Diplomacy 1900–1950* erschien, hatte, wie es der Zufall wollte, eine höhere Auflage als alles, was ich sonst geschrieben habe. In wenigstens zwanzig Jahren kam eine Auflage nach der anderen in Buchform und als Paperback auf den Markt. Die Honorare waren nie übermäßig hoch, aber selten unbeträchtlich, und sie kamen alljährlich zur Freude des Verfassers herein, dem es allerdings schon fast peinlich zu werden begann. Das lag, glaube ich, vor allem daran, daß dieses Buch, gerade weil es in einer so zwang-

losen Weise entstanden war, den Bedürfnissen von vielen tausend amerikanischen Geschichtslehrern entgegenkam, die eine Zusammenfassung über die Außenpolitik in diesem Jahrhundert suchten, welche für ihre Schüler leicht lesbar sein mußte. Dies war jedenfalls der eigentliche Beginn meiner akademischen Laufbahn.

In den fraglichen Jahren hat man mich auch einmal gebeten, mich zu den Wahlen als Kandidat für ein öffentliches Amt zur Verfügung zu stellen, eine für mich ungewöhnliche Erfahrung. Ich hätte es beinahe getan. Eines Abends spät im Winter (ich war eben aus Washington zurückgekehrt) läutete es an der Tür unseres Hauses in Princeton. Draußen stand ein junger Farmer aus unserer Gegend in Pennsylvania mit seiner Frau. Sie waren die 240 Kilometer zu mir herausgefahren, um – wenn ich zu Hause sein sollte – mit mir zu sprechen, und wollten noch am gleichen Abend zurückfahren. Sie und einige ihrer Nachbarn waren, wie sie mir erzählten, mit den Kandidaten nicht einverstanden, die wahrscheinlich für die Vorwahlen zu den Wahlen für das Repräsentantenhaus nominiert werden sollten. Nun fragten sie mich, ob ich bereit sei, zu kandidieren.

Ich hatte bisher noch nie etwas mit einer der beiden großen politischen Parteien zu tun gehabt. Es war mir sogar unmöglich, entscheidende Unterschiede zwischen ihnen festzustellen. Ich mußte den jungen Mann deshalb fragen, an welche Partei sie dächten. Es stellte sich heraus, daß es die Demokraten waren. Mir hätte es nichts ausgemacht, wenn es die Republikaner gewesen wären.

Ich war beeindruckt durch die Spontaneität und Aufrichtigkeit dieses Angebots und sagte, ich würde es mir überlegen. Als meine Gäste mich verlassen hatten, rief ich einen Freund an, der als bekannter Rechtsanwalt Abgeordneter für den Bezirk Gettysburg war, und erzählte ihm, was ich erlebt hatte. Er hörte erstaunt zu und sagte, er werde zurückrufen. Er tat es noch am gleichen Abend und fragte mich, ob ich noch an dem Angebot interessiert sei. Ich hatte nur wenig Zeit zum Überlegen.

Ich fühlte mich etwas überrumpelt, glaubte aber, es sei meine Bürgerpflicht, meine Dienste zur Verfügung zu stellen, wenn man mich auf diese Weise darum bat. Ich sagte, ich sei interessiert. »Gut«, war die Antwort, »kommen Sie am Sonntagnachmittag um 3 Uhr in mein Büro hier in Gettysburg.«

Am Sonntagnachmittag stellte ich mich wie gewünscht vor. Etwa zwanzig bis dreißig Herren hatten sich versammelt; es waren, wie man mir sagte, die demokratischen Parteiführer dieses Wahlbezirks mit Ausnahme der zu dem Parteiapparat von York gehörenden, die ihre eigenen Vorstellungen hatten. Ich erklärte kurz, wie es zu dem Vorschlag für meine Kandidatur gekommen war, und wie ich meinen Wahlkampf zu führen gedächte, wenn man mich nominierte. Nun entstand, während ich selbst schweigend dabeisaß, eine lebhafte Diskussion über meine Eignung für dieses Vorhaben – eine Diskussion, die mich wegen ihrer völligen und nicht unfreundlichen Offenheit durchaus entzückte. Man hörte skeptische und sogar ganz ablehnende Auffassungen (»Er gehört ja nicht einmal der Demokratischen Partei an.« »Ja, aber seine Frau ist Parteimitglied.«) und auch begeistert positive (»Zum Teufel, wir könnten ihn ja sogar für den Senat nominieren.«).

Am Schluß überwogen die positiven Stimmen, und ich erhielt von den Anwesenden den Segen, mich als Kandidat registrieren zu lassen. Zu diesem Zweck fuhr ich einen oder zwei Tage später mit dem Bezirksvorsitzenden nach Harrisburg, erhielt viele gute Ratschläge von ihm und dabei auch eine Ermahnung, die nach meiner Meinung nicht nur von Kandidaten für das Repräsentantenhaus beherzigt werden sollte. Nachdem ich registriert worden war, fuhren wir nach Hause zurück. Ich saß selbst am Steuer, und als ich pflichtgemäß an einem Stoppschild hielt, sagte ich dem Sinne nach, da ich jetzt die Kandidatur angenommen hätte, müßte ich wohl noch mehr auf meine korrekte Fahrweise achten. Er wendete sich mir zu, legte mir eine Hand aufs Knie und sagte mit todernstem Gesicht: »Hören Sie mal zu, ich möchte Ihnen etwas sagen. Wenn Sie Gewohnheitstrinker sind, dann trinken Sie weiter. Wenn Sie ein Schürzenjäger sind, dann jagen Sie auch weiter den Weibern nach. Die Leute werden es sowieso erfahren.«

Schon vor der Registrierung hatte ich mir Sorgen um die Kosten des Wahlkampfs gemacht. Ich las die Staats- und Bundesgesetze über die Finanzierung des Wahlkampfes und fühlte mich nach dieser Lektüre nicht wohler. Aber ich glaubte, es werde mir vielleicht gelingen, die Sache aus eigener Tasche zu bezahlen. Aber nach meiner Rückkehr nach Princeton erfuhr ich zu meinem Schrecken, daß keine der beiden Organisationen, die mein Leben und meine Arbeit in Princeton finanziert hatten, weder das Institute for Advanced Study noch die Rockefellerstiftung, bereit war, dies weiter zu tun, wenn ich meine Kandidatur für ein öffentliches Amt aufrechterhielt. Sie wollten sich nicht dem Vorwurf aussetzen, sie finanzierten irgendwelche politischen Aktivitäten, um dadurch nicht ihre Steuervergünstigungen zu verlieren. Obwohl ich beiden Organisationen meine Absicht zu kandidieren vor meiner Registrierung mitgeteilt hatte, war es ihnen nicht möglich gewesen, bis dahin zu einer endgültigen Entscheidung zu kommen.

Das alles geschah Ende März. Selbst wenn ich gewählt worden wäre, hätte ich nicht vor dem folgenden Januar mit den Diäten rechnen können, die mir dann als Kongreßabgeordnetem zugestanden hätten. Außer dem, was mir die beiden Institutionen gaben, hatte ich fast kein Einkommen. Eines meiner Kinder studierte auf dem College, ein zweites besuchte eine Privatschule. Ich konnte nicht sehen, woher ich in den folgenden neun Monaten das Geld dafür und für unseren Lebensunterhalt nehmen sollte, gar nicht zu reden von den Kosten des Wahlkampfes. Als ich mich mit Fachleuten, die dem Kongreß nahestanden, unterhielt, deuteten sie an, daß man sich unter solchen Umständen normalerweise an einen der großen Molkereibesitzer oder einen anderen reichen Mann aus der Gegend wendete, der zufällig der Demokratischen Partei angehörte, um seine Unterstützung für den Wahlkampf zu erbitten. Das widersprach meinen Grundsätzen. Wenn ich die Unterstützung solcher Kreise annahm, dann würde meine Stellung als Unabhängiger natürlich jede Bedeutung verlieren.

Widerwillig zog ich deshalb meine Kandidatur zurück und hatte das Gefühl, eine große Torheit begangen zu haben. Mir war allerdings eine strenge Lektion erteilt worden. Seither glaube ich, die beste Lösung wäre, wenn man es möglich machte, daß jemand, der finanziell nicht unabhängig ist, sich zu Wahlen aufstellen lassen kann, ohne seine normalen Einkünfte zu verlieren und ohne in die eigene Tasche greifen zu müssen. Aber solange das nicht möglich ist, muß man dankbar sein, wenn es Männer gibt, die über genügend eigene Mittel verfügen, um öffentliche Ämter übernehmen zu können. Sie geraten wenigstens nicht in Versuchung, sich finanziell korrumpieren zu lassen, und können das Amt, das sie innehaben, bekleiden, ohne sich um das Problem kümmern zu müssen, wovon sie leben sollen, wenn ihre Amtszeit beendet ist. Während meiner Jahre im diplomatischen Dienst hatte ich oft geglaubt, niemand sollte dem auswärtigen Dienst angehören, der finanziell und auch in anderer Beziehung nicht in der Lage sei, der Regierung zu sagen, sie könne sich zum Teufel scheren, wenn

Dinge von ihm gefordert würden, die er mit seinem Gewissen nicht vereinbaren könnte. Jetzt war ich überzeugt, in der Parteipolitik müsse das noch viel mehr gefordert werden.

Die Tätigkeit als zeitweiliger Berater der Fordstiftung machte es in jenen Jahren notwendig, daß ich gelegentlich nach Südkalifornien fuhr. Ich war früher noch nicht in Kalifornien gewesen mit Ausnahme einer kurzen Vortragsreise im Jahre 1946. Wieder waren die ersten Eindrücke sehr lebendig und beunruhigend.

Pasadena, den 4. November 1951

Heute genieße ich einen ganz seltenen Luxus; einen Tag vollkommener Entspannung ohne Verpflichtungen, fort von zu Hause, und weder die Familie noch das Haus oder das vernachlässigte Grundstück können etwas von mir verlangen. Ich bin hier auf einer dreitägigen Geschäftsreise bei einem Freunde zu Gast, dessen mitten in einem Garten auf einem Hügel gelegenes Haus auf die Dächer und Baumkronen von Pasadena hinunterblickt. Es ist eigenartig und etwas überraschend, jetzt, nachdem man das Sterben des Jahres in der zunehmenden Strenge des Herbstes an der Ostküste beobachtet hat, in einem Garten zu sitzen, das Zwitschern der Vögel und das Plätschern eines Springbrunnens zu hören, zu sehen, wie das Laub der Eukalyptusbäume sich im sanften Sommerwind bewegt, und die warmen Sonnenstrahlen auf der Rückseite des bloßen Halses zu fühlen.

Ich habe festgestellt, daß ich, wenn ich plötzlich von einem Druck befreit werde, nicht fähig bin, mich in eine heitere und kontemplative Stimmung zu versetzen. Im Gegenteil, die Gedankensplitter jagen mir ziel- und zwecklos durch den Kopf. Ich habe das Gefühl einer grundlosen Erregung, und meine Aufmerksamkeit wandert ruhelos zwischen den in mir gespeicherten Erfahrungen und Eindrükken hin und her wie ein unruhiger Mensch in einem Hause herumirrt und ohne Grund die Gegenstände berührt, an denen er vorüberkommt. Gemütsruhe und Heiterkeit sind wahrscheinlich wie die meisten anderen menschlichen Regungen Sache der Gewöhnung.

Meine Gedanken sind erfüllt von dieser südkalifornischen Welt, die ich unter mir und rings umher sehe. Es ist leicht, sie wie Aldous Huxley und so viele andere Intellektuelle lächerlich zu machen – aber es ist töricht und eine Art Selbstverdammung. Hier leben einige Millionen ganz normaler menschlicher Wesen. Was sie hierher gebracht hat und was sie hier festhält, sind durchaus menschliche Phänomene – ebenso wie die innere Unsicherheit, die sie veranlaßt, zu prahlen und eine defensive Haltung einzunehmen. Da dies menschliche Phänomene sind, sind sie auch Teil unserer selbst, und wenn wir vorgeben darüber zu lachen, als betrachteten wir diese Dinge objektiv von außen, dann machen wir uns eigentlich selbst lächerlich.

Ich empfinde für diese Menschen eine tiefe Sorge, weil ich glaube, daß sie nicht wissen, was ihnen bevorsteht. Das Leben in diesem Raum hängt von zwei Flüssigkeiten ab, vom Öl und vom Wasser, die kein einzelner – auch nicht gemeinschaftlich mit seiner Familie und seinen Freunden – schaffen kann, und deshalb ist dieses Leben ebenso gefährdet wie alles Leben in den großen, dicht besiedelten Städten des Motorenzeitalters. Doch hier scheinen mir die Versorgungswege für lebenserhaltende Güter besonders wichtig, aber auch besonders schmal zu sein. Das trifft in besonderem Maße auf das Wasser zu, das man schon heute über Hunderte von Kilometern heranführen muß. Bald werden es Tausende von Kilometern sein. Aber ebenso bedenklich ist, glaube ich, die völlige Abhängigkeit von dem teuren und unwirtschaftlichen Automobil, das in praktisch jedem einzelnen Lebensvorgang eine Rolle spielt. Es begleitet den Menschen von der Geburt an durch die Schulzeit, beim Einkaufen, auf dem Wege zur Arbeit und in der Freizeit, ja sogar bei seinen Liebesabenteuern, bis es bei der Beerdigung die letzte Funktion erfüllt. In dieser Lebensgemeinschaft, wo die revolutionierende Kraft der Motorisierung alle alten Lebensformen hinweggefegt hat und mit jeder Konkurrenz fertig geworden ist, hat der Mensch neue Beine bekommen. Was mich beunruhigt, ist nicht nur die Tatsache, daß diese mechanischen Beine nachteilige Auswirkungen auf den Menschen selbst haben, indem sie seine Fähigkeit, nachzudenken, irgendwie lähmen und seine Emotionen verzerren, solange er dieses Fortbewegungsmittel benutzt. Diese Dinge sind nicht so schwerwiegend, und vielleicht ist dies sogar die Art, mit ihnen fertig zu werden. Was mich am meisten beunruhigt, ist der Umstand, daß der Mensch so vollkommen von diesem Transportmittel und von den komplizierten Vorgängen abhängig ist, welche seinen Gebrauch ermöglichen. Es ist, als seien seine natürlichen Beine geschrumpft, weil er sie nicht mehr benutzt. Man hat das Gefühl, wenn man ihm die künstlichen Beine nähme, würde er elend und hilflos wie ein Insekt, dem man die Beine ausgerissen hat, herumkriechen und nicht mehr

in der Lage sein, den Lebenskampf zu bestehen, um bald vor Hunger und Durst zugrunde zu gehen.
Man darf solche Dinge nicht übertreiben. Jede moderne Großstadtgesellschaft ist im physischen Sinne künstlich. Sie ist abhängig von zerbrechlichen und anfälligen Maschinen. Dies ist nur die Apotheose. Hier ist die Hilflosigkeit am größten, aber auch die Gedankenlosigkeit. Und die Gedankenlosigkeit ist Teil der Hilflosigkeit.
Aber neben dem Gefühl der Sorge, die ich angesichts dieser Menschen empfinde, frage ich mich, welchen Einfluß sie und der Beitrag, den sie zum amerikanischen Leben leisten, auf die amerikanische Gesellschaft als Ganzes haben werden. Auch das soll kein Vorwurf und keine Kritik sein. Es besteht tatsächlich ein subtiler, aber doch grundlegender Unterschied zwischen den Menschen hier und den Amerikanern, wie sie früher waren und zum Teil auch heute noch in anderen Teilen unseres Landes sind. Es fällt mir schwer, diesen Unterschied zu definieren, und sicherlich verstehe ich ihn nur unvollkommen.
Ich möchte versuchen, der Sache dadurch näherzukommen, daß ich übertreibe. Hier läßt sich leicht erkennen, daß der Mensch, wenn man ihn von politischen Bindungen befreit und seine Bedürfnisse befriedigt (wie das nur für verhältnismäßig kurze Zeit und nur in Ausnahmesituationen geschehen kann), in vieler Hinsicht zum Kind wird. Er wird vergnügungssüchtig, lacht leicht und läßt sich leicht für etwas begeistern, er wird unanalytisch, unintellektuell, nach außen gewendet, gibt äußerer Schönheit und körperlicher Kraft den Vorzug, neigt zur plötzlichen und gedankenlosen Aggressivität, sieht sich gezwungen, seinen Status innerhalb der Gruppe dadurch zu bewahren, daß er sorgfältig darauf achtet, ständig mit den anderen konform zu bleiben – und ist doch nicht unglücklich. In diesem Sinne finden wir in Südkalifornien zugleich mit allen für das amerikanische Leben typischen Erscheinungen eine Kindlichkeit ohne Aussicht auf spätere Reife – mit der einzigen Aussicht, daß sich diese kindliche Welt ständig erweitern und beeindruckender werden wird. Wenn aber der Tag der Abrechnung und der Not kommt, und das ist, glaube ich, unvermeidlich, dann wird es so werden wie überall bei Kindern; die grausamsten und rücksichtslosesten werden versuchen, ihre Interessen dadurch zu schützen, daß sie die anderen versklaven. Und die anderen werden sich, da sie nur Kinder sind, leicht versklaven lassen. Auf diese Weise werden ganz plötzlich Werte verlorengehen, die allmählich und unter großen Mühen in der harten Wirklichkeit der politischen

Entwicklungen anderswo im Westen entstanden sind. Wenn ich sage, es wird eine gewisse »Latinisierung« des politischen Lebens eintreten, dann ist das nicht als Herabsetzung der großen kulturellen Leistungen der lateinischen Welt gemeint. Südkalifornien wird politisch zu einem lateinamerikanischen Land werden, wie es das heute schon klimatisch ist. Wenn eine demokratische Lebensform erhalten bleibt, dann wird das, ebenso wie in Lateinamerika, eine romantische Demokratie im Sinne von Garibaldi sein, die sich auf die Wechselwirkung zwischen einer emotionalen Bevölkerung und dem charismatischen, heroischen Typ des Volksführers stützt. Wo ein solches politisches System im Rahmen einer starken kirchlichen und weltlichen Tradition bestehen kann wie in vielen lateinischen Ländern, dort besteht auch die Möglichkeit eines beachtlichen kulturellen Niveaus. Doch was wird geschehen, wenn diese Entwicklung am verkehrten Ende beginnt, und zwar mit dem Zerfall der Freiheit und nicht wie in Rom mit der Errichtung eines Gebäudes von Recht und Ordnung aus dem Chaos des urzeitlichen Despotismus? Werden dabei nicht die Grundlagen unserer politischen Tradition erschüttert werden? Und wenn das so ist, was wird mit unserer ganzen urbanisierten, industrialisierten Gesellschaft geschehen, die so anfällig ist gegenüber jeder Art der Reglementierung und zentralisierten Kontrolle?

Was ich hier über Kalifornien gesagt habe, klingt – dessen bin ich sicher – kritischer als es gemeint war. Meine Ausführungen bringen nur einen Teil der Eindrücke zum Ausdruck, die ich von diesem großen Staat im Verlauf von mehreren aufeinanderfolgenden Besuchen empfing. Ich erkannte nicht nur sehr bald, wie gefährlich es ist, über ein Gebiet, dessen landschaftlicher Charakter und dessen Bevölkerung so stark variieren, verallgemeinernde Aussagen zu machen, sondern ich bin mir auch stets der Tatsache bewußt gewesen, daß es für einen Amerikaner unmöglich ist, sich vollständig davon zu distanzieren. Sehr bald glaubte ich zu sehen, daß Kalifornien nichts anderes ist als ein anderer Teil von Amerika, nur in einem fortgeschrittenen Stadium und noch amerikanischer als das übrige Land. Wenn der Bewohner eines anderen Teils der Vereinigten Staaten es betrachtete, dann erblickte er hier seine eigene Umwelt – wie sie fünfzehn Jahre später sein würde. Und wenn, wie es mir manchmal vorkam, jede kalifornische Familie von einem Menschen abstammte, der versucht hatte, vor der Wirklichkeit zu fliehen, der die Probleme, die ihn in seiner

Heimat belastet hatten, abstreifen wollte in der Hoffnung, hier das verheißene leichtere Leben zu finden, traf das nicht auch für die Vereinigten Staaten im allgemeinen zu? Stammte nicht jede weiße amerikanische Familie von einem solchen Menschen ab, von jemandem, der aus der Enge und der Verantwortlichkeit des Lebens in Europa geflohen war, um die größere Freiheit einer neuen Welt zu suchen? Das ist sicherlich der Grund dafür, weshalb die Amerikaner in ihrer nationalen Philosophie nie mit den eigentlichen Schwierigkeiten fertig geworden sind, denen sich der Mensch als Mitglied einer übervölkerten politischen Gemeinschaft stellen muß, aus der er sich nicht herauslösen kann. Kalifornien war nur ein extremes Beispiel dafür; und keiner von uns durfte, wenn er es beurteilen wollte, vergessen, daß auch in ihm ein kleiner Kalifornier steckte. Wenn mir dies nicht alles gefiel, dann war der Grund, daß mir auch nicht gefiel, was aus ganz Amerika zu werden schien. Und dafür, für diese amerikanische Zukunft, war Kalifornien mehr als irgendein anderer Teil des Landes (vielleicht mit Ausnahme von Texas, das ich nicht kannte) das auffallendste und ausdrucksvollste Symbol.

Die Eindrücke meiner Wiederbegegnung mit den Vereinigten Staaten habe ich im Januar 1952 in einem Brief an einen Mann zusammengefaßt, der mich gefragt hatte, was ich meinte, wenn ich sagte, der wichtigste Faktor, der den Ausgang des Kalten Krieges bestimmen werde, sei die Qualität (ich hatte damals leider gesagt »ein hohes geistiges Niveau«) unserer Zivilisation. Hier schrieb ich:

»Mir scheint, in unserem Lande gibt es zahlreiche Mängel, zum Teil sehr ernste Mängel, die wir fast alle genau kennen, doch fehlt es uns an Entschlußkraft und Zivilcourage, sie zu beseitigen. Hier geht es um unsere Verpflichtungen uns selbst gegenüber und um unsere nationalen Ideale. Wenn einzelne Bürger in unserem Lande sich nicht mehr benachteiligt fühlen, nur weil sie einer bestimmten Rasse angehören oder eine bestimmte Hautfarbe haben; wenn Unehrlichkeit und Korruption aus unseren Großstädten verschwunden sind; wenn die kriminellen Elemente in vielen unserer Großstadtgesellschaften nicht mehr die Hebel der Macht in Händen haben; wenn wir die schmutzigen Slums und heruntergekommenen Wohnviertel saniert haben; wenn wir das Problem der Jugendkriminalität in die Hand genommen und den Mut gefunden haben, die Eltern dafür verantwortlich zu machen, die die eigentlichen Schuldigen sind; wenn wir es dem Stadtbewohner im allgemeinen bewußt gemacht haben, was es bedeutet, in einer Gemeinschaft zu leben, und welche Bürgerpflichten er hat; wenn wir mit der Inflation fertig geworden sind; wenn wir den Mut gehabt haben, die erzieherische Wirkung der Massenmedien als eine öffentliche Verantwortlichkeit zu erkennen und ihnen den Platz anzuweisen, den sie in einer gesunden und fortschrittlichen Gesellschaft einnehmen sollten; wenn wir wirksame Maßnahmen gegen die Bodenerosion, gegen das Absinken des Grundwasserspiegels und gegen die Vernichtung unserer Wälder getroffen haben – wenn wir mit anderen Worten alles getan haben, um die Schönheit und die gesunden Lebensverhältnisse in dem Lande zu schützen, das Gott uns gegeben hat, und um eine allgemeine harmonische und stabile Beziehung zwischen dem amerikanischen Menschen und seiner unvergleichlichen natürlichen Umwelt wieder herzustellen – wenn wir all das getan haben, dann werden wir nach meiner Ansicht ein hohes geistiges Niveau erreicht haben (denn ohne ein solches Niveau können wir nicht die Kraft finden, diese Dinge zu tun), und die Welt würde diese Leistung anerkennen.«

Wie viele andere Amerikaner habe ich in diesen ersten Jahren der erneuten Konfrontation mit der amerikanischen Szene immer wieder über die Phänomene nachdenken müssen, die in den oben zitierten Tagebuchaufzeichnungen in so deprimierender Weise zum Ausdruck kommen. Ich mußte nachdenken über die so augenfällige Qualitätsminderung sowohl des amerikanischen Lebens als auch der natürlichen Umwelt, die es umgibt, unter den Einwirkungen einer rasch fortschreitenden Überbevölkerung, Industrialisierung, Kommerzialisierung und Urbanisierung der Gesellschaft. Und immer wieder stieß ich auf das Dilemma, vor das uns diese Phänomene stellen. Wenn solche Entwicklungen unkontrolliert weitergingen, dann konnte es, das war mir klar, nur zur Katastrophe kommen. Doch welche Korrektivmaßnahmen ließen sich denken? Um die Chance zu haben, wirksam zu sein, mußten sie nicht so drastisch, so ungewöhnlich und so weitreichend in ihren Anforderungen an die Regierungsgewalt und an die Gesellschaft sein, daß sie den intellektuellen Horizont der amerikanischen Wählerschaft und die bestehenden verfassungsmäßigen und traditionellen Kräfte der Regierung in den Vereinigten Staaten weit überforderten? Würden sie nicht Entbehrungen und Opfer verlangen, die eine demokratische Wählerschaft kaum auf sich zu nehmen bereit wäre? Würden sie nicht mit den kommerziellen Interessen in den schärfsten Konflikt geraten? Würde ihre Durchsetzung nicht Regierungsvollmachten erfordern, die in der Mitte des 20. Jahrhunderts noch gar nicht existierten und die bisher niemand, am wenigsten die beiden großen politischen Parteien der Regierung zuzugestehen die geringste Absicht hat?

Dilemmas erzeugen Gewissensnot, und die Gewissensnot äußerte sich in diesem Fall in den ersten widerwillig zugegebenen und ängstlichen Zweifeln daran, ob die Probleme Amerikas sich wirklich durch die Anwendung der liberal-demokratischen, auf die freie Initiative des einzelnen gestützten Institutionen lösen ließen, welche die Tradition unseres Landes hervorgebracht hat. Aber wenn solche Zweifel gerechtfertigt waren, zu welchen Schlüssen führten sie? Die Traditionen, Einrichtungen und Voraussetzungen, die es uns augenscheinlich unmöglich machten, diese für unser modernes Zeitalter so typischen Mißstände zu beseitigen und sie mit einiger Aussicht auf Erfolg zu bekämpfen, waren den kommunistischen Ländern unbekannt. Ihre Führer haben diese Mißstände sogar vielleicht noch gar nicht als solche erkannt. Vielleicht sind sie immer noch Gefangene der von der Allgemeinheit als Fetische verehrten Industrialisierung, Automobilisierung, Größe und militärischen Stärke. Wenn aber diese Führer, wie das sicher eines Tages geschehen wird, zu der gleichen Erkenntnis gelangen, dann hätten sie im Gegensatz zu uns wenigstens die politischen und wirtschaftlichen Vollmachten, die sie in die Lage versetzen würden, die praktischen Konsequenzen aus ihren Erkenntnissen zu ziehen.

Was bedeutete das? Hieß es, daß sie im Grunde recht und wir unrecht hatten? Bedeutete es, daß der moderne Mensch in der Masse als ein verirrtes, blindes Kind angesehen werden sollte, das nur von kühnen, rücksichtslosen, selbstsicheren Minderheiten aus diesen Gefahren herausgeführt werden könnte? Von Minderheiten, die tiefere Einsichten haben als die dazu angeblich unfähige Masse? Von Minderheiten, welche das Wohl des Mannes auf der Straße deutlicher erkennen oder zu erkennen glauben als er selbst, und die besser wissen oder zu wissen vorgeben, was für das Volk gut ist, als das Volk selbst? Dies war offensichtlich nur das alte Dilemma des Großinquisitors von Dostojewski, das wir in einer neuen Form erlebten. Es begegnete

uns aber jetzt im Zeitalter der Überbevölkerung und des Verfalls unserer Umwelt mit einer Dringlichkeit und Grausamkeit, wie sie die Menschen zur Zeit von Dostojewski noch nicht gekannt haben.
Es war das sowjetische Beispiel, das uns erschreckte, und nicht so sehr die Frage selbst. Die Möglichkeit, daß ein demokratisches, auf persönlicher Freiheit gegründetes System wie das unsere von Grund auf geändert werden müßte, um den Herausforderungen zu begegnen, die sich vor uns auftürmen, war natürlich besorgniserregend, weil unser Volk wenig Neigung für Verfassungsreformen zeigt. Rechtmäßige Interessen und Vorurteile würden ihnen im Wege stehen, und es wäre nicht leicht, einen grundsätzlichen Wandel zu schaffen. Aber das war noch kein Grund zur Verzweiflung. Die amerikanische Demokratie war nicht die einzig mögliche Lebensform. Im Lauf der Geschichte hatte es schon viele andere gesellschaftliche und politische Systeme gegeben, und nicht alle waren schlecht oder unerträglich gewesen.
Dies jedoch war ein anderes Zeitalter. Gab es in den geistigen Strömungen unserer modernen Zeit irgend etwas, das besagte, wenn man sich von den überlieferten liberalen Grundsätzen der amerikanischen Demokratie, wie sie sich nach Jackson entwickelt hatte, lossagte, werde man unaufhaltsam dazu getrieben, das ganze häßliche Gepäck der sowjetischen Theorie und Praxis zu übernehmen? War es notwendig, das Monopol der Macht einer selbsternannten Minderheit zu überlassen, um die Regierungsgewalt so stark zu konzentrieren, daß sie den Anforderungen des modernen Zeitalters gerecht wurde? Und hatte es dann diese Minderheit nötig, die Öffentlichkeit systematisch zu belügen, auf ihrer eigenen Unfehlbarkeit zu bestehen, zu behaupten, sie begehe nie einen Fehler, Feinde zu erfinden, wo es keine gab, und damit die Aufrechterhaltung eines Zustandes zu begründen, der praktisch ein Belagerungszustand war, jede abweichende Meinung zum Schweigen zu bringen, Leute wie Daniel und Sinjawski in Straflager zu schicken und die Werke eines Solschenizyn zu unterdrücken?
Ich habe nie die Notwendigkeit gesehen, diese Schlußfolgerung zu akzeptieren. Wenn man sie aber nicht akzeptierte, dann mußte man etwas anderes finden; einen Mittelweg zwischen der übermäßigen Nachsichtigkeit der amerikanischen Demokratie und der Ängstlichkeit, der Selbstgerechtigkeit und der Grausamkeit des sowjetischen Kommunismus. Das Problem lag darin, eine Regierungsmethode zu

finden, welche die Würde des Menschen nicht verletzte, die Menschen nicht täuschte, ihnen erlaubte, ihre Gefühle und Meinungen frei zu äußern, welche diese Gefühle und Meinungen berücksichtigte und es dennoch erlaubte, die Regierungsgewalt genügend zu konzentrieren, sie in ihrer Ausübung genügend zu stabilisieren und eine so sorgfältige Auswahl der Regierungsmitglieder zu garantieren, daß es möglich wurde, aussichtsreiche langfristige Vorhaben im Hinblick auf die zu erwartenden Veränderungen innerhalb der Gesellschaft und der Umweltbedingungen zu planen und durchzuführen.
Das war natürlich nicht nur unser Problem. In umfassenderem Sinne war es das Problem aller modernen Gesellschaften. In anderen Teilen der Welt waren sich die Menschen dessen stärker bewußt als wir, und auf der Suche nach einer Lösung blickten westliche Sozialisten, nationalistische Führer unterentwickelter Länder und abweichlerische marxistische Kommunisten zumindest in die gleiche Richtung. Es war klar, daß die Lösung in jedem einzelnen Lande etwas anders aussehen mußte, um sich den Lebensgewohnheiten, den geographischen Eigenarten und den Traditionen dieser Völker anzupassen. Kein Land hatte es dringender nötig, darüber nachzudenken, als das unsere. Und doch schien es mir, als dächten die Amerikaner in jenen 50er Jahren (und auch später) nicht genug darüber nach. Die liberalen Auffassungen, welche die Universitäten und einen großen Teil der Presse beherrschten, beschäftigten sich in erster Linie mit der Frage, wie eine größere soziale Gerechtigkeit *innerhalb* des bestehenden Systems erreicht werden könnte, und weniger mit der Anpassung dieses Systems an die umfassenderen Bedürfnisse im Hinblick auf die Erhaltung einer gesunden Umwelt und andere Fragen des modernen Zeitalters. »Konservative« Kreise widersetzten sich grundsätzlich diesen liberalen Impulsen im Namen eines entrüsteten Patriotismus und anti-kommunistischer Zwangsvorstellungen, die keine Unterschiede kannten. Ich fühlte mich in keinem der beiden Lager zu Hause, denn weder hier noch dort ging man nach meiner Ansicht in die richtige Richtung. Die Folge war, was die amerikanische Innenpolitik betraf, eine wachsende intellektuelle Vereinsamung meinerseits und das Gefühl, ich sei nicht in der Lage, zu gegenwärtigen Diskussionen etwas Nützliches beizutragen. Meine Versuche, mich mündlich verständlich zu machen, führten sogar bei meinen Freunden zu nachsichtigem Lächeln und freundlichen Bemerkungen, die zum Ausdruck brachten, daß ich eigentlich nichts von den Verhältnissen in den Vereinigten

Staaten verstünde und lieber bei meinem Fach, der Außenpolitik, bleiben sollte.
So blieb ich denn auch im allgemeinen, was Bücher, Aufsätze und andere Veröffentlichungen über Zeitprobleme betraf, bei der Außenpolitik. Aber im Lauf der Jahre schien mir das eine ziemlich nutzlose Betätigung zu sein, denn ich mußte mich fragen, was es für einen Sinn habe, wenn ich versuchte, ein Gesellschaftssystem in seinen Beziehungen zu anderen zu schützen, das in seinen Beziehungen zu sich selbst offensichtlich versagte. Immer wieder von dieser Frage bedrängt sah ich, daß ich der Öffentlichkeit kaum mehr nützen konnte, und im Lauf der Jahre neigte ich immer mehr dazu, meine Aufgabe in der Interpretation der Geschichte zu sehen, wenn ich sie schon nicht in der Interpretation meiner eigenen Zeit finden konnte, um auf diese Weise meinen Neigungen und Wünschen zu folgen.

V

Rußland und der Kalte Krieg

Während all dieser Monate in den Jahren 1950 und 1951, als ich in Princeton meinen unbezahlten Urlaub als Angehöriger des diplomatischen Dienstes verbrachte, konzentrierten sich meine Interessen auf außenpolitischem Gebiet wie schon seit langer Zeit immer noch auf Rußland; und auch andere erwarteten von mir in erster Linie ein fachmännisches Urteil über dieses Land und unsere Beziehungen zu ihm.

Noch vor zwei Jahren, im Jahre 1948, hatte ich den Eindruck gehabt, die öffentliche Meinung in Amerika und anderswo hätte die sowjetfreundliche Euphorie überwunden, die gegen Ende des Zweiten Weltkrieges entstanden war, und man befände sich, was diesen Fragenkomplex betraf, wieder einigermaßen im Gleichgewicht. Allerdings war es schwer, das Pentagon davon abzubringen, daß es in Stalin einen zweiten Hitler erblickte und in seinen Planungen für einen neuen Krieg die Schlachten des eben beendeten zu rekonstruieren suchte. Es gab bei uns in der Tat einen extremen rechten Flügel, der einen Krieg gegen Rußland forderte. Dabei sollte es nach den Vorstellungen dieser Leute um das Chinaproblem gehen. Aber im großen und ganzen schienen sich die gemäßigten, im Marshallplan zum Ausdruck kommenden Auffassungen durchzusetzen, Auffassungen, die darauf hinausgingen, im Westen starke Kräfte zu *schaffen*, und nicht die in Rußland vorhandenen Kräfte zu *vernichten.* Ebenso wie andere sogenannte »Rußlandexperten« hatte ich das Gefühl, daß sich unsere Art, das russische Problem zu betrachten, im allgemeinen durchzusetzen schien. Das war eine Betrachtungsweise, die zwar die Haltung und die Politik der Russen auf außenpolitischer Ebene für gefährlich hielt, aber nicht mit der Wahrscheinlichkeit oder Notwendigkeit eines Krieges rechnete und nicht glaubte, daß wir unsere Ge-

genmaßnahmen in erster Linie auf militärischer Ebene vorbereiten sollten.
Zwei Jahre später änderte sich das alles sehr rasch. Es ließen sich eine Reihe besorgniserregender Tendenzen erkennen, und deshalb machte ich mir immer mehr Gedanken über die Beurteilung der Lage und die Politik der Amerikaner in dem Gebiet, auf dem ich nach Meinung anderer und auch nach meiner eigenen Ansicht die besten Wirkungsmöglichkeiten hatte.
Einige dieser Befürchtungen verdienen es, erwähnt zu werden, bevor wir mit meinem Bericht fortfahren.

Hier ging es in erster Linie um die als Folge des Koreakrieges entstandene Lage. Ich war damals überzeugt, die sowjetischen Gründe dafür, den Angriff der Nordkoreaner zu billigen und zu unterstützen, bezögen sich ausschließlich auf den nordasiatischen Raum und brauchten in keinem anderen Zusammenhang gesehen zu werden. Ich habe schon oben im 2. Kapitel über diese Gründe gesprochen. Es schien jedoch unmöglich, Washington von der Richtigkeit dieser Beurteilung zu überzeugen. Ich bin nicht einmal sicher, daß der Außenminister sie akzeptiert hat. Das deutsch-nazistische Syndrom beherrschte noch die Gemüter. Der Angriff gegen Korea wurde, obwohl sowjetische Truppen nicht daran beteiligt waren, als ein zweites »Österreich« angesehen – als erster Schritt im Rahmen eines angeblichen »großen Planes« für die Eroberung der Welt. Ich glaubte, der Weltfrieden sei jetzt mehr durch unsere falsche Interpretation der Lage als durch den nordkoreanischen Angriff selbst ganz unnötigerweise ernstlich gefährdet.
Das war nicht so, weil ich glaubte, die sowjetischen Führer wünschten einen solchen Krieg und würden ihn bewußt provozieren. Es war so, weil ich glaubte, wir selbst könnten die Sowjets ohne es zu wollen davon überzeugen, daß der Krieg sich nicht vermeiden ließe. Ich konnte nicht vergessen, daß unsere militärischen Planer – und zum Teil auch unsere Politiker – sogar schon vor dem Koreakrieg gegen meine besorgten Einwände die militärischen Planungen darauf eingestellt hatten, daß das Jahr 1952 den Höhepunkt der Kriegsgefahr bringen würde und daß wir zu diesem Zeitpunkt für eine militärische Auseinandersetzung gerüstet sein müßten. Diese Männer beabsichtigten nicht, den Krieg zu dieser Zeit selbst zu beginnen, sie nahmen jedoch an, es werde die akute Gefahr bestehen, daß die Rus-

sen es tun würden, sobald ihr gegenwärtiges Rüstungsprogramm beendet sei – und dafür schien ihnen offenbar das Jahr 1952 der richtige Zeitpunkt zu sein. Sie konnten sich nicht von den Vorstellungen lösen, die Hitler mit seinen Zeitplänen in ihnen erweckt hatte. Sie glaubten, die sowjetischen Führer arbeiteten eifrig an einem sogenannten »großen Plan« – einem Vorhaben zur schnellen Vernichtung der amerikanischen Machtstellung und zur Eroberung der Welt. Vergeblich versuchte ich, diese Leute davon zu überzeugen, daß dies eine Wahnvorstellung sei, daß die Russen anders seien, daß sie schwächer seien als wir annähmen, daß sie mit vielen innenpolitischen Problemen fertig werden müßten, daß sie keinen »großen Plan« verfolgten und besonders nicht vorhätten, mit uns im Rahmen eines großen Krieges in Konkurrenz zu treten. Was wir von russischer Seite zu erwarten hätten, wären, so behauptete ich, Bemühungen mit dem Ziel, auf lange Sicht mit uns in Konkurrenz zu treten und uns unter Druck zu setzen, und zwar bis zu einem Punkt kurz vor Eröffnung von Feindseligkeiten. Wir sollten uns bereitmachen, diesen Bemühungen auf lange Zeit zielbewußt entgegenzuwirken, und nicht an einen imaginären »Kulminationspunkt der Gefahr« glauben. Die Vorstellung, es gäbe einen solchen Zeitpunkt höchster Gefahr, sei schon an sich äußerst gefährlich für uns, denn militärische Pläne neigen dazu, gerade die Zufälligkeiten herbeizuführen, auf deren Abwehr man sich angeblich vorbereitet.

Das waren, wie gesagt, Erörterungen, die noch vor Ausbruch des Koreakrieges stattgefunden hatten. Durch Korea war die Gefahr erheblich gewachsen. Man braucht sich nur an die frivole und gefährliche Bombardierung des Hafens von Rashin an der koreanischen Ostküste durch unsere Luftstreitkräfte zu erinnern, der in so unmittelbarer Nähe des russischen Hafens Wladiwostok gelegen war. Jetzt im Spätherbst 1950 hatten die Mißerfolge unserer Truppen in Nordkorea dazu geführt, daß die Militärs, eifrig unterstützt von republikanischen Kreisen im Kongreß, behaupteten, der Einspruch des Präsidenten gegen die Bombardierung von Zielen in der Mandschurei bedeute, daß unsere kommunistischen Gegner dort eine »privilegierte Freistatt« hätten. Damit war gemeint, die Niederlage am Jalu hätte vermieden werden können, wenn wir nur in der Lage gewesen wären, Ziele auf chinesischem Gebiet mit Bomben anzugreifen. Die Stimmen, die verlangten, daß unsere Luftstreitkräfte die Erlaubnis für solche Bombenangriffe erhielten, wurden im Verlauf des Herbstes nicht schwächer, ganz im Gegenteil[1]. Ich hatte nicht den geringsten Zweifel daran – und ich wüßte nicht, wie sonst jemand daran hätte zweifeln können –, daß das Verlangen nach Genehmigung für die Bombardierung von Zielen jenseits des Jalu ein Verlangen nach Ausweitung des Koreakrieges zu einem regelrechten Krieg gegen die Sowjetunion und China war. Die Tatsache, daß dieses Verlangen von bedeutenden Persönlichkeiten in unserem Lande vorgetragen wurde, zu denen auch unser Befehlshaber in Korea gehörte, und daß Teile des Kongresses und die Presse es energisch unterstützten, konnte die Russen leicht zu dem Schluß führen, daß es eine reale Möglichkeit, ja sogar eine Wahrscheinlichkeit für den Ausbruch eines allgemeinen Krieges in naher Zukunft gäbe. Wenn sie zu einem solchen Schluß kamen, dann mußte man natürlich auch damit rechnen, daß sie ihr Verhalten danach einrichteten, und zwar nicht nur im koreanisch-mandschurischen Raum, sondern auch anderswo. Das wiederum konnte von uns nur allzu leicht als Angriffsabsicht gedeutet werden. Auf diese Weise konnte – wie am Vorabend des Ersten Weltkrieges – eine Folge von Ereignissen in Gang gebracht werden, die niemand so schnell würde aufhalten können.

Ich hatte diese Befürchtungen in meinen offiziellen Berichten geäußert, bevor ich aus dem Amt ausschied. Am 8. August 1950 hatte ich meinen Vorgesetzten gesagt, die sowjetischen Führer hofften zwar noch, den Ausbruch allgemeiner Feindseligkeiten vermeiden zu können, sie seien jedoch nicht mehr so sicher, daß dies möglich sei, wie noch vor wenigen Monaten. Eine Woche später, nachdem die Nachrichten über die Bombardierung von Rashin für die Presse freigegeben worden waren, sah ich mich gezwungen, meine Beurteilung zu revidieren und eine pessimistischere Haltung einzunehmen. In einer Denkschrift vom 14. August schrieb ich, dieses Unternehmen könnte

[1] Die Militärs sind niemals darum verlegen gewesen, andere für ihre Mißerfolge verantwortlich zu machen. Ich kann mir aber keine widersinnigere Behauptung in dieser Richtung vorstellen als die, daß unser Gegner in Korea sich eines unfairen Vorteils erfreut habe, weil wir nicht fähig gewesen seien, Ziele in der Mandschurei zu bombardieren, und daß unsere Probleme gelöst worden wären, wenn er diese Vorteile nicht genossen hätte. Nach der Stabilisierung der Front auf der Mitte der Halbinsel Ende 1950 hatten wir in einem Raum, der sich fast 160 Kilometer über unsere Stellungen hinaus erstreckte, die vollkommene Luftherrschaft. Der Feind war in einem schmalen Korridor zusammengedrängt, in dem er operieren und seinen Nachschub heranführen konnte, und wir konnten dieses Gebiet ungehindert mit Bomben angreifen. Gegen unsere rückwärtigen Dienste gab es keine Angriffe; wenn sich irgend jemand einer »privilegierten Freistatt« erfreute, dann waren wir es selbst.

von der sowjetischen Führung nur so gedeutet werden, daß wir uns entschlossen hätten, die militärische Auseinandersetzung in Korea dazu auszunutzen, das strategische Potential der Sowjets in diesem Gebiet zu reduzieren. Da dies so sei, müßten wir jederzeit auf extreme Reaktionen der Sowjets gefaßt sein.

> Wir können die Möglichkeit nicht ausschließen, daß diese Hinweise ... ihre Beurteilung der Wahrscheinlichkeit für die Vermeidung eines Ausbruchs von Feindseligkeiten größeren Ausmaßes, des vermutlichen Zeitplans für solche Feindseligkeiten und der relativen Vorteile eines von den Sowjets festgesetzten Beginns der militärischen Auseinandersetzung beeinflussen werden, der einer abwartenden Haltung vorzuziehen sei, welche sich auf die Hoffnung stützen würde, diese Feindseligkeiten ganz zu vermeiden.

Das waren natürlich nur Vermutungen, aber wie sich später herausstellte, waren sie nicht ganz falsch. Wir wissen heute aus Anfang 1970 im Zusammenhang mit dem 70sten Geburtstag des italienischen Kommunistenführers Luigi Longo veröffentlichten Dokumenten, daß Stalin Ende 1950 selbst geglaubt hatte, die Lage sei ungewöhnlich ernst, und man müsse durchaus mit einem baldigen Ausbruch von Feindseligkeiten rechnen[2].

Die Vorstellung, es könne zum Kriege mit Rußland kommen, war schon entsetzlich genug, wenn man an das Blutvergießen und die Zerstörungen dachte, die damit verbunden sein würden, auch wenn – was man kaum zu hoffen wagte – keine nuklearen Waffen eingesetzt werden würden. Dieser Gedanke war aber besonders alarmierend und abstoßend für mich, weil ich genau wußte (nach einem Jahr am War College und nach meinen späteren Studien der Geschichte der Außenpolitik war mir das bewußt geworden), daß Amerika in

[2] Diese Dokumente, die zu verschiedenen Zeiten und in verschiedenen Publikationen erschienen, sind im Oktober 1970 in der deutschen Zeitschrift *Osteuropa*, Nr. 10, besprochen und zum Teil in deutscher Übersetzung abgedruckt worden. Sie behandelten die Krise vom Januar 1951 in den Beziehungen zwischen den Führern der sowjetischen und der italienischen Kommunistischen Partei, die dadurch entstanden war, daß Stalin sich bemüht hatte, Togliatti zur Annahme der Führung der Kominform zu bewegen und zu diesem Zweck in ein Gebiet überzusiedeln, das von den russischen Kommunisten beherrscht wurde. Zur Rechtfertigung dieses Verlangens sprach Stalin von der äußerst ernsten internationalen Lage und machte es den italienischen Genossen klar, daß er glaube, die Gefahr eines kurz bevorstehenden, allgemeinen Krieges sei groß.

einem Kriege dieser Art keine realistischen, begrenzten Kriegsziele haben werde. Von aus der Vergangenheit vertrauten Begriffen ausgehend und ergriffen von einem Emotionalismus, wie er bei uns in Kriegszeiten immer entsteht, würden wir sicher auch hier wieder versuchen, die altbekannten Kriegsziele zu erreichen; die totale militärische Niederlage des Feindes, die totale Vernichtung der feindlichen Streitkräfte, ihre bedingungslose Kapitulation, die vollständige Besetzung des feindlichen Gebiets, die Absetzung der bestehenden feindlichen Regierung und ihre Ablösung durch ein Regime, das sich unseren Forderungen nach »Demokratisierung« fügte. Der Begriff des begrenzten Krieges – einer Kriegführung, bei der es nur um die Erreichung begrenzter Ziele ging und die damit enden müßte, daß diese Ziele durch einen Kompromiß verwirklicht wurden, der mit dem bestehenden Regime zu schließen wäre – war den amerikanischen Militärs und Politikern nicht nur fremd, sondern erschien ihnen zutiefst abstoßend. Das hatte sich schon in Korea sehr deutlich gezeigt (es sollte sich fünfzehn bis zwanzig Jahre später in Vietnam wieder zeigen). Es war völlig klar, daß unser Volk, wenn es nicht gelang, es ganz und gar von diesen Denkmodellen abzubringen, im Falle eines Krieges gegen die Sowjetunion zu diesen vertrauten Vorstellungen zurückkehren würde.

Eine solche Möglichkeit erfüllte mich aus zwei Gründen mit Schrekken. Der erste war, daß wir mit diesen Methoden in den beiden letzten Weltkriegen nicht viel erreicht hatten. Der Entschluß, dem Gegner eine totale Niederlage beizubringen, auf die eine bedingungslose Kapitulation folgte, hatte dazu geführt, daß man sich während des Krieges über politische Ziele keine ernsten Gedanken gemacht hatte. Was unsere politischen Führer an der Öffentlichkeit über die Kriegsziele gesagt hatten, war gewöhnlich unbestimmt, selbstgerecht, emotional und – soweit ihre Vorstellungen überhaupt konkret waren – von der Idee bestimmt gewesen, den Krieg als Strafexpedition zu führen. Diese Kriege hatten daher damit geendet, daß wir kaum irgendwelche realistischen Ideen entwickelt hatten, in welche Richtung wir gehen und welche politischen Ziele wir in unseren Beziehungen zum ehemaligen Gegner verfolgen wollten, wenn er kapituliert hatte.

Die Unmöglichkeit, solche Erwartungen verwirklichen zu können, deren ich mir sehr wohl bewußt war und die ich meinen Studenten am War College klarzumachen versucht hatte, wurde noch überzeugender durch die Tatsache bewiesen, daß es in einem Kriege zwischen den Vereinigten Staaten und der Sowjetunion keinen vollkommenen militärischen Sieg geben konnte. Keines der beiden Länder konnte durch die Streitkräfte des anderen besetzt werden. Beide Länder waren ganz einfach zu groß und sprachlich, kulturell und in jeder anderen Beziehung zu verschieden. Auch entsprach es nicht der Tradition oder der Psychologie der sowjetischen Führer, vor einem Gegner zu kapitulieren, der einen großen Teil ihres Gebiets besetzt hatte. Sie würden sich, wenn notwendig (in Wirklichkeit würde es wahrscheinlich niemals notwendig werden), bis in das entfernteste sibirische Dorf zurückziehen, aber in dem Gebiet, das sie beherrschten, würden sie auch weiter ihre Macht ausüben[3]. Nicht nur das, sondern die sowjetischen Führer würden, da sie auf diesem Gebiet über reiche Erfahrungen verfügen, rücksichtslos genug sind und im eigenen Lande operieren könnten, im Restgebiet des riesigen Rußland – in dem Teil, der nach den Vorstellungen der Vereinigten Staaten und deren Verbündeten von diesen besetzt sein würde – eine Widerstandsbewegung ins Leben rufen, neben der alles, was wir seit dem Zweiten Weltkrieg kennengelernt haben, unbedeutend erscheinen müßte. Um den Krieg zu beenden, würden wir uns daher irgendwie mit ihnen einigen müssen, und zwar in einem Kompromiß über unsere miteinander im Konflikt stehenden Interessen. Für diesen Kompromiß müßten wir aber irgendwann die von uns anzustrebenden begrenzten Kriegsziele formulieren, Kriegsziele, welche die bedingungslose Kapitulation ausschließen. Wenn wir jedoch den Vorstellungen folgten, nach denen wir bisher Krieg geführt haben, dann wären wir dafür vollkommen unvorbereitet.

Viele Amerikaner mögen sich vorgestellt haben, daß wir nach der Besetzung eines Teils des russischen Territoriums dort – wieder dem Beispiel aus dem Zweiten Weltkrieg folgend – eine schöne pro-amerikanische Regierung einsetzen würden, die sich aus sogenannten »demokratischen Elementen« in der russischen Bevölkerung zusammensetzen sollte; daß diese Regierung bei einer befreiten Bevölkerung, welche die amerikanische »Sendung« verstanden hätte, beliebt sein würde, und daß sie deshalb so viele Wählerstimmen für sich gewin-

[3] Jedem, der daran zweifelt, daß diese Darstellung des sowjetischen Verhaltens im Falle einer Gebietsaufgabe an eine feindliche Streitmacht richtig ist, würde ich die Lektüre des Buches *900 Tage* von Harrison Salisbury empfehlen, einer großartigen Darstellung des Schicksals von Leningrad und von Nordwestrußland im letzten Kriege.

nen werde, daß die Kommunisten auf den ihnen gebührenden Platz verwiesen würden.
Alles, was ich bis dahin über Rußland in Erfahrung gebracht hatte, zeigte mir, daß dies nichts als eine verhängnisvolle Illusion war. Es gab keine »demokratischen Elemente« in Rußland, mit denen man rechnen konnte. Dafür hatten dreißig Jahre kommunistischen Terrors gesorgt. Vor der Revolution hatte es – ganz wenige – solche Elemente gegeben, aber sie waren ausnahmslos entweder eines natürlichen Todes gestorben, ermordet worden oder ausgewandert. Unsere Erfahrungen mit sowjetischen Überläufern hatten uns gezeigt, daß die Vorstellungen dieser Leute von der Demokratie – sosehr sie auch ihre sowjetischen Herren hassen mochten – im höchsten Grade primitiv und eigenartig waren. Sie bestanden oft aus der Erwartung, wir würden es ihnen erlauben und sie dazu ermutigen, ihre bisherigen politischen Gegner mit einer Rücksichtslosigkeit an die Wand zu stellen, die nicht weniger grausam war als diejenige, auf welche sie angeblich reagierten, um anschließend mit unserer Hilfe nach ihren Vorstellungen eine Diktatur zu errichten. Auch dafür gab es, wenn sich jemand die Mühe machen wollte, das nachzuprüfen, einen Präzedenzfall; die Erfahrungen der alliierten Expeditionsstreitkräfte in Rußland mit ihren russischen Verbündeten bei den verschiedenen Interventionen in den Jahren 1918–1920.

So war also die Tatsache, daß der größte Teil unseres Volkes auf einen Krieg dieser Art durchaus nicht vorbereitet war, daß es keine realistischen Vorstellungen über die Kriegsziele bei einer solchen Auseinandersetzung gab, einer der Gründe dafür, daß ich in jenen düsteren Tagen des Koreakrieges nur mit den größten Zweifeln und tiefer Besorgnis an einen Krieg gegen Rußland denken konnte.
Es gab jedoch noch eine weitere Überlegung, durch welche sich diese Zweifel verschärften. Das war die Existenz eines lautstarken und einflußreichen Elements in unserem Lande, welches nicht nur den Krieg gegen Rußland wünschte, sondern auch sehr klare Vorstellungen davon hatte, welchem Zweck ein solcher Krieg dienen sollte. Ich denke dabei an die Flüchtlinge und Einwanderer, die meist in jüngster Zeit aus den nicht-russischen Gebieten der Nachkriegssowjetunion und aus einigen der osteuropäischen Satellitenstaaten zu uns gekommen waren. Ihre Idee, die sie leidenschaftlich und manchmal rücksichtslos verfolgten, bestand einfach darin, daß die Vereinigten Staaten um

ihretwillen gegen das russische Volk einen Krieg führen sollten, um damit das Auseinanderbrechen des alten russischen Staatsgebildes herbeizuführen und es ihnen zu ermöglichen, die Herrschaft in den verschiedenen »befreiten« Gebieten zu übernehmen.

Am aktivsten waren die Ukrainer und besonders eine Reihe von Galiziern und Ruthenen, denen jetzt kein anderes politisches Tätigkeitsfeld zur Verfügung stand und die sich nun aufgrund einer gewissen, nicht ganz aus der Luft gegriffenen sprachlichen Verwandtschaft unter dem Sammelbegriff Ukrainer vereinigen wollten. In vielen Fällen hatten diese Leute sowohl religiöse als auch politische Gründe für ihren gegen Rußland gerichteten Haß (aus diesem Grunde wurden sie auch von den anti-titoistischen Kroaten in diesem Lande energisch unterstützt).

Wenn ich diese schmerzlichen Umstände erwähne, dann leugne ich nicht, daß viele dieser Menschen in der Tat die Opfer fürchterlicher Verfolgungsmaßnahmen der sowjetischen Kommunisten waren, und ich will auch nicht sagen, daß zu ihnen nicht auch zahlreiche wertvolle und ernst zu nehmende Persönlichkeiten gehörten. Aber wenn man verstehen will, in welche Richtung ihr Einfluß im politischen Leben Amerikas deutete, dann muß man drei Dinge klar erkennen. Erstens waren die meisten von ihnen stark an einem sowjetisch-amerikanischen Krieg interessiert und bemühten sich darum, unsere Regierung dahin zu bringen. Zweitens sollte dies nach ihren Wünschen nicht ein Krieg gegen die Sowjetunion als solche, sondern ein Krieg gegen das russische Volk sein, um dessen Niederwerfung es hier zu gehen habe. Drittens waren es in vielen Fällen keine amerikanischen Interessen, die diese Leute verfochten. Nach ihrer Auffassung war unser Land das Instrument für die Erreichung weiter liegender politischer Ziele und nicht das Objekt politischer Freundschaft. Ich zweifelte nicht daran, daß ihr Interesse der politischen Zukunft Polens, der Ukraine oder der anderen Gebiete galt, aus denen sie stammten, und daß sie sich einredeten, dieses Interesse ließe sich mit einem ungestümen amerikanischen Chauvinismus vereinbaren. Aber man hat mich nie davon überzeugen können, daß ihre Motive in erster Linie durch die Interessen dieses Landes bestimmt gewesen seien.

Diese in neuerer Zeit nach Amerika gekommenen Flüchtlinge waren in Washington keineswegs ohne Einfluß. Da sie mit geschlossenen Wählergruppen in den Großstädten enge Beziehungen pflegten, waren sie in der Lage, einzelne Kongreßabgeordnete direkt für ihre

Zwecke zu gewinnen. Manchmal appellierten sie mit Erfolg an religiöse Gefühle und, was noch wichtiger war, an die herrschende antikommunistische Hysterie. Eine gewisse Vorstellung von dem politischen Einfluß, den sie besaßen, gewinnt man, wenn man an die Tatsache denkt, daß es ihnen einige Jahre später (1959) gelang, dem Kongreß durch die Vermittlung ihrer Freunde dort den Text einer Resolution zu empfehlen, der sogenannten Captive Nations Resolution, die wörtlich von ihrem Sprecher (der das selbst in einer Veröffentlichung zugegeben hat[4]) Dr. Lev E. Dobriansky, dem damaligen Gastprofessor an der Georgetown University, abgefaßt worden war. Es gelang ihnen sogar zu erreichen, daß der Kongreß dieses Schriftstück offiziell als Grundsatzerklärung der amerikanischen Außenpolitik übernahm. In dieser Resolution verpflichteten sich die Vereinigten Staaten, soweit der Kongreß die Vollmacht dazu hatte, zur »Befreiung« von zweiundzwanzig »Nationen« beizutragen, von denen zwei niemals wirklich existiert hatten. Der Name der einen ist sogar augenscheinlich während des letzten Krieges vom nationalsozialistischen Propagandaministerium erfunden worden[5]. Die Abfassung einer Erklärung des Kongresses zur Rußland- und Osteuropapolitik war mehr, als ich nach so vielen Jahren im auswärtigen Dienst in jenem Teil der Welt jemals zu erreichen gehofft hätte.

Ich konnte mir nichts Schlimmeres vorstellen als das, was diese Leute von uns verlangten. Wir sollten uns politisch und militärisch nicht nur gegen das sowjetische Regime, sondern auch gegen das zahlenmäßig stärkste völkische Element auf russischem Gebiet stellen, und zwar zugunsten nationaler Extremisten, unter denen es voraussichtlich niemals zu einer Einigung kommen würde und die sich in den meisten Fällen niemals gegen den Druck russischer Revanchisten würden behaupten können, ohne sich auf die Dauer auf amerikanische Bajonette zu stützen. Das wäre eine so ungeheuerliche Torheit gewesen, daß selbst das später begonnene Abenteuer in Vietnam daneben heute zur Bedeutungslosigkeit verblassen müßte. Es fehlte mir nicht an Sympathie für die unterdrückten Völker, die unter dem Joch der sowjetischen Herrschaft schmachteten, aber auch das russische Volk besaß mein Mitgefühl, denn es trug schließlich das gleiche Joch. Außerdem waren mir die Grenzen unserer Macht bewußt, und

[4] Siehe *Ukrainian Quarterly*, Bd. XV, Nr. 3, September 1951, S. 207.
[5] Die beiden nicht existierenden Nationen hießen »Cossackia« und »Udel-Ural«.

ich wußte, was man von uns verlangte und erwartete, ging weit über diese Grenzen hinaus.

Die fraglichen Versuche, uns unter Druck zu setzen, waren doppelt gefährlich, weil sie im engen Zusammenhang zu gewissen in erster Linie in der amerikanischen Bevölkerung herrschenden Auffassungen standen, die sich nach meiner Ansicht ebenfalls katastrophal auswirken konnten. Ich dachte dabei an die Ansichten derjenigen (und zu ihnen gehörten viele einflußreiche Persönlichkeiten), die zwar nicht zum Kriege gegen Rußland rieten und nicht einmal behaupteten, daß er unvermeidlich sei, die aber jeden verspotteten, der meinte, es ließe sich eine Tendenz feststellen, nach der die Sowjets ihre Macht allmählich etwas milder handhabten, und die darauf drängten, die amerikanische Politik solle die verschiedenen kommunistischen Regime mit rein politischen Mitteln angreifen, um sie mit Hilfe einer Kombination aus amerikanischer Propaganda und politischen Maßnahmen von im Lande vorhandenen anti-kommunistischen Gruppen zu stürzen. Das Resultat sollte die »Befreiung« der sowjetischen Völker im allgemeinen, zu denen auch das russische Volk gehörte, sein. Nach dieser Theorie konnte dieses Ziel, wenn wir es mit dem notwendigen Eifer und der erforderlichen Beharrlichkeit verfolgten, auch ohne Krieg erreicht werden. Dieses Konzept entsprach weitgehend den Vorstellungen gewisser konservativer Republikaner, denn es gab ihnen die Möglichkeit, zu bestreiten, sie befürworteten einen Krieg, und versetzte sie zugleich in die Lage, dem anti-kommunistischen extremen rechten Flügel in Amerika zu schmeicheln, vor dem alle diese Leute politisch eine Sterbensangst hatten, und dem sich niemand in einer offenen Auseinandersetzung gewachsen fühlte. Hätten nur die Extremisten solche Reden geführt, dann hätte mich das nicht so sehr beunruhigt, aber dieses Gerede hatte inzwischen schon die Meinungen von Leuten wesentlich beeinflußt, die man nicht in diese Kategorie einreihen durfte. Das glänzend geschriebene und überzeugend klingende Buch *Containment and Liberation* von Mr. James Burnham, das zum großen Teil gegen mich und die Doktrin von der politischen Eindämmung gerichtet war, sollte erst ein Jahr später herauskommen. Aber die Atmosphäre, die es vermittelte, war schon jetzt deutlich spürbar. Besonders der Time-Life-Verlag neigte stark in diese Richtung, und ein großer Teil der Tagespresse schloß sich gehorsam an[6].

[6] Eine ganze Nummer der Zeitschrift *Colliers* war imaginären Berichten über einen

Für einen Menschen, der die kommunistische Gewalt an der Öffentlichkeit scharf kritisiert hatte, war es nicht leicht zu erklären, weshalb er sich gegen diese »Befreiungsthese« stellte. Ich hatte drei besondere Gründe dafür. Erstens glaubte ich, ein solches Unternehmen habe kaum eine Aussicht auf Erfolg. Als politische Verschwörer waren wir nicht geeignet. Darüber hinaus glaubte ich – und habe diese Meinung oft anderen gegenüber vertreten –, daß man, wenn man die Verantwortung für den Sturz politischer Regime in anderen Ländern übernehmen will, realistische Vorstellungen davon haben muß, was an ihre Stelle treten soll. Doch alle diese Fragen waren sogar von den führenden Vertretern der Befreiungspolitik noch gar nicht durchdacht worden. Wir verfügten in der Tat für keines dieser Länder über eine geeignete demokratische Regierung, die an die Stelle derjenigen hätte treten können, an deren Sturz uns so viel gelegen war. Einige Persönlichkeiten, die sich für diese Rolle empfahlen, würden nach meiner Meinung im Hinblick auf ihr menschliches Verhalten und ihre demokratische Grundeinstellung nicht besser sein als die Kommunisten, welche sie ersetzen sollten.

Aber der Hauptgrund für meine Ablehnung der »Befreiungspolitiker« war, daß die Verfolgung einer solchen politischen Linie, selbst wenn sie nicht zum Kriege führen sollte (was jedoch sehr wahrscheinlich war), von den sowjetischen Führern sicherlich zum Vorwand genommen werden würde, innenpolitisch jede Liberalisierung abzu-

zukünftigen Krieg gegen die Sowjetunion gewidmet. Ich erinnere mich, wie ich damals mit Schrecken das Bild auf der Titelseite betrachtete. Von anderen hörte ich mit noch größerem Schrecken, diese Ausgabe enthielte einen Bericht, in dem geschildert würde, daß wir unseren Sieg über die Sowjetunion mit einer Aufführung von *Guys and Dolls* im Bolschoitheater in Moskau feierten. Natürlich konnte ich mir vorstellen, wie ein Redakteur von *Colliers* ein solches Unternehmen als den Höhepunkt eines amerikanischen Triumphs betrachtete. Man würde den unwissenden Russen zeigen, was man mit einer solchen großen Opern- und Ballettbühne wirklich anfangen könne.

Es ist mir gelungen, aus dem Archiv eines Warenhauses ein Exemplar der fraglichen Nummer von *Colliers* zu beschaffen, die – das muß ich gestehen – ich vorher noch nicht gelesen hatte. Ich konnte mich damals nicht dazu aufraffen. Zu meinem großen Erstaunen stellte sich nun heraus, daß die Idee einer Aufführung von *Guys and Dolls* am Bolschoitheater nicht von einem Redakteur der Zeitschrift, sondern von dem bekannten britischen Bühnen- und Romanschriftsteller J. B. Priestley stammte und daß die ganze Nummer ein Versuch war, meiner Aufforderung nachzukommen, daß wir vorausdenken und versuchen sollten, uns realistisch vorzustellen, was ein Krieg gegen Rußland bedeuten könnte. Diese Nummer der inzwischen eingegangenen Zeitschrift war, obwohl eine Reihe achtbarer Leute daran mitgearbeitet hatte, eine phantastische Taktlosigkeit. Noch heute erregt sie in mir Empörung und Abscheu.

lehnen und sich gegen jede Modifizierung der Intensität des Kalten Krieges zu stellen. Es war schlimm genug, daß sich die sowjetische Führung, besonders zur Zeit von Lenin, zum Ziel gesetzt hatte, *unsere* Regierung zu stürzen. Würden wir es uns jedoch nun zum Ziel setzen, die *sowjetische* Regierung zu stürzen, dann würden wir damit alles rechtfertigen, was in Moskau jemals über die bösen Absichten der kapitalistischen Mächte im Hinblick auf die Völker der Sowjetunion gesagt worden war. Deshalb war ich davon überzeugt, daß eine Entwicklung der russischen Gesellschaft in der von uns gewünschten Richtung am ehesten möglich sei, wenn die Sowjetmacht ihre Methoden allmählich modifizierte. Und da man das kaum erwarten durfte, solange die sowjetischen Führer davon überzeugt waren, die Vereinigten Staaten hätten sich unter allen Umständen ihren Sturz zum Ziel gesetzt und glaubten nicht mehr an eine andere Lösung als durch ihren Sturz und ihre totale Vernichtung, wäre schließlich jede Chance für die Vermeidung einer Weltkatastrophe verspielt, wenn wir es zuließen, daß sie diesen Eindruck gewannen.

Das waren, wie mir schien, die Tendenzen und Kräfte, die in jenen Monaten der Jahre 1950 und 1951 nicht nur eine vernünftige amerikanische Rußlandpolitik, sondern auch den Weltfrieden und die ganze Zukunft der westlichen Zivilisation gefährdet haben. Da es mir nun zum erstenmal freistand, als Privatperson meine Meinung zu sagen, verlieh ich meiner oppositionellen Haltung in einer ganzen Reihe von Vorträgen und Aufsätzen Ausdruck. Die wichtigste dieser Arbeiten, die sich am unmittelbarsten mit den eben besprochenen Problemen beschäftigte, war ein Aufsatz mit dem Titel *America and the Russian Future*, der 1951 in der Aprilnummer von *Foreign Affairs* erschien und den ich gewissermaßen als zweiten »X-Article« betrachtete, obwohl ich ihn diesmal mit meinem Namen gezeichnet hatte. Hier beschäftigte ich mich mit allen diesen Problemkreis betreffenden Fragen. Aber das Hauptthema des Aufsatzes war die Nutzlosigkeit und Torheit des Krieges – nicht nur eines Krieges gegen Rußland, sondern des Krieges im allgemeinen. Ich forderte meine Leser auf – und ich hoffte, es würden auch einige hitzköpfige Befürworter des Kalten Krieges darunter sein –, daran zu denken,

> daß der Krieg mit seinen Zerstörungen, seiner Brutalisierung und seinen Opfern, seinen erzwungenen Trennungen, seiner zersetzenden Wirkung in der Heimat und der Schwächung der Grundstruk-

turen der Gesellschaft ein Vorgang ist, der aus sich selbst keine positiven Auswirkungen haben kann; daß sogar der militärische Sieg nur die Voraussetzung für weitere und positivere Entwicklungen sein kann, die er zwar ermöglicht, aber keineswegs garantiert. Wir dürfen jetzt den moralischen Mut haben, uns daran zu erinnern, daß die Anwendung von Gewalt im großen internationalen Rahmen im Hinblick auf die Werte der Zivilisation für uns alle eine Form des Bankrotts darstellt – sogar für diejenigen, die überzeugt davon sind, recht zu haben; daß wir alle, Sieger und Besiegte, ärmer daraus hervorgehen müssen als zur Zeit des Kriegsbeginns und daß wir am Ende weiter von den Zielen entfernt sein werden als zu Anfang – und daß schließlich, da Sieg und Niederlage nur das relative Ausmaß des Unglücks bezeichnen können, selbst der großartigste militärische Erfolg uns nicht das Recht geben würde, der Zukunft anders als im Geiste der Trauer und der Demut entgegenzugehen, weil wir bedauern, was geschehen ist, und erkennen, daß ein langer und schwerer Weg vor uns liegt, ein Weg, der in der Tat länger und schwerer sein wird als er gewesen wäre, wenn wir das militärische Debakel von vorneherein verhindert hätten.

Wer sich aber auf den Standpunkt stellte, daß es keinen Krieg geben dürfe, war verpflichtet zu sagen, wie sich nach seiner Ansicht die offenbar unlösbaren Konflikte in den Auffassungen und Zielen der Vereinigten Staaten und der Sowjetunion in erträglicher Weise beilegen ließen. Meine Antwort lautete, man müsse auf allmähliche und friedliche Veränderungen hinarbeiten, auf Veränderungen, gegen welche kein Mensch und keine Regierung immun war; und ich führte dazu ein positives Beispiel an. Ich schrieb, wenn dem russischen Volk nur die notwendigen Alternativen geboten werden könnten,

in der Form einer an anderer Stelle auf diesem Planeten existierenden Zivilisation, die menschenwürdig ist, zur Hoffnung berechtigt und sinnvoll erscheint, dann muß der Tag kommen – früher oder später im Verlauf einer allmählichen Entwicklung oder auf anderem Wege –, an dem dieses schreckliche Gewaltsystem, das den Fortschritt eines großen Volkes um Jahrzehnte aufgehalten und wie ein Schatten über der ganzen zivilisierten Welt gelegen hat, nicht mehr als lebendige Realität zu erkennen sein wird, sondern nur noch als etwas, das man zum Teil aus der Geschichte kennt und zum Teil noch als geringe Spuren innerhalb eines konstruktiven und organischen Wandels wahrnimmt, Spuren, die jeder große und bedeutende Wandel in der Menschheitsgeschichte der Nachwelt hinterläßt, so unglücklich auch die Manifestationen eines solchen Wandels sonst gewesen sein mögen.

Ich meinte, wir könnten unmöglich wissen, ob sich die Veränderungen, die wir uns für Rußland wünschten, ohne gewaltsamen Bruch in der Kontinuität der Machtverhältnisse dort erreichen lassen würden, aber wir konnten auch nicht sagen, daß dies nicht möglich sein werde. Wichtig war, daß eine allmähliche Entwicklung in dieser Richtung nicht durch unsere Politik behindert oder aufgehalten würde.

Wenn es sich herausstellen sollte, daß die Freiheit nach dem Willen des Schicksals durch die Erosion des Despotismus und nicht durch einen mit Gewalt geführten Kampf um die Freiheit nach Rußland kommen soll, dann sollten wir sagen können, unsere Politik habe das begünstigt, und wir hätten diese Entwicklung nicht durch Vorurteile oder die Ungeduld der Verzweiflung aufgehalten.

Dies waren die Befürchtungen, Hoffnungen und Überzeugungen im Hinblick auf unsere Rußlandpolitik, die mich in jenen ersten anderthalb Jahren nach dem Ausscheiden aus dem öffentlichen Dienst erfüllten. Wenn ich mit ihrer Darstellung die Geduld meines Lesers strapaziert habe, dann ist das geschehen, weil man die in der folgenden Periode meiner erneuten Tätigkeit im diplomatischen Dienst entstandenen Spannungen, die im nächsten Kapitel behandelt werden sollen, nicht ganz verstehen kann, ohne etwas von diesen abweichenden Standpunkten erfahren zu haben.

VI

Als Botschafter in Moskau

Soweit ich mich erinnere, erhielt ich im Spätherbst 1951 von Außenminister Dean Acheson die Mitteilung, daß unser Botschafter in Moskau, Admiral Alan Kirk, von diesem Posten abberufen werden würde, und daß der Präsident mich zum Nachfolger von Kirk ernennen wolle. In mancher Hinsicht war mir dieser Vorschlag willkommen. Andererseits bedauerte ich es. Ich hatte am *Institute* gerade eine Gruppe jüngerer Wissenschaftler um mich versammelt, mit deren Unterstützung ich gehofft hatte, eine Studie über die Auswirkungen bestehender innerer Entwicklungstendenzen in unserem Lande auf die Erfordernisse anzufertigen, die in Zukunft aufgrund unserer Stellung in der Welt an uns gestellt werden würden. Ich fühlte mich diesen Männern verpflichtet, denn ich hatte sie veranlaßt, für dieses Jahr nach Princeton zu kommen, und es widerstrebte mir, sie jetzt im Stich zu lassen. Außerdem war es mir noch immer sehr deutlich bewußt, daß ich mit der offiziellen Politik kurz vor meiner Beurlaubung nicht einverstanden gewesen war, und ich hatte Bedenken, jetzt in einer so wichtigen und empfindlich reagierenden Hauptstadt wie Moskau eine Politik vertreten zu müssen, die ich nicht ganz verstand und an die ich nicht glaubte.

Andererseits war ich noch Berufsdiplomat und damit aktiver Regierungsbeamter. Ich hielt es nicht für richtig, einen mir erteilten Auftrag abzulehnen, besonders nicht, wenn der Präsident persönlich die Hand im Spiele hatte. Es wäre mir sehr schwergefallen, die Ernennung zum Botschafter in der Sowjetunion zurückzuweisen – eine Aufgabe, für welche mich meine ganze Laufbahn vorbereitet hatte, wenn ich überhaupt für irgend etwas vorbereitet worden war.

Ich teilte Mr. Acheson deshalb mit, daß ich der Regierung zwar selbstverständlich zur Verfügung stünde und gehen würde, wohin man mich schicken wollte, daß ich jedoch vorschlüge, der Präsident möge sich umsehen, um festzustellen, ob sich nicht jemand finden ließe, der ihm persönlich näher stünde und dessen Vorstellungen mit denen des Präsidenten und seiner Politik besser übereinstimmten, um einer solchen Persönlichkeit diese Aufgabe zu übertragen. Die nach wenigen Tagen eintreffende Antwort war negativ. Der Präsident wünschte noch immer, daß ich nach Moskau ging.

Ich nahm die Ernennung daher an. Sie wurde am 27. Dezember 1951 bekanntgegeben. Wir kamen jedoch überein, daß ich meinen Posten nicht vor Mai übernehmen sollte. Die Auswirkungen der Bekanntgabe meiner Ernennung und die Notwendigkeit, meine Abreise auf die verschiedenste Weise vorzubereiten, würden zwar für den Abschluß meiner wissenschaftlichen Arbeit in Princeton nachteilige Folgen haben, aber die Verzögerung der Abreise gab mir wenigstens die Möglichkeit, noch den größten Teil des verbleibenden akademischen Jahres bei den jungen Leuten zu bleiben, die ich hierher gebracht hatte, und mich für ihre Arbeit zu interessieren.

Mitte Februar wurde meine Ernennung zur Bestätigung dem Senat vorgelegt, und Mitte März beschäftigte sich der außenpolitische Ausschuß damit (das bedeutete praktisch das Ende der ersten Zeit meiner Tätigkeit in Princeton. Nun liefen die Vorbereitungen für die Übernahme meiner neuen Pflichten auf hohen Touren.) Meine Ernennung wurde im Senat einstimmig gebilligt, obwohl ein Senator von der Westküste später öffentlich erklärte, hätte er gewußt, was vorging, dann wäre er in die Sitzung gegangen, um gegen mich zu stimmen. Er begründete seine Haltung damit, daß ich vor drei Jahren in einer Geheimsitzung des Kongreßausschusses für auswärtige Angelegenheiten gesagt hätte, wir brauchten wegen der Machtergreifung der chinesischen Kommunisten nicht in eine Panik zu geraten. Sie würden mit der Rückständigkeit in China nicht an einem Tage fertig werden, sie würden mit den westlichen Industrienationen Handel treiben müssen, und wir seien ihnen gegenüber in einer günstigen wirtschaftlichen Position. Das, so deutete der Senator an, ließe vermuten, ich sei bereit, das kommunistische China zu unterstützen.

Nach meiner endgültigen Bestätigung ging ich am 1. April nach Washington, um dort meine offiziellen Antrittsbesuche zu absolvieren. Als ersten suchte ich den Präsidenten Truman auf. Er hatte gerade erklärt, er beabsichtige nicht, sich wieder für die Präsidentschaftswahlen aufstellen zu lassen, und, wie ich in meinem Tagebuch notierte, war er in einer entspannten und jovialen Stimmung. Er deutete an, er stimme mit mir hinsichtlich der Motive und Grundsätze der sowjetischen Führer überein und habe nie geglaubt, daß sie einen neuen großen Krieg führen wollten ... Darüber hinaus gab er mir keinerlei Anweisungen.

Zu meinen übrigen Vorbereitungen für die Abreise will ich lieber mein Tagebuch sprechen lassen, denn dabei besteht weniger die Gefahr, daß mich mein Gedächtnis im Stich läßt.

Am folgenden Tag wurde ich vereidigt und aß privat mit Außenminister Acheson zu Mittag. Auch er war herzlich, aber zurückhaltend, und er sagte nichts, woraus ich hätte entnehmen können, welcher grundlegenden politischen Linie ich in meinem neuen Amt würde folgen müssen.

Am nächsten Tage, dem 3. April, ging ich in Begleitung von Dick Davis (der jetzt den sowjetischen Schreibtisch im Ministerium innehatte) zur sowjetischen Botschaft und aß mit Botschafter Panjuschkin und seinem Berater, dessen Name wie Karawajew klang, zu Mittag. Sie waren herzlich und freundlich, und wir führten ein recht freundschaftliches Gespräch, enthielten uns aber jeder Erwähnung der unangenehmen Tagesfragen, denn keiner von uns hatte irgendwelche Instruktionen, um im Namen seiner Regierung etwas Verbindliches dazu zu sagen.

Wenige Tage später (am 14. April) machte ich Herrn Malik in New York einen ähnlichen Besuch. Ich fand ihn viel unzugänglicher und schlechter gelaunt als gewohnt, und er wiederholte die gleichen Dinge, die er mir bei unserem Gespräch vor fast einem Jahr gesagt hatte. Er behauptete zu glauben, amerikanische Wirtschaftskreise wünschten einen Krieg. Als Beweis dafür zitierte er die wiederholt in der Presse erschienenen Erklärungen, nach denen eine plötzliche Unterbrechung unserer Anstrengungen für die Aufrüstung eine neue große Depression auslösen würde. Außerdem fragte er, weshalb Stalins Erklärungen nicht beantwortet worden seien. Ich sagte, wir wollten die Menschen nicht durch unbestimmte allgemeine Aussagen in die Irre führen. Am Ende unseres Gesprächs behauptete er, die Sowjetunion werde bedroht. Ich fragte: »Sind Sie sicher, daß Ihre Regierung es nicht vorzieht, bedroht zu werden?« »Ganz sicher«, war seine Antwort.

Als ich nach Princeton zurückgekehrt über meinen Besuch in Washington nachdachte und überlegte, daß sich die Sowjets immer wieder bereit erklärt hatten, eine neue Phase der Gespräche und Verhandlungen mit den Westmächten einzuleiten, stellte ich zu meinem Kummer fest, daß ich keine konkreten Instruktionen vom Außenminister oder vom Präsidenten erhalten hatte und daß sie mir nicht einmal genau gesagt hatten, welche Stellung sie zu den im Augenblick aktuellen Problemen wie etwa zur Deutschlandfrage, zu den Waffenstillstandsgesprächen in Korea, zu den Abrüstungsgesprächen in den Vereinten Nationen usw. einnähmen. Ich rief deshalb Chip Bohlen an und verabredete für den 18. April eine Besprechung mit dem Minister und seinen wichtigsten Mitarbeitern. Die Sitzung fand unmittelbar nach dem Mittagessen statt und dauerte nur eine Stunde, denn der Minister hatte am Nachmittag eine Verabredung im Weißen Haus. Ich war enttäuscht festzustellen, daß man es mir überließ, die Themen der Besprechung zu bestimmen. Soweit ich sehen konnte, war die offizielle Haltung die folgende: »Sie haben um diese Unterredung gebeten. Wir haben Ihrer Bitte entsprochen und sind auf Ihr Ersuchen zusammengekommen. Was wollen Sie also von uns?«

Ich wies darauf hin, daß ich auf meinem Posten in Moskau mit besonderem Feingefühl vorgehen müßte, denn jedes Wort, das ich dort sagte, werde von der sowjetischen Regierung als Hinweis auf die amerikanische Politik gedeutet werden. Da ich das Ministerium vor anderthalb Jahren verlassen hätte, glaubte ich, ich müsse eingehend über die Grundsätze und Ziele unserer Haltung zu den verschiedensten außenpolitischen Fragen informiert werden.
Zuerst erwähnte ich die Deutschlandfrage. Nach meinem Tagebuch konnte ich aus dem Gespräch nur schließen,

daß unsere Regierung jetzt noch keine Vereinbarung mit der sowjetischen Regierung über Deutschland wünschte und nach Möglichkeit jedes Gespräch vermeiden wollte, das in diese Richtung ginge. Im Augenblick bemühten wir uns ausschließlich darum, neue vertragliche Vereinbarungen mit der westdeutschen Regierung zu treffen und einen Vertrag über die europäischen Verteidigungsstreitkräfte abzuschließen, die beide unterzeichnet und »unter Dach und Fach« sein müßten, bevor irgendwelche Gespräche mit den

Russen die Lage komplizieren könnten. Ich sagte, diese Haltung bereite mir große Sorgen. Ich hielte es nämlich für wahrscheinlich, daß die Russen uns unbarmherzig im Sinne ihrer jüngsten Noten drängen und praktisch sagen würden: »Wenn Ihnen unsere Vorschläge nicht gefallen, dann sagen Sie uns und der Welt, welches Ihre Vorstellungen über eine Wiedervereinigung Deutschlands sind.« Ich glaubte, wir sollten deutlich sagen, unter welchen Bedingungen wir einer Wiedervereinigung zustimmen könnten. Wir müßten jedoch auch sagen, daß wir die Fortschritte bei unseren Vereinbarungen mit Westdeutschland nicht zugunsten von Viermächteverhandlungen auch nur um einen Tag verzögern wollten.

Man antwortete mir, unsere ganze Europapolitik werde einen schweren Rückschlag erleiden, wenn es uns nicht gelänge, die neuen Vereinbarungen mit Westdeutschland und der Europäischen Verteidigungsgemeinschaft innerhalb der nächsten Wochen unterzeichnen zu lassen. Es dürfe deshalb nichts gesagt werden, was die Aufmerksamkeit von diesen beiden Vorhaben ablenken könnte. Das bedeutete natürlich, daß wir jetzt kein Interesse daran hatten, das Deutschlandproblem in irgendeiner Weise mit der sowjetischen Regierung zu erörtern.
Dann wandte ich mich dem Fernen Osten zu und fragte, ob es nicht wünschenswert sei, die sowjetische Regierung zu veranlassen, gemeinsam mit uns die Regelung zu garantieren, zu der wir bei den Waffenstillstandsgesprächen in Korea gelangen würden, oder ob wir uns hier offiziell desinteressiert zeigen sollten. Auf diese Frage konnte ich keine klare Antwort bekommen und mußte daraus schließen, daß das offizielle Washington ihr keinen besonderen Wert beimaß.
Als ich mich der Frage der Abrüstungsverhandlungen zuwandte, die damals mit Unterbrechungen in Genf geführt wurden, und mich erkundigte, in welcher besonderen Beziehung sie zu unseren politischen Zielen stünden, sagte der Minister zu meinem Kummer, nach unserer Auffassung müsse zunächst ein gewisses Maß an Abrüstung erreicht werden, und erst dann dürften wir eine Möglichkeit für die Lösung der politischen Probleme erwarten. In meinem Tagebuch notierte ich:

Wenn wir aus unseren Erfahrungen in Abrüstungsfragen während des vergangenen halben Jahrhunderts etwas gelernt haben, dann ist es die Tatsache, daß Rüstungen eine Funktion und nicht eine

Ursache von politischen Spannungen sind und daß es nicht möglich ist, multilaterale Rüstungsbegrenzungen zu erreichen, solange die politischen Probleme nicht irgendwie in realistischer Weise angepackt und geregelt worden sind. Soweit es mich betrifft, könnte unsere Regierung kaum einen weniger falschen Weg beschreiten.

Das Tagebuch enthält auch meine Aufzeichnungen über die Bemerkungen, mit denen ich dieses Gespräch beendet hatte. Ich hatte gesagt:

»Ich bin nicht nach Washington gekommen, um Vorschläge zu der von uns zu verfolgenden Politik zu machen, sondern um festzustellen, was ich darüber wissen sollte. Dennoch konnte ich meine Besorgnis darüber nicht verhehlen, was sich aus dem, was man mir mitgeteilt hat, als die allgemeine politische Linie ergibt. Soweit ich sehen konnte, haben wir erwartet, unsere Ziele im Osten und Westen zu erreichen, ohne den Interessen und Auffassungen unserer Gegner irgendwelche Zugeständnisse zu machen. Unsere Haltung schien mir mit der Politik der bedingungslosen Kapitulation im letzten Kriege vergleichbar zu sein. Ich glaubte, diese Haltung wäre angemessen, wenn wir wirklich allmächtig wären und hoffen dürften, sie durchzusetzen. Daran habe ich aber starke Zweifel. Ich glaubte, wir müßten diese Angelegenheiten sehr sorgfältig überdenken und sehen, ob es nicht besser wäre, wenn wir versuchten, wenigstens einige dieser Probleme in Übereinstimmung mit unseren Gegnern zu lösen, anstatt uns ihnen in jedem Punkt zu widersetzen.«

Die entmutigenden Eindrücke, die diese Besprechung hinterließ, vertieften sich durch Gespräche, die ich noch am gleichen Tage über unsere Politik hinsichtlich der Entwicklung von Kernwaffen mit Freunden im Ministerium führte. Da ich glaubte, derartige Waffen seien letzten Endes selbstmörderisch, in einem solchen Ausmaß zerstörerisch, daß keine nur nationalen politischen Ziele sie jemals rechtfertigen könnten, und als Instrumente der Politik eines Landes vollkommen ungeeignet, hatte ich es schon immer abgelehnt, unsere Verteidigungspolitik auf sie zu stützen. Dabei hatte ich besonders dem Grundsatz widersprochen, daß sie »zum erstenmal« bei einer größeren militärischen Auseinandersetzung verwendet werden sollten.

Ich hatte meine Gesprächspartner noch vor zwei Jahren vergeblich von dem Entschluß abzubringen versucht, die Wasserstoffbombe weiterzuentwickeln, bevor wenigstens das Prinzip der »ersten Verwendung« aufgegeben sei und man dann noch einmal versucht habe, in internationalen Verhandlungen diese und alle anderen Massenvernichtungswaffen als ungesetzlich zu verbieten. Ich hatte darauf hingewiesen, in welches Dilemma die für unsere Außenpolitik verantwortlichen Persönlichkeiten geraten würden, wenn es zu einem Wettbewerb in der Entwicklung derartiger Waffen auf unbestimmte Dauer und in unbestimmtem Ausmaß kommen sollte. Jetzt am Vorabend meiner Abreise nach Rußland stellte ich fest, daß sogar einige meiner engsten Freunde, wie es mir schien, fasziniert waren von dem »geradlinigen und unbeugsamen Denken des Pentagon, bei dem man der falschen Mathematik der relativen Effektivität (dieser Waffen) einen gewissermaßen absoluten Wert beimaß und alle anderen möglichen Faktoren aus der Gleichung herausnahm, da sie keine nachweisbare Bedeutung besäßen«. Der philosophische Unterschied zwischen dieser Auffassung und meiner Ansicht war, wie ich damals sagte, grundlegend – so grundlegend, daß er jede weitere intellektuelle Vertrautheit sogar mit Persönlichkeiten ausschloß, die früher meine Auffassungen zur internationalen Lage im allgemeinen und zur amerikanischen Außenpolitik im besonderen geteilt hatten.
Meine Tagebuchaufzeichnungen vermitteln einen Eindruck von meiner Stimmung nach dem Besuch in Washington:

> Als ich nach Princeton zurückkehrte, fühlte ich mich im höchsten Maße vereinsamt. Es gab in Washington anscheinend niemanden mehr, mit dem ich diese Dinge ausführlich, freimütig und hoffnungsvoll vor dem Hintergrund gemeinsamer Auffassungen und gegenseitigen Verständnisses besprechen konnte. Auch in Moskau würde es einen solchen Gesprächspartner sicher nicht geben, denn meine Zweifel gingen viel zu tief, als daß ich sie gegenüber irgendeinem jüngeren Angehörigen der Botschaft hätte äußern dürfen, ohne ihn zu entmutigen und zu demoralisieren. Mir kam es vor, als hätte ich den Auftrag erhalten, mich auf ein Spiel einzulassen, das ich nicht gewinnen konnte, und daß ein Teil meiner Verpflichtungen darin bestünde, unter allen Umständen die Tatsache vor der Welt zu verschleiern, daß ich überhaupt nicht gewinnen könne, um schließlich für alle offenkundigen Fehler, die hier be-

gangen werden sollten, die persönliche Verantwortung zu übernehmen. Ich dachte daran, daß ich nicht der erste sei, der in dem eigenartigen Beruf des Diplomaten mit solchen Schwierigkeiten zu kämpfen hatte, aber ich reiste schweren Herzens ab, um mit leeren Händen, ohne Instruktionen und in völliger Ungewißheit die wichtigste und delikateste diplomatische Aufgabe zu übernehmen, die es zu diesem Zeitpunkt in der Welt gab.

Diese Sätze wurden, darauf möchte ich besonders hinweisen, am 22. und 23. April 1952 geschrieben, kurze Zeit nach den Ereignissen, die sie behandeln, und natürlich ohne Vorauskenntnis der Katastrophe, mit welcher die Mission enden sollte, zu der ich aufbrach. Es gibt aber so starke Vorahnungen.

Meine Ankunft in Moskau setzte ich für den 5. Mai auf einen Zeitpunkt kurz nach Beendigung der Maifeiern fest. Meine Familie mußte, soweit sie mich begleitete – es waren in diesem Fall meine Frau und der zweijährige Christopher –, in Bonn zurückbleiben, weil meine Frau täglich mit der Geburt unseres jüngsten Kindes rechnete. Es erschien schon fünf Tage nach meiner Abreise. Das kleine Mädchen wurde in einem Krankenhaus in Bad Godesberg geboren, das auf einem Hügel mit dem etwas verwirrenden Namen »Venusberg« gelegen war. Wir tauften das Kind Wendy Antonia. Infolge dieses Ereignisses dauerte es einige Wochen, bis meine Angehörigen mir nach Moskau folgen konnten. Ich traf mit recht gemischten Gefühlen in Moskau ein. Auf der Fahrt vom Flugplatz in die Stadt überwältigte mich der vertraute Geruch der Moskauer Straßen. Er kam mir vor wie eine Mischung aus Machorka und billigem Parfüm. Nachdem ich viele Jahre in Moskau eine untergeordnete Stellung bekleidet hatte, fiel es mir jetzt schwer, mich an die Reserviertheit und Unterwürfigkeit der Beamten zu gewöhnen, die mich empfingen. Das Spaso House, die Residenz des amerikanischen Botschafters, in die ich 1934 persönlich die ersten, von der amerikanischen Regierung zur Verfügung gestellten Möbel getragen hatte, erschien mir jetzt – obwohl einige Zimmer renoviert worden waren – wie ein Stall, leer und ein bißchen traurig. Es erstaunte mich im ersten Augenblick, daß ein Teil des Personals, das ich noch von früher kannte und zu dem ich ein gutes Verhältnis gehabt hatte, mich nicht begrüßte oder in einigen Fällen sogar bei meiner Ankunft nicht erschienen war. Außerdem machte *keiner* von denen, die mir an die Tür entgegengekommen waren, irgendwelche Anstalten, mein Gepäck in das Schlafzimmer hinaufzubringen. Als man sie dazu aufforderte, taten es diese Leute zwar bereitwillig, aber nicht aus eigenem Antrieb.

Ich sollte bald feststellen, daß dieses Verhalten nur ein schwacher Ausdruck dafür war, daß die Atmosphäre, die das Diplomatische Korps und besonders unsere Botschaft umgab, seit meinem letzten dienstlichen Aufenthalt in Moskau in drastischer Weise frostiger geworden war. Das sorgfältige Bewachen und Beobachten von Vertretern ausländischer Mächte, ihre absichtliche Isolierung von der Bevölkerung und die Art und Weise, sie zu behandeln, als seien sie gefährliche Feinde, obwohl es dafür keinen erkennbaren Grund gab, das waren auch schon früher die Standardmerkmale der sowjetischen Praxis – und sie waren es bereits vor dreihundert Jahren zur Zeit des moskowitischen Großherzogtums gewesen. Es war jedoch klar, daß die Methoden sich seit 1946 wesentlich verschärft hatten, und das war ein schlechtes Vorzeichen. Die außen um das Spaso-Grundstück herumführende Mauer (Haus und Garten waren auf drei Seiten von einer hohen Ziegelmauer und an der vierten von einem hohen Eisenzaun umgeben) war jetzt von Flutlicht beleuchtet wie eine Gefängnismauer, und Tag und Nacht patrouillierten bewaffnete Wachen davor. An dem Tor, durch das man ein- und ausfuhr, standen vierundzwanzig Stunden nicht nur ein oder mehrere Milizsoldaten, sondern auch sieben weitere stämmige Kerle in Zivil (ausgesuchte Beamte der Militärpolizei – der Grenztruppe und der Sicherheitspolizei), die mir zu jeder gewünschten Stunde als Leibwächter beigegeben werden konnten. Fünf von ihnen begleiteten mich jedesmal, wenn ich das Grundstück verließ. Wenn ich einen Wagen benutzte, schlossen sie sich mir in einem zweiten Automobil an (»Daddys zweiter Wagen«, wie mein kleiner Sohn sagte). Ging ich zu Fuß fort, hefteten sich drei von ihnen an meine Fersen, und ihr Wagen folgte mit den anderen im Schrittempo. Ging ich zum Schwimmen, wie ich das im Lauf des Sommers ein paarmal tat, dann schwamm einer von ihnen kameradschaftlich an meiner Seite, wohin mich auch die Strömung tragen mochte. Besuchten wir das Theater, dann wurden fünf unglückliche Inhaber regulärer Eintrittskarten in der Reihe hinter uns rücksichtslos verjagt, und die »Engel« (wie man sie im Diplomatischen Korps ironisch nannte) genossen an ihrer Stelle die Vorstellung.

Schweigsam und mit Adleraugen beobachteten mich diese Männer, benahmen sich jedoch korrekt und waren nicht unfreundlich[1]. Der Zweck dieser Einrichtung ist weder mir noch sonst jemandem vom Außenministerium erläutert worden. Aber wahrscheinlich war sie durch eine ganze Reihe von Gründen veranlaßt. Zum Teil sollte ich vor jeder Belästigung geschützt werden (wenn sie nicht vom Regime in Szene gesetzt war), zum Teil wollte man mein Kommen und Gehen beobachten, und zum Teil sollte sichergestellt werden, daß kein sowjetischer Bürger ohne Wissen des Regimes mit mir die Verbindung aufnahm. Es war mir bewußt, daß diese Männer die Anweisung hatten, sie sollten mich nicht nur als den Vertreter einer der Sowjetunion feindlichen bürgerlichen Macht ansehen, sondern als den Botschafter der gefährlichsten und verhaßtesten und damit in gewissem Sinne als den Staatsfeind Nr. 1 innerhalb der Mauern der sowjetischen Zitadelle. Aber ich glaube, als die hervorragend disziplinierten Männer, die sie waren, erkannten sie an, daß ich ebenso wie sie nur meine Pflicht tat, und ich hatte das Gefühl, sie kamen mir mit Respekt und ohne persönliche Abneigung entgegen.

[1] Ich habe es im Verlauf von mehreren Monaten nur dreimal erlebt, daß es zwischen mir und meinen Begleitern zu einem kurzen Wortwechsel kam.
Als ich einmal aufs Land hinausfuhr und an eine Eisenbahnschranke kam, die augenscheinlich ständig geschlossen war, schlug einer von ihnen mir einen Umweg vor.
Bei einer anderen Gelegenheit hörte ich, als ich von der Botschaft nach Hause ging, wie mich eine Stimme im Flüsterton wiederholt auf Russisch ansprach: »Herr Botschafter, Herr Botschafter!« Zunächst dachte ich, es sei vielleicht irgendein sowjetischer Bürger, der nicht wußte, wer mich begleitete, und der nun versuchte, mir etwas zu sagen; ein Unternehmen, das ihm ohne weiteres einen Aufenthalt im Konzentrationslager hätte einbringen können. Ich beachtete die Stimme deshalb nicht. Das Flüstern ließ aber nicht nach, und deshalb wendete ich mich schließlich um und stellte fest, daß es einer meiner Leibwächter war, der mir sagen wollte, daß mir ein Schnürsenkel aufgegangen war.
Das letzte Mal befand ich mich spätabends allein auf einem Spaziergang, begleitet von meinen treuen Wächtern. Wir kamen am Schaufenster eines Buchladens vorbei, in dem ich die Reproduktion eines Gemäldes bemerkte, dessen Original ich in der Tretjakowgalerie in Moskau gesehen hatte. Es stammte aus den 1880er Jahren und stellte eine schlammige kleine Dorfstraßenkreuzung mit einer Kirche im Hintergrund dar. Ich erkannte darauf den kleinen Platz vor dem Spaso House, auf dem meine Wachen den größten Teil ihrer Tage und Nächte auf einsamem Posten zubrachten, während sie meine Ausflüge erwarteten. Ich wendete mich deshalb an sie und fragte, indem ich alle Vorschriften und Traditionen über den Haufen warf: »Wissen Sie, was dieses Bild darstellt?« Auf ihren Gesichtern drückten sich tiefes Erschrecken und Verwirrung aus. Dann sahen sie sich fragend an, denn keiner von beiden wollte als erster sprechen. Schließlich nickte der eine, wahrscheinlich der ranghöhere, und antwortete mit verstecktem Lächeln: »Wir wissen, wir wissen.« Ich glaube, es freute sie, daß sie in der russischen Kunstgeschichte ebensogut zu Hause waren wie ich.

Dieses Bewachtwerden war in der Tat der am wenigsten unangenehme Teil der Aufmerksamkeit, mit der die Polizei westliche Diplomaten beobachtete – aber damals besonders den amerikanischen Botschafter. Andere Dinge waren schwerer zu ertragen. Sehr bald wurde mir klar, daß das sowjetische Dienstpersonal in meiner Wohnung völlig eingeschüchtert und verschreckt war. Keiner dieser Leute wollte, so schien es mir, dort schlafen, ja niemand wollte mit mir oder anderen Amerikanern allein im Hause bleiben, denn man könnte ihnen dann vorwerfen, mit uns konspiriert zu haben. Keiner war bereit, gegenüber einem Kollegen die Stellung eines Vorgesetzten zu übernehmen, ja es war sogar schwierig, jemanden dazu zu bewegen, eine Anordnung weiterzugeben. Sie fürchteten offenbar, man könnte ihnen vorwerfen, sie hätten sich als Agenten (oder, wie das bei den Kommunisten hieß, als »Laufhunde«) der Imperialisten mißbrauchen lassen. Niemand ergriff die Initiative. Jede Dienstleistung mußte besonders angeordnet werden, denn diese Leute fürchteten, es könne so aussehen, als wollten sie sich bei ihren kapitalistischen Dienstherren beliebt machen. (Deshalb waren sie auch bei meiner Ankunft nicht bereit gewesen, das Gepäck nach oben zu tragen.) Wenn das Personal am Morgen ins Haus kam, meldete es sich nicht an, und niemand sagte, wann er das Haus am Abend verließ. Sie alle verschwanden schweigend und geheimnisvoll. Einige von ihnen bekam man nie zu Gesicht, es sei denn, man ließ sie rufen.

Eine gewisse Ausnahme von dieser Regel bildeten (zweifellos war das für sie selbst einigermaßen riskant) zwei ältere Chinesen, die schon früher an der Botschaft gearbeitet hatten, mich aus jener Zeit noch kannten und ihren Beruf von einer höheren Warte aus betrachteten als ihre russischen Kollegen. Sie zeigten als einzige persönliches Interesse daran, wie der Haushalt funktionierte. In den ersten Wochen, als ich hier noch allein lebte, blieb einer von ihnen – dem ich ewig dafür dankbar bleiben werde – noch im Hause, wenn alle anderen schon gegangen waren, und brachte mir mein Abendessen auf einem Tablett ins Arbeitszimmer. Ich habe immer den Verdacht gehabt, daß er nur unter Zittern und Zagen das Risiko auf sich genommen hat, mit einem so gefährlichen Menschen wie mir allein zu sein. Wenn ich gegessen und er das Tablett wieder fortgeräumt hatte, verschwand auch er. Ich blieb dann in der leeren großen Villa während des langes Zwielichts der nördlichen Sommerabende ganz allein. Wenn ich aus dem Fenster sah, konnte ich beobachten, wie die sowjetischen Bürger, bevor sie an das Haus kamen, die Straße überquerten, um nicht an unserem Zaun vorübergehen zu müssen. Allnächtlich hörte ich das Motorengeräusch der Düsenmaschinen, die jenseits der Moskwa ihre Übungsflüge veranstalteten. Manchmal ging ich, ohne das Licht einzuschalten, im Haus umher und hinunter in den im Dämmerlicht liegenden weißen Ballsaal, dessen Decke sich zwei Stockwerke über das Parterre erhob, um dort auf dem Flügel zu spielen, oder setzte mich in einen der vergoldeten Lehnstühle in einem Aufenthaltsraum, um – da ich keinen russischen Gesprächspartner hatte – mir selbst etwas auf Russisch vorzulesen, denn für die russische Sprache habe ich eine besondere Vorliebe. Aber das nächtliche Alleinsein in den weiten Räumen des Hauses weckte keine Angstgefühle in mir. Kein russischer Verbrecher hätte sich dabei ertappen lassen, hier einzubrechen. Das wäre wahrscheinlich als Versuch gewertet worden, mit mir Kontakt aufzunehmen, in sowjetischen Augen ein schlimmeres und strafwürdigeres Verbrechen als bloßer Mord oder Raub. So wanderte ich in absoluter Sicherheit in meinem goldenen Käfig umher und tröstete mich mit dem Gedanken, daß wenn dieses ehrwürdige Gebäude mit seiner unglücklichen Geschichte ein Gespenst beherbergte, fraglos ich selbst das Gespenst sei.

Wenn ich, was selten vorkam, unter der Einsamkeit litt, machte ich einen Abendspaziergang im großen »Kultur- und Erholungspark« am Südufer der Moskwa, auf dessen Wegen Tausende von Moskauern herumschlenderten, die Sommerluft genossen, um dann die Kinos und andere Erholungseinrichtungen zu besuchen. Ich habe mich niemals mehr danach gesehnt als damals, wenn auch nur vorübergehend einer von diesen Leuten zu sein, mit ihnen zu sprechen und ihr Leben zu teilen. Rußland lag mir nun schon länger als zwei Jahrzehnte im Blut. Ich spürte eine geheimnisvolle innere Verwandtschaft, die ich mir selbst nicht erklären konnte, und nichts hätte mir eine tiefere Befriedigung gegeben, als diesem Gefühl zu folgen.

Aber das durfte nicht sein. Meine Bewacher hefteten sich unaufhörlich an meine Fersen. Selbst wenn sie es nicht getan hätten, wußte ich doch, daß ich mit einer ganz bestimmten Pest behaftet war. Ich durfte niemanden berühren, denn ich hätte ihn anstecken und damit verderben können.

Wenn ich mit meinen Wachen auf den Parkwegen erschien, wurden wir von niemandem beachtet. Die Wachen sahen aus wie jeder an-

dere Russe, und ich war unauffällig gekleidet. Wir mischten uns ohne aufzufallen in die Menge. Ich konnte die körperliche Nähe dieser Bewohner eines verbotenen Landes spüren, ich hörte Gesprächsfetzen, beobachtete ihre Gesichter und ihr Betragen und nahm den vertrauten und besonderen Geruch der russischen Kleidung wahr. Und doch trennte mich eine unsichtbare und unüberwindliche Barriere von ihnen. Sie waren so nah und dennoch so fern.
Allmählich betrachtete ich mich als eine Art körperlosen Geist, der wie die unsichtbaren Geister im Märchen andere sieht, sich unter ihnen bewegt, aber nicht gesehen oder wenigstens nicht von ihnen identifiziert werden kann. So, dachte ich mir, würde dieses Leben einem Wesen erscheinen, das aus einem anderen Zeitalter oder von einem anderen Planeten hierherkommen dürfte, um diese Szene und das Kommen und Gehen eines Lebens zu beobachten, an dem es selbst keinen Anteil hatte.

Besonders ärgerlich war in den ersten Wochen meines neuerlichen Aufenthalts in Rußland die Erkenntnis, daß die Wohnung des Botschafters uns und besonders mir als offiziellem Bewohner ganz zur freien Verfügung stand, aber trotzdem von unsichtbaren Händen verwaltet wurde, deren Befugnissen ich und die anderen Hausbewohner praktisch ausgeliefert waren. Dienstboten konnte man nur über eine sowjetische Behörde, das sogenannte Burobin, bekommen, die – obwohl sie offiziell zum sowjetischen Außenministerium gehörte – in Wirklichkeit eine Abteilung der Geheimpolizei war. Diese Leute und nicht wir bestimmten, wer in der amerikanischen Botschaft arbeiten durfte und wer nicht, und ihre Entscheidung war praktisch endgültig, weil wir nur durch ihre Vermittlung jemanden bekommen konnten. Wenn es dieser Behörde nicht paßte, uns einen »Dienstboten« zu stellen oder einem anderen Ersuchen nachzukommen (es war die einzige Stelle, durch deren Vermittlung ausländische diplomatische Vertretungen irgendwelche Dienstleistungen anfordern konnten), dann konnten Monate vergehen, ohne daß man uns auch nur einer Antwort würdigte. Dieses Amt hatte ein Monopol, und wir hatten keine Alternative. Das Personal im Haushalt, das sich natürlich in regelmäßigen Zeitabständen bei seinen unsichtbaren Herren melden mußte, war sich dieser Situation natürlich sehr wohl bewußt, und man ließ es uns fühlen.
Es war Mai, als ich in Moskau eintraf. Wenige Tage nach meiner An-

kunft bemerkte ich, daß – obwohl die Wachstumsperiode begonnen hatte – in unserem Garten und auf dem Rasen noch nichts geschehen war. Die Anlagen waren vollständig vernachlässigt. Nach einer Anfrage bei der Botschaftsverwaltung erfuhr ich, daß drei für russische Verhältnisse sehr hoch bezahlte Männer als Gärtner auf unserer Lohnliste standen, deren Pflicht es war, Rasen und Garten zu pflegen. Da ich sie noch nie gesehen hatte und niemand sonst mir helfen konnte, begab ich mich eines Morgens vor meinem Aufbruch zum Büro auf die Suche nach ihnen. Alle drei saßen in der milden Frühjahrssonne auf einer Bank in dem völlig unberührten Garten. Weder erwiderten sie meinen Gruß noch standen sie auf, als ich mich ihnen näherte. Ich fragte, weshalb im Garten nichts getan worden sei. Die Antwort war kurz und rüde: »Es ist kein Gartengerät vorhanden. Wir wissen nicht, wo die Geräte sind.« Ich mußte mich damit zufriedengeben und gehen. Ich war hilflos, und sie wußten das. Wenn ich sie entließ, dann würde ich keinen Ersatz für sie bekommen.

Nachdem ich festgestellt hatte, daß wir einen Nachtwächter bezahlten, der sich auch nachts nur selten sehen ließ und auch dann zu nichts zu gebrauchen war, entließ ich ihn und beantragte beim Burobin wie üblich einen Ersatzmann. Meine Anforderung wurde monatelang nicht beantwortet. Inzwischen trafen meine Familienangehörigen ein. Eines Nachts im Spätsommer wurden meine Frau und ich durch ein leises Geräusch an der Galerie vor dem Ballsaal, ganz nah von unserem Schlafzimmerfenster, geweckt. Ich stand auf, um nachzusehen, was es sei. Im schwachen Licht der einzigen Lampe, die wir nachts immer im Ballsaal brennen ließen, stand plötzlich eine Erscheinung vor mir, die ich als weibliche Gestalt erkannte. Die Frau war größer als ich – so schien es mir wenigstens. Ich sagte: »Wer sind Sie?« Sie antwortete: »Ich bin der neue Nachtwächter.« Bezeichnenderweise hatte das Burobin (die Geheimpolizei) es nicht einmal für nötig gehalten, uns mitzuteilen, daß man sie eingestellt hatte, und auch sie hatte sich nicht bei uns vorgestellt. Unsere Bewacher von der Geheimpolizei waren offenbar gar nicht auf den Gedanken gekommen, uns zu fragen, ob wir mit dieser Wahl einverstanden seien.

Nachdem meine Familie angekommen war, wurde es besser. Meine Frau brachte eine ausgezeichnete dänische Köchin, einen Butler und später ein tüchtiges dänisches Kindermädchen mit. Diese Angestellten waren keine sowjetischen Bürger und deshalb gegenüber der Polizei

und ihren Druckmaßnahmen verhältnismäßig immun. Mit ihrer Hilfe und dank der Gegenwart und Aufmerksamkeit meiner Frau geschah endlich etwas, und sogar die russischen Hausangestellten begannen, etwas mehr Interesse zu zeigen.
Aber es kam immer wieder zu Störungen. Die oben erwähnten Unannehmlichkeiten scheinen in einem Abstand von fast zwei Jahrzehnten zwar unerheblich, aber die Atmosphäre in Moskau war für »bürgerliche« Diplomaten ohnedies gespannt. Man war sich ständig des Mißtrauens und der feindseligen Haltung bewußt, mit der man angesehen wurde. Man vergaß nie die Geheimnistuerei der Behörden, die Nähe unsichtbarer, aber irgendwie bedrohlicher Augen, Ohren und Hände, die einen beobachteten, belauschten und einen aus dem Schatten manipulierten. Empfindsamen Menschen konnte das mit der Zeit auf die Nerven gehen.

Am 14. Mai 1952 überreichte ich mein Beglaubigungsschreiben. Es wurde von Nikolai Schwernik, dem Vorsitzenden des Präsidiums des Obersten Sowjets, entgegengenommen[2]. Die Zeremonie fand wie üblich im großen Ballsaal des Kreml statt. Meine Gedanken wanderten dabei natürlich achtzehn Jahre zurück zu der Zeit, als ich unseren ersten Botschafter in der Sowjetunion, Bill Bullitt, zu der gleichen Gelegenheit hierher begleitet hatte. Damals, im Dezember 1933, befanden wir uns wenige Tage nach unserem Eintreffen in Moskau noch in einer euphorischen Stimmung. Ich hatte jedoch am Abend zuvor die Nachricht erhalten, daß mein geliebter und von mir verehrter Vater, von dem ich mich erst vor zwei Wochen endgültig verabschiedet hatte, gestorben war. Da ich die anderen Mitglieder unserer Delegation in diesem Augenblick nicht mit meinem persönlichen Kummer belasten wollte, behielt ich die Nachricht für mich. Ich hatte jedoch in der Nacht nicht schlafen können und auch keine Zeit mehr gehabt, zu frühstücken. Als ich im Cut in der Mitte des Saales auf dem riesigen glänzenden Parkettfußboden hinter Bullitt stand, ohne mich in dem sich zehn Meter nach allen Seiten hin ausdehnenden Saal festhalten zu können, begann die Szene vor meinen Augen zu verschwimmen. Ich mußte mich fest auf die Füße stellen und mir gut zu-

[2] Nikolai Michailowitsch Schwernik (geboren 1888) war ein alter Bolschewik und hoher sowjetischer Beamter. Er war damals Vorsitzender des Präsidiums des Obersten Sowjets der UdSSR, in welcher Eigenschaft er die Funktionen des Staatsoberhauptes innehatte und die Beglaubigungsschreiben ausländischer Botschafter entgegennahm.

reden, um nicht ohnmächtig zu werden. Bullitt war, wie ich heute noch weiß, mit großen Hoffnungen und gewaltiger Begeisterung gekommen. Ich kam heute mit bösen Ahnungen und Vorgefühlen. Das war die Folge unserer zwanzigjährigen Kontakte mit der sowjetischen Regierung.

Da man mir keinerlei Instruktionen gegeben hatte, war ich gezwungen gewesen, mein Beglaubigungsschreiben selbst zu entwerfen. Auf keinen Fall wollte ich die herkömmlichen hohlen Phrasen verwenden, die bei solchen Gelegenheiten üblich sind, und sagen, es sei mein Bestreben, »die guten Beziehungen, die glücklicherweise zwischen unseren beiden Regierungen bestehen«, aufrechtzuerhalten und zu fördern. Die Waffenstillstandsgespräche in Korea zogen sich weiter in die Länge. Der Ton der sowjetischen Presse war uns gegenüber im höchsten Grade gehässig. Warum also sollte ich heucheln? Ich sagte, die Absicht meiner Regierung sei »die friedliche Beilegung all jener Sonderfragen, deren Lösung eine Übereinstimmung zwischen den beiden Regierungen erfordert«. Ich fügte hinzu, wir wünschten außerdem, »die Beseitigung der Umstände zu sehen, die bis jetzt normale Beziehungen zwischen den Bürgern unserer Länder behindert haben«. Meine Bemühungen würden sich auf die Erreichung dieser Ziele richten. Ich hoffte dabei auf das Verständnis und die Zusammenarbeit mit der sowjetischen Seite.

Nach der offiziellen Zeremonie führte ich das übliche private Gespräch mit Schwernik. Dabei ging ich noch näher auf den Inhalt meines Briefes ein. Ich sagte, wir wünschten die baldige und friedliche Beilegung der noch offenen Fragen, aber das bedeute nicht »Vereinbarungen auf Kosten unserer vitalen Interessen, der Unabhängigkeit und Sicherheit dritter Länder oder der Stabilität ganzer Gebiete in der Welt, die zwischen unseren beiden Ländern liegen«. Es sei auch nicht die Auffassung meiner Regierung, fuhr ich fort, man könne allein durch Übereinkünfte auf dem Papier die Lage verbessern.

> »Wenn solche Vereinbarungen wirksam sein sollen, dann müssen sich gleichzeitig auch die Einstellung und die Haltung der Staaten sowie ihre Verpflichtungen und offiziellen Erklärungen ändern. Die Initiative für einen solchen Wandel kann nicht nur von einer Seite ausgehen. Ich darf Ihnen jedoch versichern, daß es meiner Regierung nicht an der Bereitschaft fehlen wird, guten Willen zu zeigen und die Voraussetzungen für die Pflege unserer Beziehungen zu

verbessern, wenn sie eine ähnliche Bereitschaft auf der Gegenseite sieht.
Generalissimus Stalin hat angedeutet, er glaube an die Möglichkeit der Koexistenz zwischen dem hier herrschenden Regierungssystem und dem System in unserem Lande. Einige Ihrer Vertreter scheinen es für notwendig zu halten, daß auch wir öffentlich erklären, an diese Möglichkeit zu glauben. Uns kommt das eigenartig vor. Selbstverständlich glauben wir an diese Möglichkeit. Hätten wir nicht daran geglaubt, dann hätten wir 1933 keine Beziehungen mit der sowjetischen Regierung aufgenommen und diese Beziehungen auch nicht neunzehn Jahre aufrechterhalten, und zwar unter Voraussetzungen, die im allgemeinen im höchsten Maße ungünstig und entmutigend waren. Die Frage ist nicht, ob die beiden Systeme koexistieren können. Sie haben bereits fünfunddreißig Jahre nebeneinander bestanden, und wir sehen keinen Grund dafür, daß sie nicht auch noch weitere fünfunddreißig oder, wenn Sie wollen, dreihundertfünfzig Jahre nebeneinander bestehen könnten. Die Frage, auf die es ankommt, ist das ›Wie‹ – das heißt, ob der Zustand der Spannungen und des gegenseitigen Mißtrauens weiter bestehen soll, der die Welt in Unsicherheit und Sorge hält, oder ob unsere Regierungen normale Beziehungen unterhalten sollen, die sich auf gegenseitige Toleranz und Achtung stützen und einen konstruktiven Beitrag zur Entwicklung der Völkergemeinschaft auf dieser Welt leisten müssen.«

Dies war, soweit ich mich erinnere, die einzige politische Erklärung, die ich während meiner Amtszeit als Botschafter in Moskau gegenüber der sowjetischen Regierung abgegeben habe. Aber auch sie stellte nichts weiter dar als meine eigene Meinung, und rückblickend bin ich nicht sicher, daß sie richtig war. Ich fürchte, es gab in unserer Regierung eine Reihe von Leuten, besonders im Militär, die durchaus nicht glaubten, es werde eine längere Periode der friedlichen Koexistenz mit der Sowjetunion geben können; und wenn ich es mir überlege, dann kann ich mir keine wichtige Frage vorstellen, in der wir bereit waren, den Russen Zugeständnisse zu machen, um zu einer Übereinkunft zu gelangen – bestimmt aber nicht im Hinblick auf Deutschland, die Kernwaffen oder Japan. Aber ich kann mir keine allzu schweren Vorwürfe machen. Wenn man keine Instruktionen hat, dann muß man *irgend etwas* sagen.

Ich bat nicht um eine Unterredung mit Stalin, und zwar ganz einfach weil ich ihm nichts zu sagen hatte, da mir die Instruktionen fehlten. Weshalb, so dachte ich, sollte ich die Zeit eines so beschäftigten Mannes grundlos in Anspruch nehmen und unter Umständen eine peinliche Lage heraufbeschwören, die entstehen konnte, wenn er wichtige Fragen anschnitt? Außerdem hatte mein britischer Kollege, Sir Alvary Douglas Frederick Gascoigne, damals einige Monate vergeblich auf eine Antwort auf sein Ersuchen um eine solche Unterredung gewartet, und für mich bestand kein Grund, in die gleiche Lage zu geraten. Diese Unterlassung mag aber dennoch ein Fehler gewesen sein. Gott weiß, welchen Eindruck mein Verhalten auf den alternden und halb verrückten Diktator gemacht hat.

Ich hatte nur selten die Gelegenheit, das sowjetische Außenministerium aufzusuchen. Wenn ich es tat, waren die Beamten dort korrekt, aber reserviert. Das waren wir gewohnt, denn in ihren Büros waren offensichtlich »Wanzen« installiert. Sie mußten sich gegenüber ihren unsichtbaren Vorgesetzten für jedes unvorsichtige oder allzu freundliche Wort verantworten. Normalerweise versuchte man nicht, über politische Fragen mit ihnen zu sprechen, und wenn man es tat, erfuhr man nichts, was nicht der bekannten Parteilinie entsprach.

Es blieb uns daher nichts anderes übrig, als unsere Eindrücke von der sowjetischen Haltung durch die Presse und andere Medien zu gewinnen, welche die offizielle Meinung zum Ausdruck brachten, und was wir hier erfuhren, war erschütternd; denn meine Ankunft in Moskau traf mit einer gegen die Vereinigten Staaten gerichteten Schimpfkanonade zusammen, die sich in ihrer Gehässigkeit und Intensität – soweit ich das beurteilen konnte – mit nichts in der Geschichte internationaler Beziehungen vergleichen ließ. Die anti-alliierte Propaganda eines Joseph Goebbels im Kriege, das kann ich bezeugen, verblaßte daneben.

Anti-amerikanische Propaganda war natürlich am Sitz der sowjetischen Regierung nichts Neues. Es hatte sie schon immer gegeben, und zwar in beträchtlichem Ausmaß. Etwas mehr als ein Jahr vor meiner Ankunft, im Jahre 1951, hatte sie neue und extreme Proportionen angenommen. Nachdem ein Ausschuß des Repräsentantenhauses in Washington im Februar 1952 einen Bericht über das Massaker von Katyn veröffentlicht hatte, einen Bericht, der ganz eindeutig die sowjetischen Polizeibehörden für diesen unglaublichen Akt der Grausamkeit verantwortlich machte, die auch in der Tat die Schuldigen

waren, verstärkte sich die gegen uns gerichtete Propaganda noch mehr[3]. Ein gewisser Höhepunkt wurde im April erreicht, wobei das Hauptthema bereits die Behauptung war, wir führten in Korea einen bakteriologischen Krieg. Unmittelbar nach meinem Eintreffen in Moskau erreichte der Propagandafeldzug ein neues Krescendo und wurde während des ganzen Sommers mit gleicher Heftigkeit fortgesetzt. Zu dem Thema der bakteriologischen Kriegführung kamen blutrünstige Beschuldigungen über die angebliche Mißhandlung von Kriegsgefangenen in Korea. Das waren, wie gesagt, die Hauptthemen. Es läßt sich aber kaum eine Scheußlichkeit vorstellen – bis zu der Behauptung, unsere Soldaten hätten schwangeren Frauen ihre Bajonette in den Leib gestoßen –, deren wir nicht beschuldigt wurden.
Die Auswirkungen dieses Propagandakrieges trafen uns von allen Seiten. Nicht nur die Presse war voll davon. Die Agitatoren rührten ihre Trommeln in den Parks, die Propaganda erreichte die Theater und Kinos, von jedem Zaun in der ganzen Stadt starrten Plakate auf uns herab, die spinnenartige Gestalten in amerikanischer Uniform zeigten, die mit Spritzpistolen und Injektionsspritzen für den bakteriologischen Krieg bewaffnet waren.
Meine Freunde in der Regierung in Washington waren diesem Trommelfeuer nicht ausgesetzt. Soweit sie davon hörten, reagierten sie mit blasierter Gleichgültigkeit darauf, denn sie waren ja an die Tatsache der anti-kapitalistischen sowjetischen Propaganda schon gewöhnt. Aber für mich, der ich das als amerikanischer Botschafter an Ort und Stelle über mich ergehen lassen mußte, war es etwas anderes. Ich verbrachte einen großen Teil meiner Zeit während jener unglücklichen Monate bei dem Versuch, die Gründe für dieses Phänomen zu analysieren. In einem Brief vom 6. Juni an einen Freund im Ministerium nach einmonatigem Aufenthalt in Moskau versuchte ich, einigermaßen einleuchtende Hypothesen zu formulieren. Ich kam auf vier, die ich hier im Wortlaut des Briefes wiedergebe. Ich glaubte damals,

1) daß der Kreml glaubt, die allgemeine öffentliche Moral im ganzen von den Kommunisten beherrschten Gebiet, die sich etwa in der Haltung der kommunistischen Kriegsgefangenen in Korea,

[3] Hier ging es um die wohlüberlegte Exekution mehrerer tausend polnischer Offiziere, deren in Massengräbern verscharrte Leichen im Februar 1943 von den Deutschen entdeckt wurden, die das Vorkommnis der Weltöffentlichkeit bekanntgaben.

der wachsenden Zahl der Überläufer aus den Satellitenstaaten, der Schwierigkeit, in Ostdeutschland zuverlässige militärische Streitkräfte aufzustellen, und der allgemeinen Apathie der sowjetischen Bevölkerung selbst gegenüber internationalen Problemen zeigt, entspreche einfach nicht der gespannten Lage, in der die sowjetische Politik jetzt geführt werden müsse, und daher ist man zu dem Schluß gekommen, etwas Drastisches unternehmen zu müssen, um die Bevölkerung in der schwierigen Situation, zu der diese Politik geführt hat, zu größerer Begeisterung anzuregen;
2) daß der Kreml damit rechnet, die politische Moral innerhalb der Sowjetunion und in den Satellitenstaaten werde in nächster Zeit noch härter auf die Probe gestellt werden, und jetzt darangeht, die Bevölkerung für die erwarteten Eventualitäten zu stählen, welches diese Eventualitäten auch sein mögen;
3) daß es in einflußreichen Kreisen hier im Hinblick auf die Politik gegenüber den Vereinigten Staaten gewisse interne Meinungsverschiedenheiten gibt und daß die Heftigkeit dieses gegenwärtigen Propagandafeldzuges der typisch rohe und rücksichtslose Ausdruck des Sieges der einen Gruppe über die andere ist, und
4) daß der Propagandafeldzug irgendwie mit meiner Ernennung und Ankunft hier und mit der Möglichkeit im Zusammenhang steht, daß die Zeit kommen könnte, zu der vertrauliche Gespräche zwischen unseren beiden Regierungen auf der hier für »richtig« gehaltenen Ebene – im Gegensatz zu der Ebene eines auf beiden Seiten geführten Propagandafeldzuges, der nur auf die Öffentlichkeit wirken soll – in Ordnung wären oder wenigstens von uns vorgeschlagen werden würden.

Keine dieser Hypothesen hat mich seinerzeit ganz befriedigt, und sie tun es alle auch heute noch nicht. Aus dem, was wir heute über die Gründe dafür wissen, daß die höheren Parteigremien in der Zeit vor meinem Eintreffen nicht zusammengetreten sind, kann man, glaube ich, mit einiger Sicherheit annehmen, daß Stalin selbst die Anregung für diesen Propagandafeldzug gegeben hat. Er hatte zu einer Zeit begonnen, zu der – wie wir ebenfalls wissen – (siehe oben, 5. Kap.) Stalin geglaubt hatte, ein Krieg gegen die Vereinigten Staaten könnte kurz bevorstehen. Wahrscheinlich hat er das auch noch während des ganzen Sommers 1952 angenommen, obwohl es aus den unter seinem Namen in der Zeitschrift *Bolschewik* im Oktober 1952 erschienenen Aufsätzen nicht hervorgeht. (Wenn das zutraf, dann war die anti-amerikanische Kampagne vielleicht ein Versuch, die nicht zu unterdrückenden pro-amerikanischen Tendenzen in der öffentlichen Meinung in Rußland zu überwinden.) Vielleicht hat Stalin auch die Veröffentlichung des Berichts des Kongreßausschusses über Katyn irrtümlich für den Beginn einer Kampagne unsererseits zur Diskreditierung der Sowjetunion im kommunistischen Lager und besonders in Polen gehalten, und dies war vielleicht seine Art, darauf zu reagieren. (Er hätte sich sicher nicht von der Tatsache stören lassen, daß die den Sowjets im Zusammenhang mit Katyn gemachten Vorwürfe berechtigt waren. Nach sowjetischer Auffassung ist die Veröffentlichung jeder Nachricht, welche die sowjetische Führung in Mißkredit bringt, auch wenn sie wahr und geschichtlich von Bedeutung ist, ein unfreundlicher Akt.) Wie das auch sein mochte, ständig und überall der ganzen Schärfe dieser Propaganda ausgeliefert zu sein, verstärkte natürlich besonders für einen Mann, der in diesem Fall in seiner Person den Präsidenten der Vereinigten Staaten und den Oberbefehlshaber der amerikanischen Streitkräfte vertrat, erheblich die schmerzlichen Eindrücke, die er in jenen wenigen, kurzen Monaten in Moskau empfing.

Ich möchte hier nicht den Eindruck erwecken, als habe das Leben in Moskau damals nur aus unlösbaren Spannungen und Unannehmlichkeiten bestanden. Rußland war immer noch Rußland, und es gab gelegentlich flüchtige Kontakte und Berührungspunkte mit dem russischen Leben – nicht im entferntesten so viele wie bei meinen früheren dienstlichen Aufenthalten in Moskau, aber doch einige. Und für mich waren diese kurzen Begegnungen immer faszinierend, in gewisser Weise schmerzlich, aber doch erfreulich.

Der Korrespondent der Associated Press in Moskau war damals Tom (Thomas P.) Whitney. Er war früher während des Krieges und kurze Zeit danach Attaché an unserer Botschaft gewesen. Dann hatte er die Botschaft verlassen müssen, weil er eine Russin heiratete, und blieb als Journalist in Moskau. Er und seine Frau – eine talentierte Musikerin und Sängerin – bewohnten ein Landhaus, eine sogenannte Datscha, in einem Vorort einige Kilometer außerhalb von Moskau. Ich fuhr, gewöhnlich zum Wochenende, mehrmals zu ihnen hinaus, um sie zu besuchen.

Es war ein fast ausschließlich von Russen bewohnter Vorort, und

außer Whitney lebte dort kaum ein Ausländer. Der Ort bestand wie üblich aus kleinen Landhäusern, zum Teil waren es einfache Blockhäuser, die weit verstreut in einem lichten Kiefernwald standen. Die Siedlung war von geraden Schneisen durchschnitten, die von Räderspuren und Trampelpfaden gezeichnet als Zufahrtswege dienten. Meine Schutzengel, die für mein Bedürfnis, auch so etwas wie ein Privatleben zu führen, augenscheinlich Verständnis hatten (und es mir wohl auch gönnten), parkten ihren Wagen in einiger Entfernung, so daß ich nicht das Gefühl hatte, besonders aufzufallen. Harrison Salisbury, der damals Korrespondent der *New York Times* in Moskau war, fand sich ebenfalls oft hier ein. Wir saßen meist unter den Birken im Garten, tranken Tee und lasen uns manchmal etwas vor. Daraus entstanden jene wunderbaren ungezwungenen, ausführlichen philosophischen und politischen Gespräche, die gerade in Rußland überall in der Luft zu liegen scheinen.
Hier durfte ich wie auf meinen verschiedenen Reisen, die ich in den 1930er Jahren und während des Krieges in Rußland unternommen hatte, noch einmal das Gefühl haben, ganz von der russischen Atmosphäre umgeben zu sein, und konnte mich vorübergehend der Illusion hingeben, ich gehörte dazu. Es war Sommer, der herrliche russische Hochsommer mit seinem tiefblauen Himmel, seinen Feldern und Schluchten, seinen Nadelbäumen, Birken und Pappeln, seinen weitläufigen Dörfern und mit Zwiebeltürmen gekrönten Kirchen und dem weiten Horizont, an dem man die fernen Wälder als schmale dunkle Streifen erkennen konnte. Die Bevölkerung, die allmählich wieder begann, sich von den Schrecken und Entbehrungen des Krieges zu erholen und in diesen letzten Monaten der Stalinära jede Beschäftigung mit außenpolitischen Fragen fürchtete und es ablehnte, über die Innenpolitik nachzudenken oder zu sprechen, grub sich gewissermaßen mit der für sie charakteristischen geduldigen und nicht zu unterdrückenden Vitalität ein, um sich – soweit dies innerhalb der starren, von dem System vorgeschriebenen Grenzen möglich war – eine private Sphäre zu schaffen. Die Kolchosenbauern durften die Überproduktion an landwirtschaftlichen Erzeugnissen, die sie auf ihren kleinen Privatfeldern anbauten, auf dem freien Markt verkaufen. Auch die Bewohner der Vororte bestellten ihre Küchengärten und hielten manchmal sogar ein paar Haustiere. Diese privaten Unternehmungen entwickelten sich besonders in der Umgebung von Moskau allmählich zu einem organischen Ganzen und

bildeten eine Art freien Unternehmertums im kleinsten Maßstab, und obwohl ihm enge Grenzen gesetzt waren, nahm es doch ganz aktive, tätige und in seiner Art hoffnungsvolle Formen an.
Diese Vorortgemeinden hatten deshalb in den letzten Lebensjahren Stalins etwas Altrussisches an sich, eine gesunde und einfache Atmosphäre, in der vorsichtige Hoffnungen genährt wurden und die ich bei meinen kurzen Besuchen einatmete wie man frische Luft einatmet, nachdem man sich lange in einem stickigen Zimmer aufgehalten hat. Ich versuchte, etwas davon und von den ökonomischen Voraussetzungen, die es ermöglichten, in einem Brief vom 15. Juli 1952 dem damaligen stellvertretenden Unterstaatssekretär H. Freeman Matthews zu vermitteln. Ich schrieb:

> In der Umgebung von Moskau gibt es Hunderttausende von kleinen Gärten, die von den Verwaltungsbehörden der Vororte im Sommer verpachtet werden, aber ohne die dazugehörigen Gebäude. Es sind die Grünstreifen an den Straßen, ausgetrocknete Bachläufe und ähnliches. Dazu kommen die Grundstücke von Sommerdatschen, die zum Teil den Bewohnern selbst gehören. In diesen Stadtrandgebieten herrscht eine rege Tätigkeit, und sie hat wenig oder gar nichts mit dem »sozialisierten Sektor« der Wirtschaft zu tun. Am Hausbau beteiligt sich die ganze Familie (es sind immer noch Blockhäuser, aber fest gebaute, warme, bequeme Unterkünfte). Man legt Obst- und Gemüsegärten an, hält Geflügel und Vieh (einzelne Kühe und Ziegen) in großer Zahl und treibt einen lebhaften Handel damit. Es dürfen aber nur einzelne Tiere oder allenfalls Paare, nicht aber ganze Herden verkauft werden.

Nach meiner Schätzung beschäftigten sich allein in der Umgebung von Moskau Millionen von Menschen mit solchen Tätigkeiten. Dabei hatte sich, wie ich schrieb, ein ganzes Dienstleistungsgewerbe entwickelt.

> Zum Teil leben die Menschen von der Saat- und Pflanzenzucht, vom Verkauf von Jungtieren usw. Das alles darf nur im kleinen Rahmen geschehen, und niemand darf fremde Arbeitskräfte beschäftigen oder etwa einen so teuren Gegenstand besitzen wie einen Lastwagen. Alles muß als rein privates Kleinstunternehmen getarnt werden und darf nicht als organisiertes kommerzielles Groß-

unternehmen erscheinen. Es gibt aber überall die Möglichkeit, solche Probleme zu lösen.

Es entstand deshalb eine »kleine Welt der privaten Interessen«, in der sich die Menschen »mit allem möglichen, nur nicht mit dem Erfolg des Kommunismus« beschäftigten und darüber nachdachten. Dabei schienen sie ganz glücklich zu sein.

Ich kenne in der Tat kein menschliches Zusammenleben, das mit größerer Intensität, persönlicher Wärme und Hilfsbereitschaft pulsiert als eine aus Datschen bestehende Siedlung in einem heutigen Vorort von Moskau an einem schönen Frühlingsmorgen, wenn der lange und strenge Winter vergangen ist. Alles geschieht in freundschaftlicher und gelockerter Atmosphäre. Man hört das Klopfen von Hämmern, die Hähne krähen, die Ziegen zerren an ihren Stricken, barfüßige Frauen hacken die Kartoffeln, kleine Jungen spielen übermütig in Bächen und Teichen, die Familien versammeln sich in den Gärten um die Holztische unter den jungen Obstbäumen. Die gute Erde des Mütterchens Rußland, die man lange Zeit zugunsten der kindischen industriellen Fetische der frühkommunistischen Periode vernachlässigt hatte, scheint wieder ihre wohltätige mütterliche Wärme auszustrahlen, an der sich Menschen, Tiere und Pflanzen gemeinsam erfreuen. Und vielleicht bleibt davon nur ein amerikanischer Botschafter, der zum Erstaunen der Kinder und zum Schrecken der Erwachsenen, begleitet von seinen Bewachern, hier spazierengeht, davon abgesondert wie durch eine unsichtbare Barriere. Er darf nicht teilnehmen an den Wohltaten der Natur und der menschlichen Geselligkeit.

Vielleicht ist es mir in der Datscha der Whitneys noch am ehesten gelungen, in jenem seltsamen Sommer die Barriere zu durchbrechen, von der ich in diesem Brief geschrieben habe, und die Stunden, die ich dort verbringen durfte, sind die Glanzpunkte in meiner Erinnerung. Wenn ich jedoch heute zurückblicke, muß ich erkennen, daß das Wunderbare an diesem Erlebnis nicht darin lag, daß ich mich in Rußland befand, sondern daß ich hier das vorindustrielle Leben beobachten durfte, ein Leben, bei dem die Menschen die Dinge noch mit den Händen taten, bei dem sie sich mit den Tieren und der Natur beschäftigten; ein Leben, das noch kaum von den Neuerungen unserer

Zeit berührt war und an die Verhältnisse vor dem Ersten Weltkrieg und vor der Revolution erinnerte. Es gefiel mir, gerade weil es nicht Teil des politischen Establishments dieses Landes war, in dem es existierte, kaum eine Beziehung dazu hatte, und von diesem Establishment abgelehnt und nur widerwillig geduldet wurde. Wieviel reicher und wieviel befriedigender konnte das menschliche Dasein doch werden, wenn es nicht zu viele Maschinen gab!

Aber das waren nicht die einzigen erfreulichen Erlebnisse in diesem Sommer. Einmal unternahm ich in Gesellschaft meiner Frau und meiner ältesten Tochter Grace einen Ausflug zum Besitz der Tolstois bei Tula, etwa 190 Kilometer südlich von Moskau. Ich war vor vielen Jahren einmal dort gewesen, aber das war mitten im Winter während eines Schneesturms, und man hatte nicht sehr viel sehen können. Diesmal fuhren wir im Auto hin. Aus irgendwelchen Gründen folgten uns an Stelle des sonst üblichen einen Wagens zwei andere, und an der Grenze zum Bezirk Tula gesellten sich weitere Fahrzeuge hinzu, denn hier begann der Zuständigkeitsbereich der Polizeibehörden der Provinz. Wir erreichten unser Ziel daher als regelrechte Karawane.

Dennoch habe ich den Tag sehr genossen. Trotz der Wechselfälle der vier Jahrzehnte, die seit dem Tode Tolstois vergangen waren, und obwohl es heute natürlich wie ein Museum wirkte, vermittelte das alte Haus ein Gefühl und roch wie jedes alte amerikanische Landhaus – muffig und als habe man unter dem Fußboden der Veranda Äpfel eingelagert. So mußte es hier gerochen und diese Stimmung mußte es vermittelt haben, als mein Vetter, der ältere George Kennan (1845–1923), den großen Schriftsteller hier vor vielen, vielen Jahren besuchte. Was mir jedoch das größte Vergnügen bereitete, war der Umstand, daß man mir Valentin Fedorowitsch Bulgakow als Führer zur Verfügung stellte. Das war niemand anders als der Privatsekretär von Tolstoi aus den letzten Lebensjahren des großen Mannes. Bulgakow war dort gewesen – nicht in diesem Haus, sondern in der Nähe –, als der alte Tolstoi sich aufmachte, um heimlich in der Nacht sein Haus und seine Familie im Stich zu lassen, um die letzte kurze Reise anzutreten, von der er nicht wieder zurückkehren sollte. Er und die jüngste Tochter des Dichters, Alexandra Lwowna, hatten die verzweifelte Gattin Tolstois, Sofja Andrejewna, von dem Selbstmordversuch abgehalten, den sie unternahm, als sie entdeckte, was geschehen war.

Über all das und noch vieles andere Interessante aus der russischen

Literatur des 19. Jahrhunderts unterhielten wir uns mit Bulgakow, als wir an jenem Tage im »Park« von Jasnaja Poljana spazierengingen. Er wird sich wahrscheinlich nicht mehr daran erinnern, aber mir steht dieser Tag noch deutlich vor Augen. Unsere Bewacher begleiteten uns, mischten sich aber nicht in das Gespräch ein, und es war, als hätte ich in dieser Stunde eine ganz andere Welt betreten, die mir aus alten Zeiten vertraut war, die ich aber lange nicht mehr gesehen hatte. Ich war nicht nur bezaubert von dem Charme, mit dem Bulgakow Bescheidenheit und Wissen in sich vereinigte wie so viele Angehörige der kultivierten russischen Intelligenz vor der Revolution, sondern es freute mich auch ganz besonders, wieder einmal das authentische, wohlklingende, elegante und musikalische Russisch der gebildeten Kreise jener vergangenen Zeit zu hören (das ich vor vielen Jahren von den Lippen meines ersten russischen Lehrers gehört hatte). So, dachte ich, mußte auch Tolstoi selbst gesprochen haben.

Ob es auch sonst üblich war, Herrn Bulgakow mit dieser Aufgabe zu betrauen, oder ob diejenigen, die meinen Ausflug arrangiert hatten, bereit gewesen waren, nur für diese kurze Stunde anzuerkennen, daß ich ein aufrichtiges und ernstes Interesse an der russischen Literatur und Kultur hatte, werde ich nie erfahren. Aber auch hier durfte ich mich wieder einer Welt nahe fühlen, zu der ich glaubte, wirklich gehören zu können, wenn die Umstände es zugelassen hätten – ich hätte zu dieser Welt nach meiner natürlichen Veranlagung mit stärkerer innerer Anteilnahme gehören können als zu der Welt der Politik und Diplomatie, in die mich das Schicksal geworfen hatte. Und wenn das mir gezeigte Entgegenkommen andeutete, daß man irgendwo im Labyrinth der sowjetischen Bürokratie Verständnis dafür hatte, dann möchte ich mit diesen Worten demjenigen danken, der das ermöglicht hat. Für so wenig konnte man im Rußland des Jahres 1952 schon dankbar sein.

Wenn ich schließlich alles beschreiben soll, was mir in jenem sonst so unglücklichen Sommer 1952 Freude bereitet hat, dann muß ich das Moskauer Theater erwähnen. Meine Besuche dort haben mir zwar nicht mehr Vergnügen bereitet als zu irgendeiner anderen Zeit, in mancher Hinsicht sogar weniger, aber ein Vergnügen waren sie dennoch. Hier in den Räumen, wo wir nicht zu ihnen reden konnten und sie nur durch den Mund der handelnden Personen in den Theaterstücken zu uns sprachen, kamen wir dennoch den Mitgliedern jener bemerkenswerten und begabten Gruppe von Menschen innerhalb der sowjetischen Gesellschaft, den russischen Schauspielern näher. Und aus ihrem Spiel, aus den Interpretationen, welche sie ihren Rollen gaben, konnten wir uns eine Vorstellung davon machen, wie sie und wie die Generation, zu der sie gehörten, wirklich waren.

Wußten sie das? Waren sie sich unserer Gegenwart, unserer gespannten Aufmerksamkeit und unseres Bemühens bewußt, sie auf dem Wege über die Kunst, die sie uns vermittelten, zu verstehen? Wir haben es nicht erfahren können. Eines Abends wohnte ich in Begleitung meines Freundes, des heutigen Professors in Princeton Robert Tukker, einer Aufführung von Tolstois *Auferstehung* am Moskauer Künstlertheater bei. Wir saßen in der zweiten oder dritten Reihe, und meine Schutzengel bildeten eine geschlossene Phalanx hinter uns. Mitten im zweiten Akt (ich war irgendwie ins Träumen geraten, wie das manchmal sogar bei den besten Aufführungen geschieht) glaubte ich plötzlich den Hauptdarsteller, der bis an das Rampenlicht nach vorn gekommen war und direkt auf mich herabzusehen schien, im Verlauf eines langen Monologs sagen zu hören, »es gibt einen Amerikaner namens George, und mit ihm sind wir alle einer Meinung«. Ich war wie elektrisiert und glaubte meinen Ohren nicht trauen zu können. War das eine Sympathiekundgebung? War es eine Art getarnter Demonstration? Ich sah Tucker an. Er hatte es auch verstanden und schien ebenso verwirrt wie ich. Als die Aufführung zu Ende war, eilten wir gemeinsam in die Botschaft zurück, nahmen uns den Roman vor, nach dem das Stück geschrieben war, und suchten darin die Szene auf. Zu unserer großen Ernüchterung fanden wir das Zitat. Es bezog sich auf Henry George, den Verfechter der Einzelbesteuerung, und war also ein echtes Zitat. Aber war sich der Schauspieler des Wortspiels bewußt gewesen? Und hatte es ihn ebenso gefreut wie mich? Auch das werden wir niemals erfahren. Wir Ausländer waren hier gezwungen, wie Astronomen, die versuchen, Lebenszeichen von einem fernen Planeten aufzufangen, in solchen kaum hörbaren oder nur eingebildeten Signalen ein Gefühl für das russische Kulturleben zu bekommen, dessen Gegenwart und Vitalität uns überall umgaben.

Es war eine eigenartige Zeit in diesen Sommermonaten des Jahres 1952. Heute wissen wir besser als damals, was hinter den Kulissen geschah. Aber diejenigen unter uns, die Rußland kannten, waren sich der Tatsache bewußt, daß nicht alles in Ordnung war. In Moskau kann man wie an keinem anderen Ort, den ich kenne, die politische

Atmosphäre erfühlen, ohne daß viel darüber gesprochen wird. In jenem Sommer spürte man in der russischen Hauptstadt eine seltsame Totenstarre, vorsichtige Wachsamkeit und Unsicherheit. Obwohl Stalin nach außen für einen Mann seines Alters einen ganz gesunden Eindruck machte, sah es aus, als strebe alles irgendeinem Ende zu. Es gab keinen Fünfjahrplan, kein großes Vorhaben des Regimes, mit dem die Begeisterung der Massen hätte angeregt werden können. Ganz gegen seine Gewohnheit schien Stalin in Moskau geblieben zu sein. Aber sogar das wußte man nicht mit Sicherheit. Angeblich hatte Stalin bei der Einweihung des Wolga-Don-Kanals im Hochsommer erscheinen sollen, und es waren bis zum Morgen des dafür vorgesehenen Tages gewaltige propagandistische Vorbereitungen getroffen worden. Aber er blieb ohne Begründung fort. Etwas später berichtete unser Militärattaché, der die Tribüne bei der Parade am Tag der sowjetischen Luftwaffe genau beobachtet hatte (ich selbst hatte mein Erscheinen abgesagt, weil die Plakate, welche das Ereignis ankündigten, zeigten, wie amerikanische Flugzeuge über Ungarn abgeschossen wurden), er habe den entschiedenen Eindruck gehabt, der Stalin, der dort gesessen hatte, sei ein Double gewesen. Die anderen Mitglieder des Politbüros beachteten ihn jedenfalls nicht, und die neben ihm Sitzenden sprachen, ohne sich um ihn zu kümmern, über ihn hinweg miteinander.

Wenn ich Vergleiche mit der Zeit meiner früheren dienstlichen Aufenthalte in Rußland anstellte, dann fielen mir zwei Veränderungen besonders auf. Eines war die zunehmende innere Gleichgültigkeit der Menschen gegenüber den nach außen verkündeten Zielen einer revolutionären Regierung – das seltsame Fehlen jeden Interesses für die angebliche ideologische Inspiration, die von denen ausgehen sollte, denen sie Gehorsam schuldig waren. Das zweite war die Zunahme der Starrheit der sozialen und bürokratischen Schichtung innerhalb der sowjetischen Gesellschaft. In den Jahren vor dem Zweiten Weltkrieg hatte Stalin die ganze russische Gesellschaft, besonders aber die gebildeten und politisch aktiven Schichten, mit seiner Kollektivierung, Industrialisierung und seinen alles umfassenden fürchterlichen Säuberungsaktionen ständig verändert und in Aufregung versetzt. Es hatte nicht die Möglichkeit bestanden, daß sich innerhalb der russischen Gesellschaft Dauerbeziehungen bildeten. Es entstanden keine Freundschaften und Treueverhältnisse innerhalb der Behörden. Nirgends bildeten sich irgendwelche Gruppen, die auf die

Dauer bestimmte rechtmäßige Interessen vertraten, und kein Vater konnte eine bevorzugte Stellung einnehmen, um sie seinem Sohn zu vererben. Aber seit dem Kriege hatte es keine Säuberungen mit weitreichenden Auswirkungen mehr gegeben[4]. Die Folge war, daß diese Entwicklungen jetzt begannen.
Am Schluß des oben erwähnten Briefes an Matthews wies ich darauf hin, daß diese beiden Phänomene Auswirkungen des Lebens und Wirkens eines Mannes wären, Stalins.

> Erstens zeigen sich darin seine unglaubliche Eifersucht und politische Machtgier, Eigenschaften, die ihn zu dem maßlosen Anspruch veranlaßten, sich wie ein Gott verehren zu lassen, und den ideologischen Inhalt und Sinn der politischen Bewegung vernichteten, an deren Spitze er stand. Zweitens zeigt sich darin die Auswirkung seines Alterns und des herannahenden Todes. Kein großes Land läßt sich so sehr wie dieses mit dem Leben und Schicksal eines einzigen Mannes identifizieren. Keines stand in so enger Beziehung zu seiner Persönlichkeit, seinen Launen und Neurosen, ohne in gewisser Weise auch seine Schwächen und seine Sterblichkeit mit ihm zu teilen. Die Partei hat versucht, einen inneren Wandel unmöglich zu machen, aber die Partei ist dabei in das von ihr selbst angelegte Minenfeld geraten, weil es ihr an wirklichen demokratischen Kräften fehlt, weil sie die organische Verbindung mit den emotionalen Kräften des Volkes selbst verloren hat und weil sie sich vom Lebenszyklus eines einzelnen abhängig gemacht hat, der allein die Maßstäbe setzte.

Aus dieser Lage konnte ich, so schrieb ich, nicht darauf schließen, daß es in der Sowjetunion bald zu einer Revolte kommen werde.

> Ich halte ein dramatisches oder plötzliches Ende des Phänomens des Bolschewismus nicht für wahrscheinlich. Am wenigsten erkenne ich in der Vorstellung der Menschen eine neue oder revolutionierende Alternative gegenüber dem heutigen System. Ich kann solche Entwicklungen zwar nicht ausschließen, aber wie sich die Lage

[4] Heute glaube ich, daß ich das Ausmaß und die Bedeutung der Säuberung des Parteiapparats in Leningrad, die im Sommer 1948 mit dem Tode von Schdanow begann und in den Jahren 1949 und 1950 weiterging, etwas unterschätzt habe. Aber sogar das war in erster Linie eine lokale Maßnahme, die sich nicht auf die Gesamtbevölkerung ausgewirkt hat.

heute darstellt, halte ich sie jetzt nicht für wahrscheinlich. Ich erkenne, daß es der Partei nicht gelungen ist, Veränderungen zu verhindern. Ich sehe, daß hier starke Kräfte wirken, die vom gegenwärtigen Regime nicht kontrolliert werden, weil sie Teil des Versagens dieses Regimes und seiner Vergänglichkeit sind.

Ich warnte davor, aus diesen Beobachtungen »primitive und simplifizierende Schlüsse« zu ziehen, aber ich sah mich dadurch in meiner Skepsis gegenüber der Richtigkeit des Alptraums bestärkt, den George Orwell in seinem Buch *1984* beschworen hatte. Ich glaubte, es sei ganz einfach nicht wahr,

> daß die sowjetischen Führer irgendwie das verborgene Geheimnis der Unfehlbarkeit bei der Ausübung der Macht gefunden hätten und daß es ihnen keine Schwierigkeiten bereiten werde, sich auf die Dauer zu behaupten und die sowjetische Gesellschaft ganz nach ihren Vorstellungen zu formen.

Obwohl ich nicht hatte feststellen können, daß das offizielle Washington sich für meine Auffassungen über die von der amerikanischen Außenpolitik zu verfolgende Linie interessierte, mußte ich mir als Botschafter dennoch Gedanken darüber machen. Bei dem Versuch, den wahren Kern in der harten Schale der Übertreibungen und Verzerrungen zu finden, in den die sowjetischen Erklärungen normalerweise gehüllt waren, begann ich mich zu fragen, ob wir nicht trotz aller Unaufrichtigkeit des größten Teils der sowjetischen Propaganda über die aggressiven Ziele der Vereinigten Staaten und der NATO durch die zu starke Betonung der militärischen Aspekte unserer Politik und unserer Erklärungen dazu beigetragen hatten – und dies auch weiter taten –, daß Moskau vermutete, wir arbeiteten auf einen Krieg hin, wir seien von seiner Unvermeidbarkeit überzeugt, und es sei nur eine Frage der Zeit, daß wir ihn entfesseln würden.
Die sowjetische Presse war voll von Berichten über militärische Maßnahmen der Amerikaner und der NATO (und ist es seither wahrscheinlich immer gewesen), die, wenn sie zuträfen, wirklich darauf hingewiesen hätten, daß der Westen von der Unvermeidbarkeit des Krieges überzeugt sei. Es wurde gemeldet, die Amerikaner hätten mehrere jugoslawische Flugplätze übernommen; die amerikanische Militärmission in der Türkei sei auf 1200 Mann verstärkt worden; es werde eine etwa 1000 Kilometer lange strategische Straße vom tür-

kischen Hafen Iskenderun an die sowjetische Grenze gebaut, ein Unternehmen, das, wenn es wirklich durchgeführt würde, auf offensive und nicht auf defensive Absichten schließen ließe; amerikanische Agenten, deren einer mit Namen genannt wurde, versuchten, nationalistische anti-sowjetische Elemente in Finnland in ihre Dienste zu nehmen; die Vereinigten Staaten setzten Dänemark unter Druck, um auf dänischem Gebiet Militärflugplätze zu errichten; in Westdeutschland und in Österreich beschlagnahmten amerikanische Behörden größere Gebiete für die Verwendung als Truppenübungsplätze.

Einige dieser Berichte waren offensichtlich falsch oder übertrieben, doch traf das in jedem Falle zu? Ich konnte mir darüber keine Gewißheit verschaffen. Unsere Regierung hat sich niemals – tatsächlich in keinem einzigen Fall – die Mühe gemacht, sie zu dementieren. Wahrscheinlich wußte das Außenministerium in den meisten Fällen auch nicht, ob sie richtig oder falsch waren. Hätte man das Pentagon gefragt, dann hätte man wahrscheinlich keine Antwort bekommen. Die Verweigerung einer Auskunft wäre vermutlich mit militärischen Sicherheitsvorschriften begründet worden. Außerdem interessierte sich in Washington niemand dafür. Auf meine Anfrage hätte man mir höchstwahrscheinlich erklärt, die russischen Berichte seien »nichts als Propaganda«.

Ich habe diese Reaktion niemals für richtig gehalten. Wenn die Berichte falsch waren, dann hielt ich es für gefährlich, sie nicht zu dementieren; waren sie zutreffend und erweckten die fraglichen Maßnahmen wirklich den Eindruck – und das nicht nur bei den Russen –, daß wir eine wesentlich von militärischen Gesichtspunkten bestimmte Politik trieben, nicht an die Möglichkeit eines Friedens glaubten und uns nur dafür interessierten, uns auf einen für unvermeidlich gehaltenen Krieg vorzubereiten, dann – so glaubte ich – sollten wir diese Maßnahmen überprüfen und feststellen, ob es sich vom Standpunkt unserer politischen und militärischen Gesamtinteressen wirklich lohnte, sie zu ergreifen.

Aber ich stieß auf dieses Problem nicht nur in den Spalten der sowjetischen Presse. Sehr bald nach meinem Eintreffen in Moskau mußte ich feststellen, daß die Einrichtungen der Botschaft von den Attachés unserer Streitkräfte (dem Militärattaché, dem Marineattaché und dem Luftattaché, die das Pentagon hierher geschickt hatte) dazu mißbraucht wurden, militärische Informationen zu beschaffen, und daß damit die Aufgaben der Botschaft selbst gefährdet

wurden. Die Russen hatten von jeher alle Militärattachés und natürlich auch alle Diplomaten als Spione angesehen. Jetzt rechtfertigten wir diese Auffassung. Das führte zu lächerlichen und unerfreulichen Situationen. Diese Leute stellten z. B. auf dem Dach des Botschaftsgebäudes eine Telekamera auf, um die sowjetischen Flugzeuge zu photographieren, welche die Stadt überflogen, wenn auf dem Roten Platz größere Paraden abgehalten wurden. Die Russen standen auf dem Dach des benachbarten Hotels National und photographierten unsere Männer beim Photographieren. Darauf photographierten wir wieder die photographierenden Russen. Das Ganze wurde zu einem törichten und sinnlosen Spiel, das die Russen nur in ihrem Zynismus bei der Beurteilung der Aufgaben unserer Botschaft in Moskau und unserer politischen Ziele im allgemeinen bestärkte.
Ich mißbilligte das alles ganz entschieden. Trotz aller Differenzen mit der sowjetischen Regierung waren wir schließlich Gäste in der sowjetischen Hauptstadt. Wir schuldeten es nicht nur ihnen, sondern auch unseren eigenen Grundsätzen, die Regeln des Anstandes und des guten Geschmacks zu beachten, gar nicht zu reden von den Gesetzen des Gastgeberlandes. Doch darüber hinaus mißbrauchten wir das wirkliche diplomatische Potential der Botschaft und gefährdeten in mancher Hinsicht ihre Existenz. Aber augenscheinlich interessierte das niemanden in Washington. Das Außenministerium war entweder zu gleichgültig oder zu ängstlich, um eine prinzipielle Frage daraus zu machen. Aber ich konnte die Sache nicht auf sich beruhen lassen.
Ich gab die Anweisung, daß diese Übergriffe aufhören – daß derartige Dinge innerhalb der im internationalen Verkehr üblichen Grenzen bleiben müßten. Ich glaube, daß sich die Situation auf diesem Gebiet während meines kurzen Aufenthalts wesentlich gebessert hat. Aber sie machte mir auch weiterhin Sorgen. Wie sollte ich es verantworten oder erklären, daß Washington der Beschaffung von militärischen Informationen die absolute Priorität gegenüber allen anderen Aufgaben der Botschaft einräumte, besonders gegenüber der Aufgabe, einen Krieg zu *verhindern*?
Einen besonders heftigen Schock erhielt ich eines Tages, als einer der Attachés der Streitkräfte mir ein aus Washington eingetroffenes Telegramm zeigte, in dem von einer bestimmten militärischen Maßnahme die Rede war, die das Pentagon ergreifen wollte, um unsere militärische Stellung in einem Gebiet nicht weit von den sowjetischen

Grenzen zu stärken. Ich wurde blaß, als ich es las. Wenn ich als Mitglied der sowjetischen Regierung erfahren hätte, daß ein solcher Schritt unternommen werden sollte (und die sowjetische Regierung würde das sicher herausbekommen), dann hätte ich daraus geschlossen, daß sich die Amerikaner auf einen Kriegsausbruch innerhalb der nächsten sechs Monate vorbereiteten. Da man in den Jahren 1949 und 1950 in Washington ganz offen davon gesprochen hatte, unsere militärischen Vorbereitungen seien darauf abgestellt, daß es 1952 zu einem »Gefahrenhöhepunkt« kommen werde, konnten die sowjetischen Führer jetzt zu den alarmierendsten Schlüssen kommen mit dem Ergebnis, daß sie auch *ihre* Vorbereitungen intensivierten und die Lage sehr bald außer Kontrolle geriet.

Es gelang mir durch energische Vorhaltungen, diese Initiative zu drosseln. Ich konnte mich aber über den Leichtsinn – die Bereitschaft, alles militärischen Überlegungen unterzuordnen – nicht beruhigen, der augenscheinlich in Washington herrschte. Ich wußte, daß meine Regierung keine Angriffsabsichten hatte und daß sogar ein Vorhaben wie das eben von mir verhinderte im Grunde nur eine Defensivmaßnahme darstellte. Es war mir aber auch klar, daß das Pentagon jetzt die Oberhand hatte und daß es auf der politischen Seite des Potomac nicht genügend Energie und Verständnis für die Lage gab, um in der amerikanischen Außenpolitik das richtige Gleichgewicht zwischen militärischen und politischen Überlegungen herzustellen. Die Koordinierung dieser beiden Kategorien des Denkens ist immer ein schwacher Punkt unseres Regierungssystems gewesen, und diese Schwäche, so schien es mir, ist niemals deutlicher zum Ausdruck gekommen und gefährlicher gewesen als damals.

Solche Überlegungen führten mich dazu, Ende August eine Grundsatzdepesche über die sowjetische Reaktion auf die Schaffung der NATO zu verfassen. Dieses Schriftstück, das in Moskau viele Jahre vor der Zeit entworfen wurde, in der man Ende der 1960er Jahre von »revisionistischer« Seite den Anstand und die Integrität der amerikanischen Staatsführung in den Nachkriegsjahren anzweifelte[5],

[5] Hier meine ich einige Bücher, die sich mit der Entstehung des »Kalten Krieges« befassen und von amerikanischen Wissenschaftlern geschrieben wurden, unter anderen von den Herren Gar Alperovitz, Walter Carl Clemens, David Horowitz, Gabriel Kolko und Carl Oglesby. Sie neigen dazu, der amerikanischen Regierung die Hauptschuld dafür zu geben, daß die verschiedenen Konflikte und Komplikationen, welche die sowjetisch-amerikanischen Beziehungen in der Zeit nach dem Kriege gekennzeichnet haben, provoziert oder veranlaßt worden seien.

war fraglos die schärfste Erklärung, die ich jemals über meine Auffassungen zu der allgemeinen Frage unserer Verantwortlichkeit für die Verschlechterung der Beziehungen zwischen Rußland und dem Westen Ende der 1940er Jahre abgegeben habe. Ich bringe daher im Anhang den Hauptteil meines Berichts (wobei ich nur einen Abschnitt über Korea auslasse, der lediglich wiederholen würde, was schon oben darüber gesagt worden ist).

Da meine Depesche dem Leser vorliegt, möchte ich mir eine detaillierte Zusammenfassung ersparen. Die Essenz dessen, was ich zu sagen hatte, war, daß die Russen ungeachtet zahlreicher unangenehmer und verwirrender Aspekte ihres Verhaltens nicht die Absicht gehabt hatten, Westeuropa in jenen Nachkriegsjahren anzugreifen, und daß sie glaubten, wir wüßten das. Aus diesem Grunde waren die Russen durch die Art und Weise, in der die NATO geschaffen und der Öffentlichkeit im Westen vorgestellt wurde, d. h. als Reaktion auf die »sowjetische Bedrohung« und als eine »Abschreckung« der sowjetischen Aggression, verwirrt und sahen sich veranlaßt, nach irgendeinem verborgenen, finsteren Motiv in unserer Politik zu suchen[6]. Diese Folgen unseres Verhaltens waren verschärft worden durch unsere Schritte zur Wiederbewaffnung von Deutschland und Japan, durch die Art und Weise, mit der wir selbst unsere Aktion in Korea interpretiert und dargestellt hatten, und durch den Lehrsatz Lenins, der besagte, während die kapitalistische Gesellschaftsordnung im Westen zerfiele, würden die Führer der Ausbeuterklasse (d. h. die westlichen Regierungen) »von einer Form des Angriffs zu anderen, schärferen Formen des Angriffs übergehen«.

Besonders hob ich hervor, daß die Sowjets natürlich nicht immer

[6] Die folgende Notiz, die am 12. Mai 1952, eine Woche nach meinem Amtsantritt als Botschafter, im Nachrichtenbulletin der britischen Botschaft in Moskau erschien, wird als Beispiel dafür dienen, wie die sowjetischen Absichten damals im allgemeinen im offiziellen Washington dargestellt wurden:
»In Washington hat der außenpolitische Ausschuß des Repräsentantenhauses gesagt, die Gefahr einer sowjetischen Aggression habe sich nicht so weit verringert, daß ein Nachlassen der Verteidigungsanstrengungen der Vereinigten Staaten gerechtfertigt wäre. Diese Erklärung gibt der Ausschuß in einem Bericht zum Auslandshilfegesetz. Er besagt, daß die amerikanischen militärischen Führer und Diplomaten glauben, Rußland habe das Datum für einen Angriff gegen den Westen noch nicht festgesetzt. Es sei recht wahrscheinlich, sagt der Bericht, daß der Kreml noch nicht zu der Überzeugung gelangt sei, daß ein Krieg mit allen Mitteln gegen die freie Welt unvermeidlich ist. Dennoch stehen voll mobil gemachte, starke sowjetische Streitkräfte in Ostdeutschland und an anderen Orten bereit, um gegebenenfalls sofort anzugreifen.«

aufrichtig waren, wenn sie uns verdächtigten. Alle Anzeichen schienen mir nur dafür zu sprechen, daß

> wenn man den ganzen Wust propagandistischer Verzerrungen und Verleumdungen der Absichten fremder Staaten forträumen könnte, mit denen sowjetische Äußerungen und Haltungen gewöhnlich umrahmt werden, man feststellen könnte, daß in den letzten Jahren ein gewisser harter Kern eines echten Glaubens an die Böswilligkeit westlicher Absichten übrigbleibt und daß dieser Glaube zum großen Teil – wenn auch nicht ganz – die Folge einer falschen Einschätzung der westlichen Außenpolitik durch die Sowjets in den Jahren von 1948 bis heute ist.

Wieweit wurde die sowjetische Politik durch diese falsche Einschätzung beeinflußt? Sie hatte sie bisher noch nicht dazu gebracht, den Krieg als ganz unvermeidlich anzusehen. Dafür waren sich die Sowjets der Rolle des Unerwarteten und Unvorhergesehenen in der Außenpolitik zu sehr bewußt. Aber wahrscheinlich waren sie dadurch veranlaßt worden, ihre militärischen Vorbereitungen zu intensivieren. Außerdem waren aus diesem Grunde auch die Fragen der inneren Sicherheit in Rußland wie üblich mehr als sonst in den Vordergrund gerückt, und das Regime hatte die Kontrolle und die Überwachung der Ausländer verschärft. Auf diese Weise war der Nutzen, den die Aufnahme diplomatischer Beziehungen zwischen Rußland und dem Westen andernfalls hätte bringen können, verringert worden. Mit anderen Worten, der Sicherheitsspielraum, der normalerweise darin bestand, daß die Regierungen auf diplomatischem Wege miteinander sprachen, war weiter verringert worden. Darüber hinaus hatten die sowjetischen Führer die Vorteile erkannt, die ihnen daraus entstanden, daß die Amerikaner die militärischen Vorbereitungen überbetonten, und sie konnten sich selbst – im Gegensatz zu den imperialistischen Kriegstreibern in Washington – als Friedensapostel gebärden. Die Eile, mit der ihre Agenten jetzt in verschiedenen Teilen der Welt »Friedenskongresse« organisierten, zeigte nur allzu deutlich, wie sehr sie sich darum bemühten, diese Gelegenheit nach besten Kräften auszunutzen.
Aus diesen Gründen schien es mir nicht wünschenswert, daß wir den falschen Einschätzungen nicht widersprachen und nichts dagegen unternahmen.

Was sollten wir dagegen tun?
Erstens sollten wir versuchen, unsere militärischen Vorbereitungen als vernünftige Minimalreaktion auf die *politische* Bedrohung darzustellen, welche die Macht und die Haltung der sowjetischen Führer bedeuteten – nicht als Reaktion auf eine angebliche oder aus dieser Haltung zu schließende sowjetische Absicht, den Westen anzugreifen, und nicht als Auswirkung unserer Schlußfolgerung, wir könnten unsere politischen Differenzen mit den Russen nur durch einen umfassenden Krieg beilegen.
Aber zweitens – und das war das Wichtigste – sollten wir versuchen, in unserer Politik das angemessene Gleichgewicht zwischen politischen und militärischen Gesichtspunkten herzustellen, und sollten die Aussichten für die Wahrung des Friedens nicht dadurch verringern, daß wir nach den idealen militärischen Positionen in einem imaginären und nicht unvermeidbaren Kriege strebten. Diesen letzten Punkt hielt ich für so wichtig, weil ich jeden Krieg zwischen den NATO-Mächten und Rußland als eine absolute, endgültige und irreparable Katastrophe ansah. Unsere einzige Hoffnung – die Hoffnung eines jeden – beruhte auf der Möglichkeit, den sogenannten Ost-West-Konflikt auf das politische Gebiet zu beschränken. Wenn er auf das militärische Gebiet übergriff, dann waren wir alle verloren. Mir erschien es als die größte und verhängnisvollste Torheit, wenn wir es zulassen würden, daß die Möglichkeiten für eine erfolgreiche Verfolgung unserer Interessen mit unkriegerischen Mitteln dadurch verbaut würden, daß wir nach einer idealen militärischen Position in einem Kriege strebten, der nicht unvermeidbar war und der voraussichtlich niemandem irgendwelche Vorteile bringen würde.
Es war mir natürlich klar, daß viele unserer militärischen Maßnahmen, die mich beunruhigten, von denen, die sie veranlaßt hatten, als Defensivmaßnahmen gedacht waren. Aber alle militärischen Vorbereitungen mußten – das betonte ich – besonders von anderen als Anzeichen für bestimmte Berechnungen und Absichten angesehen werden. Der strukturelle Aufbau der NATO sollte, so schrieb ich, in der Weise vorgenommen werden, daß er auf andere nicht den Eindruck von

> fieberhaften Vorbereitungen von Leuten machte, die den Krieg für unvermeidbar halten und auf einen bestimmten Termin hinarbeiten,

sondern sollte als ruhige und wohlüberlegte Maßnahme von Leuten erscheinen, die nur einen Zaun bauen, und zwar nicht weil sie glauben, daß irgend jemand ihn vermutlich niederreißen werde, sondern aus dem normalen und vernünftigen Bestreben, auf allen Seiten klare Verhältnisse zu schaffen.

Wenn man die Dinge so betrachtete, dann bedeutete das vom Standpunkt der möglichst raschen Erreichung einer idealen militärischen Position aus natürlich gewisse Nachteile. Es bestand jedoch ein unlösbarer Konflikt zwischen der idealen militärischen Position und dem Ziel, den politischen Krieg zu gewinnen – »einen Krieg, der noch andauert, und in dem wir keine andere Wahl haben als weiterzukämpfen«.

Wollte man die aus einem dieser Gesichtspunkte abzuleitenden Erfordernisse – die militärischen oder die politischen – vorherrschen lassen, dann würden sie einander ausschließen ... Keiner der beiden Gesichtspunkte würde sich durchsetzen, wenn der andere ausgeschaltet wäre. Betrachtete man die Probleme nur vom politischen Standpunkt aus, dann würden die entsprechenden militärischen Vorbereitungen nicht genügen ... Wenn andererseits die berufsmäßigen militärischen Planer alles bekämen, was sie wünschten ... dann würden die Ergebnisse den politischen Widerstand der westlichen Völker zunichte machen.

Was daher notwendig war, das war »ein vernünftiger und verständiger Kompromiß zwischen diesen beiden Gesichtspunkten«, und dieser Kompromiß sollte die sowjetische Empfindlichkeit berücksichtigen. Das galt besonders für die Tätigkeit fremder Mächte in Gebieten, welche an den Land- und Seegrenzen der Sowjetunion lagen. Die sowjetischen Führer »empfanden es natürlich als besonders unangenehm, wenn sie von einem Ring von Luftbasen umgeben wurden, die offensichtlich so gruppiert waren, daß ein potentieller Gegner von dort aus in sowjetisches Gebiet eindringen konnte«.
Auch in dieser Hinsicht – ich wiederholte diesen Standpunkt noch einmal – empfahl ich nicht, daß wir alle Verteidigungsmaßnahmen unterlassen sollten. Wir waren offenbar gezwungen, eine stärkere militärische Kapazität anzustreben.

Aber auch hier ist das Bessere der Feind des Guten. Wenn man seine militärischen Basen und Einrichtungen näher an die sowjetischen Grenzen heranbringt, dann gelangt man mit Sicherheit an einen Punkt, an dem sie eher das Gegenteil von dem bewirken, was ursprünglich beabsichtigt war. Wir dürfen nicht annehmen, daß es angesichts einer Einkreisung durch amerikanische Basen keine Grenzen der sowjetischen Geduld gäbe. Ganz abgesehen von politischen Überlegungen kann ein großes Land, sei es nun friedlich oder aggressiv, vernünftig oder unvernünftig, nicht gleichgültig zusehen, wie eine mit ihm in Konkurrenz stehende Großmacht an seinen Grenzen zahlreiche militärische Basen errichtet. Auch hier muß ein Kompromiß gefunden werden, und zwar ein Kompromiß, der den optimalen militärischen Erfordernissen nicht mehr ganz entspricht – und er muß die Eigenarten der russischen Mentalität und Tradition berücksichtigen. Wir müssen daran denken, daß wir mit den sowjetischen Führern jetzt fast nur in der Sprache offener militärischer und politischer Schachzüge sprechen können. Wenn wir immer noch hoffen, die letzte Entscheidung auf politischem Gebiet fällen und dort auch siegen zu können, dann müssen wir dafür sorgen, daß die Worte, die wir in dieser Sprache sprechen, die sowjetischen Führer nicht in einen Gemütszustand versetzen, in dem ... die einzige Frage für sie nicht lautet »ob«, sondern »wann«.

Für mich war diese Depesche als interner Berater der Regierung über Probleme unserer Beziehungen zu den Russen und des Kalten Krieges der Schwanengesang. Es war meine letzte offizielle schriftliche Äußerung gegenüber meiner Regierung als verantwortlicher Berufsdiplomat zu diesem Thema, dem ich jetzt gerade fünfundzwanzig Jahre meines Lebens gewidmet hatte. Was ich darin sagte, berührte den Kern der Probleme, die eine weitere Entwicklung unserer Beziehungen zur Sowjetunion betrafen. Abgesehen von unbedeutenden Stilelementen würde ich auch heute nichts daran ändern, und wenn es mir darauf ankäme, meine Haltung der Öffentlichkeit im Lichte der jüngsten Kontroversen über die relative Schuld beider Seiten am Ursprung und an der Verschärfung des Kalten Krieges mit einem einzigen Schriftstück verständlich zu machen, dann wäre es wahrscheinlich diese Depesche, die sogar noch vor so wichtigen, inzwischen eingetretenen Ereignissen verfaßt wurde wie der Aufnahme von Westdeutschland in die NATO und des Beginns des Zeitalters der Fernlenkwaffen.

Gegenüber diesen Tatsachen, so erfreulich sie auch sein mögen, muß ich doch feststellen, daß meine Depesche ganz wirkungslos geblieben ist – daß sie, was ihren Einfluß auf die Politik der Vereinigten Staaten oder der NATO betrifft, ebensogut hätte ungeschrieben bleiben können. Anstatt der hier empfohlenen politischen Linie zu folgen, verfolgte die Regierung der Vereinigten Staaten mindestens noch neunzehn Jahre eine genau entgegengesetzte Politik. Weit von dem Versuch entfernt, es aufzugeben, die militärischen Vorbereitungen Amerikas und der NATO als Reaktion auf den angeblichen sowjetischen Wunsch darzustellen, den Westen anzugreifen, verpflichtete die Regierung sich selbst und ihre Verbündeten in der NATO dazu, das bedrohlichste Element unseres militärischen Potentials niemals anders zu bezeichnen als mit dem Begriff »nukleare Abschreckung«, was nicht anders verstanden werden konnte, als daß die Russen den Beginn eines Dritten Weltkrieges herbeisehnten und sofort angreifen würden, wenn sie nicht durch diese Vergeltungswaffe abgeschreckt würden. Jahr um Jahr ließ man keine Gelegenheit aus, amerikanische Luftbasen und Raketenstellungen so nahe wie möglich an die sowjetischen Grenzen heranzubringen. Jahr um Jahr schickte man amerikanische Kriegsschiffe zu nutzlosen Demonstrationen in das Schwarze Meer und mutete den Russen damit eine Geduld zu, die unsere Öffentlichkeit und unser Kongreß höchstwahrscheinlich nicht aufgebracht hätten, wenn die Rollen vertauscht worden wären. Immer wieder bemühte man sich eigensinnig darum, militärische oder Luftbasen – wie etwa in Pakistan oder auf Okinawa – zu unterhalten und auszubauen, ohne daß es Anzeichen dafür gab, daß man diese Maßnahmen zu den daraus entstehenden politischen Kosten ins Gleichgewicht bringen wollte. Ähnlich wurden politische Interessen geopfert oder gefährdet, indem man eifrig versuchte, militärische Informationen zu beschaffen, und als wir es versäumten, uns in dieser Hinsicht die notwendige Zurückhaltung aufzuerlegen, und dies bei dem U-2-Zwischenfall dazu führte, daß die politische Laufbahn des einzigen sowjetischen Staatsmannes der nach-stalinistischen Periode vernichtet wurde, mit dem wir vielleicht zu einer besser gesicherten Koexistenz gekommen wären, und als dieser Mann seines beherrschenden Einflusses beraubt und von reaktionären und militaristischen Soldaten und Polizisten abgelöst wurde, war man in

Washington nur einen kurzen Augenblick lang peinlich berührt, aber niemand wurde zur Verantwortung gezogen, und niemand dachte daran, eine genaue Untersuchung der Ursache für einen so bedauerlichen Fehler der amerikanischen Außenpolitik anzuordnen.

Welchen intellektuellen Wert die fragliche Depesche auch gehabt haben mochte, ihren eigentlichen Zweck hat sie verfehlt. Zwar teilt sie dieses Schicksal mit zahlreichen Empfehlungen vieler anderer amerikanischer Botschafter, aber gelegentlich habe ich doch über die möglichen Ursachen nachdenken müssen und mir überlegt, wieweit mein eigenes Versagen dazu beigetragen hat.

Es gab ganz spezifische Gründe dafür, weshalb eine solche Depesche damals vermutlich von niemandem mit Interesse gelesen worden wäre, der in Washington höheren Orts an der Gestaltung der amerikanischen Außenpolitik beteiligt war. Ihre Wirkung hätte jedoch in jedem Fall durch die Aufregung gelitten, die meine Ausweisung aus Rußland bald darauf ausgelöst hat. Wir standen außerdem am Ende einer politischen Epoche in Washington. Der Wahlkampf des Jahres 1952 näherte sich seinem Höhepunkt. Wie die Wahlen auch ausgehen mochten, die Tage der Regierung Truman waren jetzt gezählt. Weder der Präsident noch der Außenminister wären zu diesem Zeitpunkt geneigt gewesen, den Kampf mit dem Pentagon aufzunehmen, der notwendig gewesen wäre, um einen solchen Wandel im Geist und in der Richtung der Militärpolitik zu erreichen, wie ich ihn vorgeschlagen hatte.

Aber auch in normalen Zeiten wäre es höchst ungewöhnlich gewesen, wenn die Depesche eines Botschafters zu einem so umfassenden Fragenkomplex die beiden entscheidenden Architekten der amerikanischen Politik wesentlich hätte beeinflussen können. Wären solche Ansichten von einem einflußreichen Senator, dem Vorsitzenden eines Kongreßausschusses, der Gewerkschaft AFL-CIO, einer in der Innenpolitik einflußreichen Stelle oder von einer Reihe solcher Leute geäußert worden, dann hätte man sie höchstwahrscheinlich stärker beachtet. Aber ein Botschafter vertrat in den Augen seiner Regierung nur seine Privatmeinung, und seine Auffassungen besaßen im offiziellen Washington – obwohl sie manchmal als interessant oder amüsant angesehen wurden – kein besonderes Gewicht. Der Fehler bei diesem Versuch, die Regierungspolitik zu beeinflussen, lag nicht in der Art der Empfehlung oder in ihrer äußeren Form, sondern in den Grenzen der Plattform, von der aus sie vorgetragen wurde.

Die Erkenntnis dieser Tatsache dämpfte in den folgenden Monaten meine Begeisterung dafür, länger in einem Beruf tätig zu sein, wo man Passivität, Undurchsichtigkeit und taktisches Geschick so hoch- und ernstgemeinte Analysen so geringschätzte.

VII

Persona non grata

Ich habe schon die mit großer Sorgfalt durchgeführten Maßnahmen erwähnt, die von den sowjetischen Behörden ergriffen wurden, um ausländische Vertreter zu überwachen und von der Bevölkerung zu isolieren. Während sie 1952 extremere Formen annahmen als zu anderen Zeiten, gehörten sie auch sonst zu den Standardpraktiken Stalins.

Im Frühsommer 1952 kam es im Zusammenhang mit dieser Situation zu einem Vorfall, der mich stärker hätte aufhorchen lassen sollen als er es tat. Um das zu erklären, muß ich zunächst ein paar Worte über die Vorgeschichte sagen.

Während meiner früheren dienstlichen Aufenthalte in Moskau in den 1930er Jahren und im Kriege hatte es immer ein paar sowjetische Bürger gegeben – gewöhnlich angesehene und gebildete Leute aus der Intelligenz –, die nach Ansicht der Partei und der Polizeibehörden die Voraussetzungen dafür mitbrachten, normale Kontakte mit Mitgliedern des Diplomatischen Korps, besonders mit den dienstälteren Angehörigen unserer Botschaft zu pflegen. Diese Leute nahmen persönliche Einladungen an und verkehrten ganz normal mit den Beamten der Botschaft, die gern mit ihnen zusammenkamen und ihnen die übliche gesellschaftliche Aufmerksamkeit schenkten. Es war deutlich zu erkennen, daß sie zur Polizei in einem besonderen Verhältnis standen, denn sonst hätte man es ihnen nicht erlaubt, solche Beziehungen zu unterhalten. Wir haben immer angenommen, daß man von ihnen Berichte erwartete und daß sie den Kontaktpersonen der Polizei alle für die sowjetischen Behörden interessanten Informationen weitergaben, die sich aus solchen Kontakten ergaben.

Wir hatten gegen diese Einrichtung nichts einzuwenden, jedenfalls nicht, solange wir glaubten, die betreffenden amerikanischen Beamten seien vernünftige und erfahrene Leute. Das hatte für uns ebenso wie für die sowjetischen Behörden gewisse Vorteile. Einmal waren die Russen, die mit uns verkehren durften, meist intelligente und manchmal sogar charmante Leute, mit denen zusammen zu sein Vergnügen bereitete und Vorteile bot. Aber darüber hinaus besaßen wir in ihnen ein, wenn auch nur in einer Richtung verwendbares Kommunikationsmittel mit den höheren sowjetischen Stellen, und das war in einer Situation nicht zu verachten, in der es oft Kommunikationsschwierigkeiten gab. Man konnte ihnen beiläufig in der Unterhaltung Dinge sagen, die man sowjetischen Beamten auf offizieller Ebene nicht hätte sagen wollen, wo sie offiziell zur Kenntnis genommen worden wären. Man konnte aber doch sicher sein, daß die inoffiziell gemachten Mitteilungen im Laufe der Zeit den verantwortlichen sowjetischen Beamten zu Ohren kamen. Das erlaubte uns, Dinge zu erklären, die, wenn sie unausgesprochen geblieben wären, leicht zu falschen Deutungen und Mißverständnissen geführt hätten.

Als ich nun 1952 als Botschafter in Moskau eintraf, war ich beunruhigt zu erfahren, daß diese Einrichtung, d. h. das Vorhandensein einer Gruppe von »zahmen Russen«, wie wir sie nannten, mit denen man einen normalen geselligen Verkehr pflegen konnte, der Verschlechterung der Beziehungen zwischen der Sowjetunion und dem Westen zum Opfer gefallen war, die Ende der 1940er Jahre eingesetzt hatte, und daß diese Einrichtung daher nicht mehr existierte. Es gab jetzt keine solchen Leute mehr, ja es gab gar keine sowjetischen Bürger, mit denen ich gelegentlich zusammenkommen, mich im gesellschaftlichen Rahmen unterhalten, und durch deren Vermittlung ich etwas über die Hintergründe und logischen Zusammenhänge der amerikanischen Politik weitergeben konnte. Das besorgte mich besonders wegen der Spannungen, die durch den Koreakrieg entstanden waren, und wegen der Erkenntnis, daß unter diesen Umständen unnötige Mißverständnisse leicht zum Kriege führen.

Aus diesem Grunde lag mir viel daran, das sowjetische Außenministerium wissen zu lassen, wie sehr ich diese Situation bedauerte. Ich konnte das nicht offiziell tun, weil es sich hier gerade um eine Angelegenheit handelte, die auf offizieller Ebene nicht zur Kenntnis genommen werden durfte. Die einzige Gelegenheit, bei der wir inoffiziell mit sowjetischen Beamten zusammentrafen, waren die gelegentlichen diplomatischen Empfänge. Selbst dort war es nicht leicht, jemanden zu finden, zu dem meine Beziehungen so gut waren, daß ich eine so delikate Sache hätte erwähnen können. Nun kam ich auf den Gedanken, Boris Fedorowitsch Podserob, der damalige Generalsekretär des Außenministeriums, den Botschafter Harriman und ich aber schon aus dem Kriege kannten, als er der Leiter des persönlichen Büros von Molotow gewesen war und zu dem wir damals angenehme, wenn auch nur streng offizielle Beziehungen gehabt hatten, könnte eine solche Persönlichkeit sein. Da er anders als viele andere Beamte des Außenministeriums gut Französisch sprach und ich selbst nicht sagen konnte, ob ich bei dieser Gelegenheit mit ihm würde sprechen können, bat ich den Kanzler der Botschaft, Mr. Hugh Cummings, er möge, wenn er auf einem dieser Empfänge mit Herrn Podserob ins Gespräch käme, erwähnen, ich bedauerte, daß es keinen einzigen sowjetischen Bürger gäbe – besonders keinen, der bei der Partei gut angeschrieben sei –, mit dem ich hin und wieder auf gesellschaftlicher Ebene zusammenkommen und eine Tasse Tee trinken könnte.

Ende Juni, während ich Moskau für kurze Zeit hatte verlassen müssen, traf Cummings zufällig mit Podserob bei einer solchen Gelegenheit zusammen und richtete ihm – so gut er es verstanden hatte – aus, um was ich ihn gebeten hatte.

Bald nach meiner Rückkehr kam Cummings an einem arbeitsreichen Samstagvormittag in mein Arbeitszimmer und meldete, im Empfang sei ein junger Mann, ein Russe, der sich geweigert habe, seinen Namen zu nennen, der aber einen Mitgliedsausweis der Kommunistischen Partei vorgezeigt und verlangt hätte, mich zu sprechen. Das Erscheinen eines solchen Menschen in der Kanzlei der Botschaft war natürlich etwas ganz Ungewöhnliches. Jeder, der die Botschaft besuchte, wurde von den Polizeiwachen vor dem Gebäude genau beobachtet, und es war klar, daß jeder sowjetische Bürger, der ohne Genehmigung der sowjetischen Behörden versuchte hereinzukommen, nach seinem Versuch einem strengen Verhör unterworfen werden würde.

Zunächst sagte ich, wenn der junge Mann sich weigerte, seinen Namen zu nennen, werde ich ihn nicht empfangen. Als Cummings mir jedoch mitteilte, er sei sicher, diesen Menschen vorher schon einmal im sowjetischen Außenministerium gesehen zu haben, nahm ich an, er müsse irgendeine offizielle Stellung einnehmen, und erklärte mich bereit, mit ihm zu sprechen, allerdings nur in Gegenwart von Cummings.

Er wurde hereingelassen und machte den Eindruck eines unauffällig aussehenden, jungen, blassen und offensichtlich sehr nervösen Mannes. Seine Geschichte war in großen Zügen die folgende. Er behauptete, er sei der Sohn des Ministers für Staatssicherheit, den ich, wie er glaubte, kannte (in Wirklichkeit kannte ich ihn nicht), und der erst kürzlich einer Säuberung zum Opfer gefallen war. Auch die Familie war mit dem Vater in Ungnade gefallen und hatte darunter zu leiden. Der junge Mann befand sich also in einer aussichtslosen und verzweifelten Lage. Er hätte einige junge Freunde, denen es ähnlich ging. Aufgrund ihrer früheren Verbindungen kannten sie alle die Gewohnheiten der sowjetischen Führer. Sie brauchten nur Geld und Waffen. Zwar kann ich mich nicht erinnern, daß er es genau so gesagt hat, aber sie stellten sich offenbar vor, sie könnten, wenn ich ihnen diese Dinge beschaffte, die gegenwärtig an der Macht befindlichen sowjetischen Führer aus dem Wege räumen.

Ich war wie vor den Kopf geschlagen, als ich diesen verrückten Vorschlag hörte. Wir durften nicht daran zweifeln, daß es eine Provokation war. Man durfte nicht glauben, daß irgend jemand ernstlich angenommen haben könnte, ich würde die Provokation nicht als solche erkennen. Mir fehlten die Worte, um dem jungen Mann zu antworten. Ich konnte nur sagen, ich hätte für solche Vorschläge keinerlei Interesse, ich sei nicht nach Rußland gekommen, um sowjetische Gesetze zu übertreten oder mich in die sowjetische Innenpolitik einzumischen. Ich könne ihm nicht helfen und müsse ihn bitten, das Gelände der Botschaft sofort zu verlassen. Mein Besucher tat, als sei er zutiefst enttäuscht und erschreckt. Er fragte, wie er das Gebäude verlassen solle, ohne die Aufmerksamkeit der Polizei auf sich zu lenken. Ich fragte ihn, wie er hereingekommen sei. Er sagte, er sei einfach an den Polizeiposten vorbeigerannt. Auf meine Frage, ob er geglaubt habe, ungeschoren hinauszukommen, antwortete er, er habe gehofft, ich würde ihm einen Wagen der Botschaft zur Verfügung stellen, in dem er sich verstecken könnte, um dann zu fliehen. Ich machte ihm klar, daß so etwas nicht in Frage käme. Er sei selbst dafür verantwortlich, daß er hierhergekommen sei. Die Folgen seines Verhaltens müsse er nach seinem Fortgehen selbst tragen. Er verließ das Haus daher zu Fuß, und wir konnten durch das Fenster beobachten, wie die Polizeibeamten in Zivil ihn festnahmen und ihm folgten, als er die Straße hinaufging und verschwand.

Das war nach außenhin der ganze Zwischenfall. Er hatte ein ebenso bizarres Nachspiel. Einige Tage darauf brachte mir Cummings, der mit unseren britischen Kollegen in Verbindung stand, eine Photographie, die man in der britischen Botschaft ausgegraben hatte und die vor etwa einem Jahr bei der Überreichung des Beglaubigungsschreibens meines britischen Kollegen, Sir Alvary Gascoigne, aufgenommen worden war. Sie zeigte die ganze Gruppe britischer und sowjetischer Beamter, die daran teilgenommen hatten, und im Hintergrund, zwischen den Köpfen der beiden Hauptpersonen Schwernik und Gascoigne konnte man undeutlich und schemenhaft das Gesicht des jungen Mannes erkennen, der mir diesen eigenartigen Besuch gemacht hatte. Bis heute weiß ich nicht, wer er war und wie sein Gesicht auf diese Aufnahme gekommen sein könnte.

Als ich das seltsame Vorkommnis noch einmal überdacht hatte, glaubte ich zu erkennen, was es bedeuten sollte. Die Sache war typisch für Stalin. Ich hatte gesagt, ich wünschte, es gäbe wenigstens einen sowjetischen Bürger, mit dem ich gelegentlich zusammentreffen und sprechen könnte. Dieser Besuch war die Antwort Stalins. Er wollte damit sagen: »Ich weiß, du elender kapitalistischer Schurke, aus welchem Grund *du* mit sowjetischen Bürgern zusammentreffen willst: Subversion, Terror und der Sturz des Stalinregimes sind deine Ziele. Nun gut, ich schicke dir den dafür geeigneten Mann. Wollen wir sehen, was du mit ihm anfängst.«

Um die Glaubwürdigkeit dieser Vermutung zu verstehen, muß man sich daran erinnern, daß der Staatsanwalt in den öffentlichen Säuberungsprozessen der 1930er Jahre jeden Widerstand gegen den Führungsanspruch Stalins mit der Absicht gleichsetzte, das Regime zu stürzen. Da aber das Regime – wie der Staatsanwalt erklärte – nicht bereit war, sich mit friedlichen Mitteln ablösen zu lassen, um der Opposition einen Gefallen zu tun, bedeutete dies den Versuch, es mit Gewalt zu stürzen, und das war »Terrorismus«. Nun gab es auch in der Regierung der Vereinigten Staaten Leute, die von »Befreiung« sprachen. Was konnte das anderes bedeuten als den Sturz des sowjetischen Regimes? Und mit welchen Mitteln ließ sich dieser Sturz bewerkstelligen, wenn nicht mit terroristischen Methoden? Deshalb mußte mir Stalin den dafür geeigneten Mann schicken.

Aber abgesehen von dieser Lagebeurteilung hatte die ganze Episode einen beunruhigenden Beigeschmack. Man mußte daraus schließen, daß man mir an höherer Stelle besonders feindlich gesonnen war, und dabei ging es nicht nur um Feindschaft, sondern auch um tiefes Mißtrauen. Wie wir uns erinnern, hatte mein Besucher behauptet, der Sohn des Ministers für Staatssicherheit zu sein, der kürzlich einer Säuberungsaktion zum Opfer gefallen war. Der letzte Minister für Staatssicherheit, von dem wir etwas wußten, war Abakumow, eine Kreatur Berijas[1]. Wie wir bald erfahren sollten, war er tatsächlich vor einiger Zeit aus seinem Amt entfernt worden – wahrscheinlich in den letzten Wochen des Jahres 1951. Daß er in Ungnade gefallen war, ist wahrscheinlich eines der ersten Ereignisse in dem Teil des innerparteilichen Intrigenspiels gewesen, der durch die sichtbaren Zeichen des fortschreitenden Alterns und Machtverfalls von Stalin ausgelöst wurde und der sich im Lauf der folgenden Monate intensivierte und sehr bald seinen Höhepunkt erreichte, als die »Ärzteverschwörung« bekanntgegeben wurde und Stalin anschließend starb. Ich wußte damals nur wenig von diesen Zusammenhängen, obwohl ich spürte, daß etwas Ungewöhnliches in der Luft lag. Aber aus der Erklärung des jungen Mannes ging deutlich hervor, daß eine hochgestellte Persönlichkeit in Moskau glaubte, ich wisse mehr. Man hat vielleicht vermutet, mein Versuch, mit Podserob in Verbindung zu treten, sei in der Absicht unternommen worden, mit oppositionellen Elementen ins Gespräch zu kommen, die in Intrigen gegen Stalin verwickelt waren oder wenigstens versuchten, sich die wichtigsten Positionen in einem Nachfolgeregime zu sichern.

Hatte Stalin noch andere Gründe für eine persönlich gegen mich gerichtete Verbitterung? Es ist unmöglich, das zu wissen. Es war auch damals unmöglich, sich ein Urteil zu bilden. Wie konnte ein ausländischer Diplomat in jener Stadt wissen, welche unwahren Behauptungen über ihn Stalin von seiner Geheimpolizei hinterbracht wurden? Der in Moskau lebende Ausländer konnte sich gegen hinterhältige Beschuldigungen nicht wehren, die aus dieser Richtung kamen, denn er konnte jederzeit verleumdet und denunziert werden, ohne selbst etwas darüber zu wissen.

Ich war damals, was die Länge meiner Dienstzeit in Rußland und meine Erfahrungen im Rahmen der sowjetischen Szene betraf, der dienstälteste Diplomat in Moskau. Sehr oft baten mich andere Diplomaten um Rat. Es war ein schwüler, ungemütlicher Sommer. Ein neuer Parteikongreß wurde vorbereitet. Veränderungen lagen in der Luft, und in der sowjetischen Innenpolitik brachten Veränderungen immer Gefahren mit sich. Wenn die Leute – wie das augenscheinlich

[1] Viktor S. Abakumow, Minister für Staatssicherheit von 1946 bis 1951; wurde 1954 hingerichtet.

geschehen ist – geglaubt haben, ich wisse mehr über die Vorgänge hinter den Kulissen, als ich wirklich wußte, war es dann unmöglich, daß irgend jemand daraus gefolgert hatte, es sei unerwünscht, daß ich länger in Moskau bliebe?

Es gab aber vielleicht – oder sogar wahrscheinlich – noch einen weiteren Grund dafür, daß man mich ablehnte, und ich glaube, das galt besonders für Stalin. Im ersten Band dieser Memoiren habe ich berichtet, was mich am Tag des alliierten Sieges 1945 veranlaßte, mich vor der Kanzlei unserer Botschaft auf ein Säulenpodest zu stellen und ein paar Worte an die begeisterte und jubelnde sowjetische Menge zu richten. Wie sehr das an höherer sowjetischer Stelle mißfallen hatte, zeigte sich darin, daß Ende der 1940er Jahre in Moskau eine ganze anti-amerikanische Propagandabroschüre veröffentlicht wurde, die sich in erster Linie auf eine entstellte Version dieser Episode gründete. Noch 1952 war sie, wie wir bald sehen werden, nicht vergessen. Stalin war es nicht gewöhnt, die demonstrative Begeisterung sowjetischer Massen mit irgend jemandem, am allerwenigsten aber mit einem bürgerlichen Diplomaten zu teilen, denn er hatte darauf so etwas wie ein politisches Monopol[2].

Wie das auch sein mochte, der Sommer nahm seinen Verlauf und näherte sich dem Ende. Am 20. August wurde bekanntgegeben, ein neuer Parteikongreß, der jetzt schon seit zehn Jahren überfällig war,

[2] Es lohnt sich vielleicht, in diesem Zusammenhang daran zu denken, daß der einzige andere bürgerliche Diplomat, der – soweit ich weiß – im Mittelpunkt der freundschaftlichen Begeisterung einer sowjetischen Menge gestanden hatte, 1948 Frau Golda Meir gewesen ist, die damals als erste den Posten des israelischen Botschafters einnahm. Man hat mir berichtet, sie sei bei ihrem ersten Besuch der Moskauer Synagoge plötzlich von einer großen Menge russischer Juden umringt worden, die erfahren hatten, wer sie war, und ihr eine bewegende Ovation darbrachten. Viele von ihnen knieten vor ihr nieder, weinten und küßten ihr den Rocksaum. Ich habe mir manchmal überlegt, ob zwischen meiner Ausweisung Ende 1952 und der Ausweisung der ganzen israelischen Botschaft (Frau Meir war damals nicht mehr in Moskau) einige Wochen später Anfang 1953 nicht ein Zusammenhang bestanden hatte. Stalin war, wie wir wissen, in seinen letzten Lebensmonaten ein wilder Antisemit (in gewisser Weise war er es auch schon vorher), und die Ausweisung läßt sich vielleicht nur damit erklären. Aber die Ähnlichkeit beider Ereignisse ist auffallend.

Daß der Vorfall der Demonstration am Tage des alliierten Sieges zur Zeit meiner Ernennung zum Botschafter keineswegs vergessen war, geht klar aus der Tatsache hervor, daß er in der wie üblich verzerrten Propagandaversion (siehe erster Band dieser Memoiren, S. 244-245 der amerikanischen Ausgabe) von einem von den Sowjets beauftragten Redner bei einer »Friedensversammlung« in Moskau, nur drei oder vier Tage vor der Überreichung meines Beglaubigungsschreibens, erwähnt wurde.

werde Anfang Oktober stattfinden. Es war klar, daß Stalin sich lange Zeit der Einberufung eines solchen Kongresses widersetzt hatte. Es gab Anzeichen dafür, daß dies in den höheren Rängen des Regimes eine Zeitlang eine delikate und peinliche Frage gewesen war. Daß man Stalin nun dazu gebracht hatte, einer Wahl der Mitglieder und dem Zusammentreten einer solchen Körperschaft zuzustimmen, war schon ein Zeichen dafür, daß die Dinge in den internen Parteiangelegenheiten in Bewegung geraten waren.
Acht Tage darauf veröffentlichte die *Prawda* eine Reihe von »Thesen« für einen Bericht, der auf dem Kongreß über eine vorgeschlagene Revision der Parteistatuten abgegeben werden sollte. Zu den in Aussicht genommenen Neuerungen gehörten einige ganz einschneidende und vernünftige, unter anderem die Abschaffung des Politbüros, an dessen Stelle eine neue Körperschaft mit der Bezeichnung »Präsidium des Zentralkomitees« treten sollte. Besonders verwirrend war die Tatsache, daß diese Thesen von keinem anderen als Nikita Sergejewitsch Chruschtschow unterschrieben worden waren. Man hatte Chruschtschow bisher für das am wenigsten einflußreiche Mitglied des Politbüros und des Sekretariats gehalten. Weshalb war es gerade seine Unterschrift und nicht die eines anderen, mit der dieses bemerkenswerte Dokument gezeichnet war? Offensichtlich gingen jetzt am Busen der Partei eigenartige Dinge vor.

Kurz vor dem für die Eröffnung des neuen Parteikongresses festgesetzten Datum mußte ich nach Westeuropa reisen. Im Zusammenhang mit meiner Depesche über die Auswirkungen der Gründung der NATO auf die sowjetische Führung hatte ich gegenüber dem Ministerium die Hoffnung geäußert, einmal die Gelegenheit zu haben, mit unseren für die NATO zuständigen Leuten die Fragen zu erörtern, die ich in meiner Depesche behandelt hatte. Ob dies nun auf meine Anregung hin oder aus anderen Gründen geschah, das Ministerium berief für die Zeit vom 24. bis zum 27. September eine Konferenz in London ein, an der bestimmte amerikanische Missionschefs teilnehmen sollten, und auch ich wurde eingeladen. Ich verließ Moskau am 19. September, um daran teilzunehmen.
Am Vorabend meiner Abreise kam es jedoch zu einem weiteren Zwischenfall, der die Abneigung, welche auf sowjetischer Seite höheren Orts und besonders bei der Polizei gegen mich gehegt wurde, vielleicht noch erhöht hat. Als ich im Mai nach Moskau gekommen war,

hatte es mich einigermaßen erstaunt, daß das Spaso House kurz vor meinem Eintreffen renoviert worden war, und zwar zu einer Zeit, in der kein amerikanischer Botschafter dort residierte. Die Renovierungsarbeiten waren unter sowjetischer Aufsicht von sowjetischen Handwerkern durchgeführt worden, die das Burobin zur Verfügung gestellt hatte. Amerikanisches Aufsichtspersonal war nicht dabeigewesen. Ich glaube nicht, daß wir das früher zugelassen hätten, als die Angehörigen der Botschaft, die für diese Dinge zuständig waren, noch die Verhältnisse in Rußland besser kannten. Aber jetzt ging es im Außenministerium bürokratischer zu. Die Verwaltung hatte mit den übrigen Abteilungen, die im auswärtigen Dienst arbeiteten, nichts mehr zu tun. Bei der Verwaltung der Botschaft fehlte es uns an Russisch sprechendem Personal, das solche Arbeiten beaufsichtigen konnte, und man hatte die Renovierungsarbeiten unbeaufsichtigt ausführen lassen. Deshalb hatte die sowjetische Polizei freie Hand gehabt, in dem Gebäude Leitungen legen zu lassen, die weniger ästhetischen als politischen Zwecken dienten.

Das Einbauen von Abhörvorrichtungen in ausländischen Botschaften und anderen offiziellen Gebäuden war natürlich schon seit Jahren und auch nach 1930 eine Standardpraktik der sowjetischen Regierung – und nicht nur dieser Regierung – gewesen. Wir hatten es schon seit langem gelernt, damit zu rechnen, daß in Moskau die meisten Wände Ohren hatten, zumindest aber die Wände von Räumen, in denen sich häufig Diplomaten aufhielten. Früher waren wir aber stets von dem Grundsatz ausgegangen, daß man es neugierigen Leuten nicht leichter machen sollte als unbedingt notwendig. Aber gerade das war bei der Renovierung des Hauses geschehen.

In den ersten Monaten nach meiner Ankunft in Moskau konnten wir nichts Ungewöhnliches feststellen. Die Standardmeßinstrumente, mit denen man elektronische Abhörgeräte ortet, zeigten nichts an. Die Wände des alten Gebäudes sahen so glatt und harmlos aus, daß man vermuten mußte, unsere sowjetischen Gastgeber hätten ihre Praktiken entweder grundlegend geändert (wofür es in anderer Hinsicht durchaus keine Anzeichen gab), oder unsere Suchgeräte seien veraltet.

Da wir mit der letzten Möglichkeit rechneten, trafen kurz vor meiner Abreise nach London im September zwei Techniker aus Washington ein, die den Auftrag unserer Regierung hatten, das Spaso House gründlicher und mit technisch moderneren Methoden zu untersuchen.

Nachdem sie einige Tage vergeblich gearbeitet hatten, meinten die Herren, sie würden vielleicht eher etwas finden, wenn ich an einem bestimmten Abend so täte, als wollte ich einen Teil meiner offiziellen Arbeiten hier und nicht in meinem Büro erledigen. Ich hatte keinen Grund, diesem Vorschlag zu widersprechen, und an dem fraglichen Abend bat ich eine Sekretärin zu mir (es war die treue und pflichteifrige Dorothy Hessman, die schon in Washington für mich gearbeitet hatte und die auch in der Folgezeit länger als zehn Jahre meine Sekretärin blieb) und diktierte ihr in dem großen Wohnzimmer im ersten Stock, das auch als Arbeitszimmer zu verwenden war, einen Text, der so klingen sollte, als sei es der Entwurf für eine diplomatische Depesche. Außer für das geschulte Ohr eines Historikers muß der Inhalt meines Diktats auch wirklich so geklungen haben, denn es handelte sich um die wörtliche Wiederholung einer solchen Depesche, die vor Jahren einmal aus Moskau abgegangen und jetzt in der offiziellen diplomatischen Korrespondenz des amerikanischen Außenministeriums veröffentlicht worden war.

Wir hatten Erfolg und machten dabei eine seltsame Entdeckung. Aus irgendeinem Grunde waren meine Familienangehörigen nicht zu Hause, jedenfalls war meine Frau ausgegangen. Ich glaube, außer den Technikern, Miss Hessman und mir befand sich niemand in dem großen Gebäude. Ich leierte mein Diktat herunter, und die Techniker durchsuchten die anderen Räume. Plötzlich erschien einer von ihnen in der Tür des Arbeitszimmers und machte mir durch Zeichen und im Flüsterton verständlich, ich sollte unbedingt weiterdiktieren. Dann verschwand er wieder, kam aber bald in Begleitung seines Kollegen zurück und begann, das Zimmer abzusuchen, in dem wir arbeiteten. Schließlich richtete er seine Aufmerksamkeit auf eine Zimmerecke, wo ein Radiogerät auf einem Tisch stand, über dem an der Wand ein großes holzgeschnitztes Wappen der Vereinigten Staaten hing. Er nahm das Wappen ab und begann zu meiner Verwunderung und Verwirrung, die Ziegelwand an der Stelle aufzuhacken, an der das Wappen gehangen hatte. Als das keine Ergebnisse zeitigte, nahm er das Wappen selbst vor und setzte daran sein Zerstörungswerk fort.

Während ich weiterdiktierte, beobachtete ich fasziniert, aber passiv den ungewöhnlichen Vorgang. Doch in wenigen Augenblicken war alles vorüber. Zitternd vor Erregung zog der Techniker ein kleines Instrument aus dem Inneren des Wappens, das nicht größer war als ein Bleistift, und in dem sich, wie er mir versicherte, ein Aufnahmegerät und ein Sender befanden, die mit Hilfe eines elektronischen Richtstrahls von außen her eingeschaltet werden konnten. Solange das Gerät nicht arbeitete, war es praktisch unmöglich, es zu entdecken. Eingeschaltet wie an jenem Abend registrierte es jedes Geräusch im Zimmer und übertrug es zu einem außerhalb des Hauses aufgestellten Empfangsgerät, das wahrscheinlich in einem Gebäude in der unmittelbaren Umgebung untergebracht war.

Es ist kaum möglich, die eigenartige Stimmung zu schildern, die während dieses Vorgangs in meinem Arbeitszimmer herrschte. Die russische Atmosphäre ist in einer Weise psychisch aufgeladen, wie wir es bei uns nicht kennen. In diesem Augenblick hatten wir alle das Gefühl, es befinde sich ein unsichtbarer Dritter im Zimmer, der aufmerksame Monitor. Man glaubte fast, seinen Atem zu hören. Wir alle waren uns der Tatsache bewußt, Zeugen eines eigenartigen und finsteren Dramas zu sein[3].

Das Abhörgerät wurde natürlich schon an einem der nächsten Tage nach Washington geschickt, und zwar, wenn ich mich recht erinnere, mit demselben Flugzeug der amerikanischen Luftstreitkräfte, mit dem ich zur Konferenz in London nach Westeuropa flog. Es war ein für den damaligen Stand der technischen Entwicklung hochentwickeltes elektronisches Gerät. Ich habe den Eindruck, mit seiner Entdeckung hat die Kunst der zwischenstaatlichen Abhörtechnik ein neues Niveau erreicht.

Am folgenden Morgen war die Atmosphäre im Spaso House aufs

[3] Die Episode hatte auch ihre komische Seite. Als ich im Frühsommer vor der Ankunft meiner Familie allein in dem Gebäude wohnte, hatte ich meine russischen Sprachkenntnisse, besonders meinen Wortschatz und die Aussprache, auffrischen wollen. Da ich keine russischen Gesprächspartner hatte, kam ich auf die Idee, mir allabendlich selbst laut etwas auf Russisch vorzulesen. Um meinen Wortschatz zu vervollständigen, sollte sich meine Lektüre mit aktuellen internationalen Problemen beschäftigen, damit ich lernte, wie man sich heute in Rußland über aktuelle Ereignisse und Einrichtungen ausdrückte. Auf der Suche nach geeignetem Material fiel mein Blick auf die Texte der nach Rußland ausgestrahlten Sendungen der Stimme Amerikas, die mir regelmäßig als Informationsmaterial zugeschickt wurden. Deshalb nahm ich mir oft die außenpolitischen Kommentare aus diesen Manuskripten vor, die energisch und beredsam gegen die sowjetische Außenpolitik polemisierten, und las sie mir in dem Arbeitszimmer, in dem das Abhörgerät installiert war, laut vor. Wie mag das auf meine unsichtbaren Monitoren und diejenigen gewirkt haben, die diese Tonbänder dann abspielten, wenn sie die in perfektem Russisch abgefaßten, anti-sowjetischen Schmähreden hörten, die mitten in der Nacht aus meinem Munde kamen, während ich in meinem Arbeitszimmer saß? Wer konnte mir hier wohl Gesellschaft leisten – oder nahmen sie an, ich machte mich über sie lustig?

äußerste gespannt. Ich hielt es für das Beste, das Zimmer, in dem das Abhörgerät gefunden worden war, nicht mehr zu benutzen und abzuschließen. Die sowjetischen Dienstboten mit ihrer hochempfindlichen Antenne für die jeweilige Stimmung spürten, daß ernste Schwierigkeiten in der Luft lagen, und warfen erschreckte Blicke auf die verschlossene Tür, wenn sie auf dem Korridor daran vorüberkamen, als vermuteten sie, es läge die Leiche eines Ermordeten in dem Zimmer. Die Gesichter der Posten am Tor waren zu starren Grimassen gefroren. Die Luft war so erfüllt von Zorn und Feindschaft, daß man sie mit dem Messer hätte schneiden können.

Ich überlegte mir, ob es richtig gewesen war, mich persönlich an diesem Täuschungsmanöver zu beteiligen. Durfte sich ein Botschafter auf eine solche Komödie einlassen? Oder hätte ich in den Augen meiner Regierung pflichtwidrig gehandelt, wenn ich mich geweigert hätte, es zu tun?

Noch heute weiß ich nicht, welches die richtigen Antworten auf diese Fragen sind. Jedenfalls war der politische Himmel, als ich Rußland verließ, um an der Konferenz in London teilzunehmen, verhangen und düster.

Kurz vor meiner Abreise kam es noch zu einem weiteren kleinen Vorfall, der auch erwähnt werden muß.

Er fand, glaube ich, an einem Sonntag statt, einen oder zwei Tage vor meinem Abflug. Aus irgendeinem Grunde war ich an jenem Nachmittag mit meinem zweijährigen Sohn allein zu Hause. Es war ein schöner Spätsommertag, jedenfalls soweit es die Natur betraf. Der kleine Junge und ich verbrachten einen Teil des Nachmittags im sogenannten »Vorgarten« (es wuchsen hier nur sehr wenige Blumen) zwischen dem Haus und dem hohen, mit scharfen Spitzen bewehrten Eisenzaun, der den Garten vom Bürgersteig und der Straße trennte. Das Kind spielte auf einem kleinen Sandhaufen, den wir hier hatten aufschütten lassen. Ich las in einem Buch.

Der Junge war des Spielens überdrüssig geworden, lief an den Zaun, erfaßte mit seinen kleinen, dicken Fäusten zwei Gitterstäbe und starrte hinaus in die außerhalb des Gartens liegende, weite, halb verbotene Welt. Auch wenn ihm das heute vielleicht peinlich sein wird, muß ich sagen, daß er damals ein niedlicher kleiner Bursche war. Niemand konnte sich seinem Charme entziehen. Ein paar sowjetische Kinder kamen jenseits des Zaunes auf dem Bürgersteig heran, sahen ihn, lächelten ihn an und gaben ihm durch das Gitter einen freundlichen Schubs. Er quietschte vor Vergnügen und erwiderte die Begrüßung. Sehr bald war zum beiderseitigen Vergnügen ein fröhliches Spiel im Gange. Doch jetzt hatten meine Wächter am Haupttor bemerkt, was sich dort tat, sie stürzten heran und verscheuchten die sowjetischen Kinder mit strengen Worten. Sie hatten ja schließlich den Befehl, jeden Kontakt – jede Verbrüderung – zu verhindern.

Das war eine unbedeutende kleine Episode, aber sie ereignete sich am Ende eines schwierigen und nervenaufreibenden Sommers, und an diesem Punkt verließ mich die Geduld, die ich angesichts dieses ganzen bösartigen, ängstlichen, mittelalterlichen Systems der Isolierung noch hatte bewahren können, dem sich der offizielle Vertreter einer ausländischen Macht in Moskau immer noch beugen mußte. Wäre ich der perfekte Botschafter gewesen, dann hätte ich wahrscheinlich diesen Gefühlen nicht nachgegeben, aber ich tat es, und ich konnte die verlorene Haltung nicht so schnell zurückgewinnen.

Ich verließ Moskau wie gesagt am Morgen des 19. September mit dem offiziellen Flugzeug, das die Regierung der Vereinigten Staaten dem Botschafter in Moskau damals für seine Reisen von und nach Rußland zur Verfügung stellte. (Das Flugzeug hatte nicht die Erlaubnis der sowjetischen Behörden, zu irgendeinem anderen Zweck nach Rußland zu fliegen oder in der Zeit zwischen solchen Reisen dort zu bleiben.)

Wie ironisch kann doch das Schicksal manchmal spielen! Als die Maschine sich dem Flugplatz von Berlin-Tempelhof näherte – das war die erste Zwischenlandung im wirklichen »Westen« –, überlegte ich, daß ich dort sicher von Journalisten interviewt werden würde, und ich sagte mir: »Warum bereitest du Dummkopf dich nicht endlich einmal auf eine solche Feuerprobe vor? Warum versuchst du nicht, den Fragen zuvorzukommen und schon mit fertigen Antworten dazustehen?«

Kaum hatte ich das gedacht, ging ich auch schon ans Werk, nahm ein Notizbuch aus der Tasche, überlegte mir einige Fragen, die man an mich richten könnte und schrieb die Antworten hin; nette, diplomatische Antworten, mit denen ich mir keine Blöße gab, über die sich etwas schreiben ließ, und die trotzdem niemandem schaden konnten. Ich besitze immer noch das Notizbuch, das so deutlich beweist, wie sehr der Mensch sich irren kann.

Es war wie vorausgesehen. Die Reporter waren gekommen. Sie stellten die erwarteten Fragen, und ich gab ihnen die vorbereiteten Antworten. Aber dann fragte mich, soweit ich mich erinnere, ein junger Reporter von der Pariser Redaktion der *Herald Tribune*, ob wir an der Botschaft in Moskau viele gesellschaftliche Kontakte mit den Russen hätten. Die Frage ärgerte mich. War der Mann erst gestern zur Welt gekommen? Westliche Diplomaten in Moskau lebten schon mindestens seit zwei Jahrzehnten in völliger Isolation. Wie konnte ein Journalist das nicht wissen? Warum, dachte ich, müssen Redakteure so ahnungslose Leute beauftragen, Botschafter auf Flugplätzen zu interviewen?

»Wissen Sie nicht«, fragte ich zurück, »wie ausländische Diplomaten in Moskau leben?«

»Nein«, antwortete er. »Wie leben sie?«

Ich hätte es natürlich dabei bewenden lassen sollen. Aber in diesem Augenblick stieg in mir die Erinnerung an alle die trüben Erfahrungen auf, die ich in den vergangenen vier Monaten gemacht hatte und die damit geendet hatten, daß die Spielgefährten meines kleinen Sohnes verjagt wurden, damit sie sich in seiner Nähe nicht ansteckten. Da ich mich in Deutschland befand, mußte ich an die fünf Monate denken, die ich 1941/42 als Internierter der Deutschen hier verbracht hatte. Auch damals war das Haus von Polizeiposten umstellt, und jede Verbrüderung war verboten. Auch damals waren Menschen, die etwas mit uns zu tun hatten, in Schwierigkeiten geraten, und das Hauspersonal hatte nur unter den wachsamen und mißtrauischen Augen der Polizei arbeiten dürfen. Auch dort waren wir offiziell »der Feind« gewesen.

»Nun ja«, sagte ich, »im letzten Kriege war ich einige Monate hier in Deutschland interniert. In Moskau werden wir jetzt etwa ebenso behandelt wie damals als Internierte, ausgenommen die Tatsache, daß es uns in Moskau freisteht, auf den Straßen der Stadt unter Bewachung spazierenzugehen.«

Ich erinnere mich ganz schwach daran, daß ich vor dieser Antwort darauf hingewiesen habe, was ich sagen wolle, sei inoffiziell und vertraulich. Ich weiß es jedoch nicht mehr genau. Aber während ich sprach, heulten die Flugzeugmotoren, und wenn ich es überhaupt gesagt habe, dann offenbar nicht laut genug. Ich habe jedenfalls nicht versucht, mich damit zu entschuldigen, sondern habe damals, ebenso wie ich es heute tun muß, die volle Verantwortung für meine Erklärung übernommen. Ob das nun richtig oder falsch und ob meine

Darstellung zutreffend oder unzutreffend gewesen ist, es war im höchsten Grade töricht, so etwas zu sagen.
Ich besitze keine Aufzeichnungen darüber, was ich meinen Kollegen auf der Konferenz in London gesagt habe, wohl aber Entwürfe dafür, was ich sagen *wollte*. Ob das Gesagte dem Entwurf entsprochen hat, weiß ich heute nicht mehr, und das ist auch nicht wichtig. Meine Entwürfe gaben im allgemeinen etwa den Inhalt der aus Moskau an das Ministerium gerichteten Depeschen wieder. Ich wollte aber auch etwas darüber sagen, wie wir mit der sowjetischen Regierung verkehrten. Ich war der Ansicht, wir wüßten nicht genau, was wir im Rahmen der Beziehungen mit diesem Lande erreichen wollten. Einerseits unterhielten wir eine diplomatische Vertretung in Sowjetrußland und behaupteten, ein geordnetes, friedliches, konstruktives Verhältnis zur Sowjetunion anzustreben. Andererseits sprachen wir gar nicht mit den sowjetischen Führern.

> Wir halten sie uns auf Armeslänge vom Leibe und sagen nichts, obwohl ihre Propaganda und ihre offiziellen Erklärungen uns immer wieder berechtigte Anlässe für Beschwerden geben. Wenn wir es mit den diplomatischen Beziehungen zu ihnen ernst meinen, dann sollte ich wenigstens drei- bis viermal wöchentlich im sowjetischen Außenministerium vorsprechen, um mich energisch, lautstark und öffentlich darüber zu beschweren, was sie behaupten, und zu beweisen, daß ihre Behauptungen falsch seien, und meine Beschwerden und Beweise sollten an der Öffentlichkeit zur Kenntnis genommen werden, die registrieren muß, daß ich den Sowjets vorgehalten hätte: »Sie können solche Dinge einfach weder tun noch sagen.« Ich bin nicht sicher, ob das nicht einige Wirkung hätte. Die Sowjets sind eigensinnige und starrköpfige Leute. Um sie zu beeindrucken, muß man sie schelten und hinter ihnen her sein, als seien sie bockige Kinder. Mit der notwendigen Selbstsicherheit, Entschlossenheit und Ausdauer und in der festen Absicht, die eigene Weste sauberzuhalten, um ihnen aus überlegener Position entgegentreten zu können, hätten wir vielleicht die Chance, sie zu beeinflussen oder sie so sehr in Verlegenheit zu bringen, daß sie ihr Verhalten entsprechend modifizieren.
>
> Wenn wir aber alle Hoffnung aufgegeben haben, die »Widerspenstigen zu zähmen«, wenn wir unsere Bemühungen darauf konzen-

trieren, die sowjetische Macht zu untergraben und zu vernichten, dann wären wir, glaube ich, erfolgreicher und zufriedener und hätten freiere Hand, wenn wir weitgehend auf die Farce verzichteten, wir unterhielten normale diplomatische Beziehungen zur sowjetischen Regierung. Ich sage nicht, daß wir die diplomatischen Beziehungen ganz abbrechen oder keine Vertretung in Moskau haben sollten. Ich meine aber, daß unser Botschafter in Moskau in diesem Falle – wenn wir überhaupt einen Botschafter ernennen – normalerweise nicht dort residieren sollte.

Diese vor der Konferenz von mir entworfenen Sätze vermitteln eine Vorstellung von meiner Stimmung vor Beginn des Treffens und kurz bevor mich der schwere Schlag traf, der mich nun erwartete.
Ich hörte natürlich mit großem Interesse, was die anderen Anwesenden sagten, zu denen auch der dienstälteste amerikanische Beamte gehörte, der uns bei der NATO vertrat. Was sie zu sagen hatten, war für mich, wie ich in meinem persönlichen Tagebuch nach Schluß der Sitzung am zweiten Tage notierte, »ein schwerer Schock«. Ich schrieb, ich müsse erkennen, daß meine Depesche über die NATO

auf steinigen Boden gefallen war; daß es hier für die Dinge, über die ich mich schriftlich geäußert hatte, kein Verständnis gibt und auch nicht geben wird; daß die Leute bei der NATO ebenso wie unsere eigenen Militärbehörden von der zwingenden Logik der militärischen Gleichung vollkommen gefangen und darin verloren sind. Von jetzt an würde die Logik sie zwingen, stets das zu tun, was die Wahrscheinlichkeit des Krieges vergrößerte, und sich der Dinge zu enthalten, die geeignet wären, den Krieg zu vermeiden. Man darf ihnen das auch gar nicht übelnehmen. Der Fehler liegt darin, daß die politische Führung es unterlassen hat, klare Leitlinien zu bestimmen ...
Zweitens beunruhigten mich die Erklärungen ... über unsere Deutschlandpolitik im höchsten Maße. Ich hatte gehofft ... es könne allmählich der Zeitpunkt heranrücken, zu dem wir bereit wären, über Verhandlungen nachzudenken, die zur Wiedervereinigung Deutschlands führen könnten, und zwar aufgrund der Möglichkeit eines eventuellen Abzugs der amerikanischen Streitkräfte. Seit 1948 hatte ich dringend empfohlen, wir sollten das zu unserem Ziel erklären und anderen die Bedingungen erläutern, unter

denen wir bereit wären, eine solche Lösung zu erwägen. Das mußten nicht Bedingungen sein, die Deutschland der Sowjetunion auslieferten ... Das Ministerium hatte Vorstellungen dieser Art immer abgelehnt. Ich glaubte, unsere Haltung habe sich jetzt gemildert. Was ich aber auf der Sitzung erfahren habe, zeigt, daß das durchaus nicht der Fall war. Unsere Leute ... setzten ihre Hoffnungen ausschließlich auf die Ratifizierung der Deutschlandverträge und auf die Europäische Verteidigungsgemeinschaft, und sie waren nicht bereit, in absehbarer Zukunft und unter der Voraussetzung einer vernünftigen Übereinkunft mit den Russen an einen Abzug der Streitkräfte der Vereinigten Staaten aus Deutschland zu denken.

Unsere Haltung bedeutet praktisch, daß es keine Vereinbarung mit Rußland geben könne, und die Fortdauer der Spaltung Deutschlands und Europas auf unbestimmte Zeit ... Aber die Spaltung mußte sowohl für uns selbst als auch für unsere Verbündeten immer gefährlicher und beschwerlicher werden, und wenn wir uns nur deshalb in diese peinliche und schwierige Lage gebracht haben, weil wir hofften, sie durch den Zusammenbruch der sowjetischen Macht in Osteuropa überwinden zu können, dann bedeutete dies, daß wir einer Logik gefolgt sind, mit der wir uns ganz den Auffassungen von John Foster Dulles anglichen; daß nämlich der Schwerpunkt unserer Politik bei dem Versuch liegen sollte, die Macht der Kommunisten zu untergraben und zu brechen ... Eine solche Politik ist nach meiner Ansicht zum Scheitern verurteilt oder muß zum Kriege führen.

Ich verließ die Sitzung am zweiten Tage in tief deprimierter Stimmung. In meinem Tagebuch notierte ich, nach Jahren des Widerstandes schiene es mir jetzt zum erstenmal, daß man den Krieg als unvermeidbar oder fast unvermeidbar akzeptieren müsse – daß die einzige Alternative in dem Zusammenbrechen unserer politischen Stellung in Europa läge ...

Und daran zu denken, jetzt nach Moskau zurückkehren zu müssen, weitere Wochen und Monate dort zu leben und dabei der üblen, böswilligen und beleidigenden Propaganda ausgesetzt zu werden, während man erkennt, daß an dieser Propaganda genug Wahres sei (weil wir *tatsächlich* ... der falschen Logik folgten, die so oder so zum Kriege führen mußte) – das scheint mir die bitterste Vorstellung zu sein, die sich ein Vertreter unseres Landes jemals machen könnte.

Wie sich aber herausstellte, entschied das Schicksal die Dinge auf eine andere, wenn auch kaum weniger unangenehme Art. Am Morgen des folgenden Tages, am 26. September, kam die Nachricht, daß die Moskauer Zeitung *Prawda* mich in einem Leitartikel scharf angegriffen hatte. Der Artikel ging von dem Interview aus, das ich auf dem Flugplatz Tempelhof gegeben hatte. Die Zeitung schrieb, ich sei ein Verleumder. Ich hätte »ungeheuerlich gelogen«. Ich sei ein Feind der Sowjetunion. Bezeichnenderweise schloß der Leitartikel mit einer Wiederholung der verzerrten Version einer Darstellung der Demonstration vor unserer Botschaft am Tage des Sieges der Alliierten im Jahre 1945.

Als ich von diesem Angriff erfahren hatte, erreichte meine Stimmung ihren Tiefpunkt. Ich machte mir keine Illusionen über die Folgen. Verbittert schrieb ich in mein Tagebuch: »Was die Regierung der Vereinigten Staaten an einem Tage begonnen hat, hat die sowjetische Regierung am nächsten beendet.« Zwischen beiden Mächten stehend fühlte ich mich hilflos in die Sackgasse getrieben. Ich schrieb, ich sei

> einsamer als ich es mir je hätte vorstellen können ... Nirgends werde ich wahrscheinlich für das, was ich getan habe, volles Verständnis oder volle Unterstützung finden. Es wird wahrscheinlich kein Tribunal geben, vor dem ich mich rechtfertigen kann. Nur von wenigen Freunden darf ich erwarten, daß sie meine Erklärungen jemals ganz verstehen werden. Als ich in diese unmögliche Stellung zwischen den beiden Welten geworfen wurde, hatte ich ein Gebiet betreten, in dem man von niemandem erwarten darf, daß er einem in Gedanken und Vorstellungen folgt. Von jetzt an konnte ich mich nur noch von meinem Gewissen leiten lassen. Das war zwar eine harte, aber nicht unerträgliche Erkenntnis. Aber ich glaube, daß ich in diesem Augenblick jede Spur des Verlangens verloren habe, noch länger als unbedingt notwendig am öffentlichen Leben teilzunehmen.

Angesichts dieses Angriffs konnte ich mir nicht vorstellen, daß meine Rückkehr nach Moskau noch möglich wäre, und ich wollte das auch gar nicht. Wie ich am folgenden Tage meinem Freunde Bohlen schrieb, hielt ich es sogar nicht mehr für richtig, in Moskau noch einen amerikanischen Botschafter zu haben, und wenn es notwendig war, die Stelle auch weiterhin zu besetzen, dann glaubte ich nicht, die geeignete Persönlichkeit zu sein. Dieses Problem wurde jedoch schon sehr bald von der sowjetischen Regierung selbst gelöst. Am Samstag, dem 3. Oktober, wurde mein Stellvertreter an der Botschaft in Moskau, Mr. John M. McSweeney, der in meiner Abwesenheit die Aufgaben des amerikanischen Geschäftsträgers wahrnahm, in das sowjetische Außenministerium gebeten, wo man ihm eine in der dritten Person abgefaßte Note folgenden Inhalts überreichte:

> Wie man weiß, hat der Botschafter der Vereinigten Staaten von Amerika in der UdSSR, Mr. Kennan, am 19. September auf dem Flugplatz Tempelhof in Berlin vor Vertretern der Westberliner Presse und amerikanischen Korrespondenten eine Erklärung abgegeben, in der er in grober Verletzung der allgemein anerkannten Normen des internationalen Rechts verleumderische Angriffe gegen die Sowjetunion gerichtet hat. In dieser Erklärung, die in einer Reihe westdeutscher Zeitungen veröffentlicht wurde, erlaubte sich Mr. Kennan, die Situation der Amerikaner in Moskau mit derjenigen zu vergleichen, die er angeblich selbst erlebt hat, als er 1941–1942 von den Nazis in Deutschland interniert worden war, und hat darin behauptet, daß »wenn die Nazis uns erlaubt hätten, auf der Straße spazierenzugehen, ohne berechtigt zu sein, mit irgendwelchen Deutschen zu sprechen, dann wäre das genau die gleiche Situation gewesen, in der wir heute in Moskau leben müssen«.
>
> Die Erklärung von Mr. Kennan ist völlig falsch und Ausdruck einer feindlichen Haltung gegenüber der Sowjetunion.
>
> Angesichts des Vorangegangenen erachtet es die sowjetische Regierung für notwendig, festzustellen, daß sie Mr. Kennan als *persona non grata* ansieht und auf der sofortigen Abberufung von Mr. Kennan von dem Posten des Botschafters der Vereinigten Staaten von Amerika in der Sowjetunion besteht.

McSweeney fragte, ob man es mir erlauben werde, nach Moskau zurückzukehren, um meine Familie abzuholen. Die Antwort lautete »nein«. Dann fragte er sehr geistesgegenwärtig, ob man es erlauben werde, daß das offizielle amerikanische Flugzeug zurückkäme, um Mrs. Kennan und die Familie des Botschafters abzuholen. Diesem Ersuchen wurde stattgegeben.

Ich war während dieser Zeit in Genf, um meine Tochter Joan Elisabeth zu besuchen, die dort zur Schule ging. Die Nachricht von meiner Ausweisung wurde mir von meiner Regierung noch am gleichen Samstag übermittelt, und zwar noch bevor sie durch das amerikanische Konsulat in Genf veröffentlicht worden war. Ich erhielt nicht die Erlaubnis, sie an Außenstehende weiterzugeben, man warnte mich aber und teilte mir mit, Moskau werde sehr bald eine offizielle Erklärung abgeben. Da ich wußte, daß ich sofort nach Bekanntwerden der Erklärung die ganze Weltpresse auf dem Halse haben würde, und da ich mich vorher etwas beruhigen wollte, verließ ich das Hotel und ging, weil mir nichts anderes einfiel, in ein Kino. Während ich dort im Dunklen saß und versuchte, mir das Ausmaß der Katastrophe klarzumachen, stellte ich zu meinem Ärger fest, daß der verdammte Film mich zu fesseln begann. Ich erinnere mich noch an den inneren Kampf, den ich hier mit mir selbst führen mußte, um mir nicht die törichten Ereignisse auf der Leinwand anzusehen, sondern mir die ganze unglaubliche Realität dessen, was geschehen war, verständlich zu machen.

Das erste Opfer und der einzige Held in dieser Episode war meine Frau. Da sie sich noch in Moskau befand, wurde sie am gleichen Samstagvormittag davon verständigt, was geschehen war, aber auch sie durfte vor der offiziellen Bekanntgabe nicht darüber sprechen. Obwohl sie wußte, daß ihr nur noch wenige Stunden, bestenfalls aber ein oder zwei Tage zur Verfügung standen, um den Haushalt mit etwa 22 Hausangestellten aufzulösen, alles zu packen, sich zu verabschieden und das Haus und das Land zu verlassen, gab sie, ohne nach außen irgendwelche Unruhe zu zeigen, noch ein offizielles Mittagessen, nahm anschließend als Gast an einem diplomatischen Abendessen teil, und zwar ohne durch ein Wort oder einen Blick zu verraten, welche betrüblichen Dinge sie erfahren hatte. Als die Nachricht schließlich veröffentlicht wurde, entledigte sie sich der schwierigen Aufgabe, ihren Haushalt in aller Eile aufzulösen, mit einer Würde und Gelassenheit, die jeder Angehörige der Botschaft und die ganze diplomatische Kolonie nur bewundern konnten. Als sie am 7. Oktober vom Moskauer Flugplatz abflog, wurde sie von den Attachés unserer Streitkräfte – Gott segne sie dafür – verabschiedet, die alle in voller Uniform erschienen waren. Wenn man auch mir gemischte Gefühle entgegenbrachte und hinsichtlich der Gründe für meine Ausweisung verschiedener Ansicht war, weil man wußte, daß ich sehr töricht gehandelt hatte, waren doch die Tränen, die man für meine Frau vergoß, als sie mit den Kindern und unseren dänischen Angestellten das Flugzeug bestieg, echt und die Bewunderung rückhaltlos, die man ihr entgegenbrachte. Ob ich meiner Aufgabe gerecht geworden bin oder nicht, sie hatte sich in jeder Hinsicht bewährt.

Ich mußte jetzt mit den Folgen der Katastrophe fertig werden. Zunächst waren meine Reaktionen verständlicherweise etwas defensiv. Was ich gesagt hatte, war letzten Endes nicht ganz falsch. Ich konnte keinen Grund finden, weshalb ich verpflichtet wäre, der amerikanischen Öffentlichkeit zu verschweigen, unter welchen Bedingungen amerikanische Diplomaten in Moskau arbeiten und leben mußten. Schließlich versuchte ich mich auch davon zu überzeugen, daß man den Vorfall auf dem Flugplatz nur zum Vorwand genommen hatte. Der wirkliche Grund für meine Ausweisung lag tiefer und war für mich viel glaubhafter. Das Verlangen nach meiner Abberufung war am Tage vor Beginn des Parteikongresses ausgesprochen worden. Man fürchtete, das versuchte ich mir einzureden, meine Anwesenheit in der Stadt. Man hatte geglaubt, ich wisse zu viel, und man hatte meinen Einfluß auf die anderen Diplomaten bei der Interpretation der Ereignisse auf dem Kongreß gefürchtet. Man hatte gefürchtet, daß meine Gegenwart gemäßigte Elemente im sowjetischen Parteiapparat ermutigen werde.

Mit solchen und ähnlichen Gedanken versuchte ich zunächst, Öl in die Wunden meines verletzten Ego zu gießen. Aber das war natürlich alles nur gespielte Tapferkeit. Im Herzen war ich durch das, was geschehen war, beschämt und erschüttert, und im Lauf der Jahre habe ich mich immer wieder fragen müssen, war ich der Aufgabe, mit der man mich betraut hatte, wirklich gewachsen?

Ich glaube, die Antwort lautet ja und nein. Ich war ein guter Berichterstatter. Ich *glaube* (welcher Chef weiß das überhaupt wirklich?), daß ich für die Angehörigen der Botschaft ein guter Vorgesetzter war, daß sie mich achteten, gerne unter meiner Leitung arbeiteten und etwas daraus gelernt haben. Obwohl Mr. Acheson viele Jahre später behauptet hat, man habe mich angewiesen, so schweigsam wie möglich zu sein, ist es in meinem Leben nicht oft zu solchen Entgleisungen gekommen. Ich habe eine ganze Reihe von Stellungen bekleidet und übernahm später noch einmal den Posten des Botschafters in Jugoslawien, ohne irgendwann in ähnlicher Weise Porzellan zu zerschlagen.

Ein Teil meiner Schwierigkeiten entstand schließlich, weil ich nicht genau wußte, was meine Regierung von mir erwartete. Ich hätte, als ich nach Moskau ging, zweifellos verstanden haben müssen, daß der Präsident und der Außenminister von mir nur erwarteten, daß ich in der kurzen Zeit bis zu den nächsten Wahlen den Sitz dort warm hielt und daß ich zu diesem Zweck alle Beleidigungen und Peinlichkeiten, die meine Position mit sich brachte, in stoischer Ruhe über mich ergehen ließ, ohne mir den Kopf über politische Probleme zu zerbrechen. Hätte man mir das etwas deutlicher gesagt, dann hätte ich es mir ersparen können, zu viel zu fragen, und man hätte mir geholfen, die ärgerliche Lage, in die ich dort geriet, mit größerem Gleichmut zu ertragen.

Aber selbst wenn man mir solche Instruktionen gegeben hätte, wäre ich wahrscheinlich zu gefühlsbetont, zu phantasievoll, zu empfindsam und zu sehr von der Wichtigkeit meiner eigenen Ansichten überzeugt gewesen, um in dieser Position ganz untätig zu bleiben. Dazu brauchte man ein gewisses Phlegma, man mußte sich mit den Trivialitäten des diplomatischen Lebens abfinden können und bereit sein, widerspruchslos das konventionelle Denken Washingtons zu akzeptieren – und keine unnötigen Fragen zu stellen –, und ich besaß keine dieser Eigenschaften in ausreichendem Maße.

Da dies alles so war, darf man, glaube ich, mit Recht sagen, daß ich für die Aufgabe, die man mir übertragen hatte, nicht ganz geeignet war. Die Art und Weise, wie sich das schließlich zeigte, war schmerzlich, und die Erinnerung daran bleibt es bis heute. Wenn ich jedoch überlege, daß es Teil eines Wandlungsprozesses in meinem Leben war, den ich nie bedauert habe, den ich jedoch auch nie auf eigene Initiative in Bewegung gesetzt hätte, dann erkenne ich, daß ich gegen diese Schicksalswende nicht allzu sehr protestieren darf. Gottes Wege sind wirklich unergründlich. Wer bin ich, daß ich sagen dürfte, ich hätte es besser gemacht?

VIII

Im Ruhestand

Am 7. Oktober, drei Tage nachdem bekannt geworden war, daß ich in Moskau unerwünscht sei, holte ich meine Frau, die sich in einer so schwierigen Lage hatte bewähren müssen, und die kleinen Kinder auf dem Flugplatz in Köln ab. Ich hatte die Anweisung erhalten, zunächst am Sitz unseres Hochkommissars in Bad Godesberg zu bleiben. Die Präsidentschaftswahlen des Jahres 1952 sollten bereits in einem Monat stattfinden. Der Präsident und Mr. Acheson waren zu dem Schluß gekommen, daß es nicht wünschenswert wäre, wenn ich noch vor den Wahlen in die Vereinigten Staaten zurückkehrte. Ich konnte mir nicht vorstellen, welche Gefahren mein Aufenthalt im Lande für die Demokratische Partei heraufbeschworen hätte, und auch heute kann ich es mir kaum vorstellen. Aber ich war durch das, was ich erlebt hatte, gründlich gedemütigt und nicht in der Stimmung, mich zu streiten. Der Hochkommissar, es war der verstorbene Mr. Walter Donnelly, stellte uns in dem offiziellen amerikanischen Ghetto eine hübsche Wohnung zur Verfügung. In dieser getreuen und rührenden Nachbildung einer Vorstadt aus dem Mittleren Westen, deren ostentativer Amerikanismus den dort arbeitenden Amerikanern angeblich so wohl tat, blieben wir bis nach den Wahlen und dem Triumph der Republikanischen Partei.

Die Wochen in Bad Godesberg stellten ein relativ glückliches Zwischenspiel zwischen den unglücklichen Monaten in Moskau und einer nicht viel weniger von Sorgen erfüllten Zeit dar, die jetzt vor uns lag. Sowenig mich die Art und Weise freute, auf die ich meine Freiheit wiedergewonnen hatte, war ich doch im stillen froh, meine Amtszeit in Moskau beendet zu haben. Ich war gern wieder in Deutschland, wo ich schon manches Jahr meines Lebens zugebracht hatte. Ich unternahm ausgedehnte Spaziergänge auf der Uferstraße am Rhein und freute mich immer wieder an dem Anblick des enormen Schiffs-

verkehrs, den ich auf dem Fluß beobachtete. Es lag etwas Beruhigendes in dem mächtigen und stetigen Rhythmus des Stroms und in der Art und Weise, wie ihn sich die Menschen nutzbar machten.
Da ich viel freie Zeit hatte, verwendete ich einen großen Teil davon auf die sorgfältige Analyse des sogenannten »Stalinpapiers« über Wirtschaftsfragen. Das war eine Sammlung von Aufsätzen, die von Stalin gezeichnet am Vorabend des Parteikongresses gerade zu der Zeit, als ich Moskau verlassen hatte, in der Moskauer Zeitschrift *Bolschewik* erschienen waren. Ich glaubte nicht, daß Stalin selbst diese Monographie geschrieben hatte (heute mehren sich die Hinweise darauf, daß sie nicht von ihm verfaßt worden ist). Aber ich versuchte, mich in die Gedanken und die Stimmung eines politischen Führers zu versetzen, der, wie er es bewiesen hatte, bereit war, die Verantwortung dafür zu übernehmen. Meine ausführliche Studie ist heute angesichts der Tatsache, daß wir nun wissen, daß Stalin nur noch vier Monate zu leben hatte, eine interessante Lektüre. Ich kam zu dem Schluß, daß die in diesem Dokument vertretenen Thesen in gewisser Weise senile Auffassungen darstellten – sie entsprachen der Mentalität eines rasch alternden Mannes, der die Fähigkeit verloren hatte, zu lernen und zu vergessen. Das Regime in Moskau war, wie ich am Schluß der Analyse schrieb,

> die Regierung eines alten Mannes. Sicherlich rücksichtslos und grausam, aber ohne Verständnis für die tieferen Erfahrungen der eigenen, von dieser Regierung beherrschten Völker lebte sie in ihrer Vergangenheit und war entschlossen, nur Vorstellungen aus früherer Zeit gelten zu lassen und zu verwirklichen. Auch wenn das gegen jede Logik verstieß, war es eine Regierung, die Veränderungen berücksichtigen mußte, aber die Evolution der menschlichen Gesellschaft mißachtete, da sie gerade die Gesellschaft vernichtete, in der die Evolution hätte stattfinden können.

Es freute mich, als eine Gruppe deutscher Ärzte einige Monate später nach dem Studium der medizinischen Berichte über die letzte Krankheit Stalins in einer Analyse seines vermutlichen Geisteszustandes in den letzten Lebensmonaten fast wörtlich zu den gleichen Schlüssen kam.
Wenige Tage nach den Wahlen, als eine Demokratische Partei, der es jetzt nicht mehr peinlich sein konnte, meiner Anwesenheit in den

Vereinigten Staaten endlich zustimmte, reiste meine Familie im Privatzug des Hochkommissars nach Bremerhaven und schiffte sich auf dem alten amerikanischen Schiff *Republic* nach New York ein.
Ich gehörte damals natürlich offiziell noch zu den aktiven Beamten des Außenministeriums und mußte mich in Washington melden, um eine neue Aufgabe zugewiesen zu bekommen. Wir hatten jedoch in Washington keine Wohnung, und es war klar, daß die scheidende Regierung Truman, die nur noch wenige Wochen im Amt bleiben würde, mir wahrscheinlich keinen neuen Posten mehr übertragen wollte. Meine Frau, die beiden Kinder, das dänische Kindermädchen und ich zogen daher auf unsere Farm in Südpennsylvania, etwa 130 Kilometer nördlich von Washington, um dort die Entscheidung der Regierung abzuwarten, was mit mir geschehen sollte. Ich fuhr sofort nach unserer Ankunft nach Washington und stattete dem scheidenden Präsidenten und dem Außenminister Höflichkeitsbesuche ab. Beide waren zuvorkommend und freundlich, aber es war klar, daß keiner von ihnen sich besonders dafür interessierte, was jetzt aus mir werden sollte, ja nicht einmal dafür, was ich aus Rußland zu berichten hatte. Beide hatten den gewissen abwesenden Blick von Männern, die wissen, daß in Kürze eine schwere Verantwortung von ihnen genommen sein werde, und die schadenfroh die schwierigsten Probleme denen überließen, die an ihre Stelle treten sollten. Die Frage nach meiner Zukunft wurde nicht einmal erwähnt. Man nahm stillschweigend an, die neue Regierung werde sie beantworten müssen.
Ich kannte sowohl den neu gewählten Präsidenten, General Eisenhower, als auch den als Außenminister vorgesehenen Mr. John Foster Dulles recht gut. Ich erwartete mit einiger Sicherheit, einer von ihnen oder beide würden sich vor ihrer Amtseinführung mit mir in Verbindung setzen, und wir würden die Gelegenheit haben, über die Fragen der Neubesetzung der Botschaft in Moskau und meine Zukunft zu sprechen. Aber die Wochen vergingen, und ich hörte nichts von ihnen. Ich selbst war wiederum zu stolz und, wie üblich, zu schüchtern, um den ersten Schritt zu tun.
So lebte ich weiter auf der Farm. Weihnachten kam und ging. Glücklicherweise traf mein Gehalt weiter pünktlich ein, aber kein Wort aus Washington, nichts über meinen gegenwärtigen Status und nichts über die Zukunft. Niemand zeigte irgendwelches Interesse daran, die Hintergründe und die Bedeutung dessen mit mir zu besprechen, was

mir in Rußland geschehen war. Jedesmal, wenn ich ins Außenministerium kam, vermieden es Freunde und Kollegen ostentativ und bezeichnenderweise, mit mir über meine Ausweisung aus Rußland zu sprechen. Man behandelte mich mit der besonderen Höflichkeit und Zuvorkommenheit, die einem Manne gezeigt werden, der sich einen gesellschaftlichen Fauxpas geleistet hat, der zu schlimm war, als daß man ihn erwähnen könnte. Außerdem versuchte niemand, mit mir die Verhältnisse in Rußland zu erörtern, einem Lande, das ich eben verlassen hatte und über das ich angeblich etwas wußte. Es war, als sei mein objektives Urteil irgendwie zugleich mit mir selbst in Mißkredit geraten.

Inzwischen hatte ich eine Einladung erhalten, am 16. Januar, d. h. vier Tage vor der Amtseinführung der neuen Regierung, einen Vortrag auf der Jahresversammlung der Anwaltskammer von Pennsylvania in Scranton zu halten. Da ich keinen Grund hatte, abzusagen, nahm ich die Einladung an. Dann entwarf ich meinen Vortrag. Angesichts der Tatsache, daß ich erst kürzlich in offizieller Mission in Moskau gewesen war und dies die einzige öffentliche Erklärung sein würde, die ich zu dem Thema unserer Beziehungen zur Sowjetunion abgeben würde, solange ich offiziell noch amerikanischer Botschafter in diesem Lande war, maß ich diesem Thema natürlich eine gewisse Bedeutung zu und glaubte, mein Vortrag werde eine konstruktive Behandlung der Probleme sein, die sich aus diesen Beziehungen ergaben. Da ich noch immer aktiver Angehöriger des Außenministeriums war, legte ich den Text des Vortrags dem Ministerium in der üblichen Weise zur Genehmigung vor, die ich erhielt, ohne daß irgendwelche Einwände erhoben wurden. Am 16. Januar kam ich verabredungsgemäß nach Scranton und hielt den Vortrag.

Ich begann mit dem Versuch, die tieferen Hintergründe unseres Konflikts mit der Sowjetmacht aufzuzeigen. Sie lagen nach meiner Ansicht in erster Linie in den ideologischen Vorurteilen der sowjetischen Führer und besonders in der Vorstellung, daß es eine unversöhnliche Feindschaft zwischen der bürgerlichen und der sozialistischen Welt gäbe, Vorstellungen, die sich in ihrem Bewußtsein festgesetzt hatten. Dann wandte ich mich den verschiedenen Auffassungen darüber zu, wie wir auf diese Haltung reagieren könnten und sollten. Ich erklärte, weshalb die Politik, die Sowjetunion völlig zu ignorieren, der die letzten republikanischen Regierungen in den Jahren 1921–1933 gefolgt waren, nicht mehr denkbar sei. Ich wies darauf hin, was an der von vielen Menschen während des letzten Krieges gehegten Idee falsch sei, die Dinge könnten in Ordnung gebracht werden, wenn wir guten Willen zeigten, den sowjetischen Führern »Vertrauen« schenkten und hofften, sie würden auf unsere Zugeständnisse und Gunstbezeigungen im gleichen Sinne reagieren. Ich erklärte, weshalb ich auch glaubte, wir müßten jeden Gedanken an einen Krieg zur Lösung dieses Problems aufgeben. Dann wandte ich mich den Empfehlungen zu, die besagten, wir sollten das Problem dadurch zu lösen versuchen, daß wir auf den Sturz der verschiedenen kommunistischen Regime hinarbeiteten. Wörtlich sagte ich:

> Schließlich gibt es noch diejenigen, die auf die angeblich so unglückliche Lage der von den Sowjets beherrschten Völker hinweisen und eine Politik empfehlen, bei der wir unsere Hoffnungen auf die Möglichkeit eines inneren Zerfalls der sowjetischen Macht setzen sollen, und bei der es das Ziel unserer Regierung wäre, einen solchen Zerfall zu fördern.
>
> Meine Herren, es ist richtig, daß einzelne Amerikaner für ihre Überzeugungen einstehen und alles tun sollen, damit diese Überzeugungen auch anderswo verstanden und geachtet werden. Ich unterschätze nicht die beispielgebende Kraft der Freiheit im Kampf der politischen Ideen. Ich hoffe, sie wird immer auf unserer Seite sein. Ich glaube, mit der Zeit und im Lauf der Entwicklungen wird sich die Stärke der Freiheit erweisen, und ich glaube, die Machenschaften des totalitären Despotismus werden am Ende eine selbstzerstörerische Wirkung haben.
>
> Aber ich würde außerordentlich vorsichtig sein, wenn auf Regierungsebene etwas unternommen werden soll, was das Regierungssystem in einem anderen Lande direkt beeinflussen könnte, gleichgültig wie sehr wir dazu provoziert werden. Das entspräche nicht unseren internationalen Verpflichtungen. Die gemeinsame Mitgliedschaft mit anderen Ländern bei den Vereinten Nationen ließe sich nicht damit vereinbaren. Es ließe sich nicht damit in Einklang bringen, daß wir offizielle diplomatische Beziehungen zu einem anderen Lande unterhalten. In einem solchen Fall gäbe es zahlreiche Möglichkeiten für Mißverständnisse und gegenseitige Verbitterung. Je erfolgreicher diese Politik wäre, eine desto schwerere Verantwortung würde sie uns auferlegen. Schließlich wären die Aussichten auf Erfolg sehr gering, denn das Problem des zivilen

Gehorsams ist für den modernen diktatorisch regierten Polizeistaat kein großes Problem.
Lassen Sie uns unter allen Umständen stolz auf unsere Einrichtungen und auf unsere politischen Ideale sein; lassen Sie uns alles tun, um dadurch für sie zu werben, daß wir sie im eigenen Lande erfolgreich praktizieren; lassen Sie uns unter keinen Umständen zu Verbündeten und Garanten des Despotismus irgendwo auf der Welt werden; aber darüber hinaus dürfen wir uns nicht festlegen.

Ich schloß meine Ausführungen mit dem heute bekannten Abschnitt aus einer Rede von John Quincy Adams (die ich selbst vor einigen Jahren aus seinem zwar veröffentlichten, aber inzwischen in Vergessenheit geratenen Nachlaß ausgegraben habe), in dem er sagt, daß Amerika jedem die Freiheit und Unabhängigkeit wünscht, sie aber nur im eigenen Lande aufrechterhält und schützt.
Im übrigen beschäftigte sich mein Vortrag vor allem mit der Notwendigkeit, hier zu Hause einig zu sein, besonders angesichts der zu dieser Zeit grassierenden anti-kommunistischen Hysterie. Zu dieser Frage werde ich weiter unten mehr zu sagen haben.
Die *New York Times,* die schon damals alles Nebensächliche veröffentlichte, was ich zu sagen hatte, aber jede wichtige Aussage verschwieg (sie sollte das auch in Zukunft noch lange tun), erwähnte den Vortrag in Scranton überhaupt nicht, wenigstens nicht in der Ausgabe, die ich in die Hand bekam. Aber die *Washington Post* sah die Sache anders an. Die Zeitung erschien am folgenden Tage zu meiner großen Überraschung und Verwirrung mit einem Artikel von meinem guten Freund Ferdinand Kuhn auf der Titelseite mit der Schlagzeile: »Politik von Dulles ›gefährlich‹, sagt Kennan.« (Das Wort »gefährlich« war in dem betreffenden Teil meines Vortrags nicht enthalten, und auch Mr. Dulles war nicht erwähnt worden.) Mr. Kuhn schrieb:

»George Kennan, der wahrscheinlich bedeutendste Rußlandexperte der Regierung, erhob gestern abend seine warnende Stimme gegen die Politik von John Foster Dulles, der die Befreiung der unterdrückten Völker in Europa und Asien unterstützen will.
In einem Vortrag vor der Anwaltskammer von Pennsylvania zeigte der ehemalige Botschafter in Moskau, daß er mit der Haltung des neuen Außenministers Dulles nicht einverstanden ist.

Dulles hatte dem außenpolitischen Senatsausschuß am Donnerstag gesagt, die Regierung müsse ›moralischen Druck und das Gewicht der Propaganda‹ zur Wirkung bringen, um den sowjetischen Einfluß bei den Satellitenvölkern zu schwächen.
Kennan behauptete andererseits, ein solcher Kurs sei gefährlich.«

Dann zitierte der Artikel einige Passagen aus meinem Vortrag und fuhr fort:

»Aber durch seinen heftigen Angriff gegen einen politischen Lieblingsgrundsatz von Dulles stellte Kennan seine Zukunft unter Dulles im Außenministerium erneut in Frage.«

Ein ähnlicher Artikel aus der Feder von John M. Hightower erschien am folgenden Tage im *Washington Star*. Man bezeichnete die angeblichen Differenzen hier als »einen offenen Bruch im Hinblick auf die gegenüber Rußland und seinen Satellitenstaaten zu verfolgende Politik zwischen dem künftigen Außenminister ... und dem führenden Fachmann des Außenministeriums für auswärtige Angelegenheiten«.
Vorsichtig ausgedrückt war ich durch diese Reaktion der Presse schockiert und überrascht. Mir war es in Wirklichkeit gar nicht klar, daß zwischen den Auffassungen von Mr. Dulles und meinen Ansichten zu diesem Thema irgendwelche größeren Unterschiede bestanden, und ich hatte nicht an ihn gedacht, als ich meine Erklärungen abgab. Mir war die Sache sehr unangenehm. Er sollte in drei Tagen in sein Amt eingeführt werden. Nichts hatte mir ferner gelegen, als ihn am Vorabend der Übernahme seiner neuen Pflichten der öffentlichen Kritik auszusetzen.
Wie gewöhnlich war meine Reaktion zu heftig. Zutiefst erschreckt fuhr ich sofort nach Washington, um zu sehen, wie man die Lage noch retten könnte. Mr. Dulles war nicht da. Niemand konnte mir sagen, wo ich ihn finden würde. Ich schrieb daher an meinen Freund H. Freeman Matthews, der damals stellvertretender Unterstaatssekretär war, und bat ihn, meinen Brief Mr. Dulles nach dessen Rückkehr zu zeigen. In meinem Schreiben wies ich darauf hin, daß

1) mein Vortrag als meine »erste, letzte und einzige ausführliche Erklärung über die sowjetisch-amerikanischen Beziehungen während meiner Amtszeit als Botschafter bei der UdSSR« gedacht war;

2) der Vortrag geschrieben und an die Presse weitergegeben worden sei, bevor ich etwas über die Erklärung von Mr. Dulles vor dem außenpolitischen Ausschuß erfahren hätte;
3) ich keinen wesentlichen Unterschied zwischen unseren Auffassungen bemerkt und nicht an ihn gedacht hätte, als ich von »gewissen Redakteuren, Abgeordneten, professionellen Propagandisten für Minderheitengruppen« usw. sprach, und
4) ich absichtlich für eine öffentliche Erklärung zu diesem Thema einen Zeitpunkt vor der Amtseinführung gewählt hätte, »damit die neue Regierung für die zum Ausdruck gekommenen Auffassungen auf keinen Fall verantwortlich gemacht werden kann«.

Aufs äußerste beunruhigt bei dem Gedanken, daß ich, ohne es zu wollen, den neuen Außenminister in Verlegenheit gebracht hatte, deutete ich in meinem Brief an, daß ich bereit sei, in den Ruhestand zu gehen, wenn dies erforderlich sei, um die Scharte auszuwetzen. Leider sagte ich – ob nun aus falschem Stolz oder aus irgendeinem anderen Grund, den ich heute nicht mehr nennen kann – nicht deutlich genug, welches meine Motive waren. Ich sagte, es sei mein Wunsch, mich in das Privatleben zurückzuziehen, sobald ich das früheste Pensionierungsalter erreicht hätte. Das würde in etwa einem Jahr der Fall sein. Bis dahin wäre ich gern bereit, jede meinem Rang im Ministerium entsprechende Aufgabe zu übernehmen. Außerdem bot ich an, eine öffentliche Erklärung des Inhalts abzugeben, daß ich nicht geglaubt hätte, zwischen Mr. Dulles und mir bestünden wesentliche Meinungsverschiedenheiten zu dem fraglichen Thema.
Ich erhielt keine Antwort auf diesen Brief und hatte sogar wochenlang den Eindruck, daß Mr. Dulles ihn gar nicht gesehen hätte. Er bat mich jedoch am dritten Tage nach seiner Amtsübernahme zusammen mit seinem Pressesekretär Mr. Carl McCardle zu sich. Dabei versuchte ich, ihm eine Erklärung zu geben. Er hörte zu, ohne selbst Stellung zu nehmen. Das Ergebnis war, daß der offizielle Sprecher des Außenministeriums, Mr. McDermott, am gleichen Nachmittag eine Presseerklärung abgab, in der es hieß, der Vortrag in Scranton sei »von Mr. Kennan entworfen und auf dem Dienstweg vom Außenministerium genehmigt worden. Der Presse ist er übergeben worden, bevor Mr. Dulles vor dem außenpolitischen Senatsausschuß erschien, und stand daher in keiner Beziehung zu dem Inhalt der Ausführungen von Mr. Dulles.« McDermott fügte hinzu,

ich hätte mit dem Außenminister gesprochen, und der letztere habe ausdrücklich erklärt, »er betrachte den Vorfall als abgeschlossen«.
Damit war die Angelegenheit wenigstens offiziell erledigt. Über meine Zukunft war jedoch nichts gesagt worden. Wieder vergingen Wochen, ohne daß ich etwas aus Washington hörte. Der Februar ging vorüber. Die Wildtauben kehrten zur Farm zurück – wie alljährlich als erste Frühlingsboten. Der unheilverkündende Monat März kam heran (wie ich festgestellt habe, ist der März für mein persönliches Schicksal immer ungünstig gewesen), und fünf Monate waren vergangen, seit ich einer regelmäßigen Arbeit nachgegangen war, aber noch immer hatte ich von der Regierung nichts über meine Zukunft gehört. Heute weiß ich, daß ich damals für die Leute ein ziemliches Problem gewesen bin. Die Presse hatte zu diesem Thema wiederholt Vermutungen geäußert. Nach der *New York Times* war ich einmal zum Missionschef in Kairo, dann zum Botschafter in der Schweiz und schließlich zum Botschafter in Jugoslawien ernannt worden. Ich las diese Berichte mit großem Interesse, aber sie wurden nicht bestätigt. Schließlich brachte die *New York Times* am 13. März einen Bericht, in dem es hieß, von »höherer Stelle in der Regierung« sei zu erfahren, daß ich in naher Zukunft meinen Abschied nehmen werde; aber auch darüber hörte ich nichts aus Washington.
Dieses letzte Ereignis zwang Mr. Dulles augenscheinlich, etwas zu unternehmen. Er rief mich noch am gleichen Tage nach Washington, bat mich in sein Büro und sprach endlich über meine Zukunft. Ganz unzeremoniell und ohne lange Vorrede erklärte er mir schlicht, er habe für mich im Ministerium oder im auswärtigen Dienst »keine Nische« gefunden. Er fürchte Schwierigkeiten bei meiner Bestätigung für den Fall einer Ernennung zu einem Posten, die vom Senat bestätigt werden müßte. Er glaube, es lohne sich nicht, solche Schwierigkeiten für einen weniger wichtigen Posten zu riskieren. Das bedeutete natürlich, daß er nicht gewillt war, mich an einen wichtigen Posten zu stellen.
Ich war zu sehr vor den Kopf geschlagen, um das Gespräch noch fortsetzen zu wollen, und erklärte mich bereit, aus dem Staatsdienst auszuscheiden. Ich warnte ihn jedoch (mit den Worten, die ich anschließend sofort in einer Aktennotiz festhielt) und sagte, »ich werde die Tatsache, daß mir keine Position angeboten worden sei, weder vor meinen Freunden noch vor der Öffentlichkeit verschweigen können«.

Nachdem der Minister diese Entscheidung getroffen hatte, war es nach meiner Ansicht seine Sache, zu bestimmen, wie sie bekanntgegeben werden sollte. Ich hatte schließlich nicht abgelehnt, meine Dienste weiter zur Verfügung zu stellen. Deshalb unternahm ich nichts und wartete auf die Veröffentlichung. Aber er hatte andere Vorstellungen. Wochen vergingen, aber es wurde nichts bekannt. Ich lebte weiter auf der Farm. Aber die Ungewißheit ging mir auf die Nerven. Es wurde mir immer peinlicher, die Fragen von Freunden und Journalisten zu beantworten. Im März erfuhr ich aus der Presse von der Ernennung, Bestätigung und Vereidigung meines Nachfolgers in Moskau, Charles Bohlen. Danach war ich jetzt nicht mehr Botschafter in Moskau. Aber was war ich?

Anfang April fuhr ich nach Washington, um mir Klarheit zu verschaffen. Am Vormittag des 7. April empfing mich Mr. Dulles. Wieder erklärte ich ihm, wenn ich der Regierung an wichtiger Stelle dienen könne, dann würde ich es nicht ablehnen, wenn das auch gewisse persönliche Opfer fordern sollte. Ich wünschte aber nicht nur irgendeinen beliebigen Posten, »damit für mich gesorgt sei«. Er sagte, er hoffe, ich würde der Regierung auch weiterhin meine Dienste zur Verfügung stellen, aber nicht mehr als Beamter des Außenministeriums. Er hoffe sehr, ich werde eine Stellung als Beamter des Nachrichtendienstes CIA annehmen, die mir sein Bruder Allen freundlicherweise schon vor längerer Zeit angeboten hatte. Ich war aber schon entschlossen, das nicht zu tun. Wenn ich dort nicht gewünscht wurde, wo ich aufgewachsen war und hingehörte, im Außenministerium, dann wollte ich auch keinen anderen Posten. Das sagte ich ihm auch.

Damit war die Angelegenheit erledigt. Am folgenden Nachmittag verlas Mr. McCardle auf der regulären Pressekonferenz des Ministeriums eine Erklärung folgenden Wortlauts:

> Mr. Kennan erwartet, sich in naher Zukunft aus dem auswärtigen Dienst zurückzuziehen und zu seiner privaten Tätigkeit auf dem akademischen Gebiet zurückzukehren. Er hofft, es werde sich ermöglichen lassen, daß er nach seinem Ausscheiden der Regierung noch als regulärer Berater zur Verfügung steht.
>
> Diese Pläne sind das Ergebnis von Gesprächen zwischen ihm und dem Minister und entsprechen den Vorstellungen beider Herren.

Dazu muß gesagt werden, daß nach den gesetzlichen Bestimmungen für den auswärtigen Dienst jeder, der im Rang eines Botschafters stand und, nachdem er einen Botschafterposten verlassen hatte, nicht innerhalb von drei Monaten einen neuen Posten erhielt, automatisch in den Ruhestand ging. Diese Bestimmung, die offensichtlich in der Absicht erlassen worden war, es neuen Präsidenten und Außenministern zu ermöglichen, sich schmerzlos von ungeeigneten oder aus anderen Gründen unerwünschten Botschaftern zu trennen, war – soweit mir bekannt – bisher noch niemals angewendet worden. Unter diesen Umständen konnte sie, das war mir klar, nun auf mich angewendet werden.

Wenn ich heute auf dieses verwirrende Tauziehen zwischen Mr. Dulles und mir zurückblicke, bei dem er entschlossen war, mich zu einem freiwilligen Rücktritt zu bewegen oder zu seinem Bruder abzuschieben, ich aber ebenso entschlossen verlangte, daß er vor der Öffentlichkeit die Verantwortung dafür übernahm, daß er mir keinen neuen Posten angeboten hatte, dann scheint es mir, als habe die Sache mit einem Unentschieden geendet, und als sei dabei schließlich beiden Parteien Gerechtigkeit widerfahren.

Mr. Dulles wollte auf meine Mitarbeit verzichten. Er wußte sehr wohl, daß er, was er auch öffentlich sagen mochte, in Wirklichkeit in der bevorstehenden Amtsperiode etwa die politische Linie gegenüber der Sowjetunion würde verfolgen müssen, die oft mit meinem Namen in Verbindung gebracht worden war. Aber er wollte auf keinen Fall, daß dies nach außenhin und besonders in den Augen der Angehörigen des rechten Flügels der Republikanischen Partei so erschien. Er fürchtete, wenn ich irgendwo noch mit ins Bild käme, würde man ihn als das ausführende Organ meiner politischen Vorstellungen bezeichnen. Deshalb wollte er mich loswerden, und das gelang ihm auch.

Doch das bedeutete nicht, daß er keinen Preis dafür zahlen mußte. Die Zeitungen sprachen im allgemeinen recht freundlich von mir und behaupteten, sie bedauerten mein Ausscheiden. Dabei bezeichneten sie mich als Opfer der Parteipolitik. Auf einer Karikatur, die in mehreren Zeitungen abgedruckt wurde, saß Mr. Dulles auf einem Elefanten, um allein in den undurchdringlichen Dschungel der Außenpolitik zu reiten, während er einen betrübten Kennan einsam hinter sich zurückließ. Die Unterschrift lautete: »Ausgerechnet an diesem Punkt entläßt er seinen Führer.« Ich vermute jedoch, daß Mr. Dulles es trotzdem für richtig hielt – ja selbst um diesen Preis.

Was mich betrifft, so waren meine Wünsche zugegebenermaßen unklar und zum Teil widersprachen sie einander. Ich war in der Lage eines Mannes, der eigentlich gar nicht an der Party teilnehmen will, aber darauf besteht, eingeladen zu werden. Ich hätte mir eine angenehmere Art gewünscht, meine im großen und ganzen erfolgreiche und achtbare Karriere im auswärtigen Dienst zu beenden. Es war nicht leicht zu erleben, daß man selbst der erste war, der gemäß einer gesetzlichen Bestimmung verabschiedet wurde, die es der Regierung erlauben sollte, ungeeignete Botschafter loszuwerden. Andererseits hatte ich für mein törichtes Verhalten auf dem Flugplatz in Berlin eine gewisse Strafe verdient. Unter Mr. Dulles wäre ich in jeder Stellung recht unglücklich gewesen, und zwar nicht so sehr wegen der Unterschiedlichkeit unserer politischen Auffassungen (sie wäre wahrscheinlich kaum größer gewesen als die Meinungsverschiedenheiten, die ich mit den Herren Truman und Acheson gehabt hatte), sondern wegen der unglaublichen, zur Erhöhung der inneren Sicherheit von dieser Regierung im Ministerium und im auswärtigen Dienst unter dem Druck der McCarthy-Hysterie beim rechten Flügel der Republikaner eingeführten Maßnahmen. Schließlich gab mir die Pensionierung in so jungen Jahren nicht nur eine gewisse finanzielle Unabhängigkeit, wie ich sie vorher noch niemals gehabt hatte, sondern sie ermöglichte es mir auch, mich jetzt in erster Linie mit wissenschaftlichen Arbeiten zu beschäftigen und die Wissenschaft zu meinem Beruf zu machen, und zwar in einem Alter, in dem ich noch lernen und mich auf diesem neuen Tätigkeitsfeld bewähren konnte – eine Notwendigkeit, die ich nie bedauert habe. Wenn ich auf diese Entwicklung mit dem Abstand von zwei Jahrzehnten zurückblicke, dann sehe ich, daß das Schicksal wie so oft in den härtesten Augenblicken des Lebens gerechter mit mir verfahren ist, als ich es damals in meiner Eitelkeit und Kurzsichtigkeit selbst getan hätte, wenn die äußeren Umstände es mir erlaubt hätten, die Dinge nach meinen eigenen Vorstellungen zu gestalten.
Und doch war es mit der Unsicherheit, die er mit sich brachte, und den Schlägen, die mein empfindsames Ego ertragen mußte, ein quälender Winter. Wenn er sich dennoch ertragen ließ, dann lag es daran, daß Mr. Dulles und ich uns nicht trennten, ohne daß es zu einigen ironischen kleinen Begebenheiten kam. An die folgenden erinnere ich mich auch heute noch sehr lebhaft.
So denke ich vor allem noch daran, wie Mr. Dulles am 14. März,

nachdem er mir mitgeteilt hatte, daß meine Karriere im auswärtigen Dienst beendet sei, seine Ansichten über die Umstände erläuterte, die den kürzlichen Tod Stalins begleitet hatten, und mich dann nach meiner Meinung fragte. Ich nahm mich zusammen so gut es ging und sagte, was ich zu diesem Thema zu sagen hatte. »Das ist sehr interessant«, meinte er und fügte nach kurzem Nachdenken hinzu: »Wissen Sie, Sie können sehr interessant über diese Dinge sprechen. Das können nur sehr wenige Menschen. Ich hoffe, Sie werden von Zeit zu Zeit herkommen und uns wissen lassen, wie Sie die weitere Entwicklung beurteilen.« Am gleichen Abend erzählte ich es meiner Frau und sagte, es sei so gewesen, als hätte ich ihr zugemutet, sich heute von mir scheiden zu lassen, aber dann gesagt: »Ich wünsche eine strikte Trennung von Tisch und Bett, aber deine Rühreier schmecken mir so gut. Vielleicht könntest du so freundlich sein, mir bevor du gehst noch welche zu machen.«

Am nächsten Tage, d. h. unmittelbar nachdem Mr. Dulles erklärt hatte, er befürchte Schwierigkeiten bei der Bestätigung für den Fall meiner Ernennung zu einem Posten, die vom Senat gebilligt werden müsse, erreichte mich auf der Farm die Nachricht, daß Senator Ferguson von Michigan, den ich noch nicht kannte, mich zu sprechen wünschte. Senator Ferguson gehörte dem konservativen Flügel der Republikanischen Partei im Senat an und war Mitglied des außenpolitischen Senatsausschusses. Ich konnte mir nicht vorstellen, welches Thema er mit mir behandeln wollte, fuhr nach Washington und stellte fest, daß er wissen wollte, ob ich es für richtig hielte, daß er der Ernennung Bohlens als meines Nachfolgers in Moskau zustimmte. Als ich ihm gesagt hatte, Bohlen müsse unter allen Umständen bestätigt werden (und bei der Abstimmung gab er ihm dann auch seine Stimme), fragte er mich, was ich auf meiner Farm in Pennsylvania täte. Ich konnte der Versuchung nicht widerstehen, ihm zu sagen, Mr. Dulles hätte mir mitgeteilt, es sei unmöglich, mich dem Senat für einen diplomatischen Posten vorzuschlagen, weil er fürchte, es könne Schwierigkeiten bei der Bestätigung meiner Ernennung geben. Darauf antwortete der Senator: »Ja, zum Teufel, es würde überhaupt keine Schwierigkeiten machen, Ihre Ernennung zu bestätigen.«

Als es am 7. April schließlich um die Frage ging, die Presseerklärung zu formulieren, mit der mein Ausscheiden aus dem aktiven Dienst bekanntgegeben werden sollte, wußte der Pressesprecher des Außenministeriums, Mr. McCardle, nicht recht, wie das geschehen sollte. Mir war zumute wie einem Menschen, von dem man verlangt, er solle sein eigenes Todesurteil schreiben. Ich ging zum Essen, nahm ein Stück Papier und entwarf am Mittagstisch den Text einer Presseverlautbarung. Nach dem Essen kam ich zurück und zeigte McCardle den Entwurf. Ich erinnere mich noch sehr deutlich an seine Reaktion. Er meinte großzügig: »Aber Herr Botschafter, das ist elegant. Das hätte ich nicht schreiben können.«

Eine ernstere Angelegenheit war die folgende. Wenn Präsident Eisenhower die wahren Umstände meiner Entlassung kannte, was man bezweifeln darf, dann hat er sich das nie anmerken lassen (Ende des Jahres schrieb er mir einen herzlichen Brief, in dem er meinen Entschluß, mich pensionieren zu lassen, ausdrücklich bedauerte und mir die üblichen freundlichen Dinge sagte), aber im späten Frühjahr 1953, während ich darauf wartete, daß die drei Monate dauernde Gnadenfrist zu Ende ging, war ich erstaunt und amüsiert, von ihm den Befehl zu erhalten, ich möge mich im Weißen Haus melden, um im Verlauf des Sommers mit Angehörigen seines Stabes an einem streng geheimen und wichtigen Projekt mit dem Decknamen *Solarium Exercise* zu arbeiten. Dieses Unternehmen ist später sowohl in der Presse als auch in der zeitgeschichtlichen Literatur erwähnt worden, aber ich weiß nicht genau, wieviel ich darüber sagen darf. Es genügt daher zu wissen, daß der Zweck der Übung darin bestand, die verschiedenen Alternativen zu untersuchen, die der amerikanischen Politik in den folgenden Jahren gegenüber der Sowjetunion offenstanden. Auf Anweisung des Präsidenten sollte ich eine der drei Arbeitsgruppen leiten, die im Verlauf der Übung im Wettbewerb gegeneinander verschiedene Lösungen ausarbeiten mußten. Tag für Tag schufteten wir in der hochsommerlichen Hitze im Kellergeschoß des National War College, wo ich vor sieben Jahren die ersten politischen Lehrgänge für Offiziere der Streitkräfte abgehalten hatte. Nach Beendigung der Übung gewann das von meiner Gruppe erarbeitete Konzept die Zustimmung des Präsidenten. Das hatte die ironische Folge, daß ich eines schönen Tages im Spätsommer in einem Raum im Kellergeschoß des Weißen Hauses auf einem Podium stand und vor dem ganzen Kabinett und anderen höheren Regierungsbeamten einen Vortrag über die logischen Zusammenhänge und schwierigen Probleme der Rußlandpolitik hielt, die, wie man beschlossen hatte, die Regierung jetzt verfolgen sollte. Zu meinen Füßen saß in der ersten Reihe still und bescheiden, aber nach außen respektvoll, John Foster Dulles und ließ sich von mir belehren. Wenn er im März seinen Triumph erlebt hatte, als er mich loswurde, hatte ich im August meine Revanche, als ich ihn unausweichlich auf meine politischen Grundsätze festlegte.

Nachdem ich das alles gesagt habe, sollte ich vielleicht ein Wort darüber anfügen, wie ich Mr. Dulles als Staatsmann beurteile, damit keine falschen Eindrücke entstehen.

Von allen während der Zeit nach dem Kriege bei uns im öffentlichen Leben stehenden Männern, die als Kandidaten für die Stellung des Außenministers genannt worden sind, hat es keinen gegeben, der mehr nach dieser Position gestrebt hat (was nicht zu seinem Nachteil ausgelegt werden darf), und keinen, der aufgrund seines Wissens und seiner Erfahrungen besser dafür geeignet war als John Foster Dulles. Sein Interesse für die Außenpolitik und in mancher Beziehung auch seine Erfahrungen auf diesem Gebiet umfaßten den ganzen Zeitraum von dreißig Jahren nach der Friedenskonferenz von Paris. Berücksichtigt man sein Temperament und seine Familientradition, dann versteht man sein Interesse noch besser. Seine juristische Ausbildung hatte ihn zu einem sehr geschickten Unterhändler gemacht. Er war in seinen Taktiken ungewöhnlich flexibel, man könnte auch sagen verschlagen. Bedenkt man, daß er außerdem über ein fundiertes historisches Verständnis verfügte und die internationale Szene gut kannte, dann wird man erkennen, daß die amerikanische Außenpolitik während seiner Amtszeit als Außenminister in mancher Hinsicht in den besten Händen lag.

Aus den reichen Erfahrungen, die er selbst und wahrscheinlich auch sein Onkel, Außenminister Robert Lansing, mit Woodrow Wilson bei der Friedenskonferenz in Paris gemacht hatten, wußte Foster Dulles genau, wie sehr ein Außenminister, wenn er mit seiner Politik Erfolg haben wollte, von der Zustimmung des Senats abhängig war, und tat alles, um sich ihrer zu versichern. Mit fast übertriebener Sorgfalt bemühte er sich darum, den Senat auf seine Seite zu ziehen. Seiner übermäßigen Rücksichtnahme auf die Meinung der Senatoren entsprach, wie das fast nicht anders sein konnte, ein gewisser Mangel an Rücksicht auf die Gefühle und Meinungen derjenigen, von denen er glaubte, sie könnten auf seine Schirmherren im Senat keinen wesentlichen Einfluß haben, und dazu gehörten seine Untergebenen im Ministerium, aber gelegentlich auch die ihm gleichgestellten Diplomaten. So erwarb er sich den Ruf, besonders im Umgang mit Untergebenen kalt und rücksichtslos zu sein. Ich glaube, es wäre richtiger zu sagen, daß er sie unpersönlich behandelte. Das war an sich noch kein Fehler. Auch General George Marshall war bei der Behandlung seiner Untergebenen im Außenministerium reserviert gewesen. Der Unterschied in der Haltung der beiden Männer lag in der Motivation, und auch dies war ein ganz subtiler Unterschied. Die Reserviertheit des Generals war Ausdruck seines strengen Pflichtgefühls und in geringem Maß seines persönlichen Ehrgeizes, der bei keinem Menschen ganz fehlt. Im Falle von Mr. Dulles kehrten sich die Proportionen bei der Mischung dieser beiden Motive ins Gegenteil um. Es war für alle Beteiligten ein Unglück, daß er gerade zu der Zeit Außenminister war, als die Republikaner die Mehrheit im Senat hatten und unter dem Einfluß der von ihnen selbst erfundenen und kultivierten Mythen verlangten, daß im Außenministerium als eine Art Selbstrechtfertigung Opfer gebracht würden. Hätte es dort keine Opfer gegeben, dann hätte man daraus schließen können, daß der ganze Rachefeldzug ungerechtfertigt sei. Ein warmherzigerer Mann als Mr. Dulles, der über reichere Erfahrungen in einer Berufsorganisation verfügt hätte, wäre vielleicht eher geneigt gewesen, gegenüber Untergebenen loyal zu sein, und hätte einem solchen Druck härteren Widerstand entgegengesetzt. Wenn sich jedoch bei Mr. Dulles jemals solche Gefühle geregt haben sollten, dann fielen sie allzu leicht seiner Überzeugung zum Opfer, es sei von größter Wichtigkeit, die Senatoren zu beschwichtigen, und ich glaube, viele von uns haben ihn in diesem Punkt besonders scharf kritisiert. Er galt als frommer Mann, aber obwohl ich ebenso wie er Presbyterianer bin, habe ich keine Anzeichen dafür entdecken können, solange er das Außenministerium verwaltete.

Mit seiner politischen Linie war ich zum Teil einverstanden, zum Teil aber auch nicht. Die Unterschiede zwischen seiner Politik und derjenigen der Truman-Regierung lagen weniger in der Substanz als im rhetorischen Ausdruck und Stil. Mir lag beides nicht, aber gegen die Politik als solche hatte ich nicht mehr einzuwenden als gegen diejenige der vorigen Regierung. Im Hinblick auf die Kernwaffen und die Deutschland- und Japanpolitik war ich anderer Ansicht als Mr. Dulles, aber meine Meinungsverschiedenheiten mit Mr. Acheson waren in diesen Punkten nicht weniger groß gewesen. Unter Dulles spielten die militärischen Gesichtspunkte in der Politik gegenüber der

Sowjetunion keine viel größere Rolle als während der letzten beiden Jahre der Amtszeit des Präsidenten Truman. Ich hielt es für beschämend und nicht vertretbar, wie Mr. Dulles die normalen kollegialen Beziehungen zu den Briten vernachlässigte, und ich bin noch heute der Ansicht, daß die anglo-amerikanischen Beziehungen zur Zeit der Suezkrise, abgesehen von der wirklich tragischen Lähmung, welche die Politik der Westmächte dadurch während des Aufstandes in Ungarn erfuhr, einen Tiefpunkt in der Gesamtentwicklung der amerikanischen Politik nach dem Kriege darstellten.

Wenn ich daher meine Ansichten über Mr. Dulles als Außenminister zusammenfassen soll, dann muß ich sagen, seine Schwächen lagen mehr im persönlichen als im intellektuellen oder beruflichen Bereich. Sie ergaben sich weniger daraus, daß er andere ablehnte oder ihnen übel gesonnen war als vielmehr aus seiner Interesselosigkeit und daraus, daß er menschlich keinen Anteil an ihnen nahm. Er neigte dazu, die Ausübung seines hohen Amtes zu sehr auf den Intellekt und zu wenig auf das Persönliche zu gründen. Ob er sich bewußt war, welchen Preis er deshalb im Hinblick auf die Haltung anderer zahlen mußte, kann ich nicht wissen. Ich vermute, er hätte diesen Preis nicht für zu hoch gehalten, wenn er ihn zu den Zielen, die er erreichen wollte, in Beziehung gesetzt hätte.

Dwight Eisenhower besaß persönliche Qualitäten, die denen seines Außenministers in vieler Hinsicht gerade entgegengesetzt waren, und es war viel schwieriger, ihn zu durchschauen. Er war und bleibt im Licht der Geschichte eine der undurchsichtigsten Persönlichkeiten im öffentlichen Leben Amerikas. Wenige Amerikaner sind jemals mit größerer Verantwortung und mehr Kommandogewalt ausgestattet gewesen als er, und wenige haben mehr Abneigung dagegen bekundet, weitreichende Vollmachten zu übernehmen. Seine Auffassungen vom Amt des Präsidenten glichen eher denen des traditionellen europäischen Staatsoberhaupts als denen eines Präsidenten seines Landes. Was seine Amtsführung als Präsident und seine Einstellung zu diesem Amt betrifft – d. h. die Vorstellung, daß der Präsident als höchste ausgleichende Instanz über der Tagespolitik stehend Menschen miteinander versöhnt, sie zusammenbringt, ihnen hilft, zur Übereinstimmung zu kommen und ihre Härten zu mildern sucht –, wäre er ein ausgezeichneter Monarch gewesen. Er verkörperte in seiner Persönlichkeit, in seiner Haltung und Erscheinung alles, was sich die Amerikaner gerne als ihre nationalen Tugenden vorstellen. Er

war Amerikas Pfadfinder Nummer eins. Kein Monarch hat jemals besser die Kunst beherrscht, jedem Versuch eines zufälligen Besuchers, mit ihm über ein wichtiges politisches Thema zu sprechen, in charmanter und verwirrender Weise auszuweichen.
Man erzählt sich von ihm – und wahrscheinlich war das richtig –, er habe nie etwas gelesen, was er nicht unbedingt lesen mußte. Seine Freizeitbeschäftigungen, für die er immer reichlich Zeit zu haben schien, waren gesund, deuteten aber kaum auf ernste intellektuelle Interessen hin. Ich habe ihn manchmal im Verdacht gehabt, er sei – wie viele pensionierte Offiziere, die ihr ganzes Leben in der Armee zugebracht haben – im Zivilleben gesellschaftlich völlig hilflos gewesen. Er besaß in den Vereinigten Staaten kein richtiges Zuhause, keinen Ort, an dem er sich zur Ruhe setzen konnte. Es gab keine Straße, an der er unter normalen Umständen hätte leben können. In der Gegend von Gettysburg, wo er eine Farm gekauft hatte, wurde er geachtet, aber er wurde nie zu einem wirklichen Mitglied des Gemeinwesens. Da er das angenehme Leben eines höheren Offiziers gewohnt war, verbrachte er die meiste Zeit nach seiner Pensionierung in der Gesellschaft und gemäß den Gewohnheiten reicher Geschäftsleute, die viel Geld ausgaben, als wisse er nicht, wohin er sich sonst wenden sollte. Er reiste in teure Kurorte, spielte auf berühmten Golfplätzen Golf und besuchte luxuriöse Klubs. Er war es gewöhnt, Macht auszuüben, und diese Leute schienen die Attribute der Macht zu haben. Man fühlte sich in ihrer Gesellschaft wohl. In dieser ungeschickten Auswahl des gesellschaftlichen Milieus lag, so schien es mir, immer eine gewisse Hilflosigkeit, die einem leid tun mußte.
Aus all diesen Gründen neigten gewisse Kreise dazu, Dwight Eisenhower als einen intellektuell und politisch oberflächlichen Menschen anzusehen, den der Zufall und die traditionelle Vorliebe des amerikanischen Wählers für die Uniform auf den Gipfel des politischen Lebens in Amerika gehoben hatten. Dieser Eindruck war ganz falsch. In Wirklichkeit besaß er einen scharfen politischen Verstand und ein klares Urteil, besonders in außenpolitischen Fragen. Ob er sein Verständnis wirksam genutzt hat, ist eine andere Frage, aber er besaß es. Wenn er von solchen Dingen im engsten offiziellen Kreise ernsthaft sprach, äußerte er in seinem eigenartigen militärischen Jargon, mit dem er seine Gedanken auszudrücken und zu verbergen pflegte, immer wieder Auffassungen, die davon zeugten, wie klar er die jeweilige Lage durchschaute. Im Begreifen der Realitäten der

Weltpolitik stand er turmhoch über dem Niveau der Mitglieder seines Kabinetts und seiner offiziellen Berater (aber das erforderte zugegebenermaßen nicht viel). Eine Ausnahme bildete vielleicht Foster Dulles, aber selbst ihm war Eisenhower keineswegs unterlegen.
Seine Schwierigkeiten lagen nicht darin, daß es ihm an Intelligenz gemangelt hätte, sondern darin, daß er nicht bereit war, sie außer bei den seltensten Gelegenheiten einzusetzen. Ob diese seltsame Kombination von Eigenschaften – das Widerstreben gegen die Ausübung von Autorität, das intellektuelle Ausweichen, die Abneigung dagegen, außer im Rahmen hochoffizieller Regierungsgeschäfte über ernste Dinge zu sprechen, die Neigung, sich in die trivialsten sportlichen Betätigungen zu flüchten – sich damit erklären ließe, daß er faul war, sich unterschätzte oder glaubte, auf diese Weise die Rolle des Präsidenten am besten zu spielen, weiß ich nicht. Es ist jedoch mein Eindruck, daß er ein Mann war, der in dem hohen Amt, das er bekleidete, bedeutend mehr hätte leisten können.

Diese Bemerkungen werden vielleicht zeigen, daß ich 1953 den Abschied vom auswärtigen Dienst, den ich diesen Männern zu verdanken hatte, nicht hingenommen habe, weil ich die führenden Politiker der neuen Regierung irgendwie gering schätzte. Ich bin jedoch überzeugt, daß dieser Abschied für uns alle das Beste gewesen ist. Für mich wäre es nicht leicht gewesen, die besondere »positive Loyalität« aufzubringen, die Mr. Dulles von seinen Untergebenen verlangte und die dem unabhängigen Denken und Fragen auf unterer Ebene so entschieden abträglich war. Und am schwierigsten wären, wie wir bald sehen werden, die Gewissenskrisen gewesen, unter denen ich sicher wegen der Einführung der neuen, von der Regierung angeordneten Bestimmungen für die »innere Sicherheit« gelitten hätte. Höchstwahrscheinlich hätte ich mich ohnedies bald verpflichtet gefühlt, meinen Abschied zu nehmen, um gegen gewisse Maßnahmen auf diesem Gebiet zu protestieren, und das hätte die Differenzen im Hinblick auf außenpolitische Fragen verschleiert und nicht geklärt, die mich in jenen Jahren nicht nur von dieser Regierung, sondern vom ganzen herrschenden Establishment des politischen Lebens in Amerika trennten.

Ich bin von meinem Bericht über mein Ausscheiden aus der Regierung etwas abgekommen. Was bleibt, ist bald erzählt.

Die vorgeschriebene dreimonatige Gnadenfrist – oder wenn man will Galgenfrist – begann Mitte März mit der Beendigung meines Status als Botschafter in Moskau. Während einiger dieser Wochen arbeitete ich freiwillig mit einer Reihe von Regierungsexperten auf unterer Ebene, die sich damals mit einer Untersuchung des politischen Hintergrundes von Stalins Tod beschäftigten. Das erforderte meine Anwesenheit in Washington. Man fand irgendwo in dem großen neuen Gebäude des Außenministeriums einen leeren Schreibtisch für mich.

Im Juni kam dann auch endlich der Tag heran, an dem die drei Monate vorüber waren und ich offiziell meinen Abschied nahm. Ich beschäftigte mich an diesem Vormittag im Ministerium damit, meine persönlichen Papiere zu ordnen und dafür zu sorgen, daß ich die mir zustehende Pension bekam. Am frühen Nachmittag war ich mit allem fertig und zur Abreise bereit.

Ich dachte mir, wenn jemand nach siebenundzwanzig Dienstjahren eine große Organisation verläßt, dann müsse es doch einen Menschen geben, von dem er sich verabschieden könnte. Ich hatte zum Außenministerium etwas mehr als nur lockere Beziehungen gehabt und war im auswärtigen Dienst schneller befördert worden als jeder andere Angehörige meiner Generation. In den zwei aufregenden Jahren der Verwirklichung des Marshallplans und der Rettung Europas hatte ich ein Amtszimmer direkt neben dem des Außenministers innegehabt. Nur drei Jahre zuvor war ich Kanzler des Ministeriums und Präsident der American Foreign Service Association gewesen.

Im Geist ließ ich meinen Blick umherschweifen, um jemanden zu finden, von dem ich mich verabschieden könnte. Zuerst fiel mir niemand ein. Die Freunde, die ich während meines ersten Aufenthalts in Moskau gewonnen hatte, waren entweder aus dem auswärtigen Dienst ausgeschieden oder saßen auf Posten im Ausland. Die Kreaturen von Mr. Dulles hatten in ihren Säuberungsaktionen zur Besänftigung der Rachsucht bestimmter Kreise im Kongreß gründliche und schnelle Arbeit geleistet. Überall sah man neue Gesichter, und viele von ihnen waren reserviert, gleichgültig, bestenfalls kühl und höflich und etwas drohend. Aber ich suchte weiter. Ich dachte, es müsse sich in diesem großen Hause, in dieser Behörde, die siebenundzwanzig Jahre der Mittelpunkt meines beruflichen Lebens gewesen war, doch irgendein Mensch finden lassen, von dem ich bei dieser Gelegenheit Abschied nehmen könnte.

Plötzlich ging mir ein Licht auf. Im fünften Stock saß Mrs. Mary Butler im Empfang und bewachte die Zugänge zu den Amtszimmern des Ministers und seiner ranghöheren Mitarbeiter. Sie stammte aus den Südstaaten und war die ideale Vertreterin ihrer Heimat; schön, höflich, warmherzig und tüchtig. In den Jahren, als ich Chef des Planungsstabes gewesen war, hatten mich ihr hübsches Gesicht und ihr freundlicher Gruß an manchem Vormittag ermutigt und für die vor mir liegenden Anstrengungen gestärkt. Überraschenderweise hatte sie die auf die Amtsübernahme von Mr. Dulles folgende Säuberung überlebt. Ich kannte sie nicht wirklich gut, aber ich wußte, es würde sie interessieren zu erfahren, daß ich das Ministerium jetzt endgültig verließ, und vielleicht würde sie es sogar bedauern.

Ich ging deshalb hinauf und verabschiedete mich von ihr. Dann nahm ich die Aktentasche, die meine persönlichen Papiere enthielt, ging zu meinem Wagen und fuhr zum letztenmal über die vertrauten, gewundenen Nebenstraßen von Mittelmaryland nach Norden auf die Farm. Wieder hatte ich – wie damals, als ich vor drei Jahren nach Princeton kam – das Gefühl, das mich auch diesmal täuschte, der wichtigste Teil meines Lebens sei vorüber, es bliebe mir nichts Wesentliches mehr zu tun, und ich hätte jetzt genügend Zeit für meine privaten Interessen.

Als ich ankam, war niemand zu Hause. Meine Familienangehörigen waren für den Nachmittag fortgefahren. Ohne auch nur die Koffer aus dem Wagen zu nehmen, ging ich um das Haus herum, setzte mich auf die offene Veranda und blieb dort eine oder zwei Stunden sitzen. Während ich über die Felder unterhalb des Hauses weit nach Osten blickte, versuchte ich, Bilanz zu ziehen und darüber nachzudenken, was der Wechsel bedeutete, den dieser Tag in mein Leben gebracht hatte.

Es gab viel Stoff zum Nachdenken, aber ich wußte, ein anderer würde das Gleichgewicht zwischen Gerechtigkeit und Ungerechtigkeit, Versäumnissen und Leistungen wieder herstellen müssen, wenn das überhaupt je geschehen konnte. Ich selbst war dazu nicht in der Lage und bin es auch heute noch nicht.

IX

Das Phänomen der McCarthy-Hysterie

Die im vorigen Kapitel berichteten Umstände meiner allmählichen Loslösung von den Regierungsgeschäften in der Zeit von 1950 bis 1953 waren, soweit es mich und damit mein Urteilsvermögen, meine Leistungsfähigkeit und meine Eignung für den öffentlichen Dienst betraf, in gewisser Weise ernüchternd und desillusionierend, und sie hätten es noch mehr sein sollen. Das hätte jedenfalls schon genügt, mir die Zukunft als schwierig erscheinen zu lassen. Aber die dadurch verursachte innere Anspannung erhöhte sich noch durch die Tatsache, daß es parallel zu diesen Entwicklungen noch zu anderen Belastungen kam, die ebenfalls ernüchternd und desillusionierend wirkten; diesmal aber nicht im Hinblick auf mein persönliches Schicksal, sondern auf die Regierung, der ich jetzt ein Vierteljahrhundert gedient hatte, und auf die Gesellschaft, welche diese Regierung vertrat und deren Abbild sie war. Ich meine das Auftreten der eigenartigen Welle politischer Rachsucht und Massenhysterie, die unter dem Begriff »McCarthyismus« bekanntgeworden ist, und meine persönliche Rolle dabei.

Ich habe dieses Wort in Anführungszeichen gesetzt, weil es nur unzureichend ausdrückt, was es sagen soll. Worum es hier ging, das war ein Phänomen, das schon existierte, bevor Senator Joseph McCarthy in das Licht der Öffentlichkeit rückte; und es überlebte sein plötzliches und ruhmloses Verschwinden. McCarthy war die Kreatur dieses Phänomens und nicht sein Erzeuger. Es war, wie ich schon sagte, in gewisser Weise eine Welle – eine Welle des Gefühls und der Reaktion, die viele Menschen zu spüren bekamen, und Joe McCarthy, der sich in besonderer Weise (vielleicht zu seinem Unglück) von Natur für ein solches Abenteuer eignete, schwamm eine Zeitlang unbekümmert und übermütig auf dem übelriechenden, von dieser Welle bewegten Wasser umher und trug einmal dazu bei, daß sie sich erhob, um sie dann wieder zu besänftigen. Es ist schade, daß diese Episode im politischen Leben Amerikas mit seinem Namen verbunden bleibt. Sie verdiente eine umfassendere, weniger enge Bezeichnung.

Daß Mitglieder oder Agenten (bewußte oder unbewußte) der amerikanischen Kommunistischen Partei Ende der 1930er Jahre die amerikanischen Regierungsbehörden unterwandert hatten, war nicht nur eine Wahnvorstellung der hysterischen Rechtsextremisten eines späteren Jahrzehnts. Angeregt und erleichtert durch die Auswirkungen der Depression, besonders auf die jüngeren Angehörigen der Intelligenz, war das wirklich geschehen und nahm Proportionen an, die – wenn auch nicht übermäßig – so doch nicht unbedeutend waren.
Diejenigen von uns, die der amerikanischen Botschaft in Moskau oder der Rußlandabteilung des Außenministeriums angehörten, waren sich dieser Umstände wohl bewußt – und zwar früher und deutlicher als die meisten unserer Mitbürger. Aufgrund der Gegebenheiten in unserem Arbeitsbereich war das für uns besser erkennbar als für andere. Unsere Anstrengungen, amerikanische Interessen gegenüber der sowjetischen Regierung durchzusetzen, gerieten an zahlreichen Stellen in Konflikt mit Einflüssen, zu denen diese Unterwanderung geführt hatte, und auch die persönliche Situation einzelner Mitarbeiter wurde dadurch beeinflußt[1]. Wir ließen uns deshalb von niemandem von unserer Überzeugung abbringen, daß dies ein Zustand sei, der in Ordnung gebracht werden mußte.
Es trifft auch zu, daß die Regierung Roosevelt nur sehr langsam auf diese Situation reagierte und versuchte, sie zu korrigieren. Warnungen, die man hätte beachten sollen, stießen auf taube Ohren oder wurden nicht geglaubt.
Die Lage besserte sich Ende 1939 und 1940 zum Teil und vorübergehend als Folge des nationalsozialistisch-sowjetischen Nichtangriffspaktes, der viele liberale Amerikaner veranlaßte, sich von den sowjetischen Führern und ihrer amerikanischen Gefolgschaft in der Kommunistischen Partei abzuwenden. Als wir aber Mitte 1941 im Krieg gegen Hitler auf der gleichen Seite kämpften wie die Sowjetunion, war der durch den Nichtangriffspakt ausgelöste Schock bald

[1] Wir vermuteten z. B., daß die plötzliche Auflösung der alten Rußlandabteilung im Außenministerium 1937 die Folge, wenn nicht einer direkten kommunistischen Unterwanderung, so doch wenigstens eines ungesunden Ausmaßes kommunistischen Einflusses auf höherer Ebene bei der Regierung Roosevelt war.

vergessen, und soweit ich das aus den mir bekannten Unterlagen beurteilen kann, hatte die Unterwanderung gegen Ende des Krieges bedenkliche Ausmaße angenommen. Wahrscheinlich war die Lage ernster als je zuvor, besonders in den im Kriege in aller Eile neu geschaffenen Behörden – den Besatzungsbehörden in Deutschland und Japan und in bestimmten Regierungsämtern, die sich normalerweise größtenteils mit innenpolitischen Fragen beschäftigen und es nicht gewöhnt sind, auf Fragen der nationalen Sicherheit Rücksicht zu nehmen.

Die kommunistische Unterwanderung im Außenministerium war sogar während des Krieges weniger stark, obwohl durchaus vorhanden. Ich habe aber niemals Grund gehabt zu vermuten, daß sie Dimensionen angenommen hätte, die zu einer entschiedenen Beeinflussung der Formulierung politischer Grundsätze auf höherer Ebene geführt hätten. Der Einfluß der Kommunisten verstärkte sich mit Sicherheit unmittelbar nach dem Kriege, als gewisse für Kriegszwecke geschaffene Behörden aufgelöst und ihre Angehörigen zum Teil, ohne überprüft worden zu sein, vom Außenministerium übernommen wurden. Dieser Entwicklung trat man jedoch schon recht bald dadurch entgegen, daß man die Sicherheitsbestimmungen erheblich verschärfte. Der auswärtige Dienst selbst war im Unterschied zum Außenministerium eine disziplinierte Berufsorganisation, und wenn man hineinkommen wollte, mußte man die in den letzten Jahren eingeführten strengen Prüfungen bestehen. Deshalb hat die Unterwanderung durch ausländische Agenten hier nie ein wesentliches Problem dargestellt.

1947, als ich ins Außenministerium kam, war dieses Problem – wie es mir damals schien und auch heute noch scheint – auf dem Wege, ausgeschaltet zu werden, soweit das überhaupt möglich ist. Zum Teil war dies die Folge der schärferen Sicherheitsbestimmungen, zum Teil läßt es sich vielleicht auf die Tatsache zurückführen, daß viele, die sich bisher für Freunde und Anhänger der sowjetischen Führung gehalten hatten, veranlaßt wurden, zu zweifeln und ihre Haltung zu revidieren, je mehr es sich herausstellte, wie brutal und undemokratisch die sowjetischen Truppen und Behörden sich in ganz Ost- und Mitteleuropa verhalten hatten, wie sich die sowjetische Geheimpolizei in vielen Fällen ausländischer Kommunisten für Spionagezwecke bedient hatte und wie sehr sich der politische Konflikt zwischen der Sowjetunion und den Vereinigten Staaten verschärfte – ein

Konflikt, der bedeutete, daß es nicht mehr möglich war, ein Anhänger der sowjetischen Führung zu sein, ohne sich in eine illoyale Opposition gegen die eigene Regierung zu begeben. Angesichts all dieser Entwicklungen gewann ich Ende der 1940er Jahre den Eindruck, daß die kommunistische Unterwanderung, wie bedeutend sie auch in früheren Jahren gewesen sein mochte und welche Bedeutung sie auch heute noch im Rahmen der militärischen Spionage hatte, im Hinblick auf ihren Einfluß auf die amerikanische Außenpolitik kein ernstes Problem mehr war.

Unter solchen Voraussetzungen bemerkte ich mit Erstaunen und, ohne es zunächst glauben zu wollen, in den Jahren 1948 und 1949 die sich steigernde Heftigkeit der Angriffe, die nun wegen dieser Dinge gegen die Regierung gerichtet wurden. Selbst unter Berücksichtigung der offensichtlichen innenpolitischen Motive dafür, daß man ein Problem in den Vordergrund rückte, welches einem viele Möglichkeiten bot, die Regierung in eine peinliche Lage zu bringen, schien es mir, daß diese Angriffe, die eine schwindende Gefahr gewaltig übertrieben und zugleich mit wenigen unehrenhaften Persönlichkeiten viele ehrenwerte Menschen in Mißkredit brachten, nicht nur ungerechtfertigt, sondern auch irreführend und destruktiv waren.

Wenn ich von diesen Dingen spreche, dann würde ich gewiß den ernst zu nehmenden und verantwortlichen Menschen nicht gerecht werden, die sich diesen Angriffen anschlossen, wenn ich nicht auch den Fall Hiss heranzöge, durch den ihr Verdacht genährt und auch bestätigt worden ist.

Ich habe damals die Entwicklung dieses Falles mit reservierter und skeptischer Verwunderung beobachtet. Ich habe Mr. Alger Hiss niemals näher kennengelernt, obwohl wir uns vom Sehen kannten. Ich traf 1945 zum erstenmal zufällig mit ihm zusammen, als er und andere Mitglieder unserer Delegation bei der Konferenz von Jalta auf der Heimreise durch Moskau kamen. Wenn ich mich recht erinnerte, bin ich ein zweites Mal ebenso zufällig nach meiner Rückkehr in dieses Land 1946 in Washington auf ihn gestoßen. Ich kann mich nicht erinnern, je mit ihm gesprochen zu haben. Meine Karriere ging in eine ganz andere Richtung als seine. Was ich als seine innere Einstellung und außenpolitische Haltung zu erkennen glaubte, gefiel mir nicht. Außerdem war ich wahrscheinlich nicht der einzige Rußlandexperte im auswärtigen Dienst, dem es etwas eigenartig vorkam, daß ein Mann, der dienstlich niemals im Ausland gewesen war und keine Kenntnisse aus erster Hand über Rußland besaß, die Stellung eines ranghöheren Beraters des Außenministers in Washington einnahm und als Mitglied einer offiziellen amerikanischen Delegation nach Jalta reiste, während andere unserer Kollegen, die langjährige Erfahrungen in der Außenpolitik hatten, nur mit Routineaufgaben im Ministerium betraut wurden.

Andererseits glaubte ich damals (und auch heute) nicht, daß der Präsident oder der Außenminister durch die Anwesenheit von Hiss bei der Konferenz von Jalta wesentlich beeinflußt worden sind, besonders nicht im Zusammenhang mit Angelegenheiten der Fernostpolitik, was man vermutet hat. Es war mir aber auch bewußt, daß er das persönliche Vertrauen vieler genoß, die ich achtete, und zu diesen Leuten gehörte auch eine Anzahl meiner Freunde. Ich war daher bereit, mich eines Urteils über die Angriffe gegen ihn so lange zu enthalten, bis alle Tatsachen auf dem Tisch lagen. Außerdem war ich schon immer überzeugt gewesen, daß dieser Fall sogar dann, wenn es sich beweisen ließe, daß er in den 1930er Jahren mit der kommunistischen Bewegung in Verbindung gestanden hatte, höchst ungewöhnlich war und daß man daraus keine weitreichenden Schlüsse ziehen dürfe; besonders ließ sich die Behauptung nicht rechtfertigen, unsere Nachkriegspolitik sei wesentlich von den Kommunisten beeinflußt worden.

Leider muß ich sagen, daß die Tatsachen in diesem Falle nie restlos geklärt worden sind. Auch heute noch ist es, glaube ich, da wir von nichts anderem ausgehen können als den Aussagen von Mr. Hiss und seines Anklägers, Whittaker Chambers, den Protokollen der Hearings im Kongreß und den Prozeßakten, niemandem möglich, sich ein abschließendes Urteil über die entscheidende Frage zu bilden, ob Mr. Hiss Mitte der 1930er Jahre Verbindungen zur kommunistischen Bewegung gehabt hat oder nicht, die er später nicht zugeben wollte. Ich habe, was diesen Fall betrifft, keine Binde vor den Augen, sondern habe einen großen Teil des einschlägigen Materials gelesen, und ich darf sagen, daß ich auch jetzt, da einige zwanzig Jahre darüber hingegangen sind, ebensowenig zu der Annahme neige, daß, was Mr. Hiss zu dieser Frage zu sagen hatte, alles gewesen sei, was darüber hätte gesagt werden können, wie ich bereit bin, den Geschworenen zuzustimmen, die glaubten, er habe aus dem Außenministerium die berühmten »Pumpkin Documents« gestohlen, die von der Farm von Chambers stammten, und habe veranlaßt, daß sie auf der Schreibmaschine der Familie Hiss abgeschrieben wurden. In den Gewohnheiten der beruflichen Geheimdienste und in den Umständen, die damals herrschten, spricht vieles dagegen, daß Alger Hiss – ganz abgesehen von seinen Beziehungen zur kommunistischen Bewegung – gerade diese Dinge getan hat.

Was nun die Auswirkungen dieser ungeklärten und in vieler Hinsicht auch heute noch mysteriösen Angelegenheit auf die öffentliche Meinung betrifft, und besonders was die Tatsache angeht, daß dabei Öl in die Flammen der damals erregten anti-kommunistischen Stimmung geschüttet wurde, so glaube ich, daß man dafür die Truman-Regierung direkt verantwortlich machen muß, und zwar insbesondere weil sie es unterlassen hat, eine ordnungsgemäße und gründliche amtliche Untersuchung der Frage nach den angeblichen früheren kommunistischen Verbindungen von Mr. Hiss anzuordnen. Angesichts der aufgetretenen Zweifel mußte die amerikanische Öffentlichkeit alles erfahren, was man im Hinblick auf diese Frage erfahren konnte. Weder die Hearings im Kongreß, die sensationell aufgemacht und emotional aufgeladen waren, noch das Gerichtsverfahren, das lediglich festzustellen hatte, ob Mr. Hiss bei zwei von ihm gemachten Aussagen Meineide geleistet hatte, entsprachen diesem Bedürfnis.

Ich betone das, weil dies, wie wir bald sehen werden, nicht das letzte Mal war, daß die Regierungsexekutive in diesem Zusammenhang so kläglich versagte. Ich muß mich sogar fragen, ob sich hier nicht eine gewisse konstitutionelle Schwäche der Regierung der Vereinigten Staaten zeigt, wenn es darauf ankommt, bestimmte große Geheimnisse in unserem öffentlichen Leben aufzuklären. Die Neigung der politischen Parteien, solche Situationen nach Möglichkeit politisch auszuschlachten; die entsprechende Neigung der Regierungen, sich dadurch der Verantwortung zu entziehen, daß peinliche Fragen den Gerichten zur Klärung überlassen werden; das Ausmaß, in dem ein in Gang gebrachtes Gerichtsverfahren amtliche Untersuchungen behindern kann (ein Beispiel ist die Situation von Jack Ruby nach der Ermordung Kennedys); die Aktivität der Presse, welche die Dinge verschleiert und aus dem Zusammenhang bringt und das spezielle Interesse des amerikanischen Geheimdienstes, das diesen (manchmal ganz legitim) veranlaßt, mehr dafür zu sorgen, daß die Tatbestände verdunkelt und nicht aufgeklärt werden; all das erschwert es offensichtlich der Regierungsexekutive außerordentlich, vernünftige und gründliche amtliche Untersuchungen durchführen zu lassen, und zwar sogar bei Angelegenheiten, in denen sowohl die betreffende Regierungsbehörde als auch die Öffentlichkeit jeden Grund haben, alles zu erfahren, was sich über die Umstände eines Falles in Erfahrung bringen läßt[2].

Um jedoch wieder davon zu sprechen, wie ich Ende der 1940er Jahre selbst in die Probleme der inneren Sicherheit verwickelt wurde: Als ich während meines Besuchs in Lateinamerika im Spätwinter und Frühjahr 1950 im offiziellen Nachrichtenbulletin einer unserer südamerikanischen Botschaften las, daß Senator McCarthy eine Rundfunkansprache gehalten und gesagt hatte, er habe den Beweis »für die Existenz von mehr als 200 Kommunisten mit Mitgliedskarten« im Außenministerium in der Hand, nahm ich diese Nachricht nicht nur mit kopfschüttelnder Verwunderung, sondern auch mit gewisser Befriedigung auf. »Jetzt«, dachte ich, »wird er es beweisen müssen. Dann wird die Angelegenheit endlich erledigt sein.«

Wie naiv war ich doch! Wenn mir irgend jemand erzählt hätte, er werde niemals die in einem einzigen Fall erhobenen Vorwürfe beweisen können, seine Anklage würde jedoch ein großer politischer Erfolg sein – Millionen anständiger Leute würden noch jahrelang behaupten: »Uns gefallen zwar seine Methoden nicht, aber wir glauben, was er tut, muß getan werden, und er hat sich damit verdient gemacht«, –, dann wäre es mir schwergefallen, das zu glauben. Am allerwenigsten konnte ich mir denken, daß während ich diese Worte las, Tausende von Kilometern von hier entfernt in Washington Dinge in Bewegung gerieten, die besonders etwas mit einem meiner ehemaligen Untergebenen im politischen Planungsstab zu tun hatten, Dinge, die in enger Beziehung zu den Bemühungen des Senators standen, die Karriere dieses Untergebenen zu vernichten und auf sein Leben ebenso wie – das darf ich ehrlich sagen – auf meines einen dunklen Schatten zu werfen.

Aber bevor ich näher darauf eingehe, wie ich auch selbst in den Fall

[2] Obwohl diese Dinge eine Zeit betreffen, die in diesen Memoiren nicht behandelt wird, habe ich nicht den Eindruck, daß eines der drei großen und tragischen politischen Attentate, die in der Mitte und am Ende der 1960er Jahre verübt wurden, so aufgeklärt worden ist, wie es die amerikanische Öffentlichkeit verlangen dürfte. Ich habe nie den geringsten Zweifel an der Integrität der Mitglieder des Warren-Ausschusses gehabt, aber auch seine Untersuchung der Ermordung des ersten Kennedy scheint mir in mancher Hinsicht unbefriedigend und im Hinblick auf die dem Ausschuß gestellte Aufgabe mit ungeeigneten Mitteln durchgeführt worden zu sein.

Davies und andere Manifestationen der Welle von Gefühlen und Handlungen hineingezogen wurde, mit denen sich dieses Kapitel beschäftigt, sollte ich meine damalige Einstellung zu dem Phänomen der kommunistischen Unterwanderung des amerikanischen Lebens im allgemeinen etwas näher erläutern.

Im Frühjahr 1951, als ich in Princeton lebte und arbeitete, wurde ich als Vertrauensmann der Studenten der Princeton University vorgeschlagen (und später dazu gewählt). Bald nach Bekanntwerden meiner Nominierung erhielt ich einen Brief von einem besorgten Studenten, der mir angesichts der damals herrschenden Vorurteile eine nicht unvernünftige Frage zu enthalten schien. Sie lautete: »Da wir uns jetzt im Kriege befinden, scheint es gerechtfertigt, diese Frage an Sie zu richten: Welche Haltung werden Sie gegenüber dem Kommunismus einnehmen, wenn Sie gewählt werden?«

Ich stellte mich diesem fairen Verlangen und antwortete (ausführlich, weil es sich um eine ernste Angelegenheit handelte, die meinen Erfahrungen und meinem Interessengebiet nahe lag) in einem Brief vom 16. Mai 1951, der in seinen wesentlichen Teilen bald darauf im *New York Times Magazine* abgedruckt wurde[3]. Nach einem Hinweis darauf, wie lange und in welcher Weise ich mich bereits mit dem sowjetischen Kommunismus auseinandergesetzt hatte, behandelte ich die Frage im Zusammenhang mit drei verschiedenen Gruppen von Menschen; 1) den Mitgliedern der Kommunistischen Partei, 2) den Mitläufern und Sympathisanten und 3) allen anderen.

Was nun die Kommunistische Partei betraf (die damals natürlich eine durchaus stalinistische Organisation war, ganz unter sowjetischer Kontrolle stand und im revolutionären, radikalsozialistischen Lager in den Vereinigten Staaten keinen ernst zu nehmenden Rivalen hatte), glaubte ich, wir hätten das moralische und politische Recht, sie für ungesetzlich zu erklären, doch zweifelte ich daran, daß dies klug oder vorteilhaft für uns sein würde. Ich meinte, wir wären besser beraten,

> wenn wir den Kommunisten erlaubten, sich öffentlich zu betätigen, wo man sie sehen und beobachten kann, wo ihre Handlungsfreiheit demonstriert, wie wenig wir sie zu fürchten haben, und wo ihre nach außen sichtbare Aktivität jedem, der die immer neuen Demonstrationen des kommunistischen Extremismus beobachtet, zeigt,

[3] 27. Mai 1951.

wie weit diese Leute von den Gefühlen und Idealen unseres Volkes entfernt sind, und in welchem Ausmaß die Kommunistische Partei von ihren zynischen und uns verachtenden ausländischen Herren abhängig ist.

Die Mitläufer stellten nach meiner Ansicht ein besonderes Problem dar, und ich glaubte, es sei aus verschiedenen Gründen nicht ratsam, wenn man ihnen erlaubte, verantwortliche und delikate Positionen innerhalb des Regierungsapparats einzunehmen. Aber wenn wir ihnen solche Positionen vorenthielten oder sie daraus entließen, dann müßten wir es sorgfältig vermeiden, ihrem persönlichen Ansehen oder ihren Berufsaussichten zu schaden. Sie seien keine Kriminellen. Ihre Haltung sei in vielen Fällen Ausdruck sich wandelnder Auffassungen, die sich im Lauf der Zeit würden korrigieren lassen. Was hier notwendig sei, wären »eine gewisse Nachsicht und ein entschlossener intellektueller Widerstand ... – keine öffentliche Demütigung und keine ihrem persönlichen Ruf schädliche Zurückweisung«. Es sei wichtiger, daß wir sie dabei unterstützten, nützliche Bürger zu werden, als daß wir »verbitterte Ausgestoßene« aus ihnen machten.
Daß es im Erziehungswesen Leute gäbe, die entschiedene pro-sowjetische und marxistische Neigungen bekundeten, wäre ein besonderes Problem. Menschen, die aus Überzeugung die sowjetische Ideologie verträten, hätten hier keinen Platz, weil sie nicht gleichzeitig einerseits Anhänger dieses starren Dogmas sein und einer totalen intellektuellen Disziplin folgen könnten, während sie andererseits die Freiheit des Geistes auf der Suche nach der objektiven Wahrheit vertraten, die die wichtigste Voraussetzung für eine vernünftige Erziehung sein müsse. Doch mit den Sympathisanten, die sich nicht festgelegt hätten, läge die Sache anders. Hier müsse man jeden Fall einzeln entscheiden, indem man vom gesunden Menschenverstand und menschlichen Erwägungen ausginge. Man müsse sich davor hüten, die eigenen Grundsätze aus geringem Anlaß zu präjudizieren. Es wäre bedenklich, wenn wir annehmen müßten, daß vernünftige Lehren es nicht mit der Herausforderung durch einige wenige Stimmen aufnehmen könnten. Schließlich sei es nicht unsere Absicht, die Jugend vor destruktiven und schlecht fundierten Ideen zu schützen, sondern sie mit dem notwendigen Rüstzeug zu versehen, damit sie derartige Ideen als solche erkannte, sich ihnen widersetzte und anderen half, ihnen Widerstand zu leisten. In diesem Zusammenhang

erinnerte ich an die folgenden Worte aus Miltons *Areopagitica:* »Wer das Laster mit all seinen Lockungen und Scheinfreuden erkennen und begreifen und sich seiner dennoch enthalten, dennoch unterscheiden und dennoch vorziehen kann, was wirklich besser ist, der ist ein echter kämpferischer Christ.« Wir hatten, glaube ich, ebensowenig wie Milton eine Veranlassung zu wünschen, daß in unserer Jugend »eine weltfremde klösterliche Tugend« kultiviert würde, »die sich nicht dem Lebenskampf stellt, nicht die freie Luft der Welt atmet und niemals die Klostermauern verläßt, um ihrem Gegner ins Auge zu blicken«.
Aber der wichtigste Teil des Briefes war der letzten Frage vorbehalten, der Frage der möglichen Auswirkungen auf uns selbst, »die anderen«, eines übertriebenen und hysterischen Antikommunismus. Hier empfahl ich dringend, daß wir lernen müßten, mit diesem Problem in der richtigen Weise fertig zu werden. Die größte Gefahr werde darin bestehen, der Versuchung nachzugeben, daß wir für alle Schwierigkeiten nur diese eine Ursache verantwortlich machten. Es bestünde nicht nur die politische Gefahr der falschen Einschätzung des Phänomens der kommunistischen Unterwanderung. Hier ginge es um eine viel wichtigere Frage:

> Es geht um unsere Fähigkeit, mit den zahlreichen und schwierigen Problemen fertig zu werden, die vor uns stehen und die nichts mit ... dem Kommunismus ... zu tun haben, bei deren Lösung es uns nicht wesentlich helfen würde, wenn jedes Mitglied der Kommunistischen Partei und jeder Sympathisant schon morgen aus den Vereinigten Staaten ausgewiesen würde ...

Die Kommunistische Partei sei schließlich nur eine äußere und heute nur eine geringe Gefahr.

> Aber die subjektiven emotionalen Belastungen und Versuchungen, denen wir bei unserem Versuch, mit diesem ... Problem fertig zu werden, ausgesetzt sind, bedeuten keine äußere Gefahr. Sie stellen eine Gefahr dar, die in uns liegt; die Gefahr, daß geistig und seelisch etwas mit uns geschehen könnte, das uns zu Menschen werden läßt, die nicht mehr denen gleichen, durch deren Leistungen diese Republik entstanden ist und zusammengehalten wurde, sondern die sich den Vertretern gerade jener Macht angleichen, deren wir uns zu erwehren suchen; die intolerant, unaufrichtig, mißtrau-

isch, grausam und immer in Angst vor inneren Spaltungen sind ... Das Schlimmste, was die Kommunisten uns antun könnten und was wir am meisten von ihnen zu fürchten haben, ist, daß wir werden könnten wie sie.

Schließlich war Amerika nicht nur ein Land und seine Bevölkerung; es war etwas in unserer eigenen geistigen Haltung, das uns veranlaßte, an gewisse Dinge zu glauben und uns in einer bestimmten Weise zu verhalten. Es war das, was uns von anderen unterschied. Wenn das verlorenging, dann gab es kein Amerika mehr, das man hätte verteidigen müssen. Diese Dinge könnten aber leicht verlorengehen, wenn wir der Versuchung nachgaben, »unsere inneren Hemmungen dadurch loszuwerden, daß wir uns in den Bereich der Massenemotionen und des Massenhasses begeben und in einzelnen Mitbürgern, die desorientiert oder verwirrt sind oder dies einmal gewesen sind, Sündenböcke erblicken und sie für unsere Schwierigkeiten verantwortlich machen wollen«. Besser als das wäre es, das Problem des Kommunismus ganz zu vergessen.
Dies also waren die Auffassungen, mit denen ich den Problemen der »inneren Sicherheit« entgegentreten mußte, wenn ich persönlich mit ihnen konfrontiert werden sollte, den Problemen, welche die öffentliche Meinung damals so stark bewegten und Unruhe in die Gesellschaft und die Regierung brachten.

Von diesen Konfrontationen (es ging dabei auf diese oder andere Weise um einige der sensationellsten Fälle jener Zeit) war die in ihren Auswirkungen umfassendste der lange Leidensweg von Mr. John Paton Davies jr. und meine persönlichen Beziehungen zu ihm. Er und ich waren von 1944 bis 1946 in Moskau Kollegen gewesen. Nach seiner Rückkehr nach Washington gehörte er in den Jahren 1949 und 1950 dem politischen Planungsstab an, den ich leitete.
Schon bevor er Mitglied dieses Stabes wurde, war Davies von unserem früheren Botschafter in China, Patrick J. Hurley, und anderen Persönlichkeiten, die der China-Lobby nahestanden, wegen der Differenzen, die während seiner Dienstzeit in China und besonders beim Stabe von Joseph W. Stilwell 1942–1944 entstanden waren, heftig angegriffen worden. Mit seinen Berichten über die Lage dort in jenen Jahren und besonders damit, daß er auf die bedauerlichen Schwächen der nationalchinesischen Regierung und die Unwahrscheinlich-

keit hingewiesen hatte, daß sie in einem weiteren Konflikt mit den Kommunisten auf die Dauer Erfolg haben würden, hatte er sich den Zorn jener Regierung und ihrer Freunde in den Vereinigten Staaten zugezogen. Der nicht unbedeutende Einfluß der Nationalchinesen in politischen Kreisen hier wirkte sich zu seinen Ungunsten aus, und sehr bald richtete sich gegen ihn ein lautstark von Botschafter Hurley unterstützter Angriff, der von der eigenartigen Behauptung ausging, er strebe die unglückliche Entwicklung an, vor der zu warnen er versucht hatte.

Dieser Vorwurf — Davies stände auf der Seite der chinesischen Kommunisten und sympathisiere mit linksgerichteten Kreisen – war ganz einfach falsch. Er erkannte nur, daß es die chinesischen Kommunisten ernst meinten und etwas von ihrer Sache verstanden. Er warnte Washington davor, ihre Fähigkeiten und politischen Aussichten zu unterschätzen, aber er vertrat nicht die ideologischen Grundsätze, auf welche sich die kommunistische Bewegung in China stützte.

In dem Umstand, daß Botschafter Hurley einer der schärfsten Gegner von Davies war, deutete sich schon an, auf welche ironische Weise sich später die tragischeren Phasen der Laufbahn von Davies entwickeln sollten; denn schon damals besaßen wir Beweismittel dafür, daß Hurley selbst sich 1945 damit gebrüstet hatte, er sei »der beste Freund, den die chinesischen Kommunisten in Tschungking hätten[4]«, und daß er behauptet hatte, die letzteren gingen von Grundsätzen aus, die sich kaum von den unseren unterschieden[5]. Angesichts solcher Erklärungen hätte viel eher er selbst als Davies das Ziel solcher Angriffe sein müssen, aber in der eigenartigen Atmosphäre des politischen Lebens in Amerika blieben diese Tatsachen zum größten Teil unbeachtet, während die gegen Davies vorgebrachten Vorwürfe von solchen Leuten eifrig aufgegriffen wurden, denen viel daran lag, entweder Sündenböcke zu finden, die angeblich an dem Unglück schuld waren, in das die nationalchinesische Regierung geraten war, oder um zu beweisen, in einem wie besorgniserregenden Ausmaß die Kommunisten schon die Regierung Roosevelt und das Außenministerium unterwandert hätten.

Doch diese ersten Angriffe waren nichts im Vergleich zu dem, was

[4] *United States Relations with China* (allgemein bekannt als *Chinaweißbuch*) S. 103, Washington 1949.

[5] Herbert Feis, *The China Tangle*, S. 261, Princeton: Princeton University Press, 1953.

jetzt im Jahre 1950 begann, und für diese letzte Entwicklung muß ich selbst einen Teil der Schuld auf mich nehmen.

Als wir uns in den Jahren 1948 und 1949 mit dem Problem beschäftigten, wie man die kommunistischen Anstrengungen, die Regierungssysteme in Westeuropa und auf anderen Kontinenten zu unterwandern, zum Scheitern bringen könnte, kamen einige Angehörige der amerikanischen Regierung, zu denen auch ich selbst, mein verstorbener Freund Allen Dulles, der spätere stellvertretende und dann hauptamtliche Direktor der Central Intelligence Agency, sowie Angehörige unserer Stäbe zu dem Schluß, daß die Regierung gewisse Einrichtungen brauchte, mit deren Hilfe – wenn es notwendig werden sollte – von Zeit zu Zeit im internationalen Rahmen Maßnahmen ergriffen werden konnten, für die keines der regulären Ministerien und keine andere Regierungsbehörde die Verantwortung übernehmen könnte, oder für deren Durchführung der normale Dienstweg, der bei anderen Behörden eingehalten werden mußte, zu lange Zeit in Anspruch nehmen würde. Mit anderen Worten, wir brauchten eine Behörde, die sich mit geheimen Maßnahmen würde beschäftigen müssen.

Der Gedanke war ganz vernünftig. Hier ging es nicht darum, eine Einrichtung zu schaffen, die man später als »Ministerium für schmutzige Tricks« bezeichnet hat. Es ging vielmehr um die Möglichkeit der größeren Flexibilität von Maßnahmen einer Regierung, die in einen weltweiten Kalten Krieg verwickelt war und deren reguläre Einrichtungen auf die Bereitstellung und Verwendung öffentlicher Gelder für diese weltpolitische Rolle nicht zugeschnitten waren. Das Bedürfnis war ganz real. Vieles, was in der Folgezeit unter der Ägide der schließlich geschaffenen Einrichtungen geschah, war konstruktiv und wirkungsvoll.

Es gab jedoch von Anfang an eine bestimmte Schwierigkeit, und das war der Umstand, daß höhere Regierungsstellen darauf bestanden, diese Unternehmen müßten mit den Operationen des militärischen Establishments zur Verbreitung der sogenannten »schwarzen Propaganda« koordiniert werden – eines Relikts aus den militärischen Erfahrungen zweier Weltkriege. Ich hätte es natürlich entschieden ablehnen sollen, daß diese beiden Dinge miteinander verquickt wurden, selbst auf die Gefahr hin, daß das ganze Projekt geheimer Maßnahmen geopfert werden müßte. Aber in solchen Angelegenheiten ist man hinterher oft klüger, und da ich meine Bereitschaft zur Zusammenarbeit beweisen wollte, tat ich es nicht. Wir waren deshalb gezwungen, so gut es ging mit unseren wohlmeinenden militärischen Kollegen auszukommen und sogenannten »Programmen« zuzustimmen – Programmen, die für jedes Jahr und jedes Land aufgestellt wurden –, die uns zwangen, auch Vorhaben durchzuführen, die gar nicht notwendig waren, und uns an Unternehmen zu beteiligen, die wir für kindisch hielten und für die wir uns nicht begeistern konnten. Zu diesem Zweck fanden in der in Washington üblichen Weise Ausschußsitzungen statt.

Da ich auch noch eine Reihe anderer Pflichten hatte, konnte ich nicht persönlich an allen Sitzungen teilnehmen und beauftragte gelegentlich andere Mitglieder meines Stabes, mich dabei zu vertreten. Einer dieser Männer, der aufgrund seiner persönlichen Erfahrungen auf diesem Gebiet an den Sitzungen teilnahm, auf denen Fragen behandelt wurden, die mit unserer Fernostpolitik im Zusammenhang standen, war Davies. Es muß noch gesagt werden, daß für alle diese Sitzungen aus verständlichen Gründen strenge Geheimhaltungsvorschriften galten, und niemand von uns hat daran gedacht, daß das, was dort gesagt oder getan wurde, außer an die unmittelbaren Vorgesetzten der Beteiligten in den betreffenden Ministerien und Behörden an irgend jemanden weitergegeben werden könnte.

Im Verlauf dieser Arbeit wurde Davies aufgefordert, zu sagen, wie man gewisses Nachrichtenmaterial trotz der strengen Zensurbestimmungen in China an die kommunistische chinesische Intelligenz weitergeben könnte, und er hatte dazu einige Ideen. Wenige Wochen später kam eine Anfrage der CIA, in der er aufgefordert wurde, sich näher zu seinen Vorschlägen zu äußern. Am 16. November 1949 wurde eine Sitzung abgehalten, an der auch zwei Leute teilnahmen, die offenbar der CIA angehörten, Männer, deren Namen und Amtsbezeichnung uns vorher nicht bekannt gewesen waren. Soweit ich weiß, hat sich auch bis jetzt nicht klären lassen, auf welche Weise sie den Auftrag erhalten haben, sich an unserer Arbeit zu beteiligen. Davies ging näher auf das sehr phantastische, wenn nicht sogar undurchführbare Projekt ein und erwartete, daß die Angelegenheit auf der Sitzung besprochen würde. Zu einer Diskussion darüber kam es jedoch nicht. Die Leute von der CIA hörten schweigend zu und gingen dann, wahrscheinlich um ihren Vorgesetzten Bericht zu erstatten. Wenn man ihren späteren Aussagen vor einem Unterausschuß des Kongresses glauben soll, dann muß man zu dem Schluß kommen, und das wäre unter diesen Umständen noch die für sie günstigste Annahme, daß sie kaum eine Ahnung davon hatten, worum es auf dieser Sitzung ging und besonders, welche Stellung Davies einnahm. Sie mißverstanden jedenfalls vollkommen das, was er versucht hatte, zu sagen, und verdächtigten ihn der finstersten Motive.

Normalerweise wären die Beobachtungen und Eindrücke dieser Herren nur ihren Vorgesetzten gemeldet worden, und die letzteren – wenn sie von dem, was Davies angeblich gesagt hatte, ebenso verwirrt und beunruhigt gewesen wären wie ihre Untergebenen – hätten die Sache an höherer Stelle (in diesem Falle wahrscheinlich mit mir) mit Vertretern des Außenministeriums besprochen und diesen die Möglichkeit gegeben, alles klarzustellen. Wäre Allen Dulles damals Chef der CIA gewesen, dann wäre das sicher auch geschehen. Aber es geschah nichts. Statt dessen erhielt, wenn ich mich nicht irre, das FBI eine Meldung, und diese Meldung wurde auf dem normalen Dienstwege den Kongreßausschüssen zugeleitet, die sich dafür interessierten. Am meisten interessierte sich natürlich der Unterausschuß der Rechtsabteilung des Senats für innere Sicherheit, der sogenannte McCarran- (später Jenner-)Ausschuß für die Angelegenheit, eine Körperschaft, der zwei übereifrige und begeisterte Rechtsberater angehörten und die es als ihre Hauptaufgabe ansah, Fälle von angeblicher kommunistischer Unterwanderung zu untersuchen. Von diesem Augenblick an war der Teufel los. Sofort richteten sich Vorwürfe und Denunziationen gegen das Außenministerium. Wahrscheinlich um sich selbst zu schützen, ließ es das Außenministerium zu, daß Davies eine Reihe von Loyalitätsprüfungen über sich ergehen lassen mußte, die zum Teil von Untersuchungsausschüssen durchgeführt wurden, welche den Auftrag des Ministeriums hatten, zum Teil aber auch von anderen Stellen. Diese sieben oder acht Prüfungsverfahren (so viele waren es nach meiner Erinnerung) stellten keine Gründe dafür fest, an der Loyalität von Davies zu zweifeln, und entlasteten ihn in jeder Hinsicht. Der Unterausschuß für innere Sicherheit nahm jedoch keine Rücksicht auf diese Ergebnisse. Am 8. und 10. August 1951 wurde Davies vor die Mitglieder des Ausschusses geladen, die sich für seinen Fall interessierten, und von zwei Staatsanwälten einem sehr feindlichen und drohenden Verhör unterzogen. Da er sich seiner Geheimhaltungspflichten bewußt war, lehnte er es loyalerweise ab, näher auf die Einzelheiten einzugehen, welche jeden Verdacht beseitigt hätten, weil er nicht berechtigt war, sich gegenüber Außenstehenden zu diesen Fragen zu äußern. Der Mann, der ihn verdächtigt hatte, wurde anschließend ebenfalls vorgeladen und verhört. Als sich zwischen beiden Aussagen Differenzen ergaben, was nicht verwunderlich war, trat der Unterausschuß an das Justizministerium heran und verlangte die Durchführung eines Schwurgerichtsverfahrens, das feststellen sollte, ob Davies sich eines Meineides schuldig gemacht hätte. Der Vorsitzende des Unterausschusses versuchte es zwei Jahre vergeblich, den Widerstand des Justizministeriums zu brechen, das sich weigerte, die Sache so zu behandeln. Während dieser Zeit hatte der Fall das Interesse der Öffentlichkeit erregt, es gab zahlreiche Kontroversen, und Davies und seine Familie hatten Schlimmes zu ertragen. Er wurde vom Dienst suspendiert, versetzt und auf alle mögliche Weise drangsaliert. Seine Lage wurde auch dadurch nicht wesentlich erleichtert, daß er in keinem der zahlreichen Anklagepunkte für schuldig befunden wurde.

Endlich ernannte der neue republikanische Außenminister John Foster Dulles 1954 einen aus fünf Beamten anderer Ministerien und Regierungsbehörden zusammengesetzten »Anhörungsausschuß für Sicherheitsfragen«. Diese Leute zeichneten sich augenscheinlich vor allem dadurch aus, daß keiner von ihnen irgendwelche Erfahrungen mit oder Kenntnisse von der diplomatischen Arbeit hatte. Ihre Aufgabe war es, den ganzen Fall noch einmal unter Berücksichtigung der neuen Sicherheitsbestimmungen der Regierung Eisenhower zu untersuchen. Vor diesem Ausschuß wurde Davies noch einmal verhört, nachdem man ihm versichert hatte, er werde die Gelegenheit erhalten, die nicht geheimen Teile der Protokolle der Anhörungen zu sehen, bevor eine Entscheidung getroffen würde. Aber noch ehe er das Protokoll zu Gesicht bekam oder sich dazu geäußert hatte, erstattete der Ausschuß dem Außenminister Dulles seinen Bericht und kam darin zu dem Schluß, daß seine weitere Verwendung »mit den Interessen der nationalen Sicherheit nicht unbedingt vereinbar« sei. So wurde Davies am 5. November 1954, nachdem man ihm keine Verletzung der Treuepflicht hatte nachweisen können und seine Vorgesetzten im auswärtigen Dienst ihm für die vergangenen zehn Jahre ausgezeichnete Zeugnisse ausgestellt hatten und er es abgelehnt hatte, den dringenden Vorschlägen des Ministeriums folgend freiwillig zurückzutreten, von Mr. Dulles wegen »eines Mangels an Urteilsvermögen, Diskretion und Zuverlässigkeit« (wörtliches Zitat aus dem Bericht des Ausschusses) aus dem Dienst entlassen. Anschließend bemühte sich das Ministerium noch mehrere Jahre – wenn auch ohne Erfolg –, ihm seine Pension streitig zu machen, die ihm normalerweise zustand.

Das waren die nackten Tatsachen im Falle Davies. Ich selbst hatte nicht sehr viel, aber auch nicht wenig damit zu tun, und die Angelegenheit hat mein Gewissen noch viele Jahre belastet.

Über die Rolle der CIA in diesem Fall erfuhr ich bald darauf, als ein mit mir befreundeter Journalist mich in Washington besuchte und mir in einer Weise etwas darüber erzählte, die keinen Zweifel daran ließ, wann und wo die Sache sich zugetragen hatte, und daß Davies versucht habe, Kommunisten in den Dienst der CIA einzuschleusen. Da ich aus dieser Mitteilung entnehmen konnte, daß hier eine schwere Verletzung der Sicherheitsbestimmungen vorlag, legte ich die Angelegenheit der CIA vor. Es kam zu einer Untersuchung, und dabei war es nicht schwierig, festzustellen, wer die Informationen weitergegeben hatte. Der Betreffende konnte sich nicht rechtfertigen, und man teilte mir mit, er sei sofort entlassen worden.

Naiverweise glaubte ich, der Fall sei damit abgeschlossen. Aber das war erst der Anfang.

Es begann nun die erste Runde des Verfahrens zur Überprüfung der Loyalität von Davies. Im Sommer 1951 reiste ich (auf eigene Rechnung) von Europa nach Washington, um vor dem Loyalitätsausschuß des Außenministeriums für Davies auszusagen. Ebenso habe ich auch vor dem *Civil Service Loyalty Review Board* des Präsidenten ausgesagt, als der Fall hier behandelt wurde. In beiden Fällen wurde, glaube ich, auch über die Rolle der CIA gesprochen, aber es war nicht möglich, genau festzustellen, was geschehen war.

Im Sommer 1952, als ich Botschafter in Moskau war, teilte mir Davies schriftlich mit, daß der Unterausschuß ihn wegen Meineides vor Gericht stellen wollte. Diese Briefe beunruhigten mich sehr, und zwar aus einem besonderen Grund. Während der ganzen Zeit, als die Verfahren gegen Davies und andere liefen, war ich mit der Art und Weise durchaus nicht einverstanden gewesen, wie die von Kongreßabgeordneten und anderen Leuten erhobenen Beschuldigungen von Angehörigen des Außenministeriums von den höheren Beamten dieses Ministeriums behandelt worden waren. Anstatt solche Vorwürfe zunächst selbst in einem unabhängigen amtlichen Verfahren prüfen zu lassen, um den Beschuldigten entweder zu entlasten oder nach Maßgabe des Untersuchungsergebnisses gegen ihn vorzugehen, ließen diese Beamten alle Vorwürfe, die von außen an sie herangetragen wurden – mochten sie auch noch so absurd oder schlecht begründet sein –, von dem Loyalitätsausschuß prüfen und sagten dem beschuldigten Beamten: »Das wirft man Ihnen vor. Verteidigen Sie sich, wenn Sie es können. Wir, das Ministerium, haben mit der Angelegenheit nichts mehr zu tun.« Dem Beamten blieb es dann überlassen, Beweismittel auszugraben, manchmal aus den Akten des Außenministeriums, um seine Unschuld zu beweisen.

Nach meiner Ansicht drückte sich das Ministerium hier um seine Verantwortung. Stolz, Unwissenheit und seelische Belastung oder beliebige andere Ursachen konnten nun dazu führen, daß der Beamte sich nicht verteidigen wollte oder konnte, auch wenn die Tatsachen für seine Unschuld sprachen. In diesem Falle konnte das Ministerium, das den Fall nicht selbst objektiv hatte prüfen lassen, nicht wissen, was wirklich geschah, oder ob der betreffende Mann gerecht beurteilt worden war. Aber doch war dies das Verfahren im Falle von Davies und anderen. Ein von Kongreßabgeordneten gegen Davies erhobener Vorwurf ließ sich z. B. ohne weiteres aus den Akten des Ministeriums widerlegen, aus denen hervorging, daß die Vorwürfe aufgrund einer Personenverwechslung erhoben worden waren. Es handelte sich um einen anderen Mann namens Davies. Anstatt jedoch in den eigenen Akten nachzusehen und den Kongreßabgeordneten zu erklären, daß der Vorwurf unbegründet war, erhob das Ministerium gegen Davies Anklage vor seinem eigenen Loyalitätsausschuß und überließ es dem Beschuldigten, die Beweismittel beizubringen, aus denen seine Unschuld hervorging. Das gleiche geschah auch in anderen Fällen – warum? Das habe ich nie erfahren. Normalerweise hätte ich angenommen, der Grund sei persönliche Feigheit gewesen, aber das schied bei Dean Acheson aus. Ich kann mir nur denken, daß er schlecht beraten war.

Für mich entstand jedenfalls dadurch, daß Davies so verfolgt wurde, ein schwieriges Problem. Es bedeutete, daß ich keine Gelegenheit hatte, in einer ordnungsgemäßen, geheimen Anhörung vor unseren gemeinsamen Vorgesetzten im Ministerium Davies zu verteidigen und klarzustellen, wieweit ich selbst verantwortlich war, und welche Motive er für sein Verhalten gehabt hatte. Jetzt, da ein Gerichtsverfahren drohte, wußte ich nicht, wie ich ihm helfen sollte. Ich entwarf sofort einen Brief an den Außenminister, um meine Haltung zu erläutern[6]. Nachdem ich darauf hingewiesen hatte, daß ich der Vorgesetzte von Davies gewesen war, als er die ihm nun zur Last gelegten Handlungen beging, sagte ich, daß ich »nicht tatenlos zusehen kann, wie ein Beamter beruflichen und persönlichen Schaden erleidet, weil er in gutem Glauben Dinge getan hat, um die ihm von mir auferlegten Pflichten so gut wie möglich zu erfüllen«. Dann fuhr ich fort: »Der Zweck dieses Briefes ist es, Ihnen mitzuteilen, daß, wenn diese Angelegenheit ungünstige Folgen für Davies haben sollte ... ich nicht in der Lage wäre anzunehmen, daß meine eigene Stellung und der Nutzen, den meine Dienste der Regierung bringen, davon unberührt bleiben können.« Ich sprach die Vermutung aus, daß der Minister den Präsidenten, den Generalstaatsanwalt und Senator McCarran würde unterrichten wollen.

Aber das alles nützte nichts. Als ich aus Moskau zurückkehrte, war die Angelegenheit noch in vollem Gange. Bei jedem neuen Angriff der Presse gegen Davies bekam ich Gewissensbisse. Im November 1952 brachte die Zeitschrift *Time* einen Artikel, in dem Davies vorgeworfen wurde, er gehöre einer Gruppe im Außenministerium an, die eine Denkschrift ausarbeite, welche eine falsche Darstellung von den Empfehlungen des Generals MacArthur zu dem Abzug unserer Truppen aus Korea gäbe. Diese Behauptung war unzutreffend, und ich schrieb sofort einen Brief an die Zeitschrift mit der Bitte, ihn zu veröffentlichen:

> Davies war an der Abfassung der Denkschrift, die Sie erwähnen, ebensowenig beteiligt wie an der Abfassung anderer Denkschriften zum gleichen Thema.
>
> Ich und nicht Davies bin damals schließlich der Chef des politischen Planungsstabes gewesen. Ich war für seine Arbeit und für seine Empfehlungen verantwortlich. Ich bin zwar nicht in der Lage, über die Rolle zu sprechen, die der Stab bei der Vorbereitung einzelner Entscheidungen der Regierung gespielt hat, aber ich habe kein Interesse daran, meiner Verantwortung als Leiter des Stabes auszuweichen oder zu sehen, daß diese Verantwortung in den

[6] Der von mir unterzeichnete Entwurf dieses Briefes ging nicht direkt an den Außenminister, sondern an Freunde im Ministerium mit dem Vorschlag, sie sollten ihm das Schreiben nur dann zeigen und offiziell übergeben, wenn sie es nicht für besser hielten, die Angelegenheit inoffiziell zu behandeln. Im letzteren Fall sollten sie ihm den Brief nur zeigen. Soweit ich weiß, geschah das letztere.

Augen der Öffentlichkeit auf Kosten eines meiner Untergebenen geschmälert wird[7].

Zwei Wochen nach Erscheinen dieses Briefes wurde ich selbst unter Androhung von Strafe vor den McCarran-Ausschuß geladen. (Ich zweifle nicht daran, daß hier ein Zusammenhang bestand.) Erstaunt und verärgert durch die Strafandrohung (ich hatte es bisher noch nie versäumt, einer normalen Vorladung vor einen Kongreßausschuß Folge zu leisten und wäre auch hier selbstverständlich gekommen) erschien ich am Nachmittag des 13. Januar pflichtgemäß in dem kleinen, vollgestopften Zimmer, in dem der Unterausschuß seine Hearings veranstaltete. Was ich hier erlebte, hätte ein Trauma auslösen können. Man sagte mir weder, wer die Anwesenden seien, noch wer mich verhörte. Zunächst wußte ich nicht einmal, ob der Mann, der mir die Fragen stellte, ein Senator oder irgend jemand anderes war. (Wie sich herausstellte, war es einer der beiden Staatsanwälte des Unterausschusses, Mr. J. G. Sourwine.) Auch teilte man mir nicht mit, welches der Gegenstand der Anhörung sei, oder aus welchem Grunde man mich vorgeladen hatte. Erst allmählich stellte es sich heraus, daß die Sache etwas mit dem Fall Davies zu tun hatte. Ich wurde vereidigt, und in diesem Zustand, vollkommen unvorbereitet, ohne Anwalt, ohne die Möglichkeit, mir meine Antworten zu überlegen, aber dennoch ständig in der Gefahr, des Meineides beschuldigt zu werden, wenn ich den geringsten Fehler machte, mußte ich eine Stunde lang rätselhafte, sorgfältig vorbereitete und offensichtlich drohende Fragen über mich ergehen lassen. Mindestens zweimal versuchte man, mir eine Falle zu stellen. Einmal geschah es in so schamloser und ungeheuerlicher Weise, daß ich es kaum glauben konnte. (Es handelte sich um Daten, für die ich ein außergewöhnlich schlechtes Gedächtnis habe, und nur die Anwesenheit eines sehr realen, aber unsichtbaren Schutzengels kann mich davor bewahrt haben, in die sorgfältig ausgelegte Schlinge zu geraten.)
Ich stand die Prüfung durch, um nie wieder etwas von dem Unterausschuß zu hören. Es gab auch keine offiziellen Konsequenzen. Aber das Erlebnis, das ausgerechnet in jenen unseligen Winter fiel, in dem mich meine eigene unklare Situation gegenüber einer neuen Regierung verwirrte und unsicher machte, wirkte auf mich wie eine

[7] *Time*, 29. Dezember 1952.

Szene aus einem Roman von Kafka. (Ich mußte drei Tage vor meinem Vortrag in Scranton und eine Woche vor der Amtsübernahme durch die neue Regierung vor dem Ausschuß erscheinen.) Unter solchen Umständen durfte ich keine Hilfe vom Außenministerium erwarten und mußte erkennen, daß ich an einem Punkt angelangt war, an dem mein Schicksal wie das eines jeden Regierungsbeamten wenigstens zum Teil in den Händen von Leuten lag, denen fünfundzwanzig Jahre treuer und ehrenhafter Dienste nichts bedeuteten, wo einem das nicht angerechnet wurde und wo man weder mit Verständnis noch mit Gnade rechnen konnte – im Gegenteil. Und nicht ein einziger Vorgesetzter in der Regierungsexekutive hätte einen Finger gerührt, um mir zu helfen. Man wird sich unschwer vorstellen können, daß der Wunsch, noch länger einer Regierung zu dienen, in der solche Dinge geschehen konnten, durch diese Erkenntnis nicht gefördert wurde.

Die Schwierigkeiten im Fall Davies waren noch nicht überstanden. Nach dem Regierungswechsel übernahm Senator William Jenner anstelle des Demokraten McCarran die Leitung des Unterausschusses für innere Sicherheit. Sein Eifer beim Aufspüren versteckter Kommunisten im Außenministerium schien nicht geringer zu sein als der seines Vorgängers. Nachdem er zu seiner offensichtlichen Enttäuschung festgestellt hatte, daß der neue stellvertretende Generalstaatsanwalt (der künftige Außenminister Mr. William P. Rogers) Davies noch immer nicht wegen Meineides unter Anklage gestellt hatte, schrieb er am 11. Juni 1953 an ihn und bat, über den Stand der Ermittlungen unterrichtet zu werden. Am 6. Juli antwortete Mr. Rogers, der Fall Davies und andere von der vorigen Regierung übernommene Fälle würden »nur von Leuten, die der amtierende Generalstaatsanwalt ernannt hat« geprüft, und die Prüfung sei noch nicht beendet. Ich erfuhr das alles, als die Zeitschrift *U. S. News & World Report* am 18. August Auszüge aus einem ausführlichen Bericht des Unterausschusses unter dem Titel *Miteinander verkettete Subversionsfälle in den Ministerien* veröffentlichte, wobei der Fall Davies besonders eingehend behandelt wurde.

Aus diesem Bericht konnte man entnehmen, daß der Spuk immer noch nicht gebannt war, und meine Enttäuschung war größer denn je. Ich konnte nicht vergessen, daß man bisher noch keine unabhängige amtliche Untersuchung durchgeführt hatte. Ich hatte weder die Gelegenheit gehabt, darzulegen, wieweit ich selbst verantwortlich war, oder das, was ich über den Fall wußte, zu Protokoll zu geben. Das Außenministerium, das nun von Republikanern verwaltet wurde, würde wahrscheinlich noch weniger zur Verteidigung von Davies tun. Ich setzte mich deshalb auf eigene Initiative mit dem Büro des Generalstaatsanwalts in Verbindung und teilte mit, ich besäße Informationen, die berücksichtigt werden sollten, bevor Entscheidungen getroffen würden, welche die Interessen von Davies präjudizieren könnten, und bot an, selbst nach Washington zu kommen. In seiner Antwort benannte der Generalstaatsanwalt einen Stellvertreter, mit dem ich über die Sache sprechen könnte. Doch meine Bemühungen, mich mit ihm zu verabreden, führten zu nichts. Damit waren wir wieder dort, wo wir angefangen hatten.

Es vergingen mehrere Wochen. Endlich, am 9. Dezember 1953, druckte die *New York Times* längere Auszüge aus den Aussagen von Davies und anderen vor dem Unterausschuß für innere Sicherheit ab. Zwei Tage darauf folgte ein Bericht in der Zeitschrift *U. S. News & World Report*, der neunzehn Seiten dieser Nummer, wie es in der Unterschrift hieß, dem »eigenartigen Fall von John P. Davies« widmete. Das war zu viel. Der bloße Wortlaut seiner Aussage, über welche die Vorgesetzten von Davies keine Erklärung abgegeben hatten – das Protokoll der Vernehmungen, in denen er unter Eid und darauf bedacht, die Geheimhaltungsvorschriften der Regierung zu beachten, ausgesagt hatte, ergab ein für ihn ungünstiges Bild –, konnte ihm unmöglich gerecht werden. Bis dahin hatte ich mich zurückgehalten und keine öffentliche Erklärung abgegeben, weil das Außenministerium mir abgeraten hatte, dies zu tun, und zwar unter dem Vorwand, den Interessen von Davies wäre am besten gedient, wenn die Angelegenheit in gerichtlichen oder quasi-gerichtlichen Verfahren geklärt würde. Jetzt aber zeigte sich, daß er öffentlichen Angriffen hilflos ausgesetzt war und nichts mehr für seine Verteidigung tun konnte.

Ich setzte mich deshalb hin und schrieb einen Brief an die *New York Times*, dessen Durchschrift ich anstandshalber mit einem Begleitschreiben über den stellvertretenden Unterstaatssekretär dem Außenministerium zuleitete. In diesem Anschreiben schrieb ich, es müsse etwas getan werden, um die Unklarheiten und Mißverständnisse zu beseitigen, die durch die Aussagen von Davies, wenn man sie kommentarlos zur Kenntnis nähme, entstehen müßten. Ich fügte hinzu: »Wenn das Ministerium bereit wäre, das zu tun, würde ich gerne schweigen.

Aber unter der Voraussetzung, daß das Ministerium nicht an einen solchen Schritt denkt, ist es meine Absicht, als ehemaliger Vorgesetzter von Davies offen etwas zu sagen.«

Die Antwort war wieder entmutigend. Im Ministerium verstand man angeblich nicht, weshalb ich übereilt etwas veröffentlichen wollte.

Am 14. Dezember schrieb ich einen zweiten Brief und sagte, ich respektierte die Auffassung der höheren Beamten des Ministeriums, aber »ich habe nicht das Gefühl, es zulassen zu können oder zu dürfen, daß das öffentliche Ansehen von Davies weiter geschädigt wird, ohne daß ich alles tue, was ich tun kann, um ihm zu helfen«. Was die Frage der übereilten Flucht in die Öffentlichkeit betraf, schrieb ich:

> Mehr als zwei Jahre habe ich wiederholt kurz davor gestanden, meine Meinung zu veröffentlichen ... aber ich habe jedesmal wieder davon Abstand genommen, weil ich hoffte, die Regierung werde selbst die notwendigen Schritte ergreifen, um den Ruf von Davies zu schützen. Jetzt befürchte ich, daß ich mein Eingreifen zu lange hinausgezögert habe.

Am 17. Dezember wurde der Brief in der *New York Times* veröffentlicht. Zunächst berichtete ich im Sinne der obigen Zeilen über den Verlauf der CIA-Episode, meine persönlichen Erfahrungen dabei, und sagte, warum weder Davies noch ich bisher in der Lage gewesen wären, eine detaillierte Darstellung der ganzen Angelegenheit zu veröffentlichen. Dann wies ich darauf hin, daß die Sache den Sicherheitsbehörden gemeldet worden war, bevor ich eine Erklärung hätte abgeben können, um die Unstimmigkeiten zu klären. Das hätte zu einer

> anscheinend endlosen Kette von Beschuldigungen, Untersuchungen, Anhörungen und öffentlichen Verlautbarungen geführt – einer schweren Prüfung für Davies und seine Familie, die diese Menschen in eine sehr peinliche Lage gebracht und bei seinen Freunden und Kollegen das Gefühl der schweren Sorge und Hiflosigkeit ausgelöst hatte.

Ich fügte hinzu, ich hätte nie den geringsten Anlaß gehabt, an der Ehrlichkeit und Integrität seiner Motive zu zweifeln.

Da jedoch die Tendenz bestünde, die Urteilsfähigkeit von Davies in

Frage zu stellen, »sogar in Kreisen, in denen freimütig zugestanden wird, daß der Verdacht auf Illoyalität und Meineid gegenstandslos ist«, wollte ich außerdem noch die folgenden Bemerkungen zu diesem Punkt machen:

> Mr. Davies hat jahrelang unter meiner Leitung in Moskau und im Ministerium gearbeitet. Außerdem habe ich die Gelegenheit gehabt, etwas über seine anschließende Tätigkeit in Deutschland zu erfahren. Er hat eine schnelle Auffassungsgabe und intuitive Intelligenz, große Begeisterung für seine Arbeit und ein unbestechliches Pflichtgefühl bewiesen. Er ist nicht von Natur mit Weisheit und Reife ausgestattet in die Welt – oder in den auswärtigen Dienst – gekommen, sondern hat, wie viele von uns, ... seine Urteilsfähigkeit im Lauf der Jahre durch persönliche Erfahrungen und vor allem durch die Fähigkeit, seine eigenen Fehler zu erkennen und zu analysieren, erworben. Ich würde ihn heute ... als einen begabten und pflichttreuen Staatsdiener beurteilen, der für seine Bemühungen, seinem Lande zu dienen, ein hohes Maß an Unannehmlichkeiten auf sich nehmen mußte, und dessen Ausscheiden aus dem Staatsdienst ein schmerzlicher Verlust für die Öffentlichkeit wäre.
> Ich hoffe, daß wir alle aus seinen Schwierigkeiten eine Lehre ziehen werden, daß wir daraus lernen, wie man künftig unsere Staatsdiener vor Berufsrisiken schützt, wie sie Mr. Davies auf sich genommen hat.

Mit der Veröffentlichung dieses Briefes waren meine Möglichkeiten, mich in dieser Angelegenheit nützlich zu erweisen, erschöpft. Davies wurde nicht unter Anklage gestellt (ich glaube, hier haben mein Brief und andere Maßnahmen einiges genützt), aber kurz darauf setzte Mr. Dulles sein eigenes Untersuchungsverfahren in Bewegung, das die schon erwähnten Ergebnisse zeitigte. Ich hatte keinen Einfluß auf Mr. Dulles, und ein Versuch, mich bei ihm für Davies zu verwenden, hätte nichts genützt.

Wenn ich hier so genau auf diese Episode eingegangen bin, dann habe ich es zum Teil getan, um zu zeigen, in wie häßlicher Weise einzelne Beamte des auswärtigen Dienstes in der Atmosphäre jener Zeit und im Verlauf der unvernünftigen Praktiken, durch welche die führenden

Leute in der Regierungsexekutive darauf reagierten, unter Druck gesetzt werden konnten; aber auch um verständlich zu machen, wie sich diese Erfahrungen auf mich ausgewirkt und dazu beigetragen haben, daß ich im Hinblick auf die Frage, ob ich meine Entlassung aus dem Dienst passiv akzeptieren oder dagegen angehen und versuchen sollte, im Amt zu bleiben, gezögert und geschwankt habe. Ich war mir nie sicher, ob ich einer Regierung angehören sollte, in der meinen Untergebenen solche Dinge passieren konnten und wo man bei dem Versuch, sie vor Verleumdungen und Ungerechtigkeiten zu schützen, so machtlos war.

Der Fall Davies war übrigens keineswegs der einzige dieser berühmten Geheimhaltungsfälle, mit dem ich persönlich etwas zu tun hatte. Ich habe in ähnlicher Weise bei den Anhörungen zur Überprüfung der Loyalität von zwei anderen alten Chinaexperten, John Stewart Service und Oliver Clubb, ausgesagt. Ich erschien auch vor der von Mr. Gordon Gray geleiteten Kommission, die im April 1954 die Frage zu entscheiden hatte, ob Robert Oppenheimer als Berater der Atomenergiekommission geeignet sei, und verbrachte dort einen so traurigen und tragischen Vormittag, wie ich ihn bis dahin noch nicht erlebt hatte. Es gab noch eine Reihe anderer Fälle, in denen ich mich verpflichtet fühlte, innerhalb der Mauern des Außenministeriums zugunsten dieses oder jenes meiner Bekannten privat (wenn auch gewöhnlich vergeblich) zu intervenieren, die in die Maschen der verschiedenen Razzien geraten waren, welche 1952 abgehalten wurden, Razzien, bei denen es manchmal zu den unglaublichsten Untersuchungen der privaten Intimsphäre und der politischen Ansichten und Beziehungen der Opfer kam.
Über die Art und Weise, wie ich in diese anderen Fälle hineingezogen wurde, brauche ich an dieser Stelle nichts zu sagen. Der Fall Davies soll als Beispiel genügen. Es gab jedoch noch zwei Fälle, bei denen es um Grundsatzfragen ging und die vielleicht erwähnt werden sollten.
Das eine war der Fall Service. John Stewart Service, den ich damals noch nicht kannte, kam im Jahre 1950, als ich Kanzler des Außenministeriums war, eines Tages zu mir und fragte, ob ich bereit wäre, verschiedene Berichte zu lesen, die er in den Jahren 1943 und 1944 (seine Tätigkeit in jener Zeit war jetzt Gegenstand einer Untersuchung) aus China dem Ministerium zugeleitet hatte, und ob ich

dann, wenn ich festgestellt hätte, daß diese Berichte keine pro-kommunistischen Tendenzen enthielten, vor dem Loyalitätsausschuß des Außenministeriums als Zeuge zu seiner Verteidigung erscheinen wollte. Zu den vom Ministerium gegen ihn erhobenen Vorwürfen gehörte einer, der wahrscheinlich aus dem Kongreß nahestehenden Kreisen stammte und in dem behauptet wurde, seine Berichte aus China hätten damals eine solche Tendenz erkennen lassen.

Schon die Tatsache, daß ein derartiger Vorwurf vom Außenministerium aufgegriffen wurde, war ein weiteres Beispiel dafür, wie inkorrekt solche Beschuldigungen behandelt wurden, die von außen an es herangetragen wurden. Das Ministerium selbst war der Empfänger der Berichte von Service gewesen und hatte sie zu den Akten genommen, und zwar schon vor Jahren. Es war durchaus in der Lage, sie zu beurteilen, ja es war seine Pflicht gewesen, das schon zu der Zeit zu tun, als sie zu den Akten genommen wurden. Wenn es meinte, daß sie pro-kommunistisch gefärbt wären, dann stand es ihm frei, Service nicht mehr an politischen Arbeiten zu beteiligen oder ihn gegebenenfalls aus dem auswärtigen Dienst zu entlassen. Wenn es andererseits glaubte, daß die Berichte nicht pro-kommunistisch gefärbt waren (und das muß angenommen werden, denn Service hatte wiederholt Anerkennungsschreiben für seine Arbeit erhalten), dann war es die Pflicht des Ministeriums, ihn gegen Angriffe von außen zu verteidigen. Nichts hinderte es daran, den Kritikern aus dem Kongreß entgegenzuhalten: »Wir sind besser dafür qualifiziert, diese Berichte zu beurteilen, als Sie. Die Behauptung, sie seien pro-kommunistisch gefärbt, ist absurd, und wir lehnen es entschieden ab, uns hinter eine solche Behauptung zu stellen, indem wir mit ihr eine Anklage gegen unseren Beamten vor unserem Loyalitätsausschuß begründen.«

Anstatt das zu tun, distanzierte sich das Ministerium mit Unschuldsmiene von seinem Beamten, ließ Anklage gegen ihn erheben und sagte ihm – wie im Falle von Davies – sinngemäß: »Das wird gegen Sie vorgebracht. Verteidigen Sie sich, wenn Sie es können. Wir werden keinen Finger rühren, um Ihnen zu helfen.«

Ich antwortete Service auf sein Ersuchen, ich wolle seine Berichte, wenn das Ministerium oder der Loyalitätsausschuß dies wünschten, gerne lesen und diesen Gremien meine ehrliche Meinung darüber sagen. Ich wünschte jedoch, daß eine der beiden Instanzen mich dazu aufforderte und nicht er, und ich wolle nicht vor dem Ausschuß erscheinen, wenn er schon im voraus wisse, ob ich für oder gegen jemanden aussagen werde. Es sei schließlich das Ministerium, das die Vorwürfe gegen ihn erhoben habe. Ich sei in diesem Ministerium ein höherer Beamter. Wenn es meine Meinung zu erfahren wünsche (und diesen Wunsch hätte es eigentlich äußern müssen, bevor es die Anklage erhob), dann sollte es mich fragen.

Service zweifelte zunächst daran, daß der Ausschuß sich bereit erklären würde, mich zu fragen. Er meinte, der Ausschuß werde nur Zeugen für die Anklage oder Zeugen für die Verteidigung anerkennen. Ich bestand jedoch auf meiner Haltung, und schließlich erklärte sich der Ausschuß (wie man mir sagte, ausnahmsweise) bereit, mich anzuhören.

Ich nahm die Berichte (es waren mehrere hundert Seiten) mit nach Hause auf die Farm und verwendete mehrere Tage auf ihre Durchsicht. Dann erschien ich vor dem Ausschuß. Nachdem ich erklärt hatte, worum es sich bei diesen Berichten handelte, welche Vorgeschichte sie hatten und was sie enthielten, sagte ich, daß ich bei ihrer Beurteilung versucht hätte, mich zu fragen, welches der Zentralpunkt der Untersuchung sein sollte – was in diesem Augenblick vor allem festgestellt werden müsse. Das, so schiene es mir, wäre die Frage, ob die Berichte die ehrliche Meinung von Service darstellten und nur dem Wunsch entsprungen seien, dem Ministerium diese Meinung zu vermitteln, oder ob sie aus irgendwelchen hintergründigen Motiven oder Zwecken entstanden wären. Ich sei zu dem Schluß gekommen, daß Service, als er die Berichte schrieb, ehrlich und gewissenhaft die Auffassungen zum Ausdruck gebracht habe, zu denen er aufgrund einer vorurteilslosen Prüfung und Analyse aller ihm zur Verfügung stehenden Tatsachen gekommen wäre. Es käme nicht in Frage, daß solche Berichte von einer Persönlichkeit verfaßt sein könnten, die engstirnig und in Vorurteilen befangen an die Arbeit gegangen wäre. Es sei die Aufgabe seiner damaligen Vorgesetzten gewesen, ihm zu sagen, wenn sie seine Beurteilung der Lage für falsch hielten und glaubten, seine Berichte seien nutzlos, und seine Leistungen entsprächen nicht dem Auftrag, den er erhalten habe. Es habe ihnen damals freigestanden, ihm andere Aufgaben zu übertragen. Wenn sie ihn jedoch ermutigt hätten, mit dieser Arbeit fortzufahren, und wiederholt die Qualität seiner Arbeit anerkannt hätten, dann, so schiene es mir, habe er nur daraus schließen können, es sei seine Pflicht im Kriege gewesen, weiterzuarbeiten, man werde ihm nicht zu einem

späteren Zeitpunkt Vorwürfe machen, weil er das nach bestem Vermögen getan habe.
Ich glaube, der Ausschuß akzeptierte die Logik dieser Überlegungen, bat mich jedoch, zu den von General Hurley und anderen erhobenen Vorwürfen Stellung zu nehmen, die besagten, Service habe sich damals gegen bestimmte politische Auffassungen der Vereinigten Staaten gestellt, und dies sei Ausdruck einer illoyalen Haltung gewesen. Ich antwortete, ich hätte in seinen Berichten nichts anderes feststellen können als den Wunsch, unserer Regierung klarzumachen, was nach Meinung von Service unsere Politik sein sollte. Das, so sagte ich, sei in der Regierungspraxis nie ein Grund zur Beanstandung gewesen. Falsch wäre nur der Versuch gewesen, unsere Regierung in politischen Fragen nicht aufgrund des eigenen ehrlichen Urteils, sondern zugunsten Dritter oder aus anderen Motiven zu beeinflussen, die er nicht hätte preisgeben wollen. Innerhalb dieser Grenzen wäre nichts dagegen einzuwenden, wenn er seiner Regierung vertraulich mitgeteilt habe, daß er mit irgendeinem politischen Grundsatz, den sie vertrat, nicht einverstanden wäre. Ich würde mir um die Zukunft des auswärtigen Dienstes schwere Sorgen machen, wenn wir es jemals zulassen würden, daß man hier davon ausging, eine von der gegenwärtigen politischen Linie abweichende Empfehlung sei ein Zeichen der Illoyalität.
Einer der beunruhigendsten Aspekte dieser Angriffe gegen einzelne Beamte war die Tatsache, daß diejenigen von uns, die nicht angegriffen wurden, das Gefühl hatten, wir hätten es nur dem Zufall und nicht unserer überlegenen Klugheit oder Tugend zu verdanken, daß uns dieses Schicksal erspart blieb. Man hatte ein gewisses Schuldgefühl, wenn man erlebte, daß andere für Dinge an den Pranger gestellt wurden, die einem ebensogut auch selbst hätten passieren können. Ich habe versucht, dieses Gefühl öffentlich zum Ausdruck zu bringen, als die Ernennung von Philip C. Jessup, einem angesehenen Fachmann für internationales Recht, der erst kürzlich als amerikanischer Delegierter bei der Vollversammlung der Vereinten Nationen erfolgreiche Verhandlungen für das Außenministerium geführt hatte, von einem Unterausschuß des außenpolitischen Senatsausschusses abgelehnt wurde, weil er in seiner politischen Vergangenheit angeblich etwas gesagt oder mit irgendeiner Sache in Verbindung gestanden hätte (ich weiß nicht mehr genau, wie der Vorwurf lautete). Ich entwarf einen Brief an die *New York Times* (der nur deshalb nicht

veröffentlicht wurde, weil mir meine Kollegen im Außenministerium wie üblich davon abrieten, ihn abzuschicken), in dem ich auf das Verhalten des Senats Bezug nahm und dann fragte:

> Wenn treue und erfolgbringende Dienste auf diesem Gebiet mit Demütigungen und Zurückweisungen belohnt werden sollen, was dürfen dann diejenigen von uns erwarten, die hier ebenfalls hervorragende Arbeit geleistet haben, denen aber dieser Stempel bisher noch nicht aufgedrückt worden ist?
> Wir können uns nicht täuschen und glauben, daß es unser Verdienst und nicht reiner Zufall gewesen sei, der es einigen von uns erspart hat, in einem Tätigkeitsbereich zu wirken, der jetzt umstritten ist, Meinungen zu äußern, mit denen die Menschen heute nicht einverstanden sind, oder eine Politik zu unterstützen, die heute in Frage gestellt wird; denn wir wissen, daß es kein Zufall war. Wir können uns nicht mit dem Gedanken trösten, wir würden besser behandelt, weil wir vor langer Zeit andere persönliche Beziehungen gehabt haben, denn wir wissen, daß es kaum ein Kriterium gibt, nach dem sich die gegenwärtige Eignung eines Menschen für den öffentlichen Dienst weniger gut beurteilen läßt. Schließlich dürfen wir auch nicht annehmen, daß abweichende Meinungen ein ausreichender Grund seien. Auf keinem Gebiet kann man sich leichter irren als auf dem Gebiet der Außenpolitik. Nirgends ist es für die Zeitgenossen schwieriger, mit Sicherheit zu sagen, sie könnten zwischen Weisheit und Torheit unterscheiden; und auf keinem Gebiet wäre es weniger angebracht, behaupten zu wollen, Unfehlbarkeit sei die Voraussetzung für die Eignung eines Menschen, in der Außenpolitik zu arbeiten. Die Verschiedenartigkeit der Auffassungen, die als solche ein Zeichen dafür ist, daß bei der Formulierung politischer Grundsätze von gesunden Voraussetzungen ausgegangen wird, ergibt oft eine Vielzahl von Möglichkeiten, und selbst wo einige von uns in bestimmten politischen Fragen mit Mr. Jessup und anderen Kollegen, die öffentlich kritisiert worden sind, nicht übereingestimmt haben, gibt es keinen Grund zu der Annahme, daß wir den Auffassungen ihrer Kritiker eher zugestimmt hätten.

In allen Fällen, die ich hier erwähnt habe, handelte es sich natürlich nur um die Verfolgung von Einzelpersonen, und zwar nur um Fälle, in die ich selbst zufällig verwickelt worden war. Angesichts der Tatsache, daß meine persönliche Stellung im Regierungsapparat besonders viele Angriffsflächen bot, war es nur natürlich, daß diese Fälle fast ohne Ausnahme großes Aufsehen erregten. Ich bin mir aber immer bewußt gewesen, daß es hier um einen viel umfassenderen Komplex von Fehlentscheidungen und Ungerechtigkeiten ging, der das ganze Volk umfaßte und in mancher Weise die Auffassungen, das Verhalten und die Erfahrungen vieler Menschen betraf. Damals gab es überall Versuche, dem guten Ruf bestimmter Leute zu schaden, und viele kamen dabei zu Fall. Es wurden schwarze Listen aufgestellt. Unschuldige wurden aus ihren Positionen entlassen, oder ihre Bewerbungen wurden abgewiesen, obwohl sie für diese Stellungen geeignet waren. Wohlmeinende Bürger – gewöhnlich humane und anständige Leute – beschäftigten sich damit, Bücher aus Bibliotheken zu entfernen und Schulbücher abzulehnen, weil sie glaubten, darin kommunistische Einflüsse festzustellen. Man überprüfte die Vergangenheit von Lehrern und Professoren auf Anzeichen einer irgendwann gezeigten ketzerischen Haltung, und man unternahm alle möglichen Anstrengungen, um dafür zu sorgen, daß niemand zum Lehramt zugelassen wurde, der verdächtig war, als heimtückischer Agent oder ahnungsloser Tölpel für die »kommunistische Verschwörung« zu arbeiten. Tausende von anständigen Leuten stellten sich ebenso wie ein großer Teil der Presse auf diese oder jene Weise in den Dienst dieser mit wilder Begeisterung betriebenen Hexenjagd. Und wie das bei solchen von der Massenhysterie ergriffenen Bewegungen immer ist, die Masse wurde geführt von den erklärten Konvertiten aus dem anderen Lager, den Renegaten dessen, was man fürchtete, von denen, die behaupteten, die intime Bekanntschaft des Teufels gemacht zu haben und seine Methode zu kennen. In diesem Falle waren es die angeblich bekehrten und reuigen ehemaligen Kommunisten.

Europäer, die diese Erscheinungen nach ihren eigenen Erfahrungen beurteilten, sahen in der McCarthy-Hysterie eine Art Neofaschismus und glaubten, die Opfer seien den gleichen Gefahren und Drangsalierungen ausgesetzt wie die Gegner und Opfer Hitlers in den 1930er Jahren. Es amüsierte mich, daß englische Freunde, die zufällig meinen Vortrag an der University of Notre Dame (der weiter unten noch einmal erwähnt werden soll) gelesen hatten, meinten, ich hätte großen Mut aufbringen müssen, so etwas zu sagen. Sie beurteilten die Situation ganz falsch. McCarthy stand keine Polizei zur Verfügung. Die amerikanischen Gerichte ließen sich von ihm kaum beeinflussen. Wer seinen Fall vor ein Gericht bringen konnte, durfte im allgemeinen sicher sein, daß er dort ein Niveau der Rechtsprechung antraf, wie es zu keiner Zeit der neueren amerikanischen Geschichte besser gewesen ist. Gemessen an späteren Vorkommnissen muß man sogar sagen, das mit den Aktionen von McCarthy im Zusammenhang stehende Phänomen sei erstaunlich gewaltlos geblieben.

Aber was Senator McCarthy und andere entdeckt hatten, war einfach der Umstand, daß es in der amerikanischen Gesellschaft einen bestimmten Personenkreis gab – Intellektuelle, Professoren, Berufsbeamte, Direktoren von Stiftungen usw. –, den man unter den in unserem modernen Zeitalter herrschenden Verhältnissen ebenso grausam dadurch bestrafen konnte, daß man seinen Ruf schädigte und ihm die Möglichkeit beschnitt, eine neue Stellung zu bekommen, als wenn man ihn ins Gefängnis sperrte. Es waren Leute, die in den von ihnen gewählten Positionen nur Erfolg haben konnten, wenn sie sich auf ein gewisses Mindestmaß an Vertrauen und Achtung in der Öffentlichkeit stützten. Sie konnten in der Regel ungestraft angegriffen werden, und in der damals herrschenden Atmosphäre war es für den »politischen Erfolg« günstig, wenn man sie angriff. Dann erweckte man den Eindruck des wachsamen, weitblikkenden, begeisterten Patrioten, der entschlossen war, alle Vertreter einer fremden und feindlichen Kultur aus ihren erschlichenen Machtpositionen zu vertreiben. Wer skrupellos genug war, verschaffte sich auf diese Weise die Illusion der Macht – manchmal aber auch wirkliche Macht. Es war die große Gelegenheit für Leute dieses Schlages, die – wie der Marquis de Custine das einmal ausgedrückt hat – dazu neigen, »sich stark zu fühlen, wenn es ihnen gelingt, andere zu opfern«.

Aber wenn der »McCarthyismus« sich auch nicht mit dem Faschismus vergleichen ließ, den die Europäer an sich erfahren hatten, so gab es doch einige Aspekte dieses Phänomens, die genügten, um mir großen Schmerz zu bereiten und die Einstellung gegenüber meinem eigenen Lande zu beeinflussen.

Das Phänomen war in erster Linie ein Anzeichen dafür, daß der Öffentlichkeit völlig das Verständnis für einige unserer größten außenpolitischen Probleme fehlte. Der Kernpunkt war die nicht nur von McCarthy und seinen Anhängern, sondern auch von vielen angesehenen Publizisten, Politikern und prominenten Bürgern im ganzen Lande vertretene These, daß unsere größten Probleme nach dem Kriege, zu denen vor allem die Tatsache gehörte, daß die Länder Osteuropas und China von kommunistischen Regimen beherrscht wurden, nicht in erster Linie die Folgen der Ergebnisse unserer militärischen Operationen gegen Deutschland und Japan und auch nicht der schweren, aber relativ unschuldigen und verständlichen menschlichen Irrtümer waren, durch welche diese Ergebnisse bestimmt worden waren, sondern daß sie sich aus dem Umstand ergaben, daß die Regierung der Vereinigten Staaten in heimtückischer Weise von teuflisch klugen und tüchtigen kommunistischen Agenten unterwandert worden war, daß Alger Hiss in Jalta in Tuchfühlung neben Franklin Roosevelt gesessen hatte, daß ein tugendhaftes und radikal anti-kommunistisches nationalchinesisches Regime »verraten und verkauft« worden sei und China deshalb den Kommunisten durch die geschickten Machinationen von Sowjetfreunden (und vielleicht waren sie sogar etwas noch viel Schlimmeres) wie Davies und Service »auf dem silbernen Tablett« angeboten worden sei. Da weite Kreise diese These übernahmen – und da sie glaubhaft genug vorgetragen werden konnte, um eine so umfassende Bewegung in Gang zu bringen –, mußte ich erkennen, daß die Bemühungen, an denen ich an hervorragender Stelle beteiligt gewesen war und die darin bestanden hatten, der amerikanischen Öffentlichkeit ein realistisches Verständnis für die Ursachen und das Wesen unserer politischen Lage nach dem Kriege zu vermitteln, fehlgeschlagen waren.

Zweitens zeigte die Tatsache, daß Dinge wie die eben beschriebenen in solchem Umfang möglich waren, daß unsere Gesellschaft als Ganzes nicht in der Lage war, das Phänomen des Kommunismus im eigenen Lande in seiner Bedeutung nüchtern zu beurteilen und es dann vernünftig zu behandeln – d. h. zu erkennen, daß in unserer Mitte eine sehr kleine Gruppe von Leuten, die über einen nur sehr geringen Einfluß verfügten, (gewöhnlich aus Temperamentsgründen) einer fremden Ideologie anhing, bereit war, sich von den Führern einer ausländischen Regierung politisch disziplinieren zu lassen, und zu einem bestimmten Zeitpunkt in der Lage gewesen war, eine Anzahl ihrer Anhänger in den Regierungsapparat und andere wichtige Institutionen des öffentlichen Lebens einzuschleusen. Daß dies ein Problem bedeutete, war klar. Kein vernünftiger Mensch hätte es geleugnet. Aber das erste Erfordernis für eine erfolgreiche Bekämpfung solcher Mißstände bestand darin, ihre wirklichen Dimensionen und ihre Bedeutung zu erkennen, und gerade diese Fähigkeit ging in den unglaublichen Übertreibungen und Simplifizierungen verloren, die mit den falschen Thesen von McCarthy akzeptiert wurden.

Das war nicht nur gefährlich, weil sich das Problem des Kommunismus im eigenen Lande so nicht lösen ließ – auf eine Weise, bei der es leicht dazu kommen konnte, daß wir Märtyrer schufen und Sympathien für die Kommunisten weckten, die entstanden, weil man uns mit ihnen verglich. Es war noch gefährlicher, weil die Menschen jetzt gegenüber den wirklich bestehenden nationalen Problemen blind wurden und weil diese Methoden sie unfähig machten, mit solchen Problemen fertig zu werden. Wenn man die Bedeutung eines Faktors bei unseren Schwierigkeiten überschätzte, dann mußten andere natürlich unterschätzt werden. Es war, wie General Marshall es auszudrücken pflegte, ein Kampf gegen das Problem selbst; und das war besonders gefährlich, wenn der Faktor, den man überschätzte, ein äußerer war; denn die Tendenz, alles Böse nach außen zu verlegen, bewies bei Gruppen von Menschen ebenso wie beim einzelnen das Versagen der kritischen Fähigkeiten, wenn sie gegen einen selbst anzuwenden sind. Es war ein Mangel an Selbsterkenntnis. Psychologisch und praktisch gab es nichts Gefährlicheres.

In einem Vortrag, den ich im Mai 1950, als ich noch im Amt war, in meiner Geburtsstadt Milwaukee hielt, sagte ich[8]:

> Wenn Sie die Entwicklungen, die in Wirklichkeit Teil der kumulativen Wirkung des Verhaltens ganzer Völker und Völkergruppen in der Vergangenheit sind, seichten, vergänglichen und substanzarmen zeitgenössischen Ursachen zuschreiben wollen, dann verbauen Sie sich den Blick für die Realitäten dieser Welt ... Wir müssen lernen, die wirklichen Ursachen für unsere Schwierigkeiten zu erkennen.

[8] Ich hielt diesen Vortrag am 5. Mai 1950 auf einer Sitzung des Instituts für amerikanische Außenpolitik. In Milwaukee tobte an diesem Abend der heftigste Sturm seit Jahrzehnten. Reklametafeln wurden von den Gebäuden geweht, und man hörte das Krachen zuschlagender Türen. Der nach meiner Meinung gute Vortrag wurde mit höflicher Langeweile aufgenommen, denn meine Zuhörer verstanden nur die Hälfte und wurden von dem, was draußen geschah, abgelenkt.

Zu den politischen Folgen der Vorgänge in der McCarthy-Ära kamen noch die kulturellen und geistigen. Sie waren zwar schwieriger zu definieren, aber nicht weniger beunruhigend; denn die politische Intoleranz wurde von einer vergleichbaren Intoleranz auf anderen Gebieten begleitet, einem immer stärker werdenden Anti-Intellektualismus, einem Argwohn gegenüber dem Denken, einem Mißtrauen gegenüber der Erziehung und gegenüber den Auswirkungen von Kontakten mit dem Ausland und fremden Einflüssen auf den einzelnen, der Forderung nach Uniformität im Rahmen eines billigen, provinziellen Chauvinismus. Das Phänomen des McCarthyismus nährte sich hier von Reaktionen, die sich eher aus der geographischen Tradition erklären ließen, von dem Mißtrauen westlicher Demokraten gegenüber einem angeblich entkräfteten und dekadenten Osten; von der Abneigung, die man gegenüber Leuten empfand, die »sich aufspielten« und mit gefährlichen Ideen umgingen. Es gab natürlich auch im Osten der Vereinigten Staaten zahlreiche Anhänger von McCarthy, aber er selbst stammte aus meinem Heimatstaat Wisconsin. Seine lautstärksten und willigsten Anhänger schien er in den Gebieten zu finden, die zwischen Wisconsin und Südkalifornien lagen; und die Kräfte, deren Symbol er war, wurden gespeist von den vielen endemischen Neurosen, an denen die Leute in diesen Gebieten krankten.

Ich glaubte in diesen Tendenzen eine primitive Haltung und eine dahinterstehende Brutalität zu spüren, die nicht nur die Freiheit des Gedankens im politischen Sinne, sondern auch den kulturellen Fortschritt des Landes im allgemeinen bedrohten. Auf einem solchen Boden konnte weder eine große Kultur wachsen, noch die bestehende erhalten werden.

Ich versuchte, diesen Gedanken zum Ausdruck zu bringen, als ich im Frühjahr 1953, bedrängt von den Sorgen um mein Ausscheiden aus dem Staatsdienst und die verschiedenen Sicherheitsprobleme, zu meiner freudigen Überraschung aufgefordert wurde, die Ehrendoktorwürde entgegenzunehmen und bei dieser Gelegenheit bei der Einweihung eines neuen Zentrums für die bildenden Künste an der University of Notre Dame eine Ansprache zu halten. Wahrscheinlich werde ich niemals erfahren, welchen Umständen ich diese Einladung zu verdanken habe. Aber gerade damals hat es mir große Freude gemacht, und ich kann mich kaum an ein erfreulicheres und ermutigenderes Erlebnis erinnern.

Ich ergriff die Gelegenheit, um die sicherlich schärfste gegen die McCarthy-Bewegung gerichtete Ansprache meines ganzen Lebens zu halten. Nachdem ich die Kräfte des militanten Anti-Kommunismus sehr ähnlich geschildert hatte wie auf den vorangegangenen Seiten dieses Buches, sagte ich voraus, daß meine Gastgeber bei dem Vorhaben, ein Zentrum für die bildenden Künste zu unterhalten, sich eines Tages mit diesen Kräften ebenso würden auseinandersetzen müssen, wie viele von uns es schon heute im politischen Leben täten, wenn dieses Vorhaben zum Erfolg führen sollte. Warum? Weil die fraglichen Kräfte außerordentlich engherzig wären. Sie neigten dazu, den kulturellen Austausch zu behindern. Sie stellten sich vor, Amerika könnte auch ohne die Anregungen auskommen, die durch kulturelle Kontakte vermittelt würden. Sie »blickten mißtrauisch sowohl auf die Quellen intellektueller und künstlerischer Entwicklungen in diesem Lande als auch auf die Impulse, welche wir auf diesen Gebieten aus dem Ausland erhalten«. So neigten sie dazu, uns mit einem ähnlichen eisernen Vorhang zu umgeben, wie wir ihn ablehnten, wenn wir feststellten, daß sich unsere kommunistischen Gegner mit ihm umgäben.
Aber darüber hinaus zeichneten sich, wie ich sagte, diese Kräfte durch ihre Intoleranz aus.

> Sie nehmen für sich das Recht in Anspruch, einen bestimmten Bereich unseres nationalen Lebens als jenseits der Grenzen zu definieren, innerhalb derer es der Zustimmung durch die Öffentlichkeit bedarf. Diese Definition wird weder durch das Gesetz noch durch eine andere geltende Autorität vorgenommen. Sie wird vorgenommen durch unklare Andeutungen und Vermutungen. Und der Kreis schließt sich immer enger. Man hat den Eindruck, daß diese Leute, wenn man ihnen keinen Widerstand leistete, das Gebiet der politischen und kulturellen Achtbarkeit so weit einengen würden, daß nur sie, die erregten Ankläger, selbst hineingehörten, aber alles andere und jeder andere, der sich nicht bereit findet, zu denunzieren, ausgeschlossen bleibt.

Dann machte ich darauf aufmerksam, welchen Wert viele der Hexenjäger dem Ritual der Denunziation beimaßen, d. h., ich wies auf ihr Verlangen hin, daß bestimmte Leute die Aufrichtigkeit ihrer antikommunistischen Einstellung dadurch beweisen müßten, daß sie sich an der Entlarvung und Denunziation anderer beteiligten. Im Zusammenhang mit diesem Phänomen stellte ich die Frage: »Was ist das für eine Arroganz?«

> Jeder von uns hat seine Bürgerpflichten. Jeder von uns hat im Hinblick auf die Grundsätze der Loyalität und Anständigkeit moralische Verpflichtungen. Ich sage nicht, daß man der Pflichtvergessenheit das Wort reden soll. Aber darüber hinauszugehen, zu sagen, es genüge nicht, ein gesetzestreuer Bürger zu sein; zu behaupten, daß wir alle die Verpflichtung haben, aufzustehen und Erklärungen diesen oder jenen Inhalts im Hinblick auf andere Personen abzugeben, oder daß wir anderenfalls als Verdächtige eingestuft werden müßten – das zu behaupten ist die Einführung eines neuen öffentlichen Rituals. Es bedeutet, daß man sich selbst die Vollmachten des geistlichen und weltlichen Gesetzgebers anmaßt; daß man die Definition des sozialen Wohlverhaltens zu einer Angelegenheit der Furcht angesichts unbestimmter und irregulärer Kräfte macht, und nicht zu einer Sache des Vertrauens zu der Schutz gewährenden Disziplin des Gewissens und des Rechts.
>
> Für so etwas gibt es meines Wissens keine moralische oder politische Vollmacht. Ich zittere, wenn ich sehe, daß bei diesen Versuchen aus emotionalen politischen Strömungen des Augenblicks ein semireligiöser Kult gemacht wird, und besonders wenn ich bemerke, daß diese Strömungen ausschließlich negativer Art sind, daß sie nur an Haß und Furcht appellieren und nie an die Fähigkeit des Menschen, zu verzeihen, zu helfen und zu verstehen. Ich habe mehr als zehn Jahre meines Lebens in totalitär regierten Ländern gelebt. Ich weiß, wohin diese Dinge führen. Ich weiß, daß man damit der Leichtgläubigkeit und der Seelenruhe seiner Mitmenschen in erschütternder und zynischer Weise den denkbar schlechtesten Dienst erweist.

Diese Befürchtungen erscheinen heute unbedeutend. Einer der erfreulichen Aspekte des Radikalismus der Studenten eines späteren Jahrzehnts wäre gerade eine Ablehnung der Haltungen, gegen welche ich hier gewettert hatte, wären gerade seine Bereitschaft, ästhetische – wenn nicht sogar intellektuelle – Anregungen aus anderen Zeiten und Ländern in sich aufzunehmen. Aber ich zitiere diese Ausschnitte aus meiner Ansprache, weil sie vielleicht illustrieren, wie umfassend und wie tief die Befürchtungen waren, die durch die Atmosphäre der McCarthy-Hysterie erzeugt wurden – wie nahe sie an der Grenze der ständigen und uns eher vertrauten negativen Aspekte der amerikanischen Zivilisation lagen und dazu neigten, sich mit ihnen zu vermischen.

Es gab noch einen weiteren Aspekt des McCarthyismus, den wir erwähnen müssen, einen Aspekt, der meine Einstellung zu meinem Lande und meiner Zeit vielleicht stärker beeinflußt hat als jeder andere. Das war das klägliche Versagen der amerikanischen Regierung, und zwar sowohl der Legislative als auch der Exekutive, die beide mit diesem Phänomen nicht fertig werden konnten. Sie vermochten es nicht zu analysieren, es gegenüber unserem Volk als das darzustellen, was es wirklich war, und waren nicht in der Lage, ihm ein Ende zu setzen. Als wir zum erstenmal mit seinen unerhörten Übertreibungen konfrontiert wurden (wie damals, als ich in Südamerika erfuhr, daß McCarthy sich damit gebrüstet hatte, angebliche Kommunisten im Außenministerium entlarvt zu haben), blickten viele von uns auf die führenden Persönlichkeiten in der Regierung und erwarteten von ihnen, daß sie eingreifen und die Dinge in Ordnung bringen würden. Diese Erwartungen wurden schmählich enttäuscht.

Die meisten Abgeordneten und Senatoren waren schon so tief in das Ritual und die Semantik des Antikommunismus verstrickt – sie hatten entweder versucht, selbst Kapital daraus zu schlagen, oder fürchteten sich, diesen Erscheinungen entgegenzutreten, weil sie sich gegenüber ihrer Wählerschaft nicht ins falsche Licht setzen wollten –, daß sie nicht in der Lage waren, sich auch nur dem Possenspiel des Senators aus Wisconsin entgegenzustellen, mit dem dieser sie selbst in eine peinliche Lage und die gesamte Legislative, zu der sie gehörten, in Mißkredit brachte. Im ganzen Senat fanden sich nur zwei Männer – William Benton von Connecticut und der schon bejahrte Ralph Flanders von Vermont –, die, und das muß man ihnen hoch anrechnen, den Mut aufbrachten, McCarthy herauszufordern und sich ihm und seinen Methoden kompromißlos entgegenzustellen. Überall anders versuchte man sich verschämt aus der Affäre zu ziehen, und es ist bezeichnend, daß, als sein Verhalten schließlich unerträglich wurde und etwas geschehen mußte, ihm nur indirekt Steine in den Weg gelegt wurden und man ihn wegen nebensächlicher Begleitumstände diskreditierte. Es gelang nie, den ganzen Senat zu mobilisieren, um ihn dafür zur Verantwortung zu ziehen, wodurch er dem öffentlichen Leben in seinem Lande am meisten geschadet hatte.

Die Regierungsexekutive war nicht viel besser. Die Ministerien und andere Regierungsbehörden kapitulierten nacheinander vor den Kräften, die jetzt tätig geworden waren, neue Verfahren für die Anwendung von Sicherheitsbestimmungen einführten, prahlten, mit welchem Erfolg sie Sicherheitsrisiken ausgeschaltet hätten, und sich in ihrem Eifer überschlugen, um den Eiferern im Kongreß zu beweisen, wie wachsam und rechtschaffen sie seien. Am Beispiel des Außenministeriums haben wir bereits gesehen, wie die höheren Beamten dort auf dieses Phänomen reagierten, indem sie sich um die Verantwortung drückten, sich nicht hinter ihre verfolgten Untergebenen stellten und die Begriffe sich verwirrten. Es ist traurig sagen zu müssen, daß keiner der beiden Präsidenten, in deren Regierungszeit es zu diesen schändlichen Vorgängen kam, sich ihnen entschieden und an erster Stelle widersetzt habe. Harry Truman hat das, Gott weiß, nicht aus Mangel an Zivilcourage versäumt, sondern weil er diese Dinge als normale Erscheinungen im Rahmen der in der Opposition stehenden Republikanischen Partei und ihrer Praktiken ansah. Dwight Eisenhower versagte, weil er sich der wirklichen Verantwortlichkeiten seines Amtes als Präsident nicht klar bewußt war.

Angesichts dieses Versagens wurde das Phänomen der McCarthy-Hysterie vom politischen Establishment des Landes niemals entschieden abgelehnt. McCarthy wurde sogar ermutigt, und man erlaubte ihm, sich mit Hilfe der Fernsehkameras selbst zu schlagen und in Mißkredit zu bringen, was auch wunderbar gelang. Aber die Bewegung, deren er sich bedient hatte, wurde nicht zugleich mit ihm diskreditiert. Im Lauf der Zeit schwand sie allmählich und zum Teil dahin, aber das politische Leben in Amerika hatte noch lange unter ihren Auswirkungen zu leiden. Noch weitere zwei Jahrzehnte gab es – wie wir sehen werden, wenn wir uns demnächst dem Problem unserer Beziehungen zu Jugoslawien zuwenden – keinen Präsidenten, der den anti-kommunistischen rechten Flügel des politischen Spektrums nicht fürchtete und seine Haltung nicht modifizierte, um diese Leute zu besänftigen und sich nicht ihre Feindschaft zuzuziehen.

Wenn ich selbst die Prüfungen dieser Zeit besser überstanden habe als andere, dann muß ich das mehr dem Glück als meinem Verdienst zuschreiben. Sie haben bei der Beendigung meiner Karriere im auswärtigen Dienst eine Rolle gespielt, mich aber weder um meinen guten Ruf noch um meinen Lebensunterhalt gebracht. Gelegentlich wurde ich angegriffen, manchmal bezeichnete man mich sogar als »Sozialisten« oder »Marxisten«, aber diese Angriffe haben kaum etwas bewirkt. Ich habe niemals so schlimme persönliche Demütigungen erfahren, wie etwa Davies sie erleben mußte, weil sich die Veröffentlichung seines Falles so ungeheuer ungünstig für ihn auswirkte.

Was die McCarthy-Hysterie in meinem Fall bewirkte, war, daß sich in meinem Bewußtsein Zweifel an der Eignung unseres politischen Systems für die Rolle einer Großmacht in unserem modernen Zeitalter und an dem Verständnis festsetzten, das die Öffentlichkeit für diese Rolle aufbrachte, denn von dem Ausmaß dieses Verständnisses hing es ab, ob wir unseren Aufgaben gerecht werden konnten. Ein politisches System und eine öffentliche Meinung, die durch eine solche Herausforderung in einer Epoche so leicht desorientiert werden konnten, würden in einer folgenden Epoche durch ähnliche Herausforderungen nicht weniger verwundbar sein. Nach diesen Erfahrungen Ende der 1940er und Anfang der 1950er Jahre konnte ich nie wieder den gleichen Glauben an amerikanische Regierungsgrundsätze und an die überlieferte amerikanische Weltanschauung zurückgewinnen, den ich trotz aller entmutigenden Erfahrungen, welche ich im öffentlichen Leben hatte machen müssen, vor jener Zeit gehabt hatte.

X

Die Reith Lectures von 1957

Diese Erinnerungen waren in erster Linie als Bericht über meine persönliche Beteiligung an der Behandlung der großen Probleme des sogenannten Kalten Krieges gedacht, als Bericht, der nach meiner Ansicht seine Rechtfertigung darin fand, daß einige der Auffassungen, die ich von Zeit zu Zeit geäußert habe, und die vielen Fragen und Mißverständnisse, welche diese Auffassungen angeregt und verursacht haben, einer so breiten Öffentlichkeit bekannt geworden sind. Einer inneren Notwendigkeit folgend mußte meine Tätigkeit als Regierungsbeamter den Mittelpunkt eines solchen Berichts bilden. Hier lag schließlich der Hauptanlaß, und dies war auch die Szene meiner Beteiligung an diesen Entwicklungen. Man könnte daher logischerweise erwarten, daß er mit der Beendigung meiner Amtszeit 1953 abgeschlossen würde. Es gibt jedoch noch zwei spätere Episoden – 1957 die von mir in England gehaltenen Reith Lectures und meine Zeit als Botschafter in Jugoslawien von 1961 bis 1963 –, die einen Platz in diesem Bericht beanspruchen dürfen, die letztere, weil ich wieder in den Dienst der Regierung getreten war, die erste, weil es hier besonders um die gleichen Probleme der Regierungspolitik ging und weil dabei die Differenzen mit Kollegen und anderen, die während und außerhalb meiner vorangegangenen Zeit im Staatsdienst aufgetreten waren, nun auf öffentlicher Szene weitergingen. Die Reith Lectures waren das erste Ereignis, und sie haben deshalb den Vortritt.
An der Universität von Oxford gibt es seit langem einen besonderen Lehrstuhl, die »Eastman Professorship«, der vor vielen Jahren von dem verstorbenen George Eastman, dem Gründer der Firma Eastman Kodak, gestiftet wurde und der alljährlich von einem dazu eingeladenen amerikanischen Professor eingenommen wird. 1955 erhielt ich die Aufforderung, diesen Lehrstuhl zu besetzen, und nahm sie für das akademische Jahr 1957 bis 1958 an.

Anfang 1957 erhielt ich jedoch eine weitere Einladung, mit der ich aufgefordert wurde, im Herbst jenes Jahres im Home Service der BBC die jährlich gesendete Vorlesungsreihe, die sogenannten Reith Lectures, zu halten.

Das war ein sehr verführerisches Angebot. Ich würde ohnedies in England sein und brauchte keine zweite Reise dafür zu unternehmen. Die Vorlesungsreihe war das Beste, was die britischen Medien anzubieten hatten. Sie bestand aus sechs Vorträgen, die an sechs aufeinanderfolgenden Sonntagabenden zur günstigsten Sendezeit nach den Abendnachrichten um 9.00 Uhr »live« gehalten wurden. Bisher hatte eine Anzahl bedeutender Persönlichkeiten diese Vorträge gehalten, und zu ihnen gehörten Bertrand Russell, Arnold Toynbee, Oliver Franks und Robert Oppenheimer; ich fühlte mich geschmeichelt, ihrer Gesellschaft für würdig gehalten zu werden. Aus der Entfernung von einigen Monaten betrachtet schienen es nur kurze Vorträge zu sein. Für jeden stand etwas weniger als eine halbe Stunde zur Verfügung. In meinem leichtsinnigen Optimismus glaubte ich, ich würde schon etwas zu sagen finden, wenn die Zeit herangekommen sei, und ich rechnete nicht damit, daß ich durch allzu großes öffentliches Interesse in Bedrängnis geraten würde. Schließlich hatte ich auch bei anderen Vorträgen Erfolg gehabt, die mit gewissen Anstrengungen verbunden gewesen waren. Warum sollte ich mir also jetzt besondere Sorgen machen? Ich nahm deshalb den Vorschlag an.

Die erste leise Ahnung davon, auf eine wie gewichtige Sache ich mich eingelassen hatte, dämmerte mir, als die BBC mir im Frühjahr, fast ein halbes Jahr vor Beginn der Vorträge, eine ihrer begabtesten Redakteurinnen, Miß Anna Kallin, von London nach Princeton schickte, die mit mir über die Vortragsreihe sprechen und mich beraten sollte, soweit ich ihre Ratschläge brauchte und annehmen wollte. Die Zusammenarbeit mit ihr war vom ersten Tage an erfreulich und fruchtbar. Miß Kallin war im kaiserlichen Rußland geboren und aufgewachsen. Wir fanden viele Gemeinsamkeiten und stellten fest, daß wir eine Reihe gemeinsamer Freunde hatten. Ihre redaktionelle Urteilsfähigkeit und Sensibilität waren hervorragend, und ich hätte keinen besseren Berater finden können. Oft habe ich gedacht, die große Anstrengung, welche die Vorträge mit sich brachten, hätte sich schon gelohnt, wenn ich dafür nur diese Freundschaft gewonnen hätte. Aber ihr Besuch ließ mich erkennen, welche Bedeutung man den Vorträgen in England beimaß, und ich fing an, zu begreifen, was mir bevorstand.

Das größte Problem war von Anfang an die Auswahl des Themas. Ich weiß noch, daß ich in jenem Frühjahr eine Zeitlang mit dem Gedanken spielte, über die anglo-amerikanischen Beziehungen zu sprechen, aber bald erkannte, daß ich zu diesem Thema nicht genug zu sagen hatte, um sechs Vorträge damit zu füllen. Im übrigen wollten die Leute das auch gar nicht von mir hören. Als ich im Spätsommer in Oxford eintraf, hatte ich das unbestimmte und resignierende Gefühl, ich werde wahrscheinlich wieder auf vertrauten Pfaden wandeln und über Rußland und den Kalten Krieg sprechen müssen. Als die Zeit für den ersten Vortrag gekommen war, hatte ich nur einen oder zwei Vorträge entworfen. In Oxford hatte ich mich inzwischen gut eingelebt. Das Semester hatte begonnen, und meine Aufgabe war es, zweimal wöchentlich an der Universität über die Geschichte der sowjetischen Außenpolitik zu lesen.

Diese akademischen Vorlesungen nahmen mich stark in Anspruch. Sie waren der Hauptgrund für meinen Aufenthalt in England und meine wichtigste Verpflichtung. Sie wurden mit der ganzen überlieferten Feierlichkeit in einem der imposanten Gebäude der »Schools« abgehalten – im großen Hörsaal in der High Street – in einer Atmosphäre geräumiger viktorianischer Pracht. Meine akademische Zuhörerschaft war zahlreicher, und es befanden sich vornehmere Leute darunter, als ich es erwartet hatte[1]. Deshalb mußte ich um so mehr Zeit und Sorgfalt auf die Vorbereitung verwenden. Auch auf diese Vorlesungen hatte ich mich aus Zeitmangel nicht im voraus vorbereiten können. Mit einer oder zwei Ausnahmen mußte ich jetzt jede Woche einen etwa zehntausend Worte umfassenden fertigen Text schreiben; und mit dem Schreiben allein war es nicht getan. Es gehörte ein Quellenstudium dazu, und dafür standen mir die Bibliotheken in Oxford zur Verfügung, die zwar sehr reichhaltig waren, für die es aber keine Zentralkartei gab, so daß das Auffinden der einzelnen Quellen im Vergleich zur Arbeit an unseren amerikanischen Bibliotheken recht schwierig war. So geriet ich zwischen den umfangreichen Vorarbeiten für die Vorlesungen in Oxford und die wöchent-

1 Später wurden die Vorlesungen in einem Buch mit dem Titel *Russia and the West under Lenin and Stalin* zusammengefaßt und 1961 von dem Verlag Atlantic Monthly Press–Little, Brown and Company veröffentlicht.

lichen Rundfunkvorträge, die – wie wir bald sehen werden – hohe Anforderungen an mich stellten, in arge Bedrängnis.
Die Dinge komplizierten sich dadurch, daß das College Balliol, dem der Eastman-Professor automatisch zugeteilt wurde, diesem weder ein Büro noch eine Sekretärin zur Verfügung stellen konnte. Ich sah mich daher gezwungen, aus dem Eßzimmer unserer Wohnung an der Merton Street ein Büro zu machen. Hier schrieben die englischen Sekretärinnen, die ich selbst angestellt hatte, fröhlich und pflichttreu meine Texte auf der Maschine. Ich selbst arbeitete, während ich zwischendurch immer wieder an das Telefon am anderen Ende eines langen Flurs geholt wurde, fieberhaft an den Vorlesungsmanuskripten für Oxford und London, für die ich wöchentlich etwa dreizehntausend Worte verfassen mußte (und da jeder Vortrag mindestens drei Entwürfe verlangte, waren es eher vierzigtausend). Meine arme Frau, die den heutigen Verhältnissen entsprechend keine Dienstboten hatte, versuchte in der gleichen unruhigen Umgebung, die Kinder zu versorgen, den Haushalt in Ordnung zu halten und die Mahlzeiten zuzubereiten. Wenn ich heute an die Mühen zurückdenke, die das zu einer Zeit gekostet hat, als die asiatische Grippe in Oxford herrschte, an der auch wir alle erkrankten, dann wundere ich mich nicht nur darüber, daß die Rundfunkvorträge nicht immer so ausgefallen sind, wie ich es erwartet hätte, sondern daß ich überhaupt dazu gekommen bin, sie zu halten.
Aber nicht nur die Vorbereitungen, sondern auch der ganze technische Ablauf der Proben und des Sprechens der wöchentlichen Vorträge erwiesen sich als bedeutend anstrengender und ermüdender, als ich geglaubt hatte. Zusammen mit der für die Vorbereitungen aufgebrachten Mühe – und weil man sich zwischendurch auch ausruhen mußte – hätten schon sie allein genügt, meine Zeit auszufüllen, und ich hätte sie nicht zugleich mit anderen Verpflichtungen und Vorhaben übernehmen dürfen. Jeden Samstag mußte ich nach London fahren, um den am folgenden Tage zu haltenden Vortrag zu redigieren und zu proben. Der Text wurde dabei auf die zur Verfügung stehende Zeit zugeschnitten. Dann hörten wir uns die Tonaufnahme an, und es begann – mit der geschickten und taktvollen Unterstützung von Anna – die Redaktion. Manchmal waren es nur geringfügige Veränderungen im Satzbau, gelegentlich mußten aber auch vollständige Abschnitte des Vortrags ausgewechselt werden. Dabei lernte ich eine Menge von Miß Kallin, vor allem das Fortlassen von Einleitungen

und das Vermeiden ungebräuchlicher Ausdrücke (damit der Hörer sich nie fragen mußte, »Wie war das doch?«). Dadurch erhöhte sich – dessen bin ich sicher – die Wirkung der Rundfunkvorträge erheblich. Am Sonntagabend fuhr ich dann noch einmal nach London zu dem Studio der BBC in der Great Portland Street, von wo der Vortrag gesendet wurde. Nachdem ich zum Schluß noch die allerletzten Korrekturen und Zusätze in meinem Text angebracht hatte, führte man mich kurz vor 9.00 Uhr in ein großes, von Glaswänden umgebenes Zimmer, in dem es außer zwei Stühlen, einem großen Tisch mit einem Mikrophon darauf, einer großen Wanduhr und einem Rundfunkempfänger keine Möbel gab. Durch doppelte Glasscheiben am Ende des Zimmers konnte man sehen, wie sich die Techniker bewegten, während sie die Sendung überwachten und die Aufnahmegeräte bedienten.
Kurz vor 9.00 Uhr erschien der Ansager, und dann hörte man die Nachrichten im Empfangsgerät. Der Ansager – nur selten kam zweimal hintereinander derselbe – war auch in Wirklichkeit ebenso unpersönlich und anonym, wie es die Stimmen, die man hörte, wenn man die Sender der BBC einschaltete, sprichwörtlich waren. Schweigend saßen wir uns gegenüber, solange die Nachrichten gesprochen wurden, und beobachteten aufmerksam die Uhr. Dabei kritzelte ich immer noch fieberhaft in meinem Manuskript herum, weil ich glaubte, ich könnte noch im letzten Augenblick etwas tun, um eine fürchterliche Blamage zu vermeiden und einen einigermaßen annehmbaren Vortrag daraus zu machen.
Während der Zeiger unaufhaltsam auf 9.15 Uhr vorrückte, war mir zumute, als stünde ich kurz vor der Hinrichtung. Mit einer scheinbar perversen Beschleunigung flogen die letzten Sekunden dahin. Nun gab der Techniker auf der anderen Seite der Glaswand ein Zeichen mit der Hand, um uns mitzuteilen, daß die Mikrophone eingeschaltet waren. Der Ansager sprach die einführenden Worte und schloß mit dem endgültigen und gnadenlosen »Mr. Kennan«, um dann leise und auf Zehenspitzen das Zimmer zu verlassen. Jetzt wußte ich, daß ich für die nächsten 28½ Minuten allein sein würde, so allein, wie ich noch nie vorher gewesen war, so allein, wie ich hoffte, nie wieder sein zu müssen, um mich in meiner Einsamkeit zu bewähren oder zu versagen, und das hing nur von mir selbst ab, und kein anderes menschliches Wesen konnte mir jetzt noch helfen. Anna Kallin hatte alles getan, was sie für mich tun konnte. Die nächsten 28½ Minuten

würde ich nun sprechen müssen, um irgendwie irgend etwas zu sagen, und wenn ich jetzt niesen oder mir die Nase schnauben mußte – gar nicht davon zu reden, daß ich in einen Augenblick der Panik geraten könnte, etwas vergaß oder die Manuskriptseiten in Unordnung brachte –, dann war die Katastrophe unvermeidlich.
Hätten diese Vorträge nicht mehr als die im allgemeinen zu erwartende öffentliche Aufmerksamkeit erregt – hätte die Öffentlichkeit sie als höfliche Geste gegenüber einem als Gast in England weilenden bekannten Wissenschaftler akzeptiert, der von einer entsprechenden Anzahl interessierter Fachleute und freundlicher Bekannter angehört wurde und dem die Presse gelegentlich mit einer kurzen Erwähnung Anerkennung zollte –, dann wäre das alles, wenn auch angesichts der Überbelastung meiner Zeit und Energie anstrengend und schwierig, so doch erträglich gewesen. Was aber geschah, hatte niemand vorausgesehen oder sich träumen lassen. Noch heute fällt es mir schwer, es zu beschreiben, denn das könnte so klingen, als wollte ich damit prahlen, während ich in Wirklichkeit mit Kummer und Reue an die ganze Episode zurückdenke.
Den ersten deutlichen Hinweis darauf, wie die Vorträge aufgenommen werden würden, erhielt ich an einem Samstagvormittag während der Probe zu einer der ersten Sendungen. Ich blickte zufällig durch die Glaswand und sah eine der Technikerinnen, eine kleine, drahtige Cockneyfrau, von der ich später erfuhr, daß sie mit einem Londoner Bobby verheiratet war, die jetzt vor Begeisterung mit der Faust auf den Tisch schlug.
Das war aber nur ein Vorgeschmack dessen, was mir bevorstand. Mit einem gewissen Schuldgefühl muß ich annehmen, daß die Vorträge, die nicht nur direkt in England gesendet, sondern später mit Tonbandaufnahmen in ganz Kanada und von einem der großen amerikanischen Rundfunknetze ausgestrahlt sowie in vielen Sprachen veröffentlicht wurden, zu einer der am meisten gehörten politischen Vortragsreihen wurden (wenn diese Sendung nicht sogar den absoluten Rekord hielt), die je irgendwo gehalten worden war. Diese kühne Behauptung aufzustellen und zu sagen, daß die Vorträge auch anderswo eine bisher noch nicht dagewesene Welle von Diskussionen ausgelöst haben, dürfte noch nicht genügen, das Außerordentliche dessen zu schildern, was geschah. Vielleicht wäre es das Beste, wenn ich aus dem riesigen Stapel von Zeitungsausschnitten auf meinem Schreibtisch ganz willkürlich einige herausgriffe und daraus zitierte.

Der Londoner *Daily Telegraph* schrieb: »In den vergangenen sechs Wochen wurden der britischen Öffentlichkeit an jedem Sonntagabend die schulmeisterlichen Ratschläge und Ermahnungen von Mr. George Kennan präsentiert... Wie der sprichwörtliche *Hound of Heaven* hat er uns ›gelassenen Schrittes, ohne Eile und mit majestätischer Eindringlichkeit‹... die verschlungenen Pfade seines Geistes auf der Suche nach der richtigen Einschätzung und Lösung der Schwierigkeiten der freien Welt entlanggeführt. Es war eine der am stärksten beachteten intellektuellen Suchaktionen in der Geschichte des Rundfunks.«

Die Zeitschrift *Life* schrieb: »Die inoffiziellen Äußerungen eines pensionierten amerikanischen Diplomaten sind in der ganzen westlichen Welt zu einem wichtigen politischen Thema geworden... Die Reith Lectures sind in Großbritannien immer ein besonderes Ereignis, aber die von Kennan gehaltenen Vorträge bildeten im größten Teil von Westeuropa eine Sensation. Das Echo der Auffassungen von Kennan wird sich noch viele Wochen im politischen Meinungsstreit vernehmen lassen.«

Ernst Friedlaender sagte im Norddeutschen Rundfunk: »Man darf wohl sagen, nur selten hat eine politische Vortragsreihe bisher irgendwo in der Welt so lebhaftes Interesse erregt... Jeder politisch Interessierte spricht heute von Kennan; sogar der Mann auf der Straße, dem so oft nachgesagt wird, er sei politisch uninteressiert, spitzt die Ohren... Und das ohne irgendwelche Propaganda und sicher ohne jede offizielle Unterstützung.«

Max Ascoli schrieb im *Reporter*: »Die Gedanken eines einsamen Mannes, der in seinem eigenen Lande nicht sehr zu Hause ist, machten in jedem Lande ungeachtet der dort herrschenden politischen Ordnung von sich reden. Seine Gedanken wurden in jede Sprache übersetzt, der sich die Menschen bedienen, um sich mitzuteilen, welche Sorgen sie sich um das Überleben dieser Erde machen. Und in jeder dieser Sprachen wurden sie kommentiert.«

In der *Washington Post and Times Herald* schrieb Max Freedman: »Zu keiner Zeit in der Geschichte der British Broadcasting Corporation haben irgendwelche Vorträge die Aufmerksamkeit der Welt in dem Maße erregt wie die sechs Vorträge... die George F. Kennan jüngst in London gehalten hat. Die Regierungen haben sie studiert, und in vielen Ländern sind sie Anlaß zu Diskussionen gewesen.«

In der *Chicago Sun-Times* schrieb Joseph Alsop: »Was Kennan über die Sowjetunion und ihre Beziehungen zum Westen zu sagen hatte, fand in Großbritannien, Frankreich und Westdeutschland mehr Interesse und ließ die Widersprüchlichkeit der Meinungen deutlicher zum Ausdruck kommen als irgendeine Äußerung des Präsidenten Eisenhower oder des Außenministers John Foster Dulles aus jüngster Zeit ... Zum Entzücken der meisten jetzt kaltgestellten Politiker hat Kennan genug Aufmerksamkeit erregt, aber bezeichnenderweise hat das alles ihn selbst nur traurig gemacht.«
Im *Forum* (Westdeutschland) hieß es: »Zwei nicht Beteiligte, N. A. Bulganin und George F. Kennan, haben die Pariser NATO-Konferenz stärker beeinflußt als alle dort versammelten Staatsmänner und Politiker.«
In *New Republic* konnte man lesen: »Kein Ereignis aus neuerer Zeit – wahrscheinlich nicht einmal der Start der beiden sowjetischen Sputniks oder das Versagen der amerikanischen Weltraumrakete – hat auf die denkenden Menschen in Deutschland einen tieferen Eindruck gemacht als die Erklärungen von ... George Kennan.«
Man sollte jedoch nicht nur feststellen, daß sich die Wirkung meiner Vorträge in zahlreichen Veröffentlichungen der Presse zeigte, sondern auch hinzufügen, daß die gewaltige Reaktion, die darauf folgte, eigenartigerweise durchaus nicht immer zustimmend war. Im Gegenteil; kaum jemand, der in Presse und Rundfunk dazu Stellung nahm, erklärte sich mit allem, was ich gesagt hatte, einverstanden, und die meisten Kritiker – unter ihnen eine Reihe angesehener Leute – erhoben heftige Einwände gegen viele Teile meiner Ausführungen. Was mir jedoch peinlicher war als alles andere, war die Tatsache, daß sich die Kritik gegenüber meiner Person fast ausnahmslos sehr respektvoll verhielt und es nach Möglichkeit vermied, meine persönlichen Gefühle zu verletzen. Wie beachtlich das Echo auch in anderer Hinsicht gewesen sein mag, sicher hat man noch niemals einem Menschen die in den Augen seiner Kritiker so bedauerlichen Denkfehler so allgemein und großzügig verziehen.
Wie läßt sich diese Reaktion erklären?
Bei dem Versuch, diese Frage zu beantworten, muß ich die Frage nach der Wirkung des Vortrags und der Stimme im Radio ganz beiseite lassen. Andere könnten dazu eher etwas sagen als ich. Wenn ich nur den Inhalt der Vorträge, wie sie gehalten und später veröffentlicht wurden, berücksichtige, dann glaube ich, daß man eine Erklä-

rung für die Reaktion in der Beziehung des Themas zu den Ereignissen und der Atmosphäre jener Tage suchen muß.

Von den sechs Vorträgen waren vier – die beiden ersten und die beiden letzten – in dem Sinne nichts Besonderes, als sie zwar im allgemeinen günstig aufgenommen wurden, aber zu keinen Kontroversen Anlaß gaben.

Im ersten Vortrag beschäftigte ich mich mit den in jüngster Zeit festzustellenden Anzeichen für einen wesentlichen wirtschaftlichen Fortschritt in Rußland und versuchte dabei, die übertriebenen und schwarzseherischen Reaktionen, welche dieses Phänomen im Westen auslöste, zu beschwichtigen. Im zweiten sprach ich über die geistige Haltung der sowjetischen Führer als den Faktor, aus dem sich unsere Schwierigkeiten mit ihnen ergaben; und ich wandte mich gegen die im Westen bestehende Tendenz zu glauben, diese Situation könnte – durch Gipfeltreffen oder durch einen Krieg – schnell und zu unseren Gunsten verändert werden.

Der fünfte Vortrag behandelte die Beziehungen Rußlands und des Westens zur Dritten Welt. Hier unternahm ich den Versuch, das Phänomen der russischen Interessen und Tätigkeiten in den unterentwickelten Ländern in die richtige Perspektive zu rücken. Ich warnte davor, das als etwas Anomales und Bedrohliches anzusehen, und empfahl dringend, man solle den Leuten, die, wenn sie von uns nicht die gewünschte Unterstützung erhielten, uns drohten, sie würden ins kommunistische Lager hinüberwechseln, sagen: »Dann tun Sie es!«

Der letzte Vortrag über das NATO-Bündnis war ein Appell an die Verbündeten, bei dem Bestreben, eine Position der Stärke im Rahmen dieses Bündnisses aufzubauen, es nicht dazu kommen zu lassen, daß eine Barriere aufgerichtet würde, die jede Art von Verhandlungen mit den Russen unmöglich machte. Auch dieser letzte Vortrag hat den Ohren vieler meiner Hörer wahrscheinlich weh getan, aber es erhob sich verhältnismäßig wenig Widerspruch dagegen.

Den meisten Explosivstoff lieferten der dritte und der vierte Vortrag. Der dritte behandelte das Deutschlandproblem und die Frage, wie man versuchen könnte, die Teilung Deutschlands und Europas zu überwinden. Der vierte ging auf das Wettrüsten mit Kernwaffen und die militärischen Probleme in Europa ein.

Bevor wir uns dem Inhalt dieser Vorträge zuwenden, müssen wir uns, glaube ich, darüber klarwerden, welche Ereignisse den Hintergrund bildeten, vor dem sie gehalten wurden.

Es war jetzt zwei Jahre her, seit Westdeutschland zu meinem großen Kummer in das NATO-Bündnis aufgenommen worden war. Seit jener Zeit war die Entwicklung Westdeutschlands als Militärmacht energisch vorangetrieben worden. Ein Viertel bis ein Drittel des Programms für die deutsche Wiederbewaffnung, nach dem zwölf Divisionen des Heeres und eine Reihe von Luftwaffen- und Marineverbänden aufgestellt werden sollten, war inzwischen verwirklicht. Nun stellte sich dem Oberkommando der NATO und (angesichts ihrer großen Bedeutung) den westlichen Regierungen selbst die Frage, ob die Streitkräfte der kontinentaleuropäischen Mitglieder der NATO einschließlich derjenigen Deutschlands ihre Strategie auf die Verwendung von Kernwaffen – sogenannten »taktischen« Kernwaffen – abstellen sollten, oder ob der Besitz und die Verwendung solcher Waffen sowie die für ihren Einsatz notwendige Ausbildung, wie das bisher geschehen war, auf die Streitkräfte der beiden Bündnispartner beschränkt bleiben sollten, die schon Kernwaffen besaßen, die Vereinigten Staaten und Großbritannien. Im Sommer und Herbst 1957 wurde diese Frage von den Planungsstäben der NATO lebhaft diskutiert, und man neigte generell zu der Auffassung, die kontinentaleuropäischen Streitkräfte müßten mit Kernwaffen ausgerüstet werden. Im Dezember sollte in Paris ein Gipfeltreffen der NATO-Mächte stattfinden, das zufällig an dem Tage begann, der auf den letzten Vortrag der Reith Lectures folgte. Hier würde die endgültige Entscheidung über diese Frage fallen. Wenn etwas Nützliches dazu gesagt werden sollte, dann mußte es natürlich vorher gesagt werden.
Mir schien es klar, und ich glaubte, auch jeder andere habe das begriffen, daß wenn man beschließen sollte, die Streitkräfte der kontinentaleuropäischen Mitglieder der NATO mit Kernwaffen auszurüsten und ihre Strategie auf deren Verwendung einzustellen, Verhandlungen mit den Russen über die Probleme der nuklearen Abrüstung und der europäischen Sicherheit sich komplizieren und die Chancen für einen Erfolg sich verringern würden. Wurde dieser Schritt nicht getan, dann war es noch vorstellbar, daß die drei Mächte – die Vereinigten Staaten, Großbritannien und die Sowjetunion – die Probleme der nuklearen Abrüstung allein unter sich würden behandeln können. Sobald dieser Schritt jedoch getan war, dann waren auch die Interessen mehrerer Mitglieder der NATO auf dem europäischen Kontinent unmittelbar berührt, und auch sie würden am Verhandlungstisch Platz nehmen müssen. Aber jeder wußte, daß sich die

Schwierigkeiten, zu einer Übereinstimmung zu gelangen, bei multilateralen internationalen Verhandlungen im Quadrat der Anzahl der Verhandlungspartner vermehren würden.
Darüber hinaus würde die Entscheidung, das Arsenal der NATO-Mitglieder auf dem Kontinent mit Kernwaffen zu ergänzen, bedeuten, daß es jetzt keine Lösung der politischen Probleme Deutschlands und Mittel- und Osteuropas geben konnte, der nicht eine allgemeine Übereinkunft auf dem ganzen großen Gebiet der nuklearen Abrüstung vorangegangen war. Beide würden damit unauflöslich miteinander verknüpft werden, und zwar in der Weise, daß das eine Problem die Lösung des anderen behinderte.
Diese Aussichten waren, wie ich es damals beurteilte, besonders entmutigend, weil alles darauf hindeutete, daß das Wettrüsten auf dem Gebiet der Kernwaffen und der Trägerwaffen sehr bald in eine viel kostspieligere und gefährlichere Phase eintreten würde. Am 26. August 1957 hatten die Russen die erfolgreiche Erprobung ihrer ersten interkontinentalen Raketen bekanntgegeben. Am 4. Oktober, kurz vor Beginn der Reith Lectures, hatten sie die Welt durch den Start des ersten Erdsatelliten, des sogenannten Sputnik, aufgeschreckt. Überall war die Phantasie der Menschen durch dieses Ereignis beflügelt worden. Man nahm an, die Russen stünden kurz vor dem Abschluß der Entwicklung der interkontinentalen Raketen, und konnte vermuten, daß sie dem Westen auf diesem Gebiet voraus seien. Westliche Schwarzseher wie mein Freund Joe Alsop sahen sich veranlaßt, zu fordern, daß alle anderen nationalen Vorhaben zugunsten eines ungeheuer kostspieligen Programms zurückgestellt würden, um die Russen in diesem Wettlauf zu schlagen. Verschiedene begeisterte Befürworter der nuklearen Rüstung in der amerikanischen Rüstungsindustrie erhielten damit gute Argumente an die Hand. Daß die Gefährlichkeit und die hohen Kosten dieses Wettbewerbs sich gerade zu einer Zeit erneut steigern sollten, zu der die Aussichten für Verhandlungen auf diesem Gebiet durch die Einführung von Kernwaffen bei den Streitkräften der NATO-Mächte auf dem europäischen Kontinent sich verschlechtert hatten, war eine Entwicklung, die außer mir noch viele andere Menschen alarmierte und bekümmerte.
Schließlich erschien es damals auch besonders dringlich, nach einer Lösung des Deutschlandproblems zu suchen. Es war klar, daß man die Teilung Europas nicht ohne die Beseitigung der Teilung Deutschlands aufheben konnte. Aber die im vergangenen Jahr fehlgeschla-

gene Rebellion in Ungarn hatte viele Menschen erkennen lassen, welches Elend das Andauern dieser Teilung, das natürlich ein Fortbestehen der sowjetischen Herrschaft bedeutete, den Völkern Osteuropas bringen würde, und welche Gefahren das für die Stabilität des Kontinents bedeuten konnte.

Zugleich hatten die Kommunisten damals eine Reihe von Erklärungen abgegeben, die ihre Bereitschaft andeuteten, im Hinblick auf das militärische Disengagement gewisse Zugeständnisse zu machen, wenn man davon Abstand nehmen würde, Westdeutschland zu einer Nuklearmacht zu entwickeln. In einer Rede vor dem ostdeutschen Parlament hatte Chruschtschow am 8. August 1957 gesagt: »Die Sowjetunion hat wiederholt ... einen vereinbarten, allmählichen Truppenabzug aus Deutschland gefordert. Darüber hinaus hat die Sowjetunion wiederholt ihre Bereitschaft erklärt, alle ihre Truppen nicht nur aus der Deutschen Demokratischen Republik, sondern auch aus Polen, Ungarn und Rumänien abzuziehen, wenn die USA und andere NATO-Länder bereit wären, mit ihren Truppen Westdeutschland, Großbritannien usw. zu verlassen[2].« Der polnische Außenminister, Adam Rapacki, hatte am 2. Oktober vor den Vereinten Nationen die Schaffung einer atomwaffenfreien Zone vorgeschlagen, zu der beide deutsche Staaten und Polen gehören sollten. Diese Vorschläge und Anregungen ließen sich in dieser Form zwar nicht akzeptieren, aber sie alle wiesen darauf hin, daß die sowjetische Seite stark daran interessiert war, eine Bewaffnung Westdeutschlands mit Kernwaffen zu verhindern. Dieses Interesse war so stark, daß man annehmen durfte, die Russen wären bereit, einen gewissen Preis dafür zu bezahlen. Die Attraktivität des Gedankens einer militärischen und politischen Neutralisierung weiter Teile Europas wurde unterstrichen durch die erfolgreichen Beispiele Jugoslawiens, das nun als Folge seiner eigenen resoluten Maßnahmen wirksam neutralisiert worden war, und Österreichs, das jetzt zu den politisch neutralen Staaten gehörte. Die sowjetischen und westlichen Streitkräfte waren aufgrund eines Übereinkommens zwischen den Großmächten im Verlauf der vorangegangenen zwei Jahre aus diesem Lande abgezogen worden.

Wenn – kurz gesagt – die Aussichten für eine einfache Fortführung der gegenwärtigen Politik, gekennzeichnet durch den Fortgang des

2 *Keesing's Contemporary Archives*, 10.-28. September 1957.

nuklearen Wettrüstens und die Aufrechterhaltung der Teilung Europas und Deutschlands auf unbestimmte Zeit, noch nie ungünstiger gewesen waren als im Herbst 1957, dann gab es auch verschiedene Gründe dafür, ein gewisses Auseinanderrücken der Sowjetunion und der Vereinigten Staaten im Herzen des europäischen Kontinents als nicht vollkommen jenseits der Grenzen des Möglichen anzusehen.

Nun wollen wir uns dem Inhalt der beiden entscheidenden Rundfunkvorträge zuwenden. Ich wies darin auf die Instabilität (im Hinblick auf die Entwicklungen in Osteuropa) einer länger andauernden Teilung des Kontinents und die Tatsache hin, daß dieser Zustand von der in gleicher Weise bestehenden Teilung Deutschlands abhängig sei, um dann dringend zu empfehlen, die westliche Haltung im Hinblick auf das deutsche Problem und besonders auf unser Verlangen, daß ein wiedervereinigtes Deutschland Mitglied der NATO werden dürfe, zu revidieren. Ich erklärte, diese Haltung sei unrealistisch, denn sie verlange praktisch das einseitige Aufgeben der sowjetischen Positionen in Mitteleuropa ohne jede Kompensation[3]. Ich wies dann auf die Nachteile hin, die es bringen werde, wenn man versuchte, die Sicherheit Europas auf unbestimmte Zeit dadurch zu garantieren, daß man amerikanische Streitkräfte im westlichen Teil eines geteilten Deutschland stationierte. Ich sagte, dieses Konzept verlangt von den Vereinigten Staaten, die keine europäische Macht sind, zu viel, und das auf zu lange Dauer. Es wird der Stärke und den Fähigkeiten der Europäer nicht gerecht. Dabei bleiben die außerordentlich unsicheren und ungesunden Verhältnisse, die heute den Status von Berlin bestimmen, ungelöst, der, wenn er aus dem Gleichgewicht gerät, allzu leicht zu einer neuen Weltkrise führen kann. Die gegenwärtige gefährliche Lage auf dem Territorium der Satellitenstaaten wird nicht berücksichtigt. Was als vorübergehende Lösung gedacht

[3] Da ich damals in Oxford Vorlesungen über die Politik der Westmächte im Ersten Weltkrieg hielt, konnte ich nicht anders, als auf die Ähnlichkeit dieser gegenwärtigen westlichen Haltung im Hinblick auf das Deutschlandproblem mit der Politik der »bedingungslosen Kapitulation« in zwei Weltkriegen hinzuweisen; und manchmal hatte ich, als ich diese Vorträge am Vorabend der schicksalsschweren Pariser NATO-Konferenz hielt, nach der es kein Zurück mehr gab, das Gefühl, auch Lord Lansdowne müsse ähnlich zumute gewesen sein, als er 1917 seine berühmte (und ebenso vergebliche) Forderung aufstellte, der Weltkrieg dürfe nicht in der Absicht, die bedingungslose Kapitulation zu erzwingen, um ein weiteres Jahr verlängert werden. Diese Erfahrungen und diese Parallele bestätigten meine Zweifel daran, daß eine Koalition demokratischer Mächte je in der Lage sein werde, mit einer feindlichen Macht auf einer anderen Basis zu verhandeln als auf der Basis der bedingungslosen Kapitulation.

war, wird dadurch zum Dauerzustand, und halb Europa wird auf diese Weise den Russen überlassen.

Ich gab zu, daß Moskau in letzter Zeit keine Begeisterung für eine Wiedervereinigung Deutschlands gezeigt habe und daß die sowjetischen Führer ihr vielleicht unter keinen Umständen zustimmen wollten. Aber ich wies darauf hin, daß man ihre Haltung niemals wirklich in Verhandlungen getestet habe. Wir könnten nicht wissen, inwiefern ihr Mangel an Begeisterung nicht Resignation angesichts unserer eigenen unrealistischen Haltung sei. Ich sagte: »Wenn wir nicht aufhören, den Kreml gegen eine verschlossene Tür zu drängen, dann werden wir nie erfahren, ob er nicht bereit wäre, durch eine offene Tür zu gehen.« Außerdem sei es fraglich, ob die Russen, wenn wir ihnen den amerikanischen Truppenabzug aus Deutschland zu Bedingungen anböten, die den russischen Interessen mehr entgegenkämen, es sich leisten könnten, dieses Angebot auszuschlagen. Die politischen Führer in den osteuropäischen Satellitenstaaten würden, so meinte ich, bei den Bemühungen, zu einer solchen Lösung zu kommen, praktisch unsere Verbündeten sein.
Meine dringende Empfehlung war es deshalb, die Forderung fallenzulassen, daß es einer eventuellen gesamtdeutschen Regierung freistehen solle, der NATO beizutreten, und statt dessen zu erklären, daß wir für ein neutralisiertes und weitgehend entwaffnetes vereinigtes Deutschland seien. Außerdem wandte ich mich gegen die Vorstellung, daß jeder beiderseitige westliche und sowjetische Truppenabzug aus jenem Lande für uns unbedingt nachteilige Folgen haben werde. Ich sagte, ich könnte keinen detaillierten Plan für das Disengagement vorlegen. Das müsse den militärischen Planern vorbehalten bleiben. Ich könne nur sagen, daß es mir grundsätzlich »viel wünschenswerter erschiene, wenn die sowjetischen Kräfte Mittel- und Osteuropa räumten, als wenn wir eine neue deutsche Armee aufstellten, deren Aufgabe es wäre, diese sowjetischen Kräfte in Schach zu halten, solange sie dort stehen.«
Zum Schluß sagte ich, ich plädierte dafür, daß wir

> uns nicht täuschen und glauben sollten, die deutsche Frage könne morgen gelöst werden; und wir sollten nicht leichtsinnige einseitige Konzessionen machen, um diese Lösung zu erreichen. Ich plädiere nur dafür, nicht zu vergessen, daß wir hier vor einem Problem

stehen, welches früher oder später – und besser früher als später – gelöst werden muß, und daß wir unser Bestes tun, um dafür zu sorgen, daß die Haltung, die wir dabei einnehmen, jederzeit so aussichtsreich und konstruktiv wie möglich bleibt.

Im zweiten Vortrag, in dem ich militärische Probleme behandelte, wies ich auf die Gefahren eines Wettrüstens mit Kernwaffen und die damit verbundenen Illusionen hin. Ich räumte ein, daß wir solche Waffen zur Abschreckung haben müßten, aber nur zu diesem Zweck, und stellte mich dagegen, unsere Verteidigung ganz auf sie einzurichten (was damals geschah). Dabei bestritt ich den realen Hintergrund eines großen Teils unserer Vorstellungen, die sich auf die nukleare Rüstung gründeten. Ich sagte, ich mißtraute den hier aufgestellten Berechnungen und glaubte nicht, daß irgend jemand wirklich wisse, was die Auswirkungen der praktischen Verwendung solcher Waffen seien. Mir schauderte vor den möglichen Folgen einer Fortführung dieses Wettrüstens, und ich fragte, zu welcher Art von Leben uns dieses Wettrüsten verdamme.

Sollen wir wie von einem Spuk Verfolgte von einer Abwehrwaffe zur nächsten flüchten, wobei diese Waffen immer teurer und immer unmenschlicher werden, so daß wir uns eines Tages in die Erde vergraben und am nächsten unsere Städte niederreißen müssen, um uns am dritten mit einem komplexen System elektronischer Apparate zu umgeben, damit wir unser Leben verlängern können, während wir alle Werte opfern, die das Leben lebenswert machen? Wenn ich glaubte, die Zukunft könnte uns nichts Besseres bieten, dann wäre ich versucht, denen zuzustimmen, die sagen: »Laßt uns ganz auf diese Waffen verzichten; laßt uns unsere Sicherheit der Gnade Gottes, unserem eigenen guten Gewissen, dem gesunden Menschenverstand und der Menschlichkeit anvertrauen, die auch unsere Gegner besitzen. Dann können wir wenigstens erhobenen Hauptes in die Zukunft gehen, solange es uns noch erlaubt ist, überhaupt zu gehen.«

Ich sagte, wir müßten erkennen, daß die Massenvernichtungswaffen jeder Art steril und nutzlos seien. Eine Zeitlang könnten sie vielleicht als Gegenmittel gegen sich selbst, als Schild dienen, das vor der äußersten Katastrophe schützt. Sie entsprächen aber nicht den Zielen einer konstruktiven und aussichtsreichen Außenpolitik.

> Das wirkliche Ziel jeder politischen Tätigkeit ist es schließlich, die innere Haltung des Menschen zu beeinflussen. Das kann die Atombombe nicht tun. Das Selbstmörderische an dieser Waffe macht es unmöglich, sie als diplomatisches Druckmittel einzusetzen oder sie als Grundlage für ein Bündnis zu verwenden. Politische Ziele lassen sich mit einer solchen Waffe nicht fördern, und man wird auch nicht leichten Herzens nach ihr greifen, wenn es darum geht, einen Freund zu verteidigen ... Ein Verteidigungssystem, das sich auf eine Waffe mit so selbstmörderischen Auswirkungen stützt, wird auf die Dauer die Politik eines Landes nur lähmen, Bündnisse unterminieren und jede Seite immer tiefer in die aussichtslosen Anstrengungen des Wettrüstens treiben.

Dann warnte ich besonders davor, sich auf die sogenannten »taktischen« Kernwaffen verlassen zu wollen. Auch sie seien »unvorstellbar destruktiv«. Welchen Sinn könnte ein in Europa mit solchen Waffen geführter Krieg haben? Es sei Zeit, daß wir aufhörten, die Kriegführung nach den hergebrachten Gesichtspunkten des Sieges oder der Niederlage zu beurteilen. Der moderne Krieg sei

> nicht nur ein Instrument der Politik. Er ist ein Phänomen für sich selbst. Mit demjenigen, der sich auf ihn einläßt, geschehen bestimmte Dinge, gleichgültig ob er ihn gewinnt oder verliert. Dürfen wir wirklich annehmen, daß das arme alte Europa, das durch die Nachwirkungen der zwei Kriege, die es in unserem Jahrhundert schon erlebt hat, so fürchterlich geschwächt worden ist, noch eine weitere und schrecklichere Prüfung dieser Art ertragen könnte? Lassen Sie uns unter allen Umständen ein einziges Mal nicht nur in den mathematischen Kategorien der Vernichtung denken – nicht nur in den gräßlichen Gleichungen wahrscheinlicher militärischer Verluste –, lassen Sie uns statt dessen an die Menschen denken, wie sie sind, an die Grenzen ihrer Kraft, ihrer Hoffnungen, ihrer Leidensfähigkeit und ihrer Fähigkeit, an die Zukunft zu glauben; und lassen Sie uns in allem Ernst darüber nachdenken, wie viele wertvolle Dinge noch gerettet werden können, wenn jetzt ein dritter Krieg innerhalb eines halben Jahrhunderts über Europa hinwegrasen sollte.

Der Leser wird feststellen, daß ich in diesen Vorträgen nicht den einseitigen Verzicht auf die Kernwaffe als Abschreckungsmittel vorgeschlagen habe. Ich setzte mich nur dafür ein, unsere Verteidigungsmaßnahmen nicht ausschließlich auf diese Waffe zu gründen, sie nicht an andere weiterzugeben und die Verbündeten nicht in der Auffassung zu bestärken, ihre und die Verteidigungskraft der NATO hinge vom Einsatz der Kernwaffen ab. Hinter diesen Äußerungen stand, wenn das auch nicht deutlich ausgesprochen war, die schon lange von mir vertretene Auffassung, der Grundsatz, man müsse der erste sein, der die Kernwaffen zum Einsatz brächte, sei aufzugeben. Das heißt, ich stellte mich dagegen, daß wir bei jeder größeren militärischen Auseinandersetzung zu diesen Waffen greifen sollten, ganz gleichgültig, ob sie vorher gegen uns angewendet worden wären oder nicht. Wenn wir unsere ganze Verteidigungsstrategie auf diese Weise dem Einsatz der Kernwaffen unterordneten, dann blieb uns nach meiner Ansicht für den Fall, daß unsere nationale Sicherheit ernstlich gefährdet wurde, keine Wahl zwischen den Extremen einer globalen Katastrophe und der äußersten Hilflosigkeit. Außerdem stempelten wir uns in diesem Fall selbst als Heuchler ab, wenn wir an Gesprächen über die Möglichkeit der Abschaffung oder Kontrolle solcher Waffen teilnahmen.

Unter der Voraussetzung, der Grundsatz des sofortigen Einsatzes der Kernwaffen wurde aufgegeben, und wir verpflichteten uns, Kernwaffen nicht an dritte Mächte weiterzugeben, war ich, wie ich in meinen Vorträgen 1957 andeutete, widerwillig bereit, der Beibehaltung dieser Waffen als Abschreckungsmittel für unsere Streitkräfte so lange zuzustimmen, bis es gelungen war, mit den beiden anderen Atommächten über die Abschaffung dieser und aller anderen Vernichtungswaffen zu einer Übereinkunft zu kommen. Diese Vorträge wurden, wie wir gesehen haben, am Vorabend der Entscheidung der NATO-Mächte gehalten, derartige Waffen in das Verteidigungssystem der Länder auf dem europäischen Kontinent einzubauen. Das konnte nichts anderes bedeuten als ihre Weitergabe an alle Bündnispartner. Und ich hörte weder von Außenminister Dulles noch von Präsident Eisenhower ein Wort darüber, daß sie von der Dulles-Doktrin der »massiven Vergeltung« abzurücken bereit wären, die nichts anderes bedeutete als die Bestätigung des Grundsatzes der sofortigen Verwendung von Kernwaffen. Ein oder zwei Jahre später begann die Regierung Kennedy mit einer Politik, die darauf gerichtet war, uns nicht mehr ausschließlich auf die Kernwaffen zu verlassen und die uns andere und weniger apokalyptische Möglichkeiten geben sollte.

Aber diese Zeit war noch nicht gekommen. Das bedeutete, daß die Voraussetzungen, unter denen ich bereit gewesen wäre, unserem Verzicht auf diese Waffen als Abschreckungsmittel zuzustimmen, am Vormittag desselben Tages fortgefegt wurden, an dem die Reith Lectures beendet waren, und daß so eine Situation geschaffen wurde, in der das, was ich in diesen Vorträgen über die Kernwaffen gesagt hatte, gegenstandslos wurde. Ich hatte gesagt, auf welche Weise ich meine Meinung unter solchen Voraussetzungen würde ändern müssen, wenn nämlich dies (der Wettlauf bei der Entwicklung dieser Waffen auf unbestimmte Dauer und ihre allgemeine Weitergabe) das Beste wäre, was wir für die Zukunft erwarten dürften, dann wäre ich versucht zu sagen: »Lassen Sie uns ganz auf diese Waffe verzichten.«

Nun – in einem späteren, ein Jahr nach dieser Reihe über die Sender der BBC gehaltenen Vortrag habe ich über die gleichen Fragen viel offener gesprochen. Ich polemisierte mit Nachdruck gegen die Auffassung, die NATO könne sich in einer Welt, in der nur konventionelle Waffen existierten, auch wenn sie es wollte, nicht selbst verteidigen, und wendete mich dann der Frage zu, welche Auswirkungen die Entwicklung und mögliche Verwendung von Kernwaffen auf unsere Umwelt haben würden. Diese Waffen bedrohten nach meiner Ansicht die natürliche Umwelt, in der allein die Zivilisation eine Zukunft habe. Das zu riskieren erschiene mir »einfach falsch«,

> ... falsch in dem guten, altmodischen Sinne dieses Wortes. Das wäre eine egozentrische Einstellung unsererseits, die sich weder mit unserem religiösen Glauben noch mit unserer politischen Philosophie begründen ließe. Sie stimmt kaum mit unserer Vorstellung überein, wir seien Menschen, deren Leben sich auf ein System geistiger und ethischer Werte gründe. Als Angehörige dieser Generation haben wir die Zivilisation nicht geschaffen, deren Teil wir sind, und es ist nur zu offensichtlich, daß nicht wir es sind, die sie auch vollenden werden. Wir sind nicht die Eigentümer des Planeten, den wir bewohnen; wir sind nur seine Treuhänder. Es sind uns Grenzen gesetzt dafür, in welchem Ausmaß wir ihn verwüsten und verunreinigen dürfen. Unsere eigene Sicherheit und Bequemlichkeit sind nicht das Entscheidende, um das es bei der Beurteilung dieser Probleme geht. Die Menschen haben im Verlauf vieler Jahrtausende nicht gerungen, Opfer gebracht und gelitten,

um diese Zivilisation hervorzubringen und es uns, die wir im Jahre 1959 leben, dann zu ermöglichen, sie zu Ende zu bringen oder sie nach Gutdünken um unserer Sicherheit willen zu gefährden. In erster Linie sind wir ... nicht uns selbst allein, sondern der Vergangenheit und der Zukunft verpflichtet.

Ich habe hier einen Teil meines späteren Vortrages zitiert, weil sich daraus ein vollständigeres Bild meiner Auffassungen über die Kernwaffen ergibt als in den wenigen Abschnitten, die ich diesem Thema im engen Rahmen der Vorträge des Jahres 1957 widmen konnte.
Vor diesem Hintergrund brachte ich im vierten Vortrag der Reith Lectures meine Argumente gegen eine Aufrüstung der kontinentaleuropäischen Länder auf der Grundlage von Kernwaffen vor. Damit erhob sich natürlich auch die Frage nach einer Alternative. Wenn diese Länder keine Kernwaffen haben sollten und wenn die amerikanischen Streitkräfte abgezogen wurden, wie sollte ihre Verteidigung – und besonders die eines wiedervereinigten Deutschland – dann aussehen? Hier konnte ich mich nicht für das alte Muster einer Ausrüstung mit konventionellen Waffen entscheiden. Ich sagte: »Sie waren dazu bestimmt, nur der am wenigsten wahrscheinlichen Gefahr zu begegnen, nämlich derjenigen eines direkten sowjetischen Angriffs, und dabei den am wenigsten aussichtsreichen Versuch zu machen, die sowjetischen Streitkräfte an einer bestimmten Linie aufzuhalten.« Das war aussichtslos. Wir mußten uns von dem Gedanken lösen, daß die Hauptgefahr in dem russischen »Verlangen, Westeuropa anzugreifen und zu besetzen«, bestünde. Die sowjetische Bedrohung war eine aus militärischen und politischen Faktoren zusammengesetzte Bedrohung mit dem Schwerpunkt bei den politischen. Was also war hier die richtige Lösung?
An dieser Stelle beging ich fraglos den schwersten Fehler in der ganzen Vortragsreihe. Ich tat es, indem ich in den letzten Minuten des zeitlich stark begrenzten Vortrages eine Idee vortrug, die, wenn sie überhaupt einen Wert hatte (und ich glaube das sogar noch heute), so ungewöhnlich und unerprobt war, die dem Denken von 999 aus 1000 Menschen, die mir zuhörten, so fern lag, wenn sie nicht sogar ihrer Zeit weit vorauseilte, und so leicht falsch interpretiert und lächerlich gemacht werden konnte, daß es unmöglich gewesen wäre, sie in den fünf Minuten Sendezeit, die mir dafür zur Verfügung standen, ausreichend zu erläutern und darzustellen. Das Problem der

Verteidigung der Völker auf dem europäischen Kontinent, sagte ich, wäre in erster Linie eine Frage ihrer gesellschaftlichen Kraft und Disziplin. Was sie im Falle eines militärischen Disengagements, in dessen Verlauf die amerikanischen Streitkräfte von ihren Gebieten abgezogen werden würden, brauchten, wäre ein strategisches Konzept, das auf diese Realitäten zugeschnitten sein müsse.

> Nach einem solchen Konzept brauchte man selbstverständlich auch Streitkräfte, aber ich möchte meinen, es wäre besser ... wenn es paramilitärische Streitkräfte wären, eine Art Territorialmiliz nach dem Vorbild der Schweiz und keine regulären militärischen Verbände in der im Zweiten Weltkrieg üblichen Gliederung. Ihre Aufgaben sollten in erster Linie innere und nicht äußere sein. Der Bedrohung durch den russischen Kommunismus muß man vor allem an der Front entgegentreten, die das Einsatzgebiet der Polizei ist, und nicht auf dem regulären militärischen Schlachtfeld. Die Ausbildung solcher Kräfte sollte sie nicht nur darauf vorbereiten, einem fremden Eindringling einen möglichst entschiedenen offenen militärischen Widerstand zu leisten, sondern auch den Kern einer zivilen Widerstandsbewegung auf jedem Gebiet zu bilden ... das vom Feinde überrannt werden sollte. Aus diesem Grunde brauchten und sollten sie nicht mit schweren Waffen und einem komplexen Versorgungsapparat belastet werden.

Ich versuchte, diesen Vorschlag in eine Form zu kleiden, aus der ersichtlich war, daß hier mit größter Vorsicht vorgegangen werden müsse. Dies sei, so sagte ich, nur ein Vorschlag für allgemeine Richtlinien. Es werde Ausnahmen geben; einige Länder würden auf andere Weise verteidigt werden müssen.

Aber das Öl war jetzt im Feuer. Nachdem ich manches gesagt hatte, was viele Menschen sehr gut verstanden, was aber der Politik ihrer Regierungen durchaus widersprach, hatte ich jetzt Verwirrung gestiftet, indem ich etwas sagte, was niemand (vielleicht mit Ausnahme weniger Asiaten) überhaupt verstehen konnte.

Auf die Strafe brauchte ich nicht lange zu warten. Ich hatte schließlich alle in den NATO-Staaten an der Regierung befindlichen Staatsmänner herausgefordert und dazu noch eine Reihe von denen, die keine Ämter mehr innehatten.

Mr. John Foster Dulles hatte erst in jüngster Zeit öffentlich erklärt, wie wichtig die Wiederbewaffnung Westdeutschlands sei, und Mr. Acheson betrachtete sich mit Stolz als den Urheber dieses Konzepts. Ich hatte den Vorschlag gemacht, es zu opfern. Dadurch hatte ich sowohl die Republikaner als auch die Demokraten gegen mich aufgebracht.

Bundeskanzler Adenauer hatte auf der Sitzung des NATO-Rates in Bonn im Mai 1957 ausdrücklich erklärt, daß die Wiedervereinigung nicht durch die Neutralisierung Deutschlands erreicht werden könne, daß man damit die Spannungen nicht vermindern werde und daß eine neutrale Zone zu nichts nütze sei. Ich hatte seine Autorität mißachtet und mich für die Neutralisierung ausgesprochen.

Der britische Außenminister, Mr. Selwyn Lloyd, hatte (auf derselben Sitzung des NATO-Rates) gesagt: »Wir haben recht, wenn wir unsere ganze Verteidigung auf die nukleare Abschreckung stützen.« Ich hatte genau das Gegenteil behauptet.

Was durfte man unter solchen Umständen erwarten?

Mr. Acheson gab sofort eine empörte Erklärung ab und sagte, ich hätte »die Realitäten der Machtverhältnisse nie begriffen«, sondern statt dessen eine »recht geheimnisvolle Einstellung dazu« gezeigt, und machte sich über meine Bemerkungen zu den Problemen der Verteidigung des europäischen Kontinents lustig. Der deutsche Außenminister, Herr von Brentano, hatte angeblich auf einer vertraulichen innerdeutschen Besprechung gesagt: »Wer so etwas sagt (wie ich es gesagt hatte), ist kein Freund des deutschen Volkes.« Als Mr. Dulles von Journalisten gedrängt wurde, zu sagen, ob er und seine Kollegen meine Meinung gehört hätten, antwortete er gereizt, es wäre schwierig gewesen, sie zu überhören. In New York gaben elf »Deutschlandexperten«, unter ihnen auch meine Freunde James Conant, Carl Friedrich, Hans Kohn, Louis Lochner, Samuel Reber und Arnold Wolfers, eine scharf formulierte kollektive Erklärung ab, in der sie sagten, sosehr sie meine Verdienste würdigten, bedauerten sie doch zutiefst, daß ich diese Haltung eingenommen hätte.

Die schärfsten Presseangriffe von amerikanischer Seite richtete die Zeitschrift *Life* gegen mich (deren Leitartikel auch der oberflächlichste und am wenigsten beeindruckende war). In Europa kam der Angriff zu meiner großen Überraschung von der angesehenen *Neuen Zürcher Zeitung,* einem Organ, das ich schon lange bewunderte und bis heute für eine der beiden größten Zeitungen der Welt halte. Ich hatte bis dahin nicht gewußt, wie nahe diese Zeitung dem Adenauerregime stand[4]. In den ersten Wochen des Jahres 1958 machte mich diese Zeitung entweder in ihren Leitartikeln, durch Sticheleien in ihren Nachrichtenspalten oder durch den Abdruck anderer Angriffe herunter. Das war besonders unangenehm, denn während eines Besuchs des europäischen Kontinents zu Weihnachten, kurz nach Beendigung der Vortragsreihe, war ich durch die Anstrengungen des vergangenen Herbstes so erschöpft und gesundheitlich geschwächt, daß ich mich in das große Zürcher Kantonspital begeben mußte, um Zwölffingerdarmgeschwüre und eine akute Stirnhöhleninfektion behandeln zu lassen. Aber während ich in der Klinik zu Bett lag, brachte man mir täglich die neueste Nummer der Zeitung, und ich mußte Tag für Tag die ausführlichsten und bittersten Kritiken meiner Person und meiner Auffassungen über mich ergehen lassen, die ich nur irgendwo auf der Welt hätte finden können. Meine Kritiker in den Redaktionsräumen der großen Zürcher Zeitung hatten natürlich keine Ahnung davon, daß ich mich in ihrer Stadt aufhielt. Schließlich reagierte ich in meiner Verzweiflung mit einem langen Brief an die Herausgeber auf diese Angriffe. Sie veröffentlichten meine Zuschrift und antworteten darauf Ende Februar 1958 mit zwei aufeinanderfolgenden Artikeln auf der ersten Seite.

Außer dieser Kritik aus prominenten Quellen gab es natürlich Hunderte von kritischen Stellungnahmen in anderen Artikeln und Besprechungen, besonders nach Erscheinen der Vorträge in Buchform.

Ein großer Teil dieser Kritiken, und zu ihnen gehörten auch Äußerungen von prominenter Seite, beruhte auf Mißverständnissen oder Verzerrungen dessen, was ich gesagt hatte. Man warf mir vor, einen »Plan« für das Disengagement vorgelegt zu haben. Ich hatte keinen Plan vorgelegt; im Gegenteil, ich hatte gesagt, daß nur von den Regierungen beauftragte Planer dafür zuständig seien. Immer wieder wurden meine Auffassungen so behandelt, als hätte ich den einseitigen amerikanischen Truppenabzug vom europäischen Kontinent vorgeschlagen. Ich hatte nie etwas anderes gesagt, als daß dies eine beiderseitige Maßnahme sein müßte. Man behauptete, ich hätte die Auflösung der NATO empfohlen. So etwas hatte ich niemals vorgeschlagen. Man warf mir vor, ich hätte dringend dazu geraten, wir sollten den Russen »vertrauen«. Seit Jahren hatte ich schon gegen die

[4] Besonders ironisch war der Umstand, daß die bittersten Vorwürfe dafür, daß ich in meinen Vorträgen die Neutralisierung Deutschlands empfohlen hatte, ausgerechnet aus den beiden ostentativ neutralen Ländern Schweden und der Schweiz kamen.

Verwendung des Begriffs »Vertrauen« im Rahmen internationaler Beziehungen argumentiert. Usw., usw.

Überall machte man sich über meine Vorschläge zur Aufstellung paramilitärischer Milizen lustig. Kaum ein Kritiker hat es sich versagt, dieses Thema aufzugreifen. Sogar mein Freund Carlo Schmid, Professor für politische Wissenschaft in Frankfurt und Vizepräsident des Deutschen Bundestages, sagte, als er mich in einer Bundestagssitzung verteidigte: »Warum soll schließlich ein so bedeutender Mann (wie Kennan) nicht auch einmal einen skurrilen Gedanken haben?« Der spätere deutsche Bundeskanzler Kurt Georg Kiesinger antwortete mit dem Zwischenruf: »Aber zu einem so entscheidenden Punkt?« »Nein«, erwiderte Schmid, »das ist kein entscheidender Punkt. Vielleicht hat er an die alten Zeiten in West Point gedacht. Vielleicht stammen seine amerikanischen Vorfahren aus der Zeit, die wir aus den Lederstrumpfgeschichten kennen. Ich weiß es nicht. Manchmal spielen auch atavistische Faktoren eine Rolle.«

Auf jeden Fall fühlte ich mich zwischen all diesen Verzerrungen, Mißverständnissen und Versuchen, mich lächerlich zu machen, sehr unglücklich.

Andererseits war die Kritik fast in jedem Falle (sogar die Kritik der elf Deutschlandexperten), wie schon oben gesagt, freundlich und respektvoll, und einiges zeichnete sich durch hohe Qualität aus, und zwar so sehr, daß man fast sagen könnte, welches auch die Mängel meiner Reith Lectures gewesen sein mochten, sie sind es wert gewesen, gehalten zu werden, wenn auch nur, weil ein Teil der Reaktion, die sie auslösten, so ausgezeichnete Gedanken zutage gefördert hat.

Die beachtlichsten Reaktionen kamen von den beiden Männern – einem Amerikaner und einem Europäer –, von denen man sie auch erwartet hätte, von Walter Lippmann und Raymond Aron.

Aron kritisierte den Inhalt meiner Reith Lectures zum erstenmal bei einer Diskussion am runden Tisch, die im Januar 1958 von dem Kongreß für kulturelle Freiheit in Paris abgehalten wurde. Ich hätte mich daran beteiligen sollen, aber aus Gesundheitsgründen war es mir zu meinem großen Bedauern nicht möglich. An der Diskussion nahmen außer Aron so bekannte Persönlichkeiten und Freunde wie Denis Healey, der künftige britische Verteidigungsminister, Joseph Alsop, Sidney Hook, Richard Löwenthal (nach meiner Ansicht damals und heute der beste Kenner des internationalen Kommunismus), Carlo Schmid, Denis de Rougemont, der leidenschaftliche Prophet des ver-

einten Europa und mehrere andere ebenso bekannte Persönlichkeiten teil. Aron, der erst am Tage zuvor von einem Besuch Rußlands zurückgekehrt war, sprach ganz formlos, überging wie Lippmann die weniger wichtigen Irrtümer und unklaren Passagen der Vorträge und wandte sich sofort dem Hauptpunkt zu. Das war das Disengagement, und er ging gleich auf den Kern meiner These ein. Das war meine Auffassung, die besagte, die bestehende Teilung Europas sei ungesund, unerträglich und müsse überwunden werden. Er sagte zwar nicht, daß dies unbedingt falsch wäre, sondern meinte, es wäre unrealistisch, weil niemand, der im Augenblick irgendwo die Regierungsverantwortung trüge, diesen Zustand zu ändern wünsche. Sowohl in Washington als auch in Moskau »hat man die Auffassung vertreten, daß die gegenwärtige Teilung Europas weniger gefährlich sei als jede andere Lösung. Warum? Weil wir, wenn wir versuchen, diesen Zustand zu ändern, die Unbeständigkeit der Lage in Europa wieder herstellen müßten.«
Das, meinte er, wäre paradox.

> Die gegenwärtige Situation in Europa ist anomal oder absurd, aber sie ist klar umrissen; jeder weiß, wo die Demarkationslinie liegt, und niemand hat ernste Sorgen um das, was geschehen könnte. Wenn auf der anderen Seite des Eisernen Vorhangs etwas geschieht – und das haben wir vor einem Jahr erlebt –, dann geschieht auf dieser Seite nichts. Eine so klare Teilung Europas hält man zu Recht oder zu Unrecht für weniger gefährlich als jede andere Ordnung der Dinge.

Eine *unbestimmte* Lage, sagte Aron weiter, wäre gefährlicher als eine anomale. Wir müßten uns davor hüten, eine geringe Gefahr gegen eine größere einzutauschen. Es ginge hier um die Bewertung von Risiken. Er beurteile die Lage anders als ich. Er stünde »diesmal zufällig und zu meinem großen Bedauern auf der Seite der Staatsmänner«.
Diesen Umstand, daß nämlich niemand, der in Europa oder Amerika die Regierungsverantwortung trüge, die Teilung Europas beseitigen wolle – daß nämlich die frommen Wünsche für die Wiedervereinigung Deutschlands, die alle westlichen Staatsmänner, an ihrer Spitze Adenauer, äußerten, reine Heuchelei seien –, gerade diese Auffassung vertrat auch Lippmann mit noch größerer Entschiedenheit in den Auf-

sätzen, die er ein Jahr später schreiben sollte. Dieser Gesichtspunkt war natürlich im Zusammenhang mit den in meinen Vorträgen enthaltenen Argumenten sehr wichtig. Ich habe mir oft überlegt, daß wir uns alle manche Unannehmlichkeit hätten ersparen können, wenn ein für diese Fragen zuständiger Mann mir vor Beginn meiner Vorträge gesagt hätte: »George, ich muß dir sagen, man hat beschlossen, Europa geteilt zu lassen – und zwar geteilt auf unbestimmte Dauer –, selbst wenn das nicht öffentlich ausgesprochen worden ist. Das ganze Gerede über die deutsche Wiedervereinigung ist Augenauswischerei. Du wirst nicht das geringste erreichen, wenn du versuchst, diese Situation zu ändern.« Doch in diesem Falle hätte ich wahrscheinlich über dieses Thema keine Vorträge halten können.

Aron hatte noch ein zweites Argument. Er meinte, ein beiderseitiges Disengagement würde kaum einen Wert haben, weil die Russen, wenn es in einem der Satellitenstaaten, von deren Gebiet sie ihre Truppen abgezogen hätten, zu internen Entwicklungen käme, die ihren politischen Zwecken zuwiderliefen, diese Truppen einfach wieder nach dem Muster der jüngsten Intervention in Ungarn in das Land einmarschieren lassen würden, um ihre Autorität zu sichern. Als Argument gegen den Inhalt meiner Vorträge beeindruckte mich das nicht sehr, denn ich persönlich hätte eine Vereinbarung über ein Disengagement nicht als annehmbar angesehen, wenn darin nicht Garantien eingebaut wären, die eine solche Entwicklung ausschlossen und in der die Möglichkeit für Sanktionen nicht vorgesehen wäre. Rückschauend muß ich anerkennen, daß Aron prophetische Einsichten gehabt hat, denn mit dem, was er sagte, formulierte er in klassischer Form zehn Jahre im voraus die sogenannte Breschnew-Doktrin, die Herr Breschnew unter dem Druck der tschechoslowakischen Krise 1968 öffentlich verkünden mußte. Aron sagte, die Russen »haben jetzt die Doktrin einer, wie ich es nennen würde, neuen Heiligen Allianz formuliert. Darin nehmen sie sich das Recht, jeder kommunistischen Regierung ›uneigennützig zu helfen‹, die von einer ›Konterrevolution‹ bedroht wird.«

Wenn ich an unsere früheren, an der Öffentlichkeit ausgetragenen Meinungsverschiedenheiten dachte, dann war ich durch die großzügige und verständnisvolle Reaktion Lippmanns in diesem Fall bewegt und beeindruckt. Im April 1958 veröffentlichte er in der Zeitschrift *Atlantic* einen Artikel und milderte das, was er zu sagen hatte, dadurch etwas ab, daß er zunächst schrieb, Kennan habe »sanft und

ruhig, wie es seine Art ist« gesprochen. Dann nahm auch er mich für das, was ich über die Guerillaverbände gesagt hatte, streng ins Gebet und meinte, es gäbe in den Vorträgen »sehr anfechtbare Bemerkungen am Rande (*obiter dicta*) ... wie z. B. seine Empfehlung an Westeuropa, auf alle Kernwaffen zu verzichten, und seine Behauptung, reiche Nationen wie die Vereinigten Staaten brauchten sich für die unterentwickelten Nationen nicht verantwortlich zu fühlen.« Aber diese »dicta« gingen »am Kernpunkt vorbei ... Im Vergleich zu der zentralen Frage, ob man eine weitere Besetzung oder das Disengagement befürworten solle, wäre es, als wolle man die Mähne eines Löwen nach Flöhen durchsuchen, wenn man die anderen *dicta* zu wichtig nähme.«
Walter Lippmanns eindrucksvollste und tiefgründigste Stellungnahme zu den Angelegenheiten, die ich in meinen Reith Lectures behandelt hatte, erschien nicht schon zu jener Zeit, sondern in einer mehr als ein Jahr später am 6., 7., 8. und 9. April 1959 in der *New York Herald Tribune* veröffentlichten Artikelserie unter dem Titel »The Two Germanys and Berlin«. In der ihm eigenen ruhigen und unpersönlichen Art riß er, ohne mich überhaupt zu erwähnen, stillschweigend die Voraussetzungen in Stücke, auf welche ich meine Vorträge gegründet hatte – und zwar in erster Linie mit den gleichen Begründungen wie Aron vor ihm.

Die Aufnahme der Reith Lectures – der Sturm, den sie in der Öffentlichkeit entfesselten, die Hunderte von Kommentaren, die ungerechten Angriffe, die eindrucksvollen Kritiken –, das alles war für mich in des Wortes wahrster Bedeutung eine traumatische Erfahrung. Der Tumult, den ich ausgelöst hatte, erschreckte und beunruhigte mich zutiefst. Ich konnte nicht beurteilen, ob das, was ich getan hatte, bewundernswert oder abstoßend war; daß ich jedoch etwas ganz anderes getan hatte als ich tun wollte, war klar. Am Ende der Vorträge war ich zu schockiert, um auch nur die wichtigsten Kritiken zu lesen, die ich herausgefordert hatte. Nach dem letzten Vortrag am 15. Dezember verbrachte ich die Nacht im Hause von Freunden in Chelsea. Auf einem einsamen Spaziergang am frühen Morgen des nächsten Tages ging ich zur Victoria Station und kaufte pflichtschuldigst die Morgenzeitungen mit allen Berichten und Kommentaren über den letzten Vortrag. Dann mußte ich aber feststellen, daß ich es nicht über mich bringen konnte, sie zu lesen. Ich steckte sie in die

Manteltasche und trug sie, ohne nur einen Blick darauf werfen zu wollen, tagelang mit mir herum. Ich glaube, ich habe sie nie gelesen. Das war der Zustand, in dem ich mich befand; und obwohl ich zwei- oder dreimal Erwiderungen auf Kritiken geschrieben habe – den Brief an die *Neue Zürcher Zeitung*, einen Artikel für *Foreign Affairs* als Antwort auf die Kritik von Dean Acheson usw. –, konnte ich mich in jenen Jahren nicht zu dem Versuch überwinden, die allgemeine Kritik zu durchdenken und Stellung dazu zu nehmen. Ich nahm sofort eine innere Abwehrstellung ein, wenn ich diese Artikel nur sah. Die Sache schmerzte mich, und ich wollte nie wieder etwas davon hören. Noch jetzt kann ich mich nur mit einem neurotischen Widerwillen dazu überwinden, die dicken Bündel mit kritischen Kommentaren anzusehen, die jene Zeit überlebt haben. Aber Memoiren sind eine Verpflichtung, und ich glaube, ich habe keine andere Wahl, als über den George Kennan jener Tage ebenso zu Gericht zu sitzen, wie viele andere Menschen es damals getan haben, und zu versuchen, die Dinge, die in jenen Rundfunkvorträgen zu sagen er kühn oder leichtsinnig genug gewesen ist, in die richtige Perspektive zu rücken.

Ich habe mich für die Äußerungen über die paramilitärischen Kräfte und das Konzept der Verteidigung in der Tiefe gegen eine fremde Besetzung, dem ich gegenüber einer Verteidigung der Grenzen durch konventionelle Streitkräfte den Vorzug gegeben hatte, an die Brust geschlagen und *mea culpa* gesagt. Noch heute bin ich nicht ganz davon überzeugt, daß jene Äußerungen nicht auch gewisse Einsichten enthielten, die eine gewissenhaftere Prüfung verdient hätten, als man sie ihnen zuteil werden ließ. Was ich dort vorgetragen hatte, war beinahe genau das Konzept, nach dem die chinesischen kommunistischen Streitkräfte heute gegliedert sind, und niemand lacht den Genossen Mao aus, weil er diesen Grundsätzen folgt. Es ist das gleiche Konzept, durch das sich im großen und ganzen der Vietkong hat inspirieren lassen, und ich glaube, die meisten Amerikaner haben es aufgegeben, den Vietkong auszulachen. Schließlich habe ich mit einer gewissen Schadenfreude im April 1971 Erklärungen des österreichischen Bundeskanzlers Kreisky gelesen, die das Problem der Verteidigung Österreichs behandelten und so klangen, als seien sie fast wörtlich aus dem fraglichen Abschnitt der Reith Lectures entnommen worden[5]. Ich darf jedoch einräumen, daß es sehr töricht von mir ge-

5 Die Pariser Zeitung *Le Monde* hatte am 24. April 1971 das folgende über die Auffassungen von Herrn Kreisky zu sagen:

wesen ist, diese Dinge zu sagen. Entweder ging ich von ganz falschen Voraussetzungen aus, und was ich sagte, war wertlos und Ausdruck eines intellektuellen Versagens meinerseits, oder ich war meiner Zeit so weit voraus, daß man mich nicht begreifen konnte. In beiden Fällen hätte ich schweigen sollen. Eine Sache, die ich in meinem Leben habe lernen müssen, ist, daß die in politischen Angelegenheiten zu früh gesagte Wahrheit kaum einen größeren Wert hat als die Äußerung einer irrtümlichen Meinung.

Doch abgesehen davon kann ich sehen, daß der Unterschied zwischen mir und meinen Kritikern, wie es diese Episode bewies, in erster Linie darin lag, daß wir die Dinge in dreifacher Hinsicht verschieden interpretierten.

Erstens maß ich der Möglichkeit einer Räumung Ostdeutschlands, Polens und Ungarns durch die Russen eine viel größere Bedeutung bei als die westlichen Staatsmänner und die öffentliche Meinung im Westen. Meine Kritiker behaupteten, die größte Gefahr für Europa in der übermäßigen Stärke der konventionellen sowjetischen Streitkräfte und besonders des sowjetischen Heeres zu sehen. Dieser Faktor war mir viel weniger wichtig. Ich vermutete erstens, daß die jüngsten westlichen Schätzungen der Stärke dieser Kräfte übertrieben waren (später stellte sich heraus, daß ich recht hatte[6]).

Aber außerdem war mir aus allem, was ich über die russische Geschichte wußte, klar, daß es für russische Regierungen nichts Ungewöhnliches ist, zahlenmäßig viel stärkere Erdtruppen zu unterhalten als irgendeine andere europäische Macht. Sie haben das während des ganzen 19. Jahrhunderts getan und taten es in den 1920er und 1930er Jahren wieder. Dennoch hat damals niemand verlangt, man solle amerikanische Streitkräfte in Europa stationieren. Auch ich betrach-

»Bundeskanzler Kreisky will anstelle einer unzureichend ausgerüsteten Armee, die ihre Aufgabe nicht erfüllen kann, Streitkräfte aufstellen, die ›sofort intervenieren‹ können, die geeignet sind, in einem örtlich begrenzten Konflikt verwendet zu werden, oder die im Falle eines feindlichen Einmarsches gleichzeitig an zahlreichen Punkten innerhalb des betreffenden Gebiets eingesetzt werden können. ›Die Verteidigung des Landes ist ohne die Unterstützung der Arbeiter nicht möglich‹, das ist die Auffassung des Regierungschefs. Ein Beamter des Ministeriums vertrat die gleichen Ansichten, als er sagte: ›1950 haben die Arbeiter Österreich vor einem kommunistischen Putschversuch gerettet. Wir müssen in der Lage sein, jeden Fluß und jede Brücke zu verteidigen.‹«

[6] Damals sprach man von 175 Divisionen. Heute hat man diese Zahl offenbar ganz in der Stille auf etwa 85 Divisionen verringert, und es ist bezeichnend, daß diese Verringerung auf die Haltung der Leute, die früher von der größeren Stärke ausgingen, gegenüber einem Disengagement nicht den geringsten Einfluß gehabt hat.

tete die sowjetischen Armeen als eine Bedrohung für Westeuropa, aber nicht in erster Linie wegen ihrer zahlenmäßigen Stärke, sondern weil sie jetzt im Gegensatz zur Lage in früheren Jahrzehnten über ein Aufmarschgebiet verfügten, nämlich die deutsche Ostzone, das im Herzen Europas gelegen war. Aus diesem Grunde war für mich im Gegensatz zu meinen Gegnern das Hauptproblem, diese Truppen dorthin zurückzubringen, wohin sie gehörten, hinter die Pripjetsümpfe. Wenn sie sich so aus dem Herzen Europas zurückgezogen hatten, dann würde man, um ihnen etwas entgegenzustellen, nicht mehr die komplexen Sicherheitsmaßnahmen anwenden müssen, welche durchzusetzen sich die NATO bemühte. Nichts irritierte mich bei der Kritik an meinen Reith Lectures mehr als die Neigung der Kritiker, diesen Punkt zu ignorieren und so zu sprechen, als bezögen sich die Modifizierungen im westlichen Verteidigungskonzept, die ich vorgeschlagen hatte, auf eine Lage, in der die sowjetischen Streitkräfte noch etwa 100 Kilometer vor der Nordsee standen.
Zweitens glaubte ich eher an die Möglichkeit eines solchen sowjetischen Truppenabzuges als andere. Die anderen überschätzten, wie ich meinte, den Preis erheblich, den zu zahlen die sowjetischen Führer bereit wären, wenn dafür die Amerikaner Deutschland räumen würden. Außerdem beeindruckte mich der Umstand, daß die politischen Führer in den Satellitenstaaten bei dem Versuch, das zu erreichen, offensichtlich unsere geheimen Verbündeten sein würden. Gomulka hatte erst kürzlich und ausdrücklich öffentlich erklärt, daß es die Gegenwart amerikanischer Truppen in Deutschland und nicht der sowjetische Druck sei, welche die Polen veranlaßte, sowjetische Garnisonen auf ihrem Staatsgebiet zu dulden. Er hatte gesagt, er werde an dem Tage, an dem die Amerikaner Deutschland verließen, mit Moskau die Frage des Abzugs sowjetischer Streitkräfte aus Polen anschneiden. In den Wochen kurz vor meinen Vorträgen hatten die Russen neue militärische Beistandsabkommen mit Polen, Ungarn und Rumänien abgeschlossen, und in jedem dieser Abkommen wurde, offensichtlich auf Verlangen der Satellitenregierungen, ausdrücklich erklärt, daß die sowjetischen Truppen auf dem Boden dieser Länder nur vorübergehend stationiert sein würden. Außerdem hatten Chruschtschow und Bulganin wiederholt in öffentlichen Erklärungen einen solchen Abzug als Teil eines beiderseitigen Disengagement angeboten.
Ich hatte zu der einzigen Alternative, die es gegenüber jeder Form

des Disengagement gab, nämlich dem Fortbestehen der Teilung des Kontinents, viel weniger Vertrauen als meine Kritiker. Unter solchen Umständen konnte ich keine Lösung des Berlinproblems erwarten. Nachdem ich fünf Jahre in dieser Stadt gelebt hatte, bewunderte ich ihre Bewohner und hatte erkannt, wie wichtig sie für Deutschland und Europa war. Und diese Empfindungen waren stärker als alles, was meine Kritiker persönlich erlebt hatten. Ich glaube nicht (und ich meine, die Umstände haben mich in meiner Skepsis bestätigt), daß die Stadt auf die Dauer ihre Lebensfähigkeit im Rahmen eines geteilten Deutschland würde bewahren können. Diesen Rahmen als etwas Endgültiges zu betrachten, schien mir die Verurteilung Berlins zu einem langsamen Tod zu sein.

Ebensowenig war ich geneigt, einer Europapolitik zuzustimmen, die selbst in ihrer Konzeption keinen Raum für die osteuropäischen Völker ließ und die auch dann keinen Raum für sie gelassen hätte, wenn sie in der Lage gewesen wären, sich zu befreien. Das war eine Politik, die gegenüber der Vorherrschaft der Sowjets keine anderen Alternativen bot als den Versuch einer Umkehrung von Bündnissen und Bindungen an eine militärische Gruppierung, welche die sowjetischen Führer als gegen sich gerichtet ansahen. Wenn man diesen Völkern keine andere Möglichkeit zu bieten hatte als diese, dann machte man sich, so wollte es mir scheinen, in Wirklichkeit zum Verbündeten Moskaus bei der Erhaltung der sowjetischen Vorherrschaft in diesem Raum.

Schließlich hatte ich kein Vertrauen zu unserer Fähigkeit, auf unbegrenzte Zeit hinaus die Rolle zu spielen, welche eine Fortführung der gegenwärtigen Politik von uns zu fordern schien. Ich habe schon davon gesprochen, daß ich gesagt hatte, die Vereinigten Staaten seien keine europäische Macht, und man könne nicht von ihnen erwarten, daß sie ihre Streitkräfte auf die Dauer in Europa ließen. Ich fürchtete daher, daß die wirkliche Alternative gegenüber einem Kompromiß mit den Russen im Hinblick auf Mitteleuropa schließlich der einseitige Rückzug unserer Truppen auf amerikanischen Entschluß hin sein werde, für den wir keine russischen Zugeständnisse erhalten würden. Ich mußte noch oft an diese Befürchtungen denken, als ich in späteren Jahren las, daß Senator Mansfield darauf gedrängt hatte, wir sollten unsere Truppen aus finanziellen Gründen ohne Gegenleistung aus Europa abziehen.

Wenn ich heute auf diese Kontroverse zurückblicke, dann kann ich nicht sagen, es sei wirklich ein Fehler gewesen, diese Auffassungen zu vertreten. Mein Irrtum lag in der Vermutung, irgend jemand könne meine Meinung teilen – gleichgültig, wie überzeugend ich sie vortrug. Ich habe, als ich diese Vorträge entwarf, die Befürchtungen durchaus nicht begreifen können, welche die Aussicht auf ein wiedervereinigtes Deutschland in westlichen Ländern erregte, und nicht erkannt, wie sehr man sich dort schon auf die bereits fertig ausgearbeiteten Programme für eine wirtschaftliche Vereinigung Westdeutschlands mit Westeuropa und seine militärische Bindung an die atlantische Gemeinschaft festgelegt hatte, und wie sehr man jede Entwicklung fürchtete, mochte sie sogar zur deutschen Wiedervereinigung und zur Beseitigung der Teilung Europas führen, wenn sie den Fortschritt, den man in dieser Richtung schon erzielt hatte, gefährden könnte. Zum erstenmal mußte ich in der Reaktion der westlichen Völker und der westlichen Staatsmänner auf meine Vorträge eine Haltung erkennen, bei der die Aussicht auf eine Integrierung eines Teils von Deutschland in einen Teil von Europa fast einen absoluten Wert darstellte. Dieses Projekt setzte das Weiterbestehen eines geteilten Kontinents voraus, und aus diesem Grunde mußte jede Auffassung, die wie meine die Möglichkeit der Beseitigung dieser Teilung in Aussicht nahm, als gefährlich und häretisch gelten. Ich hatte es hier bei meinen Kritikern und den Staatsmännern, die ich vor den Kopf gestoßen hatte, mit Leuten zu tun, die nicht einmal dem Abzug eines einzigen amerikanischen Bataillons aus Deutschland zugestimmt hätten, wenn die Russen bereit gewesen wären, dafür ganz Ostdeutschland und Polen zu räumen. Es bedurfte jedoch der Reaktion auf die Vorträge, um mir das klarzumachen.

Das Schlimme an den Reith Lectures war nicht, daß alles, was ich gesagt hatte, falsch war, sondern daß die Zeit, in der vieles davon hätte gesagt werden müssen, längst vorüber war. Noch vor zwei Jahren hätten meine Ausführungen vielleicht einen Nutzen gehabt. Jetzt hatten sie kaum mehr einen Wert. Wie bei anderen Gelegenheiten lag der Fehler auch hier in der falschen zeitlichen Abstimmung. Sie war auch in diesem Fall der entscheidende Faktor. Es war die richtige zeitliche Abstimmung, der es der »X-Article« vor zehn Jahren zu verdanken hatte, daß er über seinen Wert hinaus gelobt wurde und wirksamer war, als ich es gehofft hatte. Diesmal war die Wahl des falschen Zeitpunktes die Ursache dafür, daß die Reith Lectures auf so steinigen Boden fielen und solchen Widerspruch erregten, wenn auch das Echo außergewöhnlich stark war. Wenn die Vorträge in mancher Hinsicht ihrer Zeit vorauseilten, so blieben sie in anderer doch auch hinter ihr zurück.

Ich weiß heute nicht, ob ich, als ich diese Vorträge hielt, etwas Nützliches oder, wie manche damals glaubten, Schädliches getan hatte. Heute neige ich dazu, das Unternehmen zu bedauern, denn die Anforderungen, denen ich hier neben meinen Vorlesungen in Oxford gerecht werden mußte, überstiegen meine Kräfte, und es war mir nicht möglich, das Beste zu geben, was mir zur Verfügung stand. Andererseits haben die Vorträge vielleicht durch die Diskussionen, die sie anregten, dazu beigetragen, die Vorstellungen im Westen über die Probleme des Kalten Krieges zu klären und zu profilieren. Wie das auch gewesen sein mag, heute ist mir klar, daß dieses Ereignis so oder so für mich das Ende der Möglichkeiten bezeichnete, einen nützlichen und konstruktiven Beitrag zu den Gedanken über die Probleme der Politik des Westens gegenüber Rußland auf diesem Gebiet zu leisten. Wenn die Vorträge hinsichtlich der Aufmerksamkeit, die sie an der Öffentlichkeit erregt haben, ein erstaunlicher Erfolg waren, dann waren sie im Hinblick auf die Zustimmung, die meine Ideen fanden, ein Fehlschlag. Ich war mir dieses Fehlschlages bewußt, und das erzeugte in mir einen Zustand, den ich nur als tiefe Enttäuschung bezeichnen kann. Die Westmächte hatten sich auf einen Weg begeben, der meinem Geschmack nicht entsprach. Bei den Bemühungen, die Probleme Europas durch die Beibehaltung der Teilung zu lösen und die Gefahr der Kernwaffen durch einen Wettlauf mit den Russen in ihrer Entwicklung zu bannen, konnte ich kein guter Berater sein. Ich hielt nicht viel von diesen beiden Vorhaben.
Die folgenden Jahre brachten manche Versuchung für mich, über die aktuellen Probleme der Europapolitik und der Militärpolitik meine Meinung zu sagen. Gelegentlich gab ich diesen Versuchungen nach, hätte das aber, wie ich die Dinge heute ansehe, besser nicht getan. Ich hatte gesagt, was ich sagen wollte. Die Beschäftigung mit der Geschichte, zu der sich im allgemeinen diejenigen flüchten, die angesichts der Gegenwart das Gefühl der Hilflosigkeit überkommt, wäre für mich die geeignetere Tätigkeit gewesen und war es auch manchmal.

Ich kann meine Ausführungen über die Reith Lectures nicht abschließen, ohne zu sagen, welchen Platz das große und einzigartige Land in meinem Leben und Denken einnimmt, in dem diese Vorträge gehalten wurden. Ich hatte während des Krieges zwei oder drei Monate in London zugebracht und mehrere Reisen durch die britischen Inseln unternommen. Dies war die erste Gelegenheit für mich (es sollte nicht die letzte sein), längere Zeit in England zu leben.

Was den Alltag meines Aufenthalts in Oxford in den Jahren 1957 und 1958 betrifft, so kann ich meine Gefühle nur als einen Haß-Liebe-Komplex bezeichnen. In Oxford vereinigen sich, wie viele wissen, auf engstem Raum einige der ausgezeichnetsten Züge der englischen Überlieferung mit einer Anzahl der häßlichsten des modernen England. Die graue Flut der Motorradfahrer, die am frühen Morgen eines jeden Werktages die High Street hinaufbrausten, vermittelte mir ein Gefühl der Trostlosigkeit. Aberhunderte von farblosen, geschlechtslosen, unmenschlichen Wesen in Overalls, die Gesichter hinter den Motorradbrillen versteckt, tief über die Lenker gebeugt, rasten aus einer der großen Industrievorstädte in die nächste. Ich haßte die überfüllten Läden am Corn Market mit ihrem minderwertigen Standardwarenangebot und den uninteressierten Verkäuferinnen ebenso wie die verkehrsreichen, ständig verstopften Durchgangsstraßen davor – die in den Autokolonnen stecken gebliebenen Busse, die einem keuchend und stöhnend die Dieselabgase ins Gesicht bliesen. An den langen, eintönigen Wochenenden kamen mir die englischen Parks und Straßen besonders trostlos vor. Alles war geschlossen, und es herrschte eine Leere, die mich so bedrückte, daß das einzige Gegenmittel wahrscheinlich gewesen wäre, wieder jung und bis über beide Ohren verliebt zu sein. Ich denke noch an einen verzweifelten Sonntagnachmittag. Man sagte uns, es sei Frühling. Ich fuhr mit den beiden kleinen Kindern hinaus zu einem feuchten, verlassenen Spielplatz am Stadtrand. Dort gab es ein Karussell und eine Schaukel, und die Kinder schaukelten mit der zufriedenen, unbezähmbaren Ausdauer, die diese kleinen Wesen auszeichnet, während nicht weit von uns weiße Segel, die in Wirklichkeit zu Booten gehörten, die von beherzten englischen Enthusiasten über eine unsichtbare Themse gesegelt wurden, über aufgeweichten Feldern durch langsam herabfallende Schneeflocken hinwegzuschweben schienen. An solchen Sonntagnachmittagen konnte England sehr bedrückend wirken.

Auch unsere Wohnung war unbequem. Ich weiß, wir hatten Glück gehabt, sie zu bekommen. Sie war geräumig und zentral gelegen. Ich muß unseren Gastgebern vom Balliol College dankbar sein, daß sie

sie für uns besorgt haben. Aber wie so viele andere Wohnungen in Oxford war sie so eingerichtet, daß man eigentlich nur darin leben konnte, wenn man Dienstboten hatte, und die gab es natürlich nicht. Man mußte siebenundfünfzig Stufen hinaufsteigen, und außer dem Flur hatte jedes Zimmer seine eigene Heizung. Wir mußten die Kohlen für das Kaminfeuer die Treppe hinauftragen und natürlich die Asche und den Müll hinunterschaffen. Das war die Aufgabe des Hausherrn, der in der Zeit zwischen seinen Vorträgen auch die Hintertreppe fegte, weil niemand da war, der es hätte tun können.

Das alles war natürlich gut für mich und wurde nur zum Problem, weil ich so töricht gewesen war, meine Zeit zu sehr mit anderen Dingen zu belasten. Aber die Engländer, besonders außerhalb von London, haben eine eigene Art, die Geduld des Amerikaners mit einer Nachlässigkeit und Unbeholfenheit in materiellen Dingen auf die Probe zu stellen, die einen verrückt machen kann. Es war, als täten sie mit Vorbedacht alles auf die möglichst umständlichste Weise – wie auch wir sie durch unsere fremdartigen Gewohnheiten irritieren. Gegenüber diesem besonderen Streß war ich ebensowenig immun wie jeder andere Amerikaner, der versucht, mit ihnen zusammenzuleben.

Dies war die eine Seite von Oxford. Aber in wie reichem Maße wurde das alles am Gegenpol wieder ausgeglichen! Wenn wir aus unseren Fenstern blickten, dann konnten wir auf der anderen Straßenseite die edle Fassade des Merton College sehen, der ersten weltlichen Stätte akademischer Bildung in der westlich-christlichen Welt. Auf dem Sturz über dem Portal konnten wir ein mittelalterliches Relief von Johannes dem Täufer bewundern. Nur wenige Schritte von der Haustür in jeder beliebigen Richtung gab es Schönes und Seltenes zu sehen. Wenn ich wollte (oder wenn ich die Zeit dazu fand), konnte ich in dem langen Lesesaal der Codrington Library von All Souls arbeiten. Das ist sicher einer der heitersten und schönsten Bibliothekssäle der Welt. Ich war mir stets des Umstandes bewußt und bin immer dankbar dafür gewesen, daß überall in den Colleges, die mich umgaben, Werte kultiviert, Traditionen und alte Bräuche – vernünftige, symbolhaltige, bedeutungsvolle Bräuche – gepflegt wurden, daß ich an alledem als konservativer Mensch, geborener Antiquar und überzeugter Anhänger des Glaubens an die Notwendigkeit der Kontinuität der alten Formen und Bräuche über die Generationen hinweg, nur Freude empfinden und mich darin wohl fühlen konnte. Es kam hinzu, daß wir die großzügige Gastfreundschaft ungezählter freundlicher und hochkultivierter Menschen genossen, die alles taten, um uns unseren Aufenthalt so angenehm wie möglich zu machen.

Ich hatte manchmal das Gefühl, daß ich innerlich nicht nur als Amerikaner, sondern auch als Schotte gegen Oxford rebellierte. Der üppige, reiche und elegante Südwesten Englands, dessen Geist sich in Oxford manifestierte und dessen Traditionen hier gepflegt wurden, war nicht der mir angemessene Teil der britischen Inseln. Ich glaube, ich hätte besser in die Landschaft tausend Kilometer weiter nordostwärts gepaßt. Ich erinnere mich, daß ich gegenüber meinem Freund Isaiah Berlin bei meiner Ankunft die Befürchtung äußerte, ich würde nie in die Gemeinschaft der Akademiker von Oxford passen. Für mich wären die Leute dort zu weltgewandt, zu witzig und zu schlagfertig. Ich wäre nur ein trübsinniger Schotte. Er versuchte mich zu trösten und sagte: »Denken Sie sich nichts dabei. Balliol ist voll von trübsinnigen Schotten.«

Vielleicht hatte er recht. Zwar war Balliol in Oxford offiziell mein akademisches Zuhause, aber ich hatte selten Gelegenheit, dorthin zu gehen, und daran war nur ich schuld. Es war aber doch etwas Wahres an dem, was ich gesagt hatte, und mit der Zeit wurde ich mir bewußt, daß ich in den Augenblicken, in denen ich gegen Oxford rebellierte, das nicht in erster Linie als Amerikaner, sondern immer mehr als Anglo-Amerikaner und fast als Brite tat; denn ich legte dabei die gleichen Maßstäbe an, nörgelte an den gleichen Dingen herum und maßte mir sogar das gleiche Recht, zu nörgeln, an, das jeder Brite hatte. Mit anderen Worten, allmählich und unmerklich geriet ich in die Fangarme der großen absorbierenden Kraft Großbritanniens. Ich wußte, daß ich nie Engländer werden würde, aber ich wußte auch, daß ich in England niemals mehr ein Fremder sein konnte. Ich erinnere mich, gegen Ende meines Aufenthalts in Oxford darüber nachgedacht zu haben, daß ich, wenn man mir unvermittelt sagen würde, es sei mir vom Schicksal bestimmt, den Rest meiner Tage als Gelehrter in dieser Stadt zuzubringen, mir unter Umständen sofort Sorgen darum gemacht hätte, wo ich eine Wohnung finden könnte, daß ich diesen Gedanken aber nicht als ungewöhnlich angesehen und keine Träne vergossen hätte.

England als Ganzes betrachtete ich damals mit einem aus Hoffnungen und Befürchtungen zusammengesetzten Gefühl. Ich war entsetzt zu sehen, wie überbevölkert der südliche Teil der Insel war und mit welchem Gleichmut die britische Öffentlichkeit diese Tatsache hinnahm. Von meinem begrenzten Blickwinkel aus waren mir die älteren Menschen lieber als die jungen, und ich schätzte die alte Oberschicht mehr als den Mittelstand, der jetzt an ihrer Stelle die politische Macht übernommen hatte, obwohl sich hier meine Gefühle auch wieder ausglichen, wenn ich daran dachte, eine wie hervorragende Haltung die einfache Bevölkerung in London während des Krieges gezeigt hatte. Ich erkannte die Notwendigkeit der großen sozialen Umschichtung, die sich in den letzten Jahrzehnten in Großbritannien vollzogen hatte, aber nach meinem Gefühl waren diese Veränderungen viel zu rasch und abrupt gekommen und bedeuteten einen Verlust, den sich Großbritannien eigentlich nicht leisten konnte – das war besonders ein Verzicht auf die Fähigkeiten und den guten Willen der alten Oberschicht, die nun rücksichtslos beiseite gedrängt worden war. Mir mißfiel vielleicht mehr als den meisten Briten die starke Amerikanisierung eines großen Teils des Lebens in diesem Lande. Die Dinge, die ich in meinem Heimatland haßte, waren mir in England noch unangenehmer, weil sie mir nicht dorthin zu gehören schienen. Traurig überlegte ich mir, daß wenn Kalifornien nur noch der Rest des alten Amerika war und sich diese Entwicklung dort nur schneller und radikaler vollzogen hatte, das ganze Amerika in einem ähnlichen Verhältnis zu Großbritannien stand. Dafür machte ich nur die Briten verantwortlich. Niemand zwang sie, so zu werden wie wir. Diese Entscheidung hatten sie selbst getroffen.

Mit unvoreingenommener Skepsis beobachtete ich die nicht enden wollende Debatte über die Möglichkeiten, die industrielle Rückständigkeit Großbritanniens zu überwinden, über seine chronischen Devisenschwierigkeiten und die andauernde wirtschaftliche Stagnation, die damals immer bedenklicher zu werden begann und eines Tages mit dem Beitritt zum Gemeinsamen Markt ihren Höhepunkt finden würde. Eine Steigerung der Industriekapazität würde vielleicht eines Tages dazu beitragen, die Situation zu verbessern, aber Großbritannien würde, so schien es mir, durch eine weitere Industrialisierung, Modernisierung, Integration und Abhängigkeit vom Weltmarkt nicht gerettet werden. Die einzige Entwicklungstendenz, die mir hoffnungsvoll erschien, wäre eine drastische Verringerung des Bevölkerungszuwachses, um ihn in ein vernünftigeres Verhältnis zu der im Lande erzeugten Menge von Nahrungsmitteln zu bringen; und es wäre die

Entwicklung einer größeren wirtschaftlichen Unabhängigkeit, damit das Land nicht mehr so stark von Importen und vom Außenhandel im allgemeinen abhängig war. Vielleicht war dies nur Ausdruck eines sentimentalen Gefühls, mit dem ich den Dingen nachtrauerte, die unwiederbringlich verloren waren. Vielleicht liebte ich das, was ich hier vom alten England noch vorfand, mehr als augenscheinlich viele Engländer. Auf jeden Fall konnte ich mich nicht dafür begeistern, daß Großbritannien jetzt in das moderne Zeitalter eintreten sollte. Ich dachte lieber darüber nach, wie es ihm gelingen könnte, einen Teil der wertvollen und einzigartigen Züge zu bewahren, welche es aus der Vergangenheit bis heute herübergerettet hatte. Die Frage nach dem Beitritt zum Gemeinsamen Markt lag damals noch in weiter Zukunft, und dies ist nicht der Ort, darüber etwas zu sagen. Ich muß jedoch gestehen, daß mich die ersten Erörterungen eines Plans, England durch einen Eisenbahn- oder Straßentunnel unter dem Kanal mit dem Kontinent zu verbinden, erschreckt und beunruhigt haben. Für mich war das der Ausdruck eines unbewußten Todesverlangens. Wie irgend jemand wünschen konnte, die kostbare insulare Eigenart zu opfern, die Shakespeare mit so beredten Worten besungen hatte, war vielen Engländern vielleicht verständlich. Wenigstens einem Amerikaner war es jedoch unbegreiflich.

XI

Jugoslawien - die Hintergründe

Im Januar 1961, zur Zeit der Amtsübernahme durch die Regierung von John F. Kennedy, hielt ich die letzten Vorlesungen im Rahmen eines einsemestrigen Seminars für Absolventen der Yale University. Am 23. Januar, drei Tage nach dem Regierungswechsel, kam ich zufällig an das Büro des Branford College, wo ich als Gastdozent lebte, um meine Post abzuholen. Es war um die Mittagszeit. Die Angestellten waren zum Essen fortgegangen, und ein junger Student hatte das Telefon besetzt. Als ich hereinkam, telefonierte er gerade, und ich konnte sehen, daß er sehr aufgeregt war. Er sprang auf und sagte erleichtert: »Mr. Kennan, der Präsident der Vereinigten Staaten möchte mit Ihnen sprechen.«

Es war wirklich der neue Präsident. Er rief mich an, um mich zu fragen, ob ich bereit wäre, meiner Ernennung zum Botschafter in Polen oder Jugoslawien zuzustimmen. Ich dankte dem Präsidenten für sein Vertrauen und bat ihn um Bedenkzeit. Noch am Nachmittag des gleichen Tages rief ich zurück und nahm das Angebot an. Ich sagte, Jugoslawien wäre mir lieber.

Zwar überraschte mich dieser Vorschlag, es war aber nicht das erste Mal, daß Jack Kennedy während des Wahlkampfes und der Wahlen mit mir die Verbindung aufnahm. Im Februar 1958 hatte er mir einen freundlichen und gedankenvollen Brief über die Reith Lectures geschrieben, deren Text er vollständig gelesen hatte[1]. Fast ein

1 Er war so freundlich, mir in seinem Brief vom 13. Februar 1958 zu sagen, er sei zwar mit den Vorträgen nicht in allen Punkten einverstanden (besonders nicht mit den Abschnitten, in denen ich mich mit unseren Beziehungen zu den unterentwikkelten Ländern beschäftigte), er glaube jedoch, der Inhalt der Vorträge sei von vielen Kritikern verdreht und falsch dargestellt worden. Er sei froh, zu wissen, »daß es wenigstens ein Mitglied der ›Opposition‹ gibt, das nicht nur seiner Pflicht als Kritiker genügt, sondern auch eine Reihe von sorgfältig formulierten, umfassenden und glänzend geschriebenen Alternativvorschlägen und Perspektiven vorträgt«.

Jahr später las er einen Artikel von mir in *Foreign Affairs* mit dem Titel »Disengagement Revisited«, in dem ich meine Ausführungen zu diesem Thema in den Reith Lectures ergänzte und auf die Kritik von Dean Acheson und anderen antwortete. Er sagte, er glaube, ich habe mich »sehr wirkungsvoll und ohne die persönlichen Nebensächlichkeiten zu beachten, mit denen sich Mr. Acheson leider im vergangenen Jahr beschäftigte, von der extremen Starrheit der Haltung von Mr. Acheson gelöst«.

Ein Jahr später, nur wenige Tage bevor er in das Amt des Präsidenten eingeführt wurde und deshalb allen möglichen starken Belastungen ausgesetzt war, erhielt ich einen diesmal mit der Hand geschriebenen Brief von ihm aus Jamaika, wo er sich einige Tage ausruhte, bevor er die Pflichten der Präsidentschaft übernahm. Er schrieb, er habe den Vortrag, den ich ein Jahr nach den Reith Lectures über die Sender der BBC gehalten hätte, gelesen. »Wie alles, was Sie sagen, beeindruckte mich auch hier der leidenschaftslose gesunde Menschenverstand.« Es folgte eine Bemerkung, die im Lichte unserer Beziehungen zu Südostasien im kommenden Jahrzehnt eine gewisse historische Bedeutung gewinnt. Er schrieb: »Besonders interessierten mich Ihre Gedanken dazu, daß wir nicht nur die Versuche einschränken, sondern die Waffe selbst abschaffen sollten. Ich weiß nicht, ob wir erwarten dürften, einen Vorstoß der Chinesen mit ihren riesigen Armeen nach Süden mit konventionellen Streitkräften aufhalten zu können. Jedenfalls werden wir, zwei oder drei Jahre nachdem die günstigste Gelegenheit vorübergegangen sein wird, noch alle darüber sprechen.«

Als ich das Angebot des Präsidenten, diesen neuen Posten zu übernehmen, annahm, war ich mir der Tatsache bewußt, daß ich aufgrund der unterschiedlichen Auffassungen, die mich vom offiziellen Establisment in Washington trennten und in den Reith Lectures und der Reaktion darauf zum Ausdruck gekommen waren, als Berater für diesen oder einen anderen Präsidenten nicht geeignet war, soweit es um die großen Probleme des Kalten Krieges ging. Wenn ich jetzt als diplomatischer Vertreter ins Auslang ging, dann tat ich das als jemand, der bereit war, die offizielle politische Linie hinsichtlich der Hauptprobleme in der Europapolitik und im Kalten Kriege zu akzeptieren und in diesem Rahmen mein Bestes zu tun. Aber bei unseren Beziehungen zu Jugoslawien ging es nicht unmittelbar und unbedingt um diese Probleme. Es freute mich außerdem, daß ich aufgefordert war, meinem Lande noch einmal zu dienen. Ich war natürlich über die Art und Weise, in der ich 1953 aus dem Staatsdienst ausgeschieden war, nie sehr glücklich gewesen. Ich begrüßte deshalb die Gelegenheit, noch einmal ein öffentliches Amt übernehmen zu dürfen, wenn auch nur auf bescheidenem Posten, um anschließend, wie ich hoffte, in allen Ehren und unter günstigeren Voraussetzungen meinen Abschied zu nehmen. Schließlich hielt ich Jack Kennedy für einen Mann, der in diesem Augenblick jede Unterstützung verdiente, die man ihm gewähren konnte.

So wurde, ebenso wie vor neun Jahren, als ich die Berufung nach Rußland erhielt, mein akademisches Leben jäh unterbrochen. Im Winter und Vorfrühling bereitete ich mich auf die Abreise vor. Und wieder war es Anfang Mai, als wir nach einer zivilisierten Überquerung des Atlantik (d. h. auf einem Ozeandampfer, der damals noch zur Verfügung stand) eines Abends spät auf dem Bahnhof von Belgrad ankamen. Ich wurde von meiner Frau, unseren beiden jüngsten Kindern und einem Hund begleitet, der uns allen große Sorgen machte, weil er sich seit Venedig geweigert hatte, seinen natürlichen Bedürfnissen zu folgen, und wir für den roten Teppich fürchteten, den das Begrüßungskomitee für uns ausgelegt haben würde, wenn wir endlich die Enge des Zuges verlassen durften.

Ich habe den unglücklichen Hund erwähnt, der mit der Verrichtung seiner Notdurft Schwierigkeiten hatte, möchte aber meinen Bericht nicht allzusehr mit persönlichen Dingen belasten. Wir alle haben unsere menschlichen Probleme, und meine unterschieden sich kaum von denen eines anderen normalen Menschen. Ich muß aber doch sagen, daß mein dienstlicher Aufenthalt in Jugoslawien für mich eine der reichsten, angenehmsten und lohnendsten persönlichen Erfahrungen im Verlauf eines langen Lebens im auswärtigen Dienst gewesen ist. Daß dies so war, lag zum Teil in der Natur des Landes und zum Teil an den verhältnismäßig glücklichen Umständen (wenigstens was die Rolle Belgrads betrifft; mit meinen Beziehungen zu Washington liegt die Sache schon anders), unter denen ich hier gearbeitet habe.

Es gibt sicher kein zweites so abwechslungsreiches Land, kein Land mit einer so kontrastreichen Landschaft und Atmosphäre, und keines, das geographisch so sehr im Zentrum der großen geschichtlichen Probleme des Donaubeckens und Südosteuropas liegt wie Jugoslawien. Es ist in Wirklichkeit auch nicht ein Land, sondern die Vereinigung von sechs ganz verschiedenen Ländern. Die älteste, dauerhafteste und bedeutendste europäische Kulturgrenze – die Linie, welche Byzanz von Rom, die Ostchristen von den Westchristen und schließlich das osmanische von dem österreichisch-ungarischen Reich getrennt hat und im Lauf der Jahrhunderte im wesentlichen unverändert blieb – verläuft heute mitten durch dieses Land. Man erkennt auf den ersten Blick, wie durch sie die Menschen und die Landschaft auf beiden Seiten geprägt werden, und zwar auf jeder Seite in besonderer Weise. Die byzantinisch-türkisch-östlichorthodoxe Seite stößt in einem weiten Bogen nach Nordosten vor und umfaßt das Gebirgsmassiv, das mitten über die Westseite der Balkanhalbinsel verläuft. Sie hat ihre serbischen, montenegrinischen, albanisch-muselmanischen und mazedonischen Komponenten. Dazu kommen natürlich noch die Provinzen Bosnien und Herzegowina mit ihrer Serbisch sprechenden mohammedanischen Bevölkerung. Sie besitzt außerdem eine große landschaftliche Schönheit und blickt auf eine unheimliche und grausame Geschichte zurück. Die römisch-österreichisch-katholische Seite umfaßt das Tiefland und das Küstengebiet, welches dieses Massiv im Osten, Norden und Westen umgibt. Sie besteht aus Teilen, die ungarischen, österreichischen und italienischen Einflüssen ausgesetzt gewesen sind (Kroaten, Slowenen und istrische Dalmatiner). Diesen verschiedenartigen kulturellen und religiösen Gegebenheiten entspricht beinahe oder ganz die Unterschiedlichkeit des Klimas und der Landschaft, und zwar sind die Unterschiede so groß, daß ich mir oft vorstelle, in Jugoslawien fänden sich auf verhältnismäßig engem Raum (etwa von der Größe des Staates Wyoming) fast alle geographischen Regionen der Vereinigten Staaten. Das Land hat seine weiten Ebenen, seine Appalachen und Rockies, seinen Mississippi, sein Kalifornien und Florida, seine Subtropen und seinen schneereichen Winter. Man findet hier alles mit Ausnahme einer Meeresküste im Osten.

Belgrad ist fast im Mittelpunkt dieses Schmelztiegels der Kulturen, Klimazonen, Sprachen und Traditionen gelegen. Von der alten Bergfestung, die früher der nordöstlichste Vorposten der Türken war, konnten die Angehörigen der türkischen Garnison über den breiten Zusammenfluß der Donau mit der Sava hinweg weit in das von den Österreichern beherrschte Land hineinblicken und sahen dort einen Teil von Westeuropa. Wenn man Belgrad mit dem Wagen verließ, dann konnte man sogar auf den zu meiner Zeit noch sehr schlechten

Straßen schon in ein oder zwei Stunden auf der großen fruchtbaren Ebene des Banats sein, wo sich heute anstelle der ehemals deutschen Güter große Staatsgüter eingerichtet haben. Oder man befand sich auf der breiten, geraden Hauptstraße eines der früheren ungarischen Dörfer der Vojvodina mit ihrem schmutzigen Kopfpflaster, großen Gänseherden und bunt bemalten Häuserfronten, die durch hohe Bretterzäune miteinander verbunden waren. Ebenso konnte man in der großen Provinzkathedrale stehen, wo der berühmte kroatische Bischof Strossmayer einst seine Gottesdienste abhielt. Oder man besuchte die Weingärten des serbischen Sumadija, eines Gebiets, das ebenso schön ist wie sein wohlklingender Name. Oder man stand im Dämmerlicht einer der abgelegenen byzantinischen Klosterkirchen aus dem Mittelalter, deren Wände mit naiven, aber zu Herzen gehend eindrucksvollen, wunderschönen Fresken bemalt sind. Wenn man Zeit genug hatte, dann konnte man auf einem Tagesausflug eines der großartigen Gebirgstäler in Südserbien erreichen oder in die bosnische Hauptstadt Sarajewo fahren, wo man im Asphalt der Straße noch den Fußabdruck des Attentäters von 1914 sehen kann. Oder man erlebte die einzigartige Atmosphäre des kroatischen Zagreb, einer Stadt der Musik, der Kunst und des Theaters, die mir immer das Gefühl vermittelt hat, sie habe noch eine große Zukunft vor sich. In dem architektonischen Kleinod des alpinen Barocks, der slowenischen Hauptstadt Ljubljana mit ihren eleganten Kirchtürmen, ihrem intensiven Kulturleben inmitten einer unvergleichlichen Landschaft der Berge, Felder und Wälder war alles wohlgeordnet und hochzivilisiert. Das alles und noch viel mehr ließ sich leicht von Belgrad aus erreichen, und es wurde noch zugänglicher und die Freude daran noch intensiver durch die große Freundlichkeit, Wärme und Gastfreundschaft, welche die einfache Bevölkerung überall dem Fremden und, ich glaube, besonders dem Amerikaner entgegenbrachte. Das Reisen in diesem Lande war ein nicht enden wollendes Fest, auf dem man stets neue Orte, Gesichter und Stimmungen erlebte. Besonders für mich, der ich ein so feines Gefühl für Stimmungen habe und mich ihnen völlig hingeben kann, dem es aber auch wieder so schwerfällt, dieses Gefühl anderen zu vermitteln, das mich oft an das Zittern des Zweiges in der Hand des Wünschelrutengängers erinnert, war die Wirkung dieser Erlebnisse überwältigend und unvergeßlich.

Man vergaß natürlich nie die lange und unglückliche Geschichte dieses Gebiets, deren Tragik bis in die jüngste Vergangenheit reicht. Man wußte, daß die Bewohner dieses Landes oder ihre Eltern, die dem Fremden heute so großzügig und freundlich entgegenkommen, sich noch vor dreißig Jahren mit äußerster Wildheit zu Hunderttausenden gegenseitig abgeschlachtet haben. Man mußte glauben, daß unter der dünnen Schicht des angeborenen Charmes und der Gastfreundschaft immer noch die gleiche Brutalität lauerte, und doch mußte man diese Menschen gern haben und den Kontakt mit ihnen suchen. Es waren größtenteils kräftige, einfache Menschen, stolz und würdevoll, zunächst mißtrauisch, aber immer bereit, auf Höflichkeit zu reagieren. Man konnte sich vorstellen, daß sie in ihrer Brutalität leidenschaftlich, tapfer und aufrichtig waren – nicht zynisch, feige oder hinterhältig.

Es sind daher meist angenehme Erinnerungen, die mir im Gedächtnis geblieben sind, und sie sind schwer zu beschreiben, denn sie werden mir nur als zwar sehr lebendige, aber unzusammenhängende, fast symbolische Erinnerungssplitter bewußt, als Szenen, kurze Episoden und Augenblickserlebnisse. Soll ich dafür einige Beispiele nennen? Ich muß aber sagen, daß sie keine Einheit bilden.

Ich denke an ein kleines, zerlumptes, barfüßiges Hirtenkind, das plötzlich aus dem dürren Gebüsch an einer Bergflanke in Montenegro vor uns auftauchte, während wir darauf warteten, daß unser Autoreifen repariert wurde. Scheu reichte das kleine Mädchen meiner Frau eine Handvoll wilder Blumen, die es gepflückt hatte, und lief dann schnell wieder ins Gebüsch zurück zu seinen Ziegen.

Ich erinnere mich an das Bauernmädchen, das sich auf einer staubigen Landstraße in Westkroatien im Auto mitnehmen ließ. Am Ziel angekommen griff sie in ihre kleine Einkaufstasche und nahm eine Orange heraus. Sie bestand darauf, daß ich sie annahm, denn sie hätte es nicht für richtig gehalten, mitzufahren, ohne mir etwas dafür zu bezahlen.

Ich denke an die armen Nonnen eines tief im Wald versteckten, abgelegenen byzantinischen Klosters, die uns nicht erlauben wollten, fortzufahren, bevor sie uns nicht eine aus den Erzeugnissen ihres kleinen Küchengartens zubereitete rührende Mahlzeit vorgesetzt hatten.

Ich denke an die junge Frau des Priesters, die plötzlich mit einer Platte heißer Käsekuchen vor uns stand, als wir einmal auf dem Kirchhof eines Gebirgsdorfes in Mittelserbien ein Picknick machten, und die uns mit gemessener Würde zum Essen einlud, »weil Sie Fremde sind an meinem Haus«. Dann lehnte sie sich an einen Baumstamm, kreuzte die sonnengebräunten bloßen Füße und beobachtete uns lange und freundlich mit ruhiger, unbewußter Neugier.

Ich denke an den alten Herrn mit einem Stahlgebiß, bekleidet mit einem altmodischen Frack, der uns, als wir in Mittelserbien eine Kirche besichtigt hatten, auf dem Friedhofsweg entgegenkam, mit großartiger Gebärde die Hand entgegenstreckte und sich als Bürgermeister dieses Orts vorstellte, der achtzehn Jahre sein Amt verwaltet hatte. Er sagte, er habe festgestellt, daß wir Fremde seien, teilte uns mit, er sei in der Stadt zu Hause, und bat uns zu sich, um mit ihm Himbeersaft zu trinken, was wir auch taten.

Ich erinnere mich an den Kontrast, den man erlebte, wenn man die 650 Kilometer von Belgrad nach Triest zurückgelegt, den italienischen Grenzposten auf dem Plateau oberhalb von Triest hinter sich gelassen hatte und dann unvermutet an den Rand des Steilhanges kam, um tief unten das großartige Panorama der Stadt, die weite Fläche der westlichen Adria und das dicht bevölkerte westeuropäische Festland vor Augen zu haben.

Ich denke an die gewundene Straße am Oberlauf des tief eingeschnittenen Neretvatals in der Herzegowina, die an der Stelle vorüberführt, wo die jugoslawischen Partisanen 1943 mit Hunderten von Verwundeten unter schweren Verlusten den Fluß im deutschen Geschützfeuer überquerten, um dann im wilden Bergland auf der anderen Seite zu verschwinden.

Ich denke an meine schöne und gewissenhafte serbische Lehrerin und an den Ausflug, den ich mit ihr und ihrem Mann zur mittelalterlichen Kirche von Žiča machte. Ich saß selbst am Steuer und versuchte, den zahllosen Schlaglöchern auf der unbefestigten Straße auszuweichen, während sie streng darauf bedacht war, mich im Gebrauch der serbischen Sprache zu unterrichten und meine Fehler Stunde um Stunde rücksichtslos korrigierte, bis sich die Musik der Worte mir ganz eingeprägt hatte.

Ich denke an den jungen Mann, der in einer Gruppe von Bauern neben einem Brunnen an der Straße stand. Als ich ihn auf Serbisch mit »guten Tag« begrüßte und fragte, ob etwas dagegen einzuwenden sei, wenn wir zu den am Hang über uns gelegenen Weinbergen hinaufgingen, blickte er mich fest, aber nicht ohne einen freundlichen Ausdruck in den Augen, an und antwortete: »Wenn Sie denen da oben ebenso ›guten Tag‹ sagen wie uns, dann wird niemand etwas dagegen haben.«

Das sind die Dinge, die einem im Gedächtnis bleiben. Sie illustrieren die eine Seite des diplomatischen Lebens, das ohne sie nicht vollständig wäre.

Ich möchte aber auch noch sagen, unter welchen Bedingungen ich in Jugoslawien gearbeitet habe.

Dabei kam es in erster Linie auf die Mitglieder meiner Botschaft, besonders aber auf die aktiven Diplomaten und die Beamten des Informationsdienstes der Vereinigten Staaten an, mit denen ich eng zusammenarbeiten mußte, da sie mir alle unterstanden. Diese Männer gehörten einer anderen Generation an als ich. Das Klima in der Behörde, in der sie großgeworden waren, war weniger menschlich, weniger persönlich, ihre Arbeit umfaßte ein weiteres Gebiet, ließ sich weniger leicht überblicken, und man fühlte sich dabei nicht mehr so sicher wie früher. Einige dieser Leute neigten wahrscheinlich zunächst dazu, vorsichtig, korrekt, sehr pedantisch und etwas zurückhaltend zu sein und eine Maske zu tragen. Die beabsichtigte Farblosigkeit und das Fehlen der persönlichen Initiative waren für sie Mittel zur Tarnung, durch die sie sich schützen wollten. Unter dieser äußeren Schicht waren es natürlich ganz normale Menschen, meistens sogar sehr wertvolle und intelligente, gelegentlich auch besonders tüchtige und begabte. Zwar kann ein Botschafter, der von seinen Untergebenen durch den täuschenden Schleier der Ehrerbietung getrennt wird, den sie ihm vor die Augen hängen, niemals wirklich wissen, was sie von ihm halten, aber mir ist es zu Recht oder zu Unrecht immer so vorgekommen, als hätte ich ihnen nützen können, als könnte ich, der ich noch in eine Zeit gehörte, in der man die Diplomatie als eine Kunst und nicht als ein Handwerk betrachtet hatte, sie etwas lehren. Ich glaubte, ich wäre in der Lage, sie mehr für ihre Arbeit zu interessieren, als dies sonst der Fall gewesen wäre. Die Dinge, die sie von mir lernen konnten, waren Sache des diplomatischen Stils und nicht so sehr der Substanz der diplomatischen Arbeit. Für uns als Diplomaten der älteren Generation war der Stil etwas Wesentliches, und ich schämte mich dessen nicht. Ich habe den Verdacht, daß sie mich mit einem gewissen amüsierten Staunen betrachteten, daß sie ihr Vergnügen an dem Melodrama meiner zahlreichen telegraphischen Konflikte mit dem Außenministerium hatten, daß sie sich darüber wunderten, wie unorthodox ich auf ihre Arbeit und die Berichte reagierte, die sie mir lieferten, und daß sie sich der Achtung und Wertschätzung bewußt waren, die ich ihnen entgegenbrachte – jedenfalls hoffe ich das. Für mich wäre der Aufenthalt in Belgrad schon deshalb lohnend gewesen, weil ich mit ihnen zusammenarbeiten durfte.

Dann gab es natürlich auch die jugoslawischen Beamten, mit denen wir es zu tun hatten. Zunächst will ich über die sprechen, die in einem niedrigeren Rang standen. Wie sehr unterschieden sie sich von den Russen, mit denen ich vor Jahren hatte zusammenarbeiten müssen! Sie standen immer zu unserer Verfügung, waren kompetent und höflich und immer bereit, nicht nur zuzuhören, sondern auch auf unsere Wünsche und Vorschläge zu reagieren. Es war möglich, außerhalb unserer dienstlichen Beziehungen privat mit ihnen zusammenzukommen, ohne daß sie sich dabei gehemmt oder schüchtern zeigten. Viele dieser Männer waren gute Gesellschafter, fröhlich, entspannt und hilfsbereit. Die meisten von ihnen waren intelligente, lebensfrohe Leute, gesellig und charmant. Jeden, der die Verhältnisse in Rußland kannte, beeindruckten ihr Freimut und ihre Offenheit. Bis zu einer gewissen Grenze war das echt, aber wir stellten sehr bald fest, daß es auch bestimmte fest abgesteckte Grenzlinien gab. Fast ausnahmslos hatten diese Männer im Partisanenkrieg unter der Führung Titos gegen die Deutschen gekämpft. Aus diesen gemeinsamen Erlebnissen waren eine feste Kameradschaft und ein diszipliniertes Treueverhältnis entstanden. Wenn man sie näher kennenlernte, dann erkannte man deutlich, daß ihre Worte und Taten durch ein unsichtbares, aber sehr wirksames koordinierendes und disziplinierendes Band bestimmt wurden. Auch sie bildeten – wie die entsprechenden Funktionäre im sowjetischen System – gegenüber dem Außenseiter gewissermaßen eine verschworene Gemeinschaft, aber soweit es uns betraf, keine feindliche – sie waren nur wachsam. Diese Wachsamkeit war zum Teil aus ihrer kommunistischen Vergangenheit entstanden, aber zum Teil auch weil sie nicht glaubten, irgend jemand, der nicht in Jugoslawien geboren und aufgewachsen war, könne je die komplexen Zusammenhänge in dieser eigenartigen Gruppierung von Nationalitäten verstehen. Schließlich lag der Grund dafür auch in der gesunden Erkenntnis der Tatsache, daß ebenso wie überall anders im Leben auch in der Diplomatie niemand sich für die Interessen eines anderen einsetzt, wenn dieser es nicht selbst tut.

Anders als in den weiter östlich gelegenen kommunistischen Ländern konnte man in Jugoslawien die meisten führenden Politiker leicht kennenlernen und mit ihnen angenehme, herzliche und manchmal sogar inoffizielle Beziehungen anknüpfen. Es gab aber auch Ausnahmen. Die Führer in einigen entlegenen Republiken, besonders in Bosnien und Mazedonien, waren nicht immer freundlich oder entgegenkommend, aber diese Ausnahmen bestätigten nur die Regel. Meine Frau und ich sind mehrmals von Präsident Tito und Frau Broz persönlich eingeladen worden. Der Präsident der kroatischen Nationalversammlung lud uns einmal auf seine Jacht ein, und wir verbrachten einen wunderschönen Tag auf der Adria vor der Insel Hvar. In Belgrad waren wir häufig bei anderen hohen Beamten zu Gast. Ich könnte diese Liste beliebig erweitern. Unsere Gastgeber hatten keineswegs die Verpflichtung, uns so freundlich entgegenzukommen, und meine Frau und ich, die wir beide an weniger angenehme Bräuche gewöhnt waren, haben das sehr genossen und anerkannt.

Die beherrschende Persönlichkeit während der ganzen Zeit meines Aufenthalts in Jugoslawien und natürlich auch später war Josip Broz Tito. Ich hatte ihn schon kennengelernt, bevor ich als Botschafter nach Belgrad ging, und achtete ihn für das, was er geleistet hatte. Im Verlauf unserer offiziellen Kontakte wuchs diese Achtung. Er stammte aus einfachen Kreisen. Was er an höherer Bildung besaß, verdankte er fast ausschließlich der Schulung, die er kurz nach der russischen Revolution als Kriegsgefangener in Rußland erhalten hatte. Was er sonst wußte, hatte er in der harten Schule des Lebens als kommunistischer Revolutionär und dann als politischer und militärischer Partisanenführer gelernt. Er hielt sich selbst für einen guten und überzeugten marxistischen Kommunisten und hat niemals irgend jemanden dazu ermuntert, ihn für etwas anderes zu halten. Er konnte rücksichtslos streng sein, wenn ihm das im Interesse seiner Sache notwendig erschien. Wenn die Lage es erforderte, konnte er sogar in seinen Auseinandersetzungen mit politischen Kräften, die er für feindlich oder nicht vertrauenswürdig hielt, unaufrichtig sein und Kriegslisten anwenden. Als gereifter politischer Führer wußte er, wann es Zeit war, zu sprechen, und wann er die Ruhe bewahren mußte. Aber er war nicht grausam und nicht so übermäßig mißtrauisch wie Stalin. Im Gegenteil, denen, die ihm treu gedient hatten, hielt auch er die Treue und war ihnen gegenüber manchmal sogar recht nachsichtig. Nach dem Bruch mit Moskau 1948 mußten nur zwei seiner Mitarbeiter – ich glaube, beiden wurde nachgewiesen, daß sie als sowjetische Geheimagenten gearbeitet hatten, während sie hohe Stellungen in seiner unmittelbaren Nähe einnahmen – für ihren Verrat mit dem Leben bezahlen[2]. Anschließend ließ er keine umfangreichen Säuberungen in seiner Partei durchführen und bestrafte nur Leute, von denen er annahm (und das galt auch für Djilas), daß sie sich schändlicher, böswilliger Vergehen schuldig gemacht hatten und nicht bereit waren, ihre Handlungen zu bereuen.

Tito war auch nicht verschlagen. Ich war mir immer der Tatsache bewußt, daß es Dinge gab, über die er mit mir nicht sprechen wollte. Dafür hatte ich Verständnis. Die stille Disziplin seiner Partei galt für ihn ebenso wie für die anderen Mitglieder, doch darauf, was er sagte, konnte ich mich verlassen. Ich habe nicht den Eindruck, daß er es je versucht hat, mich zu täuschen oder irrezuführen. Wenigstens einmal gab er mir einen freundlichen, nützlichen und vernünftigen Rat.

Ich möchte hier nicht den Eindruck erwecken, daß Tito für den amerikanischen Botschafter nie ein Problem bedeutet hätte. Nichts wäre weiter von der Wahrheit entfernt. Ich glaube, er mochte mich ganz gern, aber wie jeder Berufsdiplomat weiß, haben persönliche Sympathien und Antipathien sehr wenig mit den ernsten Aspekten der Diplomatie zu tun. Ich habe schon gesagt, daß Tito sich immer für einen guten marxistischen Kommunisten gehalten hat. Als solchem waren ihm letzten Endes die Meinungen der Leute in der internationalen kommunistischen Bewegung wichtiger als unsere. Er war sehr kühn gewesen und hatte eine schwere Verantwortung auf sich genommen, als er 1948 mit Stalin brach. Er glaubte, gute Gründe dafür zu haben. Aber er konnte es nicht vergessen, daß man ihn dafür über mehrere Jahre hinweg in Moskau und in anderen Ländern des kommunistischen Blocks sehr heftig angegriffen hatte, ja daß man den Bruch lange Zeit sogar als eine Art Verrat an der Bewegung ansah. Es lag ihm viel daran, sein Verhalten im Jahre 1948 wiedergutzumachen, ohne die Unabhängigkeit seiner Stellung deshalb aufzugeben. Er wollte die sowjetischen Führer zur Anerkennung seiner Rechtsposition zwingen, verlangte, daß sie ihn mit Respekt behandelten und daß sie die Interessen seines Regimes berücksichtigten. In den Jahren nach Stalins Tod hatte er seine Karten geschickt und überlegt ausgespielt mit dem Ziel, das alles zu erreichen. Empfind-

[2] Keiner von ihnen wurde hingerichtet. Der eine wurde erschossen, als er versuchte, über die Grenze zu fliehen. Der andere nahm sich das Leben.

lich gegenüber der Beschuldigung, er habe die Sache des Kommunismus verraten und sei in das Lager der Imperialisten übergelaufen, hatte er seine öffentlichen Erklärungen zu weltpolitischen Fragen oft so formuliert, daß er als guter Kommunist dastand und der Eindruck entstand, er verträte die Auffassungen der Menschen in den kommunistischen Ländern, auch wenn das einen Affront gegenüber dem Westen bedeutete. Er tat es, versuchte aber trotzdem, zugleich korrekte und normale Beziehungen zu den westlichen Ländern zu unterhalten. Darin lag ein gewisser Widerspruch, und ich bin überzeugt, daß er sich dessen bewußt war. Er hätte gerne gute Beziehungen zu beiden Seiten unterhalten. Das war auch alles, was er von uns erwartete. Aber von der anderen Seite erwartete er mehr. Er wollte, daß man ihn dort als guten Kommunisten anerkannte und es ihm verzieh, daß er sich Stalin widersetzt hatte. Wenn er, um das zu erreichen, gelegentlich in seinen Reden den kommunistischen Standpunkt stärker betonte und gegenüber dem Westen ablehnender war, als er es sonst gewesen wäre, dann tat er das ganz absichtlich. Er nahm die Stellung des verlorenen Sohnes in der von den Sowjets beherrschten kommunistischen Bewegung ein. Er war entschlossen, daß eine Versöhnung mit der Familie zu seinen Bedingungen stattfand und nicht zu den Bedingungen der Familie, aber durch alle Wechselfälle des politischen Lebens blieb es dennoch seine Familie, und wie sie über ihn dachte, war ihm wichtig, nicht aber unsere Meinung. In diesem einen Punkt waren wir unterlegen.
Es war mein Unglück, daß diese Bemühungen Titos, in Moskau Vergebung und Zustimmung zu gewinnen, ohne die für ihn so wichtige Unabhängigkeit zu opfern, gerade zu dem Zeitpunkt am intensivsten wurden und schließlich den gewünschten Erfolg brachten, als ich amerikanischer Botschafter in Belgrad war. Nur vier Monate nach meiner Ankunft in Belgrad fand dort die bemerkenswerte Konferenz der blockfreien Nationen statt, bei der sich 26 Staatsoberhäupter aus Ländern trafen, auf welche diese Definition paßte. Ich glaubte zu wissen, was Tito damit erreichen wollte, wenn er den Gastgeber für dieses sorgfältig vorbereitete, aber für Jugoslawien sehr kostspielige Treffen spielte. Erst vor drei Jahren, nach neuerlichen und scharfen Differenzen zwischen den Parteiführern in Jugoslawien und der Sowjetunion wegen der neuen Verfassung der jugoslawischen kommunistischen Partei, hatte Chruschtschow öffentlich erklärt (und das ausgerechnet in Ostdeutschland), daß man Tito einfach

ignorieren müsse. »Soll er doch seinen eigenen Weg gehen! Beachtet ihn gar nicht. Allein gelassen wird er nicht viel bedeuten.« Das war in wenigen Worten der Inhalt dessen, was Chruschtschow gesagt hatte. Die Antwort Titos auf diese Bemerkung, die er sehr übelgenommen hatte, war die Konferenz in Belgrad, auf der er Moskau das Schauspiel einer Zusammenkunft von 26 Staatsoberhäuptern bot, die aus Ländern kamen, mit denen Moskau sehr gerne enge Beziehungen unterhalten hätte. Diese Männer versammelten sich nun in der jugoslawischen Hauptstadt unter dem Vorsitz von Tito, der Chruschtschow jetzt nach drei Jahren zeigen wollte, wer in Wirklichkeit isoliert sei.

Das Unternehmen hatte Erfolg. Ein Jahr und drei Monate danach, im Dezember 1962, stattete Tito Moskau auf Einladung der sowjetischen Regierung einen Besuch ab, durfte vor dem Obersten Sowjet eine Ansprache halten, und die Mitglieder dieser streng disziplinierten Körperschaft brachten ihm eine Ovation dar. Welch ein Triumph für einen Mann in seiner Position! Welcher amerikanische Botschafter hätte damit konkurrieren können?

Unter diesen Umständen überraschte es nicht, daß die amerikanisch-jugoslawischen Beziehungen während meiner Amtsperiode als Botschafter einige Male durch Erklärungen Titos gestört wurden, welche die Weltpresse aufgriff und an den Westen weitergab. Besonders für das unkritische und ungeschulte Ohr klangen sie so, als sei Tito wieder ins Moskauer Fahrwasser geraten und habe vor, sich dem sowjetisch-kommunistischen Block anzuschließen. Auf der Konferenz von Belgrad brachte er mich z. B. dadurch in Schwierigkeiten, daß er in seine Hauptrede im letzten Augenblick unmittelbar nach einem eiligen Gespräch mit dem sowjetischen Botschafter eine Erklärung aufnahm, die offenbar zunächst nicht beabsichtigt gewesen war und in der es hieß, er »verstünde« die Gründe, weshalb die Russen kürzlich (wie sie es einseitig und ohne Warnung getan hatten) die Vereinbarungen über den Kernwaffen-Teststopp verletzt hätten. Nach seiner Rückkehr aus Moskau hörte er sogar auf, Jugoslawien als »blockfrei« zu bezeichnen und sprach nicht mehr, wie er es bisher getan hatte, mißbilligend von den einander gegenüberstehenden »Militärblöcken«. Diese neue Haltung und die Tatsache, daß er wiederholt an der Öffentlichkeit in einer Weise über die internen jugoslawischen Probleme sprach, die darauf zugeschnitten zu sein schien, auf sowjetische Vorurteile Rücksicht zu nehmen, erschwerten es mir manchmal, mich gegen die anti-jugoslawischen Tendenzen zu stellen, die damals in Amerika mit besonderer Vehemenz spürbar wurden, Tendenzen, die für mich zu einem noch größeren Problem wurden als die Entschlossenheit Titos, in den Augen der Völker östlich seiner Grenzen als guter Kommunist zu erscheinen.

Wenn wir uns jetzt der öffentlichen Meinung in Amerika zu diesem Thema und der amerikanischen Jugoslawienpolitik zuwenden, dann muß ich die Aufmerksamkeit und Geduld meines Lesers besonders in Anspruch nehmen und ihn bitten, gewisse Aspekte der Beziehungen zwischen Jugoslawien und den Vereinigten Staaten, wie sie während meiner Amtszeit in Belgrad akut waren, zu beachten. Ich beschäftige mich damit, weil die Schwierigkeiten, die sich bei der Erfüllung meines Auftrags ergaben, ohne diese Hintergründe nicht verstanden werden können. Gerade diese Schwierigkeiten waren jedoch, was die Arbeitsweise des amerikanischen Regierungsapparats und politischen Systems auf dem Gebiet der Diplomatie betrifft, so bezeichnend und illustrativ, daß ich glaube, es wird sich lohnen, sie im einzelnen zu untersuchen.

Man wird sich erinnern, daß sich Jugoslawien 1948 unter dramatischen Umständen vom sowjetischen Block löste und dabei sogar das Risiko einer militärischen Konfrontation auf sich nahm. Seit jener Zeit und bis zum Augenblick meiner Ankunft in Jugoslawien (wie auch seither) hat dieses Land seine Unabhängigkeit bewahrt. Als ich dort eintraf, gehörte es nicht dem Warschauer Pakt an (und ist diesem Bündnis auch bis heute nicht beigetreten). Es verfolgte eine selbständige Militärpolitik. Militärisch arbeitete es nicht mit der Sowjetunion oder einem anderen Mitglied des Warschauer Paktes zusammen und hatte das auch während der vergangenen dreizehn Jahre nicht getan. Es kaufte im Osten keine Waffen und ließ sich von den östlichen Ländern auch nicht militärisch beraten. Es gehörte nicht zu den Mitgliedern der osteuropäischen Wirtschaftsorganisationen des von den Sowjets beherrschten COMECON. Es hatte in dieser Organisation nicht einmal den Status eines Beobachters. Andererseits hatte es in mehr als einer westlichen Institution für internationale wirtschaftliche Zusammenarbeit Beobachter oder war solchen Organisationen als außerordentliches Mitglied angeschlossen.

Als Folge der unabhängigen Stellung Jugoslawiens – das Abkommen von Triest und der Bruch Albaniens mit Moskau spielten ebenfalls eine Rolle – besaß die Sowjetunion, die noch vor 15 Jahren mit ihrer Kriegsflotte ungehinderten Zugang zu einer Reihe von Häfen an der Ostküste der Adria hatte, jetzt keine Basen mehr in diesem Teil des Mittelmeeres. Es kam hinzu, daß die jugoslawische Armee als drittstärkste Militärmacht in Europa die sehr nützliche Funktion übernommen hatte, eine Barriere zwischen den Streitkräften der südeuropäischen Mitglieder der NATO und denen des Sowjetblocks zu bilden. Es braucht nicht besonders betont zu werden, daß dies eine für die Erhaltung des Friedens in Europa sehr günstige Lage war. Sie war viel günstiger als die Lage, die in diesem Raum vor dem Bruch Jugoslawiens mit Moskau geherrscht hatte. Deshalb hatten die Westmächte ein lebhaftes Interesse daran, sie aufrechtzuerhalten.

Das war nicht alles. Die innenpolitische Struktur Jugoslawiens war zwar offiziell die eines »sozialistischen« Staates, unterschied sich aber in zahlreichen wichtigen Punkten von derjenigen in der Sowjetunion und ihren Satellitenstaaten. Diese Struktur entsprach nicht den ideologischen Forderungen Moskaus. Während meiner Amtszeit in Jugoslawien wurden die Unterschiede im System auf lange Sicht durch die Bestimmungen einer neuen jugoslawischen Verfassung festgeschrieben, deren endgültige Fassung zur Zeit meines Eintreffens fertiggestellt wurde. Nichts deutete in der neuen Verfassung darauf hin, daß die innenpolitische Struktur Jugoslawiens an diejenige der dem sowjetischen Block angeschlossenen Staaten angepaßt werden sollte.

Schließlich gab es für Jugoslawien nichts, was sich mit dem eisernen Vorhang vergleichen ließe, welcher die sowjetische Gesellschaft von der Außenwelt trennte. Reisen in beiden Richtungen waren großzügig gestattet. Es gab kein Verbot, ausländische Rundfunksendungen zu hören. Die Stimme Amerikas brachte täglich Sendungen, die in Jugoslawien von mehr als einer Million Hörern empfangen werden konnten, ohne daß die Jugoslawen dagegen protestierten. Der Informationsdienst der Vereinigten Staaten unterhielt in drei jugoslawischen Großstädten Bibliotheken und Leseräume, die von vielen Jugoslawen besucht wurden. Hier konnten jugoslawische Privatpersonen amerikanische Bücher und amerikanische Dokumentarfilme ausleihen, und diese Möglichkeiten wurden großzügig genutzt. Kein Jugoslawe, der das tat, wurde dafür bestraft.

In allen Fragen der normalen zweiseitigen Beziehungen zwischen beiden Ländern hatten wir, soweit ich mich erinnere, keinen Grund, uns über das Verhalten der Jugoslawen zu beklagen. Es konnte allerdings vorkommen, daß uns gewisse Äußerungen von Tito über andere Angelegenheiten mißfielen. Sie machten uns unter Umständen Sorgen wegen der Auswirkungen, die sie auf die öffentliche Meinung in Amerika haben könnten. Aber Tito hatte das Recht auf eine eigene Meinung. Die Erklärungen der Angehörigen *unserer* Regierung gefielen auch *ihm* nicht immer. Wir stellten auch weiter fest, daß die jugoslawische Regierung im Umgang mit uns in allen praktischen Fragen fair und vernünftig war.

Wir hatten deshalb jeden Grund, uns auch weiter darum zu bemühen, daß in Jugoslawien das Verständnis für uns und unser Land zunahm. Wir hatten gute Gründe, auch weiterhin zu versuchen, gewisse falsche Vorstellungen der offiziellen Stellen in Jugoslawien im Hinblick auf weltpolitische Fragen zu korrigieren; wir hatten jedoch keine Veranlassung, die hier herrschende Situation in irgendeiner Weise grundsätzlich verändern zu wollen; am allerwenigsten hatten wir einen Grund, Dinge zu tun, welche die Jugoslawen im Hinblick auf einen Ausbau der Beziehungen zu uns entmutigen oder sie zu einer intimeren Assoziierung mit der Sowjetunion und den anderen Oststaaten veranlassen könnten. Im Gegenteil, ganz abgesehen von unseren Beziehungen zu Jugoslawien gab es viele Gründe, weshalb eine solche Politik töricht wäre und unseren Interessen schaden würde. Die anderen osteuropäischen Länder beobachteten mit großem Interesse den Fortschritt und die Ergebnisse der Bemühungen Jugoslawiens, politisch unabhängig zu bleiben. Die Schlüsse, die sie daraus zogen, würden offensichtlich auf ihre Haltung und politische Richtung wesentliche Auswirkungen haben. Wenn Jugoslawien infolge seiner unabhängigen Außenpolitik wirtschaftlich aufblühte, dann konnte man daraus folgern, daß sich auch ihnen eines Tages eine Alternative gegenüber einer einseitigen und ausschließlichen Orientierung auf die Sowjetunion hin bieten könnte. Wenn die Bemühungen Jugoslawiens fehlschlugen, dann gab es für sie keine andere Wahl, als sich auch weiterhin ausschließlich auf die Sowjetunion zu stützen. Um zu illustrieren, worum es hier ging, möchte ich sagen, daß ich persönlich davon überzeugt bin, die später in Rumänien entwikkelte unabhängigere Politik sei ganz wesentlich dadurch beeinflußt worden, daß sich die rumänischen Führer des Beispiels bewußt waren, welches ihnen das benachbarte und äußerlich sehr ähnliche Jugoslawien bot.

Dabei sollte man nicht die Tatsache vergessen, daß die verhältnismäßig normalen und konstruktiven bilateralen Beziehungen, die wir mit Jugoslawien unterhielten, damals keineswegs wesentlich durch amerikanische Hilfsprogramme beeinflußt wurden. Zu meiner Amtszeit als Botschafter in Belgrad gewährten wir den Jugoslawen kaum irgendwelche Hilfe; wir hatten das früher getan. In den 1950er Jahren haben wir sie mit erheblichen Mengen von Nahrungsmitteln und Rohstoffen unterstützt. Es gab damals auch ein militärisches Hilfsprogramm. Es wurde jedoch auf Ersuchen der Jugoslawen 1957, vier Jahre vor meiner Zeit, beendet. Seither bezahlten die Jugoslawen alle Rüstungsgüter, die sie in den Vereinigten Staaten kauften, mit baren Dollarbeträgen.

Ende der 1950er Jahre hatten wir den Jugoslawen für besondere Industrie- und Transportprojekte Entwicklungskredite bis zur Höhe von 120 Millionen Dollar gewährt, die zum Teil in jugoslawischer Währung, zum Teil in Dollars und zum Teil in anderen Währungen zurückzuzahlen waren. Der letzte Kredit war zwei Jahre vor meiner Amtsübernahme gewährt worden. Die Jugoslawen hielten die Termine für die Rückzahlung der Zinsen und der Amortisation pünktlich ein.

Wir unterhielten außerdem seit einigen Jahren ein umfangreiches Programm für technische Hilfe. In diesem Rahmen waren 3500 bis 4000 Jugoslawen zur technischen Ausbildung in westliche Länder gegangen. Außerdem hatten wir eine Anzahl von Amerikanern als Ausbilder auf technischem Gebiet nach Jugoslawien geschickt. Ich persönlich hatte den Eindruck, daß dieses Programm, das seinerzeit nützlich gewesen war, jetzt seinen Zweck erfüllt hatte. Mit meiner Zustimmung, ja in Übereinstimmung mit meinen Empfehlungen, wurde es liquidiert, was etwa die Zeit in Anspruch nahm, die ich als Botschafter in Belgrad tätig war. Die Jugoslawen drängten nicht darauf, es fortzusetzen, sie baten sogar nicht einmal darum.

Schließlich hatten wir mit der jugoslawischen Regierung Jahresverträge für den Verkauf von überschüssigem Weizen und anderen landwirtschaftlichen Produkten an Jugoslawien zu relativ günstigen Bedingungen nach dem Public Law 480, d. h. gemäß dem sogenannten »Food for Peace Program« geschlossen, und diese Verträge liefen weiter.

Das war die Lage während meines dienstlichen Aufenthalts in Jugoslawien. Es bedeutete, daß Jugoslawien praktisch keine Regierungshilfe mehr von uns erhalten würde, wenn das Programm für technische Hilfe abgeschlossen war und es die Entwicklungskredite allmählich würde zurückgezahlt haben. Die einzige Ausnahme war der Ankauf überschüssigen amerikanischen Weizens zu verhältnismäßig günstigen Bedingungen durch die Jugoslawen. Mit anderen Worten, die Jugoslawienhilfe gehörte damals größtenteils schon der Vergangenheit an.

Ich glaube, man wird mir zustimmen, wenn ich sage, daß die Beziehungen zwischen den Vereinigten Staaten und einem Lande, welches sich – wenn man den Worten seiner politischen Führer glauben wollte – als kommunistisches Land betrachtete, unter solchen Umständen recht glücklich und aussichtsreich waren. Man hätte auch denken sollen, daß der amerikanische Kongreß einer diplomatischen Mission, nämlich der amerikanischen Botschaft in Belgrad, die wesentlich daran beteiligt gewesen war, diesen Zustand herbeizuführen, eine gewisse Handlungsfreiheit hätte gewähren und ihre Verdienste hätte anerkennen sollen. Das geschah aber nicht. Der Grund dafür war, wie ich später erfuhr, in erster Linie die noch bei vielen Mitgliedern des Kongresses bestehende unverrückbare Überzeugung, a) daß Jugoslawien nicht anders sei als die anderen kommunistischen Länder (hatte Präsident Tito denn nicht Dinge gesagt, die sich anhörten, als kämen sie aus Moskau?) und b), daß ein unrealistisches Außenministerium darauf bestünde, den jugoslawischen Kommunisten Hilfe zu gewähren, unter anderem auch militärische Hilfe.

Was nun den ersten dieser beiden Punkte betrifft, den falschen Eindruck im Hinblick auf den Status und die Eigenart Jugoslawiens, so war es das Ergebnis unschuldiger, wenn auch kaum entschuldbarer Unwissenheit seitens einiger unserer Gesetzgeber, und der Tatsache, daß andere aus innenpolitischen Gründen nicht bereit waren, die wirkliche Lage zu erkennen oder zuzugeben, daß sie sie erkannten.

Die maßlose Unwissenheit war erschütternd. Ein angesehenes Mitglied des Repräsentantenhauses aus einem Staat im Mittleren Westen, dem ich die erstaunliche Tatsache mitteilte, daß Jugoslawien nicht dem Warschauer Pakt beigetreten wäre, wollte mir das nicht glauben (»Ach, gehen Sie!« war seine Reaktion). Als ich ihm versicherte, daß es stimmte und daß die Jugoslawen vor vierzehn Jahren mit Moskau gebrochen hätten, antwortete er verärgert: »Ja, warum zum Teufel sagt uns denn das Außenministerium niemals etwas?«

Noch erschreckender waren die angebliche Ahnungslosigkeit und die damit verknüpften anti-jugoslawischen Vorurteile. Es fällt mir bis heute schwer, eine ausreichende Erklärung dafür zu finden, daß im Kongreß diese Meinung vorherrschte und mit solcher Leidenschaft vertreten wurde. Nach außen erschien es ungewöhnlich, daß ein Land, welches nicht zum kommunistischen Block gehörte, eine Politik der Neutralität verfolgte und uns in unseren bilateralen Beziehungen liberaler und freundlicher behandelte als irgendeines der von Moskau kontrollierten kommunistischen Länder, im Kongreß auf größere Feindschaft stieß als die von Moskau beherrschten Länder selbst, und doch war das so.

Zum Teil ließ sich diese Anomalität auf den Einfluß kroatischer und serbischer Emigranten in verschiedenen Teilen des Landes zurückführen. Es ist ein allgemeines und schon lange bekanntes Phänomen im amerikanischen politischen Leben, von dem wir schon in dem Kapitel über Rußland und den Kalten Krieg gesprochen haben, daß solche Volksgruppen, die in den Großstädten geschlossene Wählergruppen bilden, oft in der Lage sind, einzelne Abgeordnete und durch sie die Regierung der Vereinigten Staaten stärker zu beeinflussen, als gleichstarke Gruppen geborener Amerikaner dies könnten.

Ganz besonders die amerikanischen Kroaten waren in dieser Hinsicht keine Ausnahme, im Gegenteil, sie waren ein auffallendes Beispiel für diese Erscheinung. Sehr stark war nach allem, was sich feststellen ließ, der Einfluß, den sie auf gewisse Elemente in der Hierarchie der römisch-katholischen Kirche ausübten[3]. Jedenfalls lehnten sie aufgrund der alten Streitigkeiten mit den Serben in ihrer Heimat die gegenwärtige Regierung in Jugoslawien leidenschaftlich ab, die sie (wie die jugoslawische Regierung vor dem Zweiten Weltkrieg) als in erster Linie von ketzerischen Serben beherrscht ansahen. Ohne zu zögern trugen sie diese bitteren, blutigen und schon lange währenden konfessionellen Streitigkeiten in das amerikanische politische Leben, und das blieb nicht ohne Wirkung auf ihre Abgeordneten im

[3] Während der ersten Zeit meines dienstlichen Aufenthaltes in Jugoslawien bot ich dem damaligen Generalstaatsanwalt Robert Kennedy in einem Gespräch an, in den Südwesten des Landes zu reisen, um mit den Angehörigen des katholischen Klerus zu sprechen, von denen ich glaubte, daß sie für das jugoslawische Problem das geringste Verständnis hätten, um zu versuchen, sie darüber aufzuklären. Er riet mir davon ab und meinte, ich sollte besser warten, bis eine andere Frage diese Leute mehr interessierte und von dem jugoslawischen Problem ablenkte. Erst dann würde man mit ihnen sprechen können.

Kongreß. Wenn sie das taten, dann verstanden sie es sehr gut, ihre Forderungen nach dem Geschmack der Kongreßabgeordneten in Washington in den relativ respektablen Mantel eines militanten Antikommunismus zu hüllen. Dabei leugneten sie die Unabhängigkeit Jugoslawiens von Moskau, die einmaligen Vorzüge Jugoslawiens als eines marxistisch-sozialistischen Staates und taten alles, was in ihrer Macht stand, um die These zu erhärten, daß sich Jugoslawien praktisch in keiner Weise von der Sowjetunion unterschiede. Sie waren dagegen, daß die Regierung der Vereinigten Staaten Beziehungen zu Jugoslawien unterhielt, ja sie wären glücklich gewesen, wenn wir in einen Krieg gegen dieses Land verwickelt worden wären. Da dies so war, versäumten sie es nie, sich jeder Maßnahme zu widersetzen, welche die Beziehungen zwischen den Vereinigten Staaten und Jugoslawien verbessert hätte, und nutzten jede Gelegenheit aus, um die Schwierigkeiten zwischen beiden Ländern zu vermehren. Es gelang ihnen auch mit monotoner Regelmäßigkeit, das zu tun[4].

Diese Umstände erklären zum Teil die Bitterkeit der anti-jugoslawischen Stimmung im Kongreß, können sie aber doch nicht ganz begründen. Es gab noch etwas anderes, das ich jedoch nicht genau definieren kann. Seit der McCarthy-Zeit, es war in der Tat ein Teil der Hinterlassenschaft von McCarthy, wurde das politische Leben in Amerika sehr stark von einer Erscheinung bestimmt, die man als »antikommunistische Haltung« bezeichnen könnte. Zahlreiche amerikanische Politiker glaubten, zu einem gewissermaßen ritualistischen Bekenntnis eines hochherzigen und überzeugten Antikommunismus verpflichtet zu sein. Das war eine Standardprozedur der chauvinisti-

4 Ein Beispiel für die Art und Weise, in der sie vorgingen, war die Behauptung, die ich inoffiziell immer wieder von Jugoslawen hören mußte, daß der ehemalige Innenminister des von den Achsenmächten im II. Weltkrieg in Kroatien eingesetzten faschistischen Regimes, ein Mann namens Andrija Artuković, der, wenn die Beschuldigung zutraf, eine Unzahl von Exekutionen und Greueltaten auf dem Gewissen hatte, friedlich hier in Kalifornien lebte, nachdem er illegal unter einem Pseudonym in die Vereinigten Staaaten gekommen wäre, daß es sich jedoch als unmöglich erwiesen habe, ihn auszuweisen. Ich kann mich für die Richtigkeit dieser Beschuldigungen nicht verbürgen, denn ich habe nie die Gelegenheit oder die Möglichkeit gehabt, die Tatsachen festzustellen. Das Außenministerium hat diese Behauptungen jedoch nie dementiert, und ich nehme an, es war etwas daran. Ich glaube aber nicht, daß den Jugoslawen wirklich etwas daran lag, Artuković zurückzubekommen. Ein Kriegsverbrecherprozeß, der dann hätte stattfinden müssen, hätte nur alte Feindschaften aufleben lassen und den Frieden in Jugoslawien gestört. Aber jedesmal, wenn sie in anderer Hinsicht Schwierigkeiten mit uns hatten, holten sie den Fall Artuković hervor und benutzten ihn als Knüppel, um mich damit über den Kopf zu schlagen.

schen Rhetorik, mit welcher man den Leuten zu Hause bei jeder möglichen Gelegenheit demonstrierte, daß man ein hundertprozentiger Amerikaner war und an den alten amerikanischen Werten festhielt, nicht aber, wie das Außenministerium, eine rückgratlose Marionette in der Hand des Feindes sei, der vor den Toren stünde. Doch jetzt, da die Sowjets weitreichende Trägerraketen für Kernwaffen entwickelt hatten und man in der amerikanischen Öffentlichkeit erkannte, ein wie delikates und komplexes Problem die sowjetisch-amerikanischen Beziehungen waren, mußte man mit allem, was man über die Sowjetunion sagte, sehr vorsichtig sein. Schließlich wollte man nicht als rücksichtsloser Kriegstreiber gelten. Jugoslawien andererseits war ein günstiges Ziel für solche Angriffe, weil es relativ hilflos war. Hier konnte man, ohne schlimme Folgen fürchten zu müssen, seine anti-kommunistischen Äußerungen loswerden und wußte dabei, daß es nur wenige Menschen gab, die sich für diese Zusammenhänge genügend interessierten oder die genug davon verstanden, um genauere Erklärungen zu verlangen. Schließlich gab es nicht viele Amerikaner, die die jugoslawische Regierung unterstützten und einem Schwierigkeiten machen konnten, und niemand dachte an die Möglichkeit eines jugoslawisch-amerikanischen Krieges oder hätte von einer solchen Möglichkeit überhaupt sprechen können.

Es kam hinzu, daß viele Menschen sich irritiert fühlten, wenn man sie aufforderte, die subtilen Unterschiede zu verstehen, die darin lagen, daß Jugoslawien zwar »kommunistisch«, aber doch ganz anders war als die Sowjetunion und die anderen europäischen Satellitenstaaten. Wie ich schon an anderer Stelle gesagt habe, befindet sich das Böse nach der simplifizierenden Auffassung des amerikanischen Massenbewußtseins immer im Singular und nie im Plural. Die Menschen nehmen es übel und werden mißtrauisch, wenn man von ihnen verlangt, sie sollten glauben, das Böse sei komplex und nicht einfach. So war es auch in diesem Fall. Wenn man zugeben mußte, daß Jugoslawien »anders« war, dann erhob sich die Frage, wer wohl sonst noch »anders« sein könnte. Man mußte diese Frage dann auch im Hinblick auf jedes andere kommunistische Land – und auch auf China – stellen. Doch was blieb in diesem Fall von der ganzen Theorie eines tödlichen, zweipoligen Antagonismus übrig, auf die sich ein so großer Teil der amerikanischen Politik gründete? War die Behauptung, Jugoslawien sei »anders«, nicht doch nur ein hinterhältiger Trick jener schwächlichen, überintellektuellen Leute, die das Außenministerium beherbergte und die bereit waren, mit dem Bösen Kompromisse zu schließen?

Die Tatsache, daß die jugoslawische Führung sich selbst und die innenpolitische Struktur Jugoslawiens auch weiterhin als »kommunistisch« bezeichneten, erleichterte die Sache natürlich nicht. Das und die Neigung der Amerikaner, sich von positiven oder negativen semantischen Symbolen leiten zu lassen anstatt von den Realitäten, die dahinterstanden (und vielleicht tun das nicht nur die Amerikaner; Gibbon sagt: »Die Menschheit wird von Namen beherrscht.«), machte es noch schwerer, als es ohnehin gewesen wäre, mit den Leuten zu argumentieren, die mit Begriffen wie »kommunistisches Jugoslawien« oder »rotes Jugoslawien« operierten.

Was nun die Tatsache betraf, daß sich die Vorstellung festgesetzt hatte, wir gewährten den Jugoslawen umfangreiche Hilfe, so war das, glaube ich, auf die verschiedensten Ursachen zurückzuführen. Zum Teil war es wirkliche Unkenntnis, zum Teil der unbewußte Widerwille, die Tatsachen anzuerkennen (der falsche Eindruck, aufgrund dessen man dem Außenministerium so leicht etwas anhängen konnte), zum Teil handelte es sich um Mißverständnisse, und zum Teil war man nicht in der Lage, zwischen Hilfsmaßnahmen und Handelsbeziehungen zu unterscheiden.

Gewisse Elemente dieses letzten Mißverständnisses waren zugleich komisch und bezeichnend. Vor meinem Eintreffen in Belgrad hatten wir den Jugoslawen recht widerwillig und mit dem Hinweis auf ihre Mängel eine Anzahl veralteter, überschüssiger und nicht mehr einsatzfähiger Jagdflugzeuge eines Typs verkauft, den wir seit dem Koreakrieg nicht mehr verwendeten. Wir hätten sie sonst nur verschrotten können und nichts mehr dafür bekommen. Die Jugoslawen, die von uns keine Militärhilfe erhielten und sie auch nicht annehmen wollten, bezahlten diese Flugzeuge mit baren Dollars. Doch dann kam es zu Komplikationen. Nachdem die Maschinen ausgeliefert, aber bevor die elektronischen Aggregate abgeschickt worden waren, ohne die sie nicht geflogen werden konnten, stellte Senator John G. Tower von Texas fest, daß wir (was unter diesen Umständen nicht ungewöhnlich war) einige jugoslawische Piloten in Texas an diesem Flugzeugtyp ausbildeten. Sofort erhob sich im Kongreß und anderswo ein unüberhörbares Protestgeschrei. Die Behörden der Regierungsexekutive, in deren Zuständigkeitsbereich die Angelegenheit fiel, wurden heftig gescholten und bedroht, und die Lage spitzte sich so zu, daß niemand in Washington die Verantwortung für den Versand der elektronischen Geräte übernehmen wollte. Ich war empört. Wir hatten den Jugoslawen die Flugzeuge verkauft und das Geld dafür kassiert. Ohne die noch zu liefernden Ersatzteile ließen sich die Flugzeuge nicht verwenden. Das war ein unentschuldbares Verhalten. Wir waren schließlich, wie ich dem Außenministerium in meiner Beschwerde sagte, keine Betrüger.

Ich tat alles nur Mögliche, um eine Lösung zu finden. Dazu reiste ich sogar nach Hause, um mit dem Präsidenten zu sprechen, und erhielt seine mündliche Zusage für die Auslieferung der Teile. Trotzdem gelang es mir nicht, sie den eifersüchtigen Behörden in Washington aus den Krallen zu reißen. Ich weiß nicht, ob sie schließlich ausgeliefert worden sind. Wenn es geschehen ist, dann erst nach meiner Zeit. Aber bei dem Versuch, festzustellen, was die Sache verzögerte, machte ich eine Entdeckung, die mich nur den Kopf schütteln ließ. Bei einem der vielen Gespräche über dieses Problem in meinem Büro in Belgrad sagten mir meine Mitarbeiter, es werde unmöglich sein, die Teile auf den Weg zu bringen, bevor der Kongreß das Militärhilfegesetz für dieses Jahr verabschiedet habe, weil der Versand gemäß diesem Gesetz erfolgen müsse. »Was meinen Sie damit – Militärhilfegesetz«? fragte ich. »Das ist keine Hilfe; die Jugoslawen haben diese Gegenstände in bar bezahlt.« Das könne schon sein, sagte man mir; wenn aber das Pentagon irgend jemandem etwas verkaufte, dann würde das auf dem dort geltenden Dienstweg so behandelt, als gehöre es zum Militärhilfeprogramm, und die dafür eingenommenen Gelder flössen direkt dem Schatzamt zu. In den Augen des Pentagon waren daher solche Lieferungen, soweit es offiziell davon Kenntnis nahm, Militärhilfe; und als solche kam die Angelegenheit augenscheinlich auch vor den Kongreß.

Ich brauchte einige Zeit, um das zu begreifen. Dann konnte ich mir, wie ich meinen Mitarbeitern sagte, nur noch folgendes vorstellen: »Sie und ich sind übereingekommen, daß ich Ihnen meine Uhr verkaufe, aber zu den folgenden Bedingungen: Ich liefere Ihnen die Uhr. Dann stecken Sie mir das Geld in einem unbewachten Augenblick in die Tasche, und wir beide tun so, als hätte ich Ihnen die Uhr geschenkt. Anschließend erlaube ich Ihnen nicht, meine Freigebigkeit zu vergessen, und Sie sind mir zu ewigem Dank verpflichtet.«

Angesichts solcher bürokratischen Prozeduren konnte es natürlich nicht

ausbleiben, daß man die Begriffe »Hilfe« und »Handel« miteinander verwechselte.
Zweitens gab es zu meiner nicht geringeren Überraschung oft auch deshalb Unstimmigkeiten, weil viele Kongreßabgeordnete offenbar gar nicht in der Lage waren, die beiden Begriffe Handel und Auslandshilfe auseinanderzuhalten. Sie waren der Ansicht, daß jeder, der mit uns Handel treiben durfte, auch wenn die Bedingungen für uns günstig waren und die Preise dem Warenwert entsprachen, das als eine von uns gewährte Vergünstigung ansehen müsse, als habe man dem Handelspartner gnädig erlaubt, uns die Hand zu küssen. Worauf sich diese eigenartige Haltung gründete, ist mir immer ein Geheimnis geblieben. Wenn man sich die Sache genauer überlegte, dann hätte der Handelspartner mit dem gleichen Recht den gleichen Standpunkt einnehmen können. Er wurde aber damals – und wird auch noch heute – von vielen amerikanischen Abgeordneten vertreten. Diese Ansicht läßt sich nur so erklären, daß man annimmt, wir seien so wunderbare Leute, daß es eine besondere Gnade bedeute, wenn wir irgend jemandem erlaubten, etwas von uns zu kaufen oder uns etwas zu verkaufen, und daß diese Gnade entsprechend gewürdigt werden müsse.

XII

Jugoslawien - der Konflikt

Dies also waren die Hintergründe, vor denen ich meine Pflichten in Belgrad zu erfüllen hatte, und es dauerte nicht lange, bis sich daraus Komplikationen ergaben.

Zuerst bekam ich nur einen milden Vorgeschmack von dem, was mir bevorstand, und dabei ging es weder um den Handel noch um die Auslandshilfe. Es handelte sich um jenes schon im 5. Kapitel erwähnte traurige Produkt der Hysterie unserer Abgeordneten im Kongreß, um die 1959 verabschiedete »Resolution über die versklavten Völker«. Ebenso wie die anderen Mitglieder des kommunistischen Blocks gehörte auch Jugoslawien zu den 22 wirklich oder nur in der Einbildung einiger Leute bestehenden Nationen, zu deren Befreiung uns die Resolution verpflichtete. Wenn man diesen Beschluß des Kongresses ernst nahm und die Regierungsexekutive sich hinter ihn stellte, dann waren wir alle, das Außenministerium, der Präsident und ich als persönlicher Vertreter des Präsidenten moralisch verpflichtet, die jugoslawische Regierung zu stürzen.

Die Resolution für die versklavten Völker verlangte vom Präsidenten, daß er alljährlich eine »Woche der versklavten Nationen« veranstaltete. Wenn er das tat, dann stellte er sich damit hinter Geist und Buchstaben dieser Resolution. Die vorige republikanische Regierung unter Präsident Eisenhower vertrat die von Dulles formulierte »Befreiungspolitik« und hatte für die Durchführung dieser Veranstaltung gesorgt. Das Ereignis fand, soweit ich mich erinnere, gewöhnlich im Juni statt. Als ich im Mai 1961 meine Reise zur Übernahme der Pflichten des Botschafters in Jugoslawien vorbereitete, erhob sich die Frage, ob auch die demokratische Regierung eine solche Woche veranstalten würde.

Mir schien es nicht ganz logisch, als Botschafter in ein Land zu gehen und zu erklären, man wolle mit dessen Regierung gute Beziehungen unterhalten, an deren Sturz zu arbeiten ich eigentlich verpflichtet war. Ich besprach die Angelegenheit deshalb vor meiner Abreise im Weißen Haus mit Mr. McGeorge Bundy und empfahl ihm dringend, Präsident Kennedy möge diese verwirrende und beleidigende Geste unterlassen. Bald nach meiner Ankunft in Belgrad teilte man mir mit, der Präsident habe diesem Vorschlag zugestimmt. So nahm ich mir gleich zu Beginn meiner Tätigkeit dort die Freiheit, den Jugoslawen zu sagen, sie brauchten sich keine Sorgen zu machen, denn die Lage habe sich verändert, und dieses Jahr werde es in den Vereinigten Staaten keine »Woche der versklavten Nationen« geben.

Man wird sich vorstellen können, wie mir zumute war, als ich eines Tages im Juni ein Telegramm erhielt, in dem mir die unverständliche Mitteilung gemacht wurde, der Präsident habe seinen Entschluß zurückgenommen und die Abhaltung der Woche der versklavten Nationen angeordnet, die noch am gleichen Tage beginnen werde. Ich habe nie erfahren, wer es fertiggebracht hat, den Präsidenten umzustimmen. Es war mir jedoch klar, daß ausgerechnet zu Beginn meiner Mission die Innenpolitik in dramatischer Weise über die Außenpolitik triumphiert hatte. Ich hätte natürlich erkennen müssen, was diese Entscheidung bedeutete, und meine Hoffnungen im Hinblick auf den Erfolg meiner Mission dämpfen sollen. Aber dies war nur eines von vielen Problemen. Das diplomatische Leben ist komplex, und wie in jedem anderen Lebensbereich gilt auch hier der alte Grundsatz, daß die Hoffnung niemals stirbt.

Die wirkliche Krise begann ein Jahr später im Juni 1962, als das Auslandshilfegesetz und das Gesetz zur Ausweitung des Handels für das laufende Jahr dem Senat und dem Repräsentantenhaus vorgelegt wurden. Etwa am 7. Juni erhielt ich die beunruhigende Mitteilung des Außenministeriums, daß Senator William Proxmire von Wisconsin am 6. Juni einen Zusatz zum Auslandshilfegesetz eingebracht hatte, nach dem jede weitere Hilfe für Jugoslawien gestrichen werden sollte. Soweit ich weiß, war niemand in der für die Auslandshilfe zuständigen Behörde und kein Angehöriger des Außenministeriums im voraus von diesem Vorhaben unterrichtet worden, und niemand hatte die Gelegenheit gehabt, das Problem mit dem Senator zu erörtern. Der Inhalt des Zusatzes wurde auf Antrag von Senatoren, welche die Interessen der landwirtschaftlichen Gebiete vertraten, modifiziert, und als er dann in Kraft trat, ließ er die Möglichkeit offen, Weizen an Jugoslawien zu liefern. Aber sogar diese Lieferungen gemäß dem Public Law 480 durften nach den neuen Bestimmungen nur erfolgen, wenn der Präsident offiziell erklärt hatte, daß sie dem Interesse der öffentlichen Sicherheit dienten, daß das Empfängerland »weder direkt noch indirekt an einer Politik oder an einem Vorhaben für die kommunistische Welteroberung beteiligt« sei und daß dieser Empfänger »nicht von einem Land beherrscht würde, welches die kommunistische Welteroberung förderte«.

Das war nicht alles. Eine Woche nach Eintreffen dieser unerfreulichen Nachricht fiel ein zweiter Schlag. Der Bewilligungsausschuß des Repräsentantenhauses hatte offenbar mit dem Segen, wenn nicht sogar auf Initiative seines Vorsitzenden, des Demokraten Wilbur D. Mills von Arkansas, als Zusatz zum Gesetz für die Ausweitung des Handels, das dem Haus vorlag, eine Klausel eingebracht, nach welcher die Regierungsexekutive verpflichtet wurde, die Meistbegünstigungsklausel für Jugoslawien und Polen zu streichen.

Im folgenden will ich versuchen, zu erklären, was diese Zusätze für die jugoslawisch-amerikanischen Beziehungen bedeuteten.

Die erste Zusatzbestimmung verbot, wie gesagt, jede Form der »Hilfeleistung« an Jugoslawien mit Ausnahme der Lieferung von überschüssigen landwirtschaftlichen Produkten unter besonderen Voraussetzungen. Jeder, der die Lage einigermaßen kannte, wußte genau, daß eine solche Maßnahme weder notwendig noch wünschenswert war. Sie erübrigte sich, weil die Hilfsprogramme, wie wir gesehen haben, mit unbedeutenden Ausnahmen bereits liquidiert wurden, und weil die Jugoslawen weder um ihre Fortsetzung baten noch andere Hilfsmaßnahmen wünschten, die an ihre Stelle treten könnten. Unerwünscht waren diese Bestimmungen, weil sie in diesem Zusammenhang als Kränkung aufgefaßt wurden. Sie ließen sich jedoch nur als willkürlicher, bewußter Schlag gegen eine kleine Nation interpretieren, gegen deren Verhalten im Rahmen unserer bilateralen Beziehungen nichts Wesentliches einzuwenden war. Die Maßnahme war außerdem unerwünscht, weil – obwohl im Augenblick niemand daran dachte, Jugoslawien weiterhin Hilfe zu gewähren – man nicht wissen konnte, ob die Umstände es nicht eines Tages wieder erfordern würden. Ich selbst stimmte z. B. zwar der Liquidierung der Hilfsprogramme im allgemeinen zu, würde jedoch unter gewissen Voraussetzungen ein Ersuchen um neue Kredite befürwortet haben, wenn z. B. die Rückzahlungstermine für die laufenden Entwicklungskredite eingehalten wurden und wenn die Jugoslawen uns bitten würden, ihnen bei der Durchführung neuer und aussichtsreicher Projekte zu helfen. Ich hielt es für falsch, wenn Jugoslawien, was diese Art der Hilfeleistung betraf, ganz in die Abhängigkeit von Moskau geriete. Wenn es im Augenblick nicht geraten schien, solche Hilfe zu gewähren, dann bedeutete das nicht, daß wir unter keinen Umständen in der Lage sein sollten, es zu tun. Es konnte leicht zu unvorhergesehenen Entwicklungen kommen. Aber durch eine Bestimmung dieser Art verloren wir jede Flexibilität. Sie versetzte uns in eine Lage, in der wir auch dann nichts für Jugoslawien tun konnten, wenn dies nach unserer Auffassung im nationalen Interesse der Vereinigten Staaten lag.

Noch schlimmer war es, wenn wir versuchten, die Meistbegünstigungsklausel im Zollverkehr mit den Vereinigten Staaten für Jugoslawien abzuschaffen, denn sie hatte für dieses Land schon 18 Jahre gegolten. Diese Maßnahme bedeutete eine Handelsbeschränkung und nicht eine Beendigung von Hilfeleistungen. In gewissen Kreisen bestand augenscheinlich der Eindruck, daß Jugoslawien nach den bisher geltenden Bestimmungen *das* am meisten begünstigte Land im Hinblick auf die Abfertigung seiner Waren durch die amerikanischen Zollbehörden gewesen sei. Das war natürlich ein Irrtum. Die Meistbegünstigungsklausel besagte in Wirklichkeit, daß diese Waren mit nicht geringeren Begünstigungen behandelt werden dürften, als dies bei den Waren der am meisten begünstigten anderen Nationen der Fall sei. Da die meisten anderen Länder der Welt diese Zusicherung erhalten hatten, bedeutete die Klausel nur, daß die Waren aus dem betreffenden Land gemäß den geltenden Zollbestimmungen normal abgefertigt werden sollten und daß die amerikanischen Zollbehörden verpflichtet waren, jede Diskriminierung gegenüber diesem Lande, die sich ungünstig für es auswirken könnte, zu unterlassen.

Die Jugoslawen hatten nach dem alten serbisch-amerikanischen Handelsvertrag von 1881 das Recht auf eine solche Behandlung (der Zusatz bedeutete in der Praxis die Aufhebung der Bestimmungen dieses ehrwürdigen Vertrages durch unsere Regierung). Die Jugoslawen hatten die Vorteile einer solchen Behandlung sogar genossen, als sie treue Anhänger Stalins waren und ihr Land zum sowjetischen Block gehört hatte. Ihnen diese Vorteile jetzt zu nehmen, bedeutete aus vielen Gründen einen schweren Schlag für sie. Das Handelsvolumen mit Jugoslawien war klein, und die Handelsbilanz begünstigte uns.

Für uns hatte dieser Handel eine geringe Bedeutung, für die Jugoslawen eine sehr große. Sie schuldeten uns Geld, und durch den Ausbau dieser Handelsbeziehungen bemühten sie sich aufrichtig darum, die Dollars zu verdienen, mit denen sie ihre Schulden zurückzahlen konnten. Wenn wir ihnen die Vorteile der Meistbegünstigungsklausel entzogen, dann wurden ihre Exporte zum Teil schwer davon betroffen. Auf die Exportwaren müßten in diesem Falle die Bestimmungen des alten Smoot-Hawley-Zolltarifs von 1930 angewendet werden, dessen Sätze durchschnittlich um etwa 300 Prozent höher lagen als die nach der Meistbegünstigungsklausel vorgeschriebenen. Einzelne jugoslawische Waren wären sogar mit Zöllen belegt worden, die um 700 Prozent höher lagen. Außerdem machten sich die Jugoslawen bereits Sorgen um die Auswirkungen der Entwicklungen auf dem europäischen Gemeinsamen Markt, zu dem sie nicht gehörten, auf ihren Handel. Wenn wir die Meistbegünstigungsklausel nicht mehr auf Jugoslawien anwendeten, dann genossen sie nicht mehr automatisch die Vorteile, die wir den Ländern des Gemeinsamen Marktes gewährten, und gerieten deshalb gegenüber dieser mächtigen europäischen Völkergemeinschaft noch weiter ins Hintertreffen.

Diese neue Gesetzgebung wirkte sich aber nicht nur erst in dem Augenblick ungünstig aus, in dem sie in Kraft trat. Allein das Bekanntwerden einer solchen Klausel machte sich für den jugoslawischen Handel auf verschiedene Weise ungünstig bemerkbar. Die anti-jugoslawischen Elemente in verschiedenen Teilen unseres Landes sahen jetzt die Möglichkeit, den Jugoslawen Schwierigkeiten zu bereiten. Aufträge für jugoslawische Waren wurden storniert, man organisierte Boykotts und Demonstrationen. In einigen Fällen wurden jugoslawische Waren – z. B. kleine handgearbeitete Körbe der bäuerlichen Heimindustrie – auf die Straße geworfen und vor den Supermärkten verbrannt, in denen sie verkauft worden waren. Das Schlimmste war die Tatsache, daß die Jugoslawen, soweit ich das feststellen konnte, absolut nichts getan hatten, was eine solche Behandlung gerechtfertigt hätte. Ich konnte sie ihnen jedenfalls weder erklären noch begründen. Es stand nichts anderes dahinter als reine Gehässigkeit.

Ich muß an dieser Stelle vom Thema abweichen, um zu zeigen, daß solche Versuche, der Regierung in ihren Beziehungen zu Jugoslawien die Hände zu binden, eine interessante theoretische Frage im Hinblick auf die Diplomatie im allgemeinen aufwarfen. Im Rahmen der harten Wirklichkeit des internationalen Lebens beeinflußt eine Regierung die andere durch die dialektische Wechselwirkung von Maßnahmen, die den Interessen jener anderen Regierung dienen, und Maßnahmen, welche diesen Interessen zuwiderlaufen. Wir wollen diese Maßnahmen, da sie sich nicht besser definieren lassen, als nützlich oder schädlich bezeichnen. Beide gehören, je nach der Lage, zu einer wirkungsvollen Außenpolitik. Die nützlichen Maßnahmen werden ergriffen, damit das andere Land mit ähnlichen Maßnahmen darauf reagiert und beweist, daß es im Interesse des Weltfriedens die nationalen Interessen anderer zu berücksichtigen bereit ist. Die schädlichen Maßnahmen sollen der rücksichtslosen oder feindlichen Politik der anderen Seite begegnen. Wenn diese Instrumente der Diplomatie jedoch einen Wert haben sollen, dann muß derjenige, der die politische Linie bestimmt, in der Lage sein, sie je nach den Erfordernissen der Situation nach Gutdünken anzuwenden oder nicht. Wenn diese Handlungsfreiheit eingeschränkt wird, d. h. wenn dem Politiker durch starre Vorschriften die Hände gebunden werden und er auf längere Zeit hinaus weder eine freundliche Haltung der anderen Seite belohnen noch eine unfreundliche bestrafen kann, dann werden diese Instrumente natürlich stumpf. Ein Vorteil, welcher der anderen Seite nicht entzogen werden kann, verliert, wenn dieser Umstand bekannt wird, seine Wirkung und wird bald als Selbstverständlichkeit und nicht mehr als Vorteil angesehen. Wenn eine für die Gegenpartei schädliche oder ungünstige Maßnahme nicht aufgehoben werden kann und wenn die Gegenpartei das weiß, dann verliert auch sie ihre Wirkung als Vergeltungsmaßnahme, denn die andere Seite weiß, daß sie die Aufhebung dieser Maßnahme nicht durch Zugeständnisse erreichen kann. Mit anderen Worten, es hat keinen Wert, Hilfe leisten zu können, wenn man diese Hilfeleistung nicht auch wieder zurückziehen kann; und es ist ebenso zwecklos, diese Hilfe zu verweigern, wenn man, sobald es die Umstände zulassen, sie nicht wieder gewähren darf. Aus diesem Grunde konnten gesetzliche Bestimmungen wie diese, da sie das Verhalten unserer Regierung auf Monate festlegten, keinen Sinn haben. Sie konnten die Gegenseite nur irritieren, ohne daß eine Aussicht bestand, sie werde ihr Verhalten zu unseren Gunsten revidieren.

Aber darüber hinaus wirkten sich solche Maßnahmen auf die auswärtigen Beziehungen Amerikas nachteilig aus, weil dadurch die Fähigkeit, in einer delikaten außenpolitischen Frage etwas zu *unternehmen,* von der Möglichkeit, über ein solches Vorgehen unsererseits mit der betreffenden ausländischen Regierung zu *sprechen* getrennt wurde. Das Außenministerium und der amerikanische Botschafter in Belgrad hatten die Aufgabe, als Kommunikationskanäle zwischen der jugoslawischen Regierung und der Regierung der Vereinigten Staaten für die Behandlung der Probleme unserer gegenseitigen Beziehungen zu dienen. Wenn wir jedoch auf die Gestaltung der Außenpolitik in solchen Fragen keinen Einfluß haben sollten, welchen Sinn hätte es dann für die jugoslawische Regierung, mit uns darüber zu sprechen? In jedem einzelnen Fall kamen die Maßnahmen des Kongresses für das Außenministerium – von mir ganz zu schweigen – als Überraschungen, ja sie schockierten uns. Man hatte nicht daran gedacht, uns nach unserer Meinung zu fragen, uns die Gründe für diese Maßnahmen zu erklären oder uns die Möglichkeit zu geben, etwa bestehende Mißverständnisse auszuräumen. Das Außenministerium hatte zugegebenermaßen nicht immer die besten Beziehungen zum Kongreß, und dabei mußte man seine bürokratische Elefantiasis, die wilde Zerrissenheit der Zuständigkeiten innerhalb des Ministeriums und auch die Tatsache berücksichtigen, daß es dazu neigte, zu Beratungen mit Kongreßausschüssen entweder ahnungslose dienstältere Beamte oder jüngere Leute zu schicken, die sich keine Blöße geben wollten, vorsichtig waren und ihre Ansichten wenig überzeugend vortrugen. Dennoch wäre der Kongreß in einer schwierigen Angelegenheit, von der die Abgeordneten selbst nichts verstanden, besser beraten gewesen, wenn er die Entscheidung in außenpolitischen Fragen denen überlassen hätte, die nach der Verfassung dafür zuständig waren; denn ein solches Eingreifen von außen, bei dem die Vollmacht, die Außenpolitik zu bestimmen, von der Vollmacht, die außenpolitischen Fragen mit einer ausländischen Regierung zu erörtern, getrennt wurde, konnte die diplomatischen Bemühungen nur behindern, sie jedoch auf keinen Fall fördern.

Der Rest der Geschichte ist bald erzählt.

Das Weiße Haus war, glaube ich, durch dieses Vorgehen des Kongresses ebenso schockiert worden wie ich. An dem Tage, als die von Senator Proxmire entworfene Zusatzbestimmung eingebracht wurde, richtete McGeorge Bundy einen Brief an Senator Mike Mansfield (am 6. Juni) und protestierte darin energisch und mit beredten Worten gegen die Einfügung der Klausel:

»Der vorgeschlagene Zusatz beraubt den Präsidenten ... der Entscheidungsfreiheit, die er braucht, um eine erfolgreiche Außenpolitik zu treiben. Der Präsident hat seinen Ermessensspielraum nicht mißbraucht und würde das auch in Zukunft nicht tun ... Der Präsident hat den Formen des (Jugoslawien geleisteten) Beistandes enge Grenzen gesetzt. Das Gesetz in seiner gegenwärtigen Form erlaubt diese Art der flexiblen und sofortigen Reaktion auf günstige oder ungünstige Entwicklungen. Der Zusatz würde uns jede Möglichkeit nehmen, kalkuliert zu reagieren, und würde es uns verwehren, auf die Entwicklung in diesen Ländern Einfluß zu nehmen[1].«

Ich kehrte am 1. Juli in die Vereinigten Staaten zurück und suchte sofort den Präsidenten und die zuständigen Leute im Außenministerium auf, um festzustellen, wie ich helfen könnte. Man sagte mir, man habe gewisse Pläne, um das Repräsentantenhaus in privaten Gesprächen dafür zu gewinnen, daß es den Zusatz über die Meistbegünstigungsklausel fallenließ. Ich sollte dieses Thema deshalb ruhen lassen. Was das Auslandshilfegesetz beträfe, so sei der Präsident im Augenblick nicht geneigt, mehr zu tun, als er bisher getan habe. (Er hatte dringende Gründe zu wünschen, daß das ganze Gesetz angenommen wurde, und wollte die Annahme nicht durch einen Streit über diese Einzelfrage verzögern.) Er ermutigte mich jedoch dazu, mit einzelnen Abgeordneten in beiden Häusern zu sprechen, und er erleichterte, soweit er es konnte, meine Kontakte mit ihnen. Außerdem empfahl er mir dringend, meine Ansichten öffentlich zu äußern.
Dem ersten Vorschlag folgend, verbrachte ich eine ganze Woche damit, in den weiten Räumen des Kapitols die verschiedensten Abgeordneten aufzusuchen, um ihnen meine Auffassungen vorzutragen. Ich lernte eine ganze Menge daraus, denn ich erkannte hier wie niemals und nirgends vorher die riesige Verständnislücke und den großen Unterschied in den Ansichten, welche mich von denjenigen trennten, mit denen ich es hier zu tun hatte. Immer wieder glaubte ich, meinen Zuhörern erklärt zu haben, worum es in der Angelegenheit

1 *New York Times*, 7. Juni 1962, S. 16.

der Jagdflugzeuge ging (sie schienen sich alle besonders für diese Sache zu interessieren); daß es sich hier nicht um eine Hilfsmaßnahme handelte, daß diese schrecklichen Flugzeuge keine Geschenke waren, sondern daß wir sie verkauft und ordnungsgemäß bezahlt bekommen hatten. Es folgte dann jedesmal ein Augenblick verwirrten Schweigens, und schließlich antwortete der skeptische Abgeordnete etwa so: »Nun gut, Herr Botschafter, vielleicht haben Sie recht. Aber ich kann immer noch nicht begreifen, warum wir diesen verdammten Kommunisten helfen sollen.«

Ich wandte mich auch an die Presse. Der Präsident hatte zu meiner Überraschung und Verwirrung bereits Teile eines meiner vertraulichen Telegramme aus Belgrad an die Presse weitergegeben. Diese Mitteilungen waren meine Reaktion auf das Bekanntwerden der beiden Zusatzanträge; sie waren nur für die Augen meiner Vorgesetzten in Washington bestimmt, keineswegs aber für die der Jugoslawen. Sie werden die letzteren jedoch sicher nicht überrascht haben. In diesen Auszügen, die am 15. Juni von der *New York Times* abgedruckt worden waren, hatte ich geschrieben, die Verabschiedung der Zusatzbestimmungen wäre »fast eine Tragödie«. Ich hatte gesagt, das alles sei

> zu einer Zeit gekommen, zu der die jahrelangen, unermüdlichen Anstrengungen der treuen Angehörigen dieser Dienststelle (der Botschaft in Belgrad) anfingen, Früchte zu tragen; als das Gleichgewicht sich zu unseren Gunsten zu verschieben begann; als neuerliche Demonstrationen anti-westlicher Tendenzen offiziellen Kreisen in Jugoslawien unangenehm zu werden begannen; und als unsere auch weiterhin geübte Geduld, Zurückhaltung und Behutsamkeit wesentliche Fortschritte hätten zur Folge haben können.

Senator Proxmire, den – wie ich glaube – meine Kritik und auch die Kritik von anderer Seite ärgerte, schrieb nun einen Brief an die Herausgeber der *New York Times*, der am 22. Juni in dieser Zeitung veröffentlicht wurde. Der Senator zitierte als Beweis für die Abhängigkeit Titos von Moskau eine pro-sowjetische Erklärung, die der letztere 1956 abgegeben haben sollte, und behauptete dann, Tito diene »dem internationalen Kommunismus, indem er versucht, in Asien und Afrika neu entstehende Länder zu einem von Tito so bezeichneten ›internationalen Proletariertum‹ zu bekehren«. Wenn Tito das täte, dann wollte er damit »diese Länder veranlassen, sich

gegen die Vereinigten Staaten und die freie Welt zu stellen und sich dem Sowjetblock anzuschließen«. (Damit meinte er offensichtlich die Konferenz von Belgrad.)
Da der Präsident mir geraten hatte, mich an die Öffentlichkeit zu wenden, schrieb ich an die gleiche Zeitung eine Antwort auf den Brief von Senator Proxmire, die am 2. Juli abgedruckt wurde. Nachdem ich auf die Vermutung des Senators eingegangen war, die Jugoslawen hätten versucht, die anderen neutralen Staaten zum politischen und militärischen Anschluß an den Sowjetblock zu überreden, fuhr ich fort:

> Wenn der Einfluß Jugoslawiens auf andere Neutrale von unserem Standpunkt aus ungünstig gewesen ist, dann gibt es keinen Grund, zu vermuten, daß er vom Standpunkt der politischen Führer in Moskau günstiger gewesen wäre. Die letzteren werden, dessen bin ich sicher, erstaunt und amüsiert sein, wenn sie hören, Jugoslawien habe sich in seinen Beziehungen zu anderen neutralen Staaten zu ihrem Anwalt gemacht.
> Selbst wenn das, was Senator Proxmire über die jugoslawische Außenpolitik geschrieben hat, zuträfe, könnte es meine Ansichten über die im Senat eingebrachten Zusatzanträge nicht beeinflussen. Hier geht es nicht darum ... Jugoslawien zu helfen oder nicht. Es geht darum, ob man der Regierungsexekutive genügend Freiheit lassen will, ein delikates außenpolitisches Problem vernünftig und wirksam zu behandeln, ein Problem, das auf unsere Politik gegenüber dem Weltkommunismus entschiedene Auswirkungen haben wird.
> Bei der Beurteilung, die wir in den letzten Monaten über die Verhältnisse in Jugoslawien angestellt haben, haben wir – soweit es mir bewußt ist – nicht die geringste Einzelheit übersehen, die über die Beziehungen zwischen Jugoslawien und den osteuropäischen Ländern bekannt ist. Diese Zusammenhänge sind sehr sorgfältig überdacht worden, und bei jeder von uns weitergeleiteten Empfehlung haben wir sie gewissenhaft berücksichtigt ...
> ... Es ist meine wohlüberlegte Überzeugung, daß man das Interesse unserer Regierung in keiner denkbaren Weise fördern kann, wenn man dramatische diskriminierende Maßnahmen ergreift, mit denen wir uns selbst hinsichtlich der uns offenstehenden Möglichkeiten Beschränkungen auferlegen und es uns unmöglich machen,

auf einem ungeheuer wichtigen Gebiet unserer Außenpolitik Konstruktives zu leisten.

Außer dieser Antwort an Senator Proxmire schrieb ich auf eigene Initiative einen viel ausführlicheren Artikel für den *Washington Post and Times Herald*, der am 8. Juli veröffentlicht wurde. Nachdem ich die Lage in Jugoslawien hier etwa ebenso dargestellt hatte wie oben, sagte ich, es sei wichtig, daß die Jugoslawen

> in der Überzeugung in die kommende Periode eintreten, daß sie, wenn sie in ihrer Außenpolitik auf die westlichen Interessen in vernünftigem Ausmaß Rücksicht nehmen, die Vorteile normaler, für beide Seiten günstiger politischer und wirtschaftlicher Beziehungen zum Westen genießen könnten.

Genau das würde jedoch durch die beiden Zusatzbestimmungen verhindert. Gemeinsam würden sie zur Folge haben, daß

> die Jugoslawen im Westen genau zu der Zeit vor verschlossenen Türen stünden, zu der es ihnen unbedingt klar sein muß, daß diese Türen offen sind. Niemals ist es wichtiger gewesen, daß die Entscheidungen, vor denen sie stehen, ihnen erleichtert werden, und sie nicht, wie dies durch die Zusatzbestimmungen bewirkt werden würde, veranlaßt werden könnten, sich für die sowjetische Seite zu entscheiden. Niemand von uns kann erfolgreich mit den Jugoslawen verhandeln ... wenn wir nur auf die hinter uns stehende verschlossene Tür hinweisen können.

Ich schrieb, ich glaubte nicht, daß Jugoslawien durch diese Zusatzbestimmungen in den Sowjetblock zurückgetrieben würde. Die politischen Führer in jenem Lande würden auch weiterhin jede Anstrengung unternehmen, um ihre Unabhängigkeit zu bewahren, ob nun der Kongreß Sympathien dafür zeigte oder nicht. Es werde aber jedem von uns schwerfallen, ihnen zu erklären, weshalb wir ihnen das noch schwerer machen wollten, als es ohnehin schon war. Ich sagte, man könne es kaum glauben, daß

> ein Mitglied des Kongresses, das die Tatsachen kennt und über ihre wirkliche Bedeutung nachgedacht hat, die Verantwortung da-

für übernehmen wollte, daß sich die Möglichkeiten für das außenpolitische Handeln der Vereinigten Staaten aufgrund der Auswirkungen derartiger Zusatzbestimmungen verringerten.

Diese Argumente hatten gemeinsam mit den Bemühungen des Weißen Hauses, des Außenministeriums und meiner Person in dieser Richtung wenigstens zur Folge, daß die Meinungen im Senat zumindest zur Frage der Begrenzung der Hilfeleistungen erschüttert wurden. Der Wortlaut des Gesetzes wurde schließlich so weit modifiziert, daß es uns nun erlaubte, die Hilfsprogramme ordnungsgemäß auslaufen zu lassen.
Es blieb jedoch noch die Frage der Meistbegünstigungsklausel offen. Das war eine viel ernstere Angelegenheit. Die Jugoslawen hatten uns nicht um die Gewährung von Hilfe gebeten und hielten sich im Rahmen normaler bilateraler Beziehungen nicht für berechtigt, solche Forderungen zu stellen. Der Handel war jedoch etwas anderes, und die Meistbegünstigungsklausel betraf die Handelsbeziehungen.
Ich verließ mich auf die mir im Juli in Washington gegebenen Zusicherungen, daß man es in privaten Sondierungen erreichen werde, die Meistbegünstigungsklausel nicht zu verändern, vorausgesetzt, die Angelegenheit wurde nicht vor die Öffentlichkeit gebracht; und so lebte ich nach meiner Rückkehr nach Jugoslawien Ende Juli im August und während des größten Teils des Septembers ganz friedlich in dem naiven Glauben, da ich nichts mehr aus Washington gehört hätte, wäre auch dieses Problem gelöst. Aber ich hatte mich getäuscht. Am Spätnachmittag des 27. September platzte die Bombe. Ich war schon aus dem Büro nach Hause gekommen, als das Telefon läutete – ein Ferngespräch aus Washington. Am Apparat war Mr. Frederick G. Dutton, stellvertretender Staatssekretär für die Beziehungen zum Kongreß. Er sagte, er habe sehr schlechte Nachrichten für mich. Zur großen Überraschung des Ministeriums war in den Beratungen des Repräsentantenhauses mit dem Senat, die zu dieser Zeit geführt wurden, um die Auffassungen beider Häuser über das Gesetz zur Ausweitung des Handels in Einklang zu bringen, beschlossen worden, die Bestimmung in Kraft treten zu lassen, mit welcher den Jugoslawen die Vorteile der Meistbegünstigungsklausel entzogen wurden. Die Gesetze sollten nun beiden Häusern zur endgültigen Verabschiedung vorgelegt werden, und wenn nichts weiter geschähe, um es zu verhindern, würde auch diese Bestimmung darin aufgenommen wer-

den. Er sagte, es gäbe nur eine Möglichkeit, das zu verhindern. Ich müßte mich sofort und persönlich an den Präsidenten wenden und ihn bitten, selbst einzugreifen.

Ob Mr. Dutton mich in Verlegenheit bringen wollte oder ob seine Handlungsweise nur ein Zeichen dafür war, daß er in diplomatischen Dingen keine Erfahrungen hatte, kann ich nicht sagen; aber dies waren die Folgen seines Eingreifens. Das Gespräch war über die normalen Telefonleitungen gelaufen. Es war mit Sicherheit von der jugoslawischen Regierung abgehört worden, wie das normalerweise überall auf der Welt mit solchen Telefongesprächen ausländischer Diplomaten geschieht. Die Jugoslawen hatten daher von dem Inhalt des Gesprächs ebenso Kenntnis wie ich. Wenn ich nichts unternahm, dann würden sie wissen, daß die letzte Möglichkeit, diesen Schlag abzuwenden, nicht ausgeschöpft worden war, und daß dies nicht geschehen war, weil ich es nicht getan hatte. Ich hatte ihnen schon wiederholt gesagt, wie sehr ich gegen die Verabschiedung der fraglichen Klausel wäre. Nun stand mein guter Ruf auf dem Spiel.

Ich rief deshalb unseren alten russischen Butler Alexander, der gewöhnlich die Verbindung zur Telefonzentrale herstellte, und bat ihn zu seinem Erstaunen, er solle ein Blitzgespräch mit Voranmeldung für den Präsidenten der Vereinigten Staaten verlangen. Er tat es, und zu meiner Überraschung war der Präsident sofort am Apparat. Ich schilderte ihm meine Auffassung zu dem Sachverhalt in möglichst starken Farben. Das wäre natürlich nicht notwendig gewesen, denn er wußte genau, wie ich darüber dachte. Er antwortete: »Ich glaube, Sie sollten mit Mr. Wilbur Mills sprechen, und ich will versuchen, das Gespräch in sein Büro umstellen zu lassen.« Er tat es, und überraschenderweise war auch Mr. Mills sofort zu sprechen.

Da ich so etwas erwartete, hatte ich das, was ich sagen wollte, schriftlich fixiert und las es bei meinem Gespräch mit Mr. Mills von diesem Papier ab[2]. Zum Glück besitze ich noch diese Notiz und mit ihr den wortgetreuen Text dessen, was ich gesagt hatte:

> »Mr. Mills, ich spreche in meiner offiziellen Eigenschaft als Botschafter in Belgrad und als ein Mann mit fünfunddreißigjährigen Erfahrungen in osteuropäischen Fragen und muß Ihnen sagen,

2 Nachdem ich Mr. Mills gesprochen hatte, rief ich das Außenministerium an, diktierte den Wortlaut meiner Erklärung und bat, man möge ihn sofort schriftlich an Mr. Mills weitergeben.

daß nach meiner wohlüberlegten Meinung eine solche Zusatzbestimmung, die gerade zu dieser Zeit und unter den jetzt herrschenden Umständen verabschiedet würde, unnötig, unangebracht und den Interessen der Vereinigten Staaten abträglich wäre. Sie würde nicht nur in Jugoslawien, sondern in diesem ganzen Teil der Welt als Beweis für eine engstirnige, rachsüchtige Haltung angesehen werden, die eines Landes unwürdig wäre, das eine Stellung einnimmt und eine Verantwortung trägt wie das unsere. In dieser Beurteilung stimme ich mit jedem einzelnen Mitglied der Mission überein. Wenn die Zusatzbestimmung verabschiedet wird, dann wird das in Mißachtung der ernstesten und schwerwiegendsten Empfehlungen geschehen, die wir geben können.«

Ich kann die Antwort von Mr. Mills nicht mehr wörtlich wiedergeben, ich erinnere mich nur, daß sie oberflächlich und negativ war und uns keine Hoffnung ließ, daß die Maßnahme unterbleiben werde. Wenige Tage darauf, am 4. Oktober, wurde das Gesetz einschließlich der gegen Jugoslawien gerichteten Klausel verabschiedet. Nachdem er es unterzeichnet hatte, stimmte sogar der Präsident in die Lobeshymnen ein, mit denen man Mr. Mills im Kongreß und anderswo überhäufte, weil er bei der Durchsetzung dieses Gesetzes eine solche staatsmännische Klugheit gezeigt hätte.

In den nächsten zehn Tagen überlegte ich mir, welche Folgerungen ich selbst aus diesem Vorfall ziehen müßte. Mein Tagebuch sagt mir, daß ich am 14. Oktober einen kilometerlangen, ausgedehnten Spaziergang durch die Vorstädte Belgrads unternahm und dabei versuchte, mir innerlich über das Geschehene klarzuwerden. Aber ich konnte der Logik der wichtigsten Tatsachen nicht ausweichen. Ich war jetzt achtundfünfzig Jahre alt und hatte den größten Teil meines aktiven Lebens dem Dienst im Außenministerium gewidmet. Wie ich Mr. Mills gesagt hatte, verfügte ich über eine etwa fünfunddreißigjährige Erfahrung in den osteuropäischen Fragen. Soweit ich wußte, hatte er die Vereinigten Staaten in seinem ganzen Leben nie verlassen (und das wird in einem am 25. Februar 1968 in einem über ihn im *New York Times Magazine* erschienenen Artikel bestätigt). Dennoch hatten die gewählten Vertreter meines Landes seine Beurteilung in einer wichtigen außenpolitischen Angelegenheit, die nicht nur den von mir besetzten Posten in Osteuropa, sondern auch die Hal-

tung der benachbarten Länder unmittelbar betraf, gegen meine Empfehlungen unterstützt. Sie hatten ihre Wahl getroffen; Mr. Mills besaß ihr Vertrauen, und ich war in der Abstimmung über die Vertrauensfrage unterlegen. Man hatte mir das Vertrauen in dramatischer Weise vor den Augen der jugoslawischen Regierung entzogen, bei der ich akkreditiert war.
Es wäre sinnlos gewesen, wenn ich unter solchen Umständen noch länger in Jugoslawien geblieben wäre. Ein Botschafter kann nur dann etwas nützen, wenn man glaubt, er besitze in seinem Heimatland einen gewissen Einfluß. Aber wie ich meine, hatte noch kein Botschafter jemals vor der Regierung, bei der er akkreditiert war, durch ein einziges Telefongespräch deutlicher demonstriert, daß er diesen Einfluß nicht besaß, als ich. Persönlich würden mich die jugoslawischen Führer von jetzt an vielleicht gerne sehen; sie würden mich mit Respekt behandeln, ja unter Umständen sogar mit einer gewissen mitleidigen Sympathie. Es wäre aber reine Donquixoterie, wenn ich glauben wollte, daß mein Einfluß künftig bei ihnen größer sein würde als der Einfluß, den ich, wie sich herausgestellt hatte, in Washington (nicht) besaß.
Man konnte versuchen, diese Tatsache ohne Verbitterung und ohne Gegenbeschuldigungen hinzunehmen, aber sie ließ sich nicht aus der Welt schaffen. Es war jetzt nicht mehr möglich, daran zu glauben, daß ich in Zukunft als Diplomat noch etwas Nützliches würde leisten können. Und das Vergnügen, das einem eine solche Tätigkeit ganz besonders in Jugoslawien bereitete, konnte die gewaltigen Nachteile nicht aufwiegen, die ein solches Leben mit sich brachte – die langweiligen diplomatischen Empfänge, die vielen mit leeren Formalitäten vergeudeten Stunden und vor allem die Tatsache, daß die Möglichkeit, zu forschen und zu schreiben, stark beschnitten wurde.
Ich beschloß, nicht gleich etwas zu unternehmen. Erst nach drei Monaten teilte ich dem Außenministerium meinen Wunsch mit, bei Beginn des folgenden akademischen Jahres meine Tätigkeit in Princeton wieder aufzunehmen. Aber der Entschluß wurde an jenem unglücklichen Vormittag auf meinem Spaziergang durch die Straßen der Belgrader Vorstadt gefaßt.

Zwei Monate nach dem Zwischenfall mit der Meistbegünstigungsklausel stattete Tito Moskau seinen triumphalen Besuch ab. Ich konnte öffentlich nichts dagegen sagen. Ich hatte gegenüber der Presse immer den Standpunkt vertreten, daß wir an guten und angenehmen Beziehungen Jugoslawiens zu allen Ländern interessiert seien; wir wünschten nicht, daß die guten Beziehungen der Jugoslawen zu uns auf Kosten ihrer Beziehungen zu irgendeinem anderen Lande gingen. Ich selbst hegte in dieser Hinsicht auch keine großen Befürchtungen. Ich wußte, daß Tito, so angenehm ihm auch der Empfang gewesen sein mochte, der ihm in Moskau bereitet wurde, nicht geneigt sein würde, die Unabhängigkeit, die er unter solchen Gefahren und Schwierigkeiten gewonnen hatte, zu opfern oder zu kompromittieren, wenn sich das irgend vermeiden ließ. Ich glaubte nur, es wäre gut gewesen, wenn ich ihm vor der Reise nach Moskau die Zusicherung hätte geben können, daß er, wenn er sich gegen das sowjetische Drängen stellte, Jugoslawien solle sich wieder dem sowjetischen Block anschließen, immer auf eine Alternative in der Form freundlicher, verläßlicher, für beide Seiten vorteilhafter Beziehungen – vor allem wirtschaftlicher Art – zu den Vereinigten Staaten rechnen könnte.

Jetzt war ich jedoch entwaffnet, und ich konnte nichts anderes tun als schweigen und untätig bleiben. Die Jugoslawen mußten ihre Schlachten künftig allein schlagen, als existierten wir gar nicht.

Ich verließ Belgrad erst im Sommer 1963. Bis dahin verbrachte ich eine im allgemeinen recht angenehme Zeit.

In den offiziellen Beziehungen kam es – Gott weiß es – zu einer ganzen Reihe von unerfreulichen Situationen. Die amerikanischen Hafenarbeitergewerkschaften weigerten sich, jugoslawische Schiffe in amerikanischen Häfen zu beladen oder zu entladen. Im jugoslawischen Konsulat in Chicago explodierte eine Bombe. Der Kongreß beschäftigte sich mit Vergeltungsmaßnahmen, die gegen Länder gerichtet waren, deren Schiffe Kuba anliefen, darunter auch gegen Jugoslawien. Kurz gesagt, der unverfälschte amerikanische Antikommunismus äußerte sich tagtäglich in Dutzenden von wenig erfreulichen Erscheinungsformen.

Ich selbst hatte aber von diesen Dingen einen gewissen Abstand gewonnen, und deshalb gingen meine Beziehungen zu den jugoslawischen Politikern von ganz anderen und in mancher Hinsicht viel angenehmeren Voraussetzungen aus. Sie wußten genau, wie hilflos ich war. Sie machten mir keinen Vorwurf daraus. Sie wußten, daß auch sie in gewisser Weise und aus politischen Gründen, die für sie ebenso zwingend waren wie seine Gründe für den Präsidenten Kennedy, dazu beigetragen hatten, mir die Hände zu binden. Aber weil sie diese Lage erkannten, stand es ihnen jetzt frei, mich als Einzelperson und als persönlichen Freund zu behandeln; als einen Freund, der – wie sie wußten – ihre Lage verstand und, wenn auch ohne Erfolg, getan hatte, was in seinen Kräften stand, um dafür zu sorgen, daß sie auf der anderen Seite des Atlantiks und auch sonst im Westen fair behandelt wurden. Ich begegnete ihnen deshalb jetzt auf einer neuen, weniger gespannten Basis. Sie hielten es nicht einmal für notwendig, sich bei mir über die Schikanen zu beschweren, denen ihre Schiffe und ihre offiziellen Vertreter in den Vereinigten Staaten ausgesetzt waren. Und es wäre nutzlos gewesen, wenn ich noch am Tenor der öffentlichen Erklärungen Titos oder an der unfairen Darstellung unserer Haltung gegenüber den Entwicklungsländern in der jugoslawischen Presse – oder an ihren Darstellungen des Vietnamkrieges – herumgenörgelt hätte. Sie wußten, daß ich, selbst wenn sie von diesen Erklärungen und Praktiken abrücken würden, persönlich nicht in der Lage wäre, dafür zu sorgen, daß sie in Washington besser behandelt wurden, als das im Augenblick geschah.

Deshalb erfreuten wir uns jetzt angenehmer privater Kontakte. In den letzten Monaten führte ich wenigstens zweimal ausführliche, zwanglose und freimütige Gespräche mit Tito. Am 14. März 1963 besuchte ich ihn an seinem Urlaubsort auf der Insel Brioni. Anstatt mich in der offiziellen Villa auf der Hauptinsel zu empfangen, ließ er mich in einem Fährschiff zu seinem Privathaus auf einer kleinen Nebeninsel bringen. Dort zeigte er mir seine Tischlerwerkstatt, und dann setzten wir uns eine Stunde bei einer Flasche Wein zu einem freundschaftlichen Gespräch zusammen. Jetzt, da jedermann wußte, daß ich niemanden vertrat und gewissermaßen nur als körperloser Geist sprach, schilderte ich ihm, was nach meiner Vorstellung unter günstigeren Voraussetzungen die Basis eines stillschweigenden gegenseitigen Einverständnisses zwischen unseren beiden Ländern sein könnte – eine Basis, die, wenn sie akzeptiert würde, uns beiden mehr Vertrauen und Sicherheit im Umgang miteinander geben würde. Ich meinte, diese Basis müßte nicht etwas sein, dem eine der beiden Parteien offiziell zuzustimmen habe, sondern sie solle vielmehr aus gegenseitigen Erwartungen bestehen – daraus, was jeder von uns glaubte, vom anderen erwarten zu dürfen, ob ihm das nun gefiel oder nicht. Ich besitze noch die Notizen, die ich mir beim Frühstück vor unserem Gespräch gemacht habe. Ich gebe sie hier wieder, weil in ihnen das zusammengefaßt wird, was ich in den zwei Jahren des Ringens mit dem Problem der amerikanisch-jugoslawischen Beziehungen an vernünftigen Vorstellungen gewinnen konnte. Ich meinte, wir Amerikaner würden erwarten:

a) daß Jugoslawien ein sozialistischer Staat im marxistisch-leninistischen Sinne bleiben und auch weiterhin öffentlich erklären werde, das zu sein;
b) daß Jugoslawien weltpolitisch auch weiterhin seine Solidarität mit anderen sozialistischen Ländern weitgehend bewahren werde;
c) daß die innere soziale und politische Struktur Jugoslawiens im wesentlichen so bleiben werde, wie es der neuen Verfassung entspräche, und hier bewußt keine Veränderungen vorgenommen würden, um sich sowjetischen Vorstellungen anzunähern;
d) daß Jugoslawien nicht dem Warschauer Pakt beitreten und keine besonderen Vereinbarungen mit der UdSSR über militärische Zusammenarbeit treffen werde, wie dies etwa in der Koordinierung der militärischen Planungen, der Zulassung sowjetischer militärischer Einrichtungen oder der Stationierung von Truppen auf jugoslawischem Gebiet zum Ausdruck käme usw.; und
e) daß Jugoslawien auch weiterhin davon Abstand nehmen werde, sich selbständig oder gemeinsam mit anderen Ländern des kommunistischen Blocks um die Bekehrung nicht-kommunistischer Staaten, besonders von Staaten in der westlichen Hemisphäre, zu bemühen.

Andererseits würde Jugoslawien von uns erwarten:

a) daß die Vereinigten Staaten Jugoslawien in der Regel keine Wirtschaftshilfe gewähren würden, obwohl sie, wenn es die Umstände erfordern sollten, auch weiterhin alles innerhalb der gegebenen gesetzlichen Bestimmungen Mögliche tun würden, um Jugoslawien zu annehmbaren Bedingungen Kredite für den Ankauf von Weizen und anderen überschüssigen landwirtschaftlichen Erzeugnissen in den Vereinigten Staaten gegen eine Bezahlung in Dollars zu gewähren;
b) daß die Vereinigten Staaten Jugoslawien andererseits alle normalen Möglichkeiten für Handelsbeziehungen einräumen würden,

einschließlich der Behandlung gemäß der Meistbegünstigungsklausel;
c) daß die Regierungsexekutive der Vereinigten Staaten ihren Einfluß dahingehend geltend machen würde, in der amerikanischen Öffentlichkeit eine Atmosphäre zu schaffen und aufrechtzuerhalten, welche die Unterhaltung freundlicher und korrekter gegenseitiger Beziehungen förderte;
d) daß die Vereinigten Staaten Jugoslawien die Möglichkeit für den Ankauf von Ersatzteilen für bereits gelieferte Rüstungsgüter garantieren würden; und
e) daß die Vereinigten Staaten ihren Einfluß auch weiterhin dafür einsetzen würden, eine günstige Entwicklung der Wirtschaftsbeziehungen Jugoslawiens zu den westeuropäischen Ländern (d. h. zum Gemeinsamen Markt) zu fördern.

Ich vertrat die Ansicht, daß, solange keine Seite sich in ihren Erwartungen getäuscht sähe, beide Regierungen sich bemühen sollten, normale und angenehme Beziehungen zu unterhalten. Der Kulturaustausch sollte wie bisher gepflegt werden. In der Behandlung der Staatsbürger beider Länder in Fragen des Aufenthaltes, des Reiseverkehrs, der Betätigung usw. im jeweils anderen Lande sollte sich nichts verschlechtern; die wirtschaftlichen Beziehungen sollten unterstützt und gefördert werden. Schließlich sollten die beiderseitigen Beziehungen in diesem Geist durch geeignete, aufeinanderfolgende offizielle Höflichkeitsbesuche gegenüber der Öffentlichkeit zum Ausdruck gebracht werden.
Über den wirklichen Verlauf dieses Gesprächs habe ich mir keine genauen Notizen gemacht, und ich will auch nicht versuchen, die Antworten von Präsident Tito zu formulieren. Natürlich durfte niemand von ihm erwarten, daß er sich aus der Laune eines Augenblicks dazu verleiten ließ, zu einer Reihe von Vorschlägen etwas Bindendes zu sagen, denn diese Vorschläge waren nur den Überlegungen eines Menschen entsprungen, der keine Vollmacht hatte, in solchen Fragen für seine Regierung zu sprechen, und dessen hier zum Ausdruck gekommene Vorstellungen gegenwärtig auch nicht die Zustimmung seiner Regierung gefunden hätten. Ich bin aber heute noch davon überzeugt, wenn die Regierungen sich intensiver darum bemühen würden, auf diese Art zu klären, was sie vernünftigerweise voneinander erwarten dürften, und weniger Zeit damit zubrächten, gegen Dinge zu

protestieren, die zu erwarten sie jeden Grund hatten, oder zu versuchen, die Gegenpartei zu schriftlichen Verpflichtungserklärungen zu veranlassen, das eine zu tun und das andere zu lassen, dann ließen sich in vielen Fällen Spannungen im internationalen Zusammenleben verringern. Damals glaubte ich, mit Recht annehmen zu dürfen, daß Amerika – wenn die Jugoslawen sich in den von mir genannten Erwartungen bestätigt fühlen sollten – nicht enttäuscht werden würde, falls es auch von Jugoslawien das Verhalten voraussetzte, das ich hier skizziert habe. In gewisser Weise haben sich die Dinge in den folgenden Jahren wohl auch so entwickelt. Aber ich war zu jener Zeit – wie gesagt – ein körperloser Geist.

Am 27. Juli 1963 flogen meine Frau, die beiden jüngsten Kinder und ich mit der alten C-47 des Luftattachés zunächst zu einem Abschiedsbesuch von Belgrad nach Brioni und dann weiter nach Westen.

Nicht ohne innere Anteilnahme lese ich heute die kurzen Einträge in meinem Taschenkalender aus jenen letzten Tagen unseres Aufenthalts in Jugoslawien. Trotz aller beruflichen Enttäuschungen waren die Jahre in jenem Lande eine wunderbare Zeit gewesen. Sie waren angefüllt mit farbigen, neuen Erlebnissen und Entdeckungen, und die persönlichen Begegnungen hatten uns viel Wärme und Herzlichkeit vermittelt. Die Eigenart des Landes und seiner Bewohner brachten es, glaube ich, mit sich, daß der Abschiedsschmerz diesmal stärker war als sonst; der Schmerz, der jeden Abschied begleitet und mich immer wieder daran erinnert, daß jede Trennung ein kleines Stück des Phänomens des Todes ist. Nur einen Tag vor unserer Abreise hatte sich das schwere Erdbeben von Skopje ereignet. Die Tragik dieser Katastrophe hatte uns besonders stark berührt, weil wir erst vor zwei Wochen in Skopje gewesen waren. Als mich die Nachricht erreichte, spendete ich sofort in einer der in Belgrad eingerichteten Sammelstellen Blut. Die übrige Zeit jenes letzten Tages nahmen die Abschiedszeremonien, die Besuche und die Überreichung von Geschenken in Anspruch. Wir fertigten Telegramme über das Erdbeben nach Washington ab und bemühten uns darum, daß ein in Deutschland stationiertes Feldlazarett unserer Streitkräfte für den Katastropheneinsatz in Marsch gesetzt wurde. (Das geschah auch sofort, und ich war sehr stolz darauf, wie schnell diese Einheit in Skopje eintraf und dort an die Arbeit ging.)

Im folgenden will ich das Tagebuch in seiner schlichten Knappheit von den letzten Stunden erzählen lassen.

27. Juli 1963

Das Gepäck wurde auf dem Lastwagen verstaut und fortgebracht. Abfahrt zum Flughafen. Verabschiedung. Alles deprimiert und erschüttert über die Ausmaße des Erdbebens bei Skopje.

Flogen in der Maschine des Luftattachés, Pilot Oberst White, nach Brioni. Ankunft dort (auf dem Festland) um 12.30 Uhr. Wurden von Kljun (dem Adjutanten des Präsidenten) am Flugplatz empfangen. Am Kai auf der anderen Seite von Soldatíc (dem Protokollchef des Präsidenten). Die anderen gingen schwimmen, während ich schlief. Am Spätnachmittag machten wir alle einen Spaziergang zu den Ruinen der römischen Villa und sahen uns die Gegend an.

Abendessen – wegen der Katastrophe von Skopje ganz formlos – im Hotel mit Koča (Koča Popovíc, einem bekannten militärischen Führer im Partisanenkrieg, der jetzt nach langjähriger Amtszeit als jugoslawischer Außenminister zurücktrat) und Frau Popovíc sowie Lekíc (einem jugoslawischen Diplomaten, der jetzt als Botschafter zu den Vereinten Nationen gehen sollte) und seiner Frau. Das Ganze in sehr gedrückter Stimmung. Koča, braungebrannt und von seinem anstrengenden Urlaub etwas ermüdet, war offenbar herbefohlen worden.

28. Juli

Blieb fast den ganzen Vormittag im Hotel, sprach telefonisch mit Belgrad. Erfuhr zu meiner Freude, daß in der Nacht das Feldlazarett beim Krankenhaus von Surčin eingetroffen war. Um 12.55 Uhr wurden wir alle zum Hause des Präsidenten auf die Insel Brioni gebracht, wo man uns ein halboffizielles Mittagessen gab. Außer dem Präsidenten und Frau Broz waren der Vizepräsident Kardelj und seine Frau, der Verteidigungsminister Gošnjak mit Frau, Lekíc mit Frau und Soldatíc zugegen. Auch die Kinder aßen bei Tisch mit und waren ganz brav. Tito sagte mir in einem Trinkspruch ein paar freundliche Worte und nannte mich einen »naucnik« (Gelehrten). Meine Erwiderung war schlecht. Die Katastrophe warf ihre Schatten über das ganze Ereignis und beherrschte die Konversation.

Um 15.30 Uhr waren wir wieder auf dem Festland am Flugplatz. Viel Gerede darum, ob Christopher (13 Jahre alt) seine Schildkröte dalassen sollte oder nicht. Er nahm sie schließlich doch mit. Um 16.30 Uhr waren wir in Venedig.

So endete – etwas enttäuschend und mit zwiespältigen Gefühlen im Herzen, aber, wie ich glaube, zur rechten Zeit – die letzte Phase meiner diplomatischen Laufbahn.

Es gab noch ein kleines Nachspiel. Gerade zu der Zeit, als ich Belgrad verließ, hörte ich von Plänen des Außenministeriums, Präsident Tito zu einem Besuch in den Vereinigten Staaten einzuladen. Die Initiative war nicht von mir ausgegangen. Ich hatte nur unter der Voraussetzung an Besuche auf höchster Ebene gedacht, daß die Beziehungen zwischen beiden Ländern auf eine gesunde Basis gestellt werden konnten. Im Augenblick, nachdem der alte Handelsvertrag ausgelaufen war und wir damit rechnen mußten, daß den Jugoslawen die Vergünstigungen der Meistbegünstigungsklausel nicht gewährt werden würden, glaubte ich nicht, daß dies der Fall sei. Ich zweifelte sogar daran – und wie es sich zeigte mit Recht –, daß wir in der Lage wären, dem jugoslawischen Staatsoberhaupt in unserem Lande einen würdigen und seinem Rang entsprechenden Empfang zu bereiten. Die Anregung für diesen Besuch kam wahrscheinlich vom Außenministerium, dessen Gründe ich auch jetzt nach fünfunddreißigjähriger Dienstzeit in dieser Behörde nicht durchschauen konnte. Der Außenminister, Mr. Dean Rusk, war im Frühjahr in Belgrad gewesen, und zwar aus Gründen, die mir ebenso unverständlich waren wie die Einladung an Tito, die Vereinigten Staaten zu besuchen. Vielleicht war er auf diesen Gedanken gekommen. Soweit ich feststellen konnte, betrachtete das Außenministerium damals Staatsbesuche als Ersatz für die Staatskunst.
Jedenfalls traf Tito in Begleitung seiner Frau und des üblichen offiziellen Gefolges Mitte Oktober 1963 in den Vereinigten Staaten ein. Da noch kein neuer Botschafter ernannt war, bat der Präsident meine Frau und mich, nach Williamsburg zu kommen, wo die Gäste empfangen und zunächst untergebracht wurden, um sie in seinem Namen zu begrüßen und nach Washington zu begleiten. Das taten wir. Tito und seine Begleitung behandelten uns wie alte Freunde. Wir genossen es, mit ihm zusammen zu sein, und das alte, im Kolonialstil erbaute Williamsburg spielte seine Rolle als erster Gastgeber in diesem Lande zur Zufriedenheit aller Beteiligten.
Aber während dieses Besuches gab es eine starke Unterströmung der Beunruhigung und der peinlichen Situationen – und manchmal auch mehr als das. Unsere jugoslawischen Gäste waren sich der Tatsache

bewußt, daß wir sie in Williamsburg untergebracht hatten, weil unsere Regierung sie vor feindseligen Demonstrationen, Beleidigungen und vielleicht sogar vor Schlimmerem in Washington entweder nicht schützen konnte oder nicht schützen wollte. Es war notwendig, sie am folgenden Tage zu dem Treffen mit dem Präsidenten im Hubschrauber von Williamsburg direkt auf das Grundstück des Weißen Hauses zu fliegen. Doch selbst hier hatten sich feindliche Demonstranten, darunter einige in nazistischen Uniformen, auf der Straßenseite gegenüber dem Weißen Haus in größeren Gruppen versammelt. Ihr wildes Geschrei und ihre Gesänge übertönten sogar die Nationalhymnen, die zur Begrüßung gespielt wurden. Den jugoslawischen Gästen war es ebenso wie mir unverständlich, weshalb man es zuließ, daß Menschen in der Uniform unserer früheren Feinde auf diese Weise wenige Meter vor dem Weißen Haus gegen das Staatsoberhaupt eines Landes demonstrierten, das mit uns im Kampf gegen diesen Feind verbündet gewesen war.

Ich begleitete die Jugoslawen nicht nach New York, aber ich erfuhr, daß es dort noch viel schlimmer wurde. Wenn ich mich recht erinnere, waren die Gäste in den Waldorf Towers untergebracht worden. Auf der Straße vor dem Hotel hielten sich ständig Demonstranten auf, die – wie man annehmen darf – zum großen Teil nicht einmal amerikanische Bürger waren. Die jugoslawischen Damen konnten nicht unbelästigt im Restaurant des Hotels essen. Die Demonstranten wurden hineingelassen, stiegen auf die Stühle und beschimpften unsere diplomatischen Gäste sogar als Prostituierte – mit der offensichtlichen Zustimmung und Duldung der New Yorker Polizei. Das war um so schmerzlicher, als gerade diese Frauen, wie jeder, der sie kannte, bezeugen konnte, geistig und moralisch untadelige Persönlichkeiten waren. Die meisten von ihnen hatten im Kriege mit den Partisanen gegen die Deutschen gekämpft. Eine solche Behandlung waren sie bestimmt nicht gewöhnt, und sie würden sie bestimmt nicht so leicht vergessen.

In diesem Zusammenhang muß man daran denken, daß ich selbst erst kürzlich Tausende von Kilometern durch Jugoslawien gereist war, oft in engstem Kontakt mit der Bevölkerung, und nicht ein einziges Mal etwas anderes als Höflichkeit und Freundlichkeit erfahren hatte.

Für unsere unglücklichen Besucher gab es zum Glück wenigstens einen angenehmen Tag. Sie verbrachten ihn als Gäste der Universität in

Princeton. Wieder waren meine Frau und ich dazu ausersehen, sie überallhin zu begleiten. Der goldene Herbst an der amerikanischen Ostküste zeigte sich von seiner schönsten Seite. Die reich belaubten Bäume in Princeton leuchteten in prächtigen Farben. Die Universität zeigte sich als großzügige und zwanglose Gastgeberin. Die Menschen auf den Straßen lächelten der vorüberfahrenden Autokolonne zu, und man sah keine geballten Fäuste und hörte keine Beschimpfungen. Ich freute mich bei dem Gedanken, daß unsere jugoslawischen Freunde in dem Bewußtsein in ihre Heimat zurückkehren konnten, daß es in den Vereinigten Staaten wenigstens einen Ort gab, wo man sie höflich empfing.

Aus welchen Gründen man sich zu diesem Unternehmen entschlossen hatte, ist mir damals nicht klar gewesen und ist mir bis heute ein Geheimnis geblieben. Ich kann mir kaum vorstellen, daß sich die jugoslawisch-amerikanischen Beziehungen dadurch gebessert haben. Außerdem habe ich mir die Frage vorgelegt, was an der Haltung eines großen Landes, das zugeben muß, es sei nicht in der Lage, die Gäste seines Präsidenten, solange sie sich auf seinem Staatsgebiet befinden, vor den gröbsten Beleidigungen und Belästigungen zu schützen, nicht in Ordnung ist. Man muß einen Gast nicht einladen; wenn man es jedoch tut und er der Einladung folgt, dann ist man es sich selbst schuldig, dafür zu sorgen, daß er wie ein Gast behandelt wird. Hier bei dieser nicht sehr wichtigen Gelegenheit – und bei vielen wichtigeren – mußte ich mich fragen, ob ein Land, das keinen besseren Eindruck zu machen in der Lage ist, nicht anerkennen sollte, daß seiner Fähigkeit, in der Weltpolitik eine wichtige und aktive Rolle zu spielen, gewisse Grenzen gesetzt sind.

An dem Tage, als ich den Präsidenten Tito zum Weißen Haus begleitete, beeindruckten mich das politische Feingefühl und die Geschicklichkeit, mit denen Präsident Kennedy die von mir entworfene Ansprache zum Mittagessen redigiert und verbessert hatte, und die taktvolle Höflichkeit, mit welcher er seine ungewöhnlichen Gäste behandelte. Damals konnte ich nicht ahnen, daß ich ihn bei dieser Gelegenheit zum letztenmal sah.

Trotz der Kontroverse wegen der Meistbegünstigungsklausel waren unsere persönlichen Beziehungen gut geblieben. Ich war ihm stets dankbar für die geduldige Aufmerksamkeit gewesen, die er allem schenkte, was ich geschrieben hatte. Während meiner Amtszeit in Belgrad hatte er angeordnet, daß alle Berichte von mir, wenn sie etwas Wichtiges enthielten, ins Weiße Haus geschickt werden sollten, und er hatte sie augenscheinlich gewissenhaft gelesen. Außerdem hatte ich ihn mehrmals persönlich aufgesucht und dabei immer die zurückhaltende, jugendliche Ritterlichkeit bewundert, mit welcher er, wie es mir schien, die schwere Last trug, die sein hohes Amt ihm auferlegte. Mich als älteren Menschen hatte er immer höflich und mit respektvoller Neugier behandelt.

Ich nahm es ihm nicht übel, daß er mir nicht geholfen hatte, als in den jugoslawisch-amerikanischen Beziehungen Spannungen auftraten. Ich konnte mir vorstellen, mit welchen innenpolitischen Problemen er zu kämpfen hatte. Ich glaubte zu wissen, welche Ratschläge er von anderen Leuten erhielt, besonders von seinen innenpolitischen Beratern. Ich war überzeugt, daß es ihm nicht angenehm war, meine diplomatische Karriere auf dem Altar von Mr. Mills zu opfern. Da ich immer versucht hatte, ihn und andere davon zu überzeugen, daß man gegenüber den Jugoslawen keine unrealistischen Erwartungen haben dürfe, konnte ich ihm gegenüber solche Erwartungen auch kaum hegen.

Etwa drei Jahre später wurde ich in Princeton von meinem guten Freund, dem verstorbenen Louis Fischer, für ein Forschungsobjekt der John-F.-Kennedy-Bibliothek über meine persönlichen Eindrücke im Umgang mit dem Präsidenten interviewt. Louis fragte mich, ob ich nicht festgestellt hätte, daß Kennedy trotz »der Brillanz und Präzision seines Verstandes, trotz des glänzenden Stils, trotz seiner guten Figur und seiner Leistungen als Präsident« (das waren die Worte von Louis) »kalt« gewesen sei. Meine Antwort, wie sie damals mitgeschrieben wurde, lautete:

> Louis, nicht gerade kalt. Das habe ich nicht empfunden. Nach meinem Gefühl besaß er wirklich eine gewisse menschliche Wärme; aber er war irgendwie scheu und durch die besonders engen Bindungen an seine Familie in gewisser Weise isoliert, wie das die Angehörigen großer Familien mit stark ausgeprägtem Zusammengehörigkeitsgefühl manchmal sind. Mit anderen Worten, für einen Menschen, dessen Bindungen an die Familie so ungewöhnlich fest sind, wie es – glaube ich – bei ihm der Fall war, ist das wahrscheinlich genug, und es fällt ihm nicht leicht, außerhalb des Familienkreises enge Freundschaften zu schließen. Mein Gefühl war das folgende: In dieser Phase seines Lebens konnte kein Außen-

seiter in diesen intimen Kreis eindringen ... Er zeigte natürlich die Haltung des Politikers, der manchmal auch Schauspieler sein muß. Die von Freud so bezeichnete »persona« – die äußere Persönlichkeit, die etwas anderes ist als das »Ego« – war in ihm sehr stark entwickelt. Wie das bei den meisten Menschen der Fall ist, die auf der politischen Bühne stehen, so spielte auch er meistens die ihm hier gemäße Rolle. Aber er hat mich und andere, die ich in seiner Gegenwart erlebt habe, immer ... freundlich behandelt und nicht wirklich kalt. Man hatte nicht das Gefühl, daß hinter seinem Verhalten Hochmut, Gefühllosigkeit oder Grausamkeit standen.

Am 22. Oktober, kurz nach dem Besuch Titos und genau einen Monat vor der Ermordung des Präsidenten, hatte ich Gelegenheit, ihm zu schreiben, da ich ihm meinen Eindruck von dem Besuch vermitteln wollte. Aber als ich daran dachte, wie ich ihn im Weißen Haus erlebt hatte, als er dort in seiner unnachahmlich ritterlichen Haltung durch den finsteren Dschungel der schwierigen Probleme, die ihn von allen Seiten bedrängten, und der schweren Entscheidungen gegangen war, hielt ich es für richtig, dem offiziellen Schreiben ein paar persönliche Zeilen anzufügen, die wie folgt lauteten:

Dear Mr. President:
Sie müssen mancherlei Kritik hinnehmen, und diejenigen, die Ihnen ihre Zustimmung zeigen und ermutigende Dinge sagen, tun das nicht immer, weil sie von selbstlosen Motiven dazu veranlaßt werden. Ich bin jetzt endgültig aus dem Staatsdienst ausgeschieden und werde weder für ein in den Wahlen ausgeschriebenes noch durch Ernennung zu besetzendes Amt kandidieren. Ich glaube deshalb, daß Sie meiner Aufrichtigkeit versichert sein können, wenn ich diese Gelegenheit wahrnehme, um Ihnen ein Wort der Ermutigung zu sagen. Als Historiker und als ein Mensch mit diplomatischen Erfahrungen bin ich voller Bewunderung für die Art und Weise, in der Sie sich mit den Problemen der Außenpolitik beschäftigt haben, die mir so vertraut sind. Ich glaube, wir haben es in diesem Jahrhundert noch nicht erlebt, daß die Staatskunst im Weißen Hause auf so hohem Niveau stand. Ich hoffe, Sie werden auch weiterhin Ihren Mut bewahren und sich weder durch die schweren Belastungen, die Ihr Amt mit sich bringt, noch durch die

Beschränktheiten und Behinderungen, denen Sie an anderer Stelle in der Regierung begegnen, entmutigen lassen. Seien Sie bitte versichert, daß ich und viele andere Ihnen für den Mut, die Geduld und den Weitblick, die Ihre Arbeit auszeichnen, zutiefst dankbar sind.

Ihr sehr aufrichtiger . . .

Er antwortete mir am 28. Oktober und redete mich zum erstenmal mit »Dear George« an:

Ihr Handschreiben vom 22. Oktober gehört zu den Briefen, die ich an schweren Tagen zur Hand haben möchte, um mich an ihnen zu orientieren und zu stärken. Es ist sehr ermutigend, wenn man sich der Unterstützung eines Diplomaten und Historikers Ihren Ranges sicher sein kann, und es war eine ungewöhnliche Liebenswürdigkeit von Ihnen, mir in so persönlichem Ton zu schreiben.

Der Empfang dieses persönlichen Briefes von einem Mann, der jetzt nur noch knapp vier Wochen zu leben hatte, entschädigte mich weitgehend für die Enttäuschungen, die ich auf diesem in mancher Beziehung so angenehmen Posten erlebt hatte.

Epilog

Damit ist der Bericht über die wichtigsten Episoden meiner beruflichen Laufbahn im öffentlichen Dienst abgeschlossen. Der Botschafterposten in Jugoslawien war der letzte, den ich übernahm. Nachdem diese Zeit hinter mir lag, blieben nur noch weitere Jahre des normalen Lebens einer, wie man sagen könnte, halb in der Öffentlichkeit der Vereinigten Staaten und des Auslands stehenden Persönlichkeit, eines Menschen, dessen Tätigkeit daraus besteht, Briefe zu schreiben, Besucher zu empfangen, Vorträge zu halten und Konferenzen zu besuchen, und der Allmächtige allein weiß, welchen Nutzen das bringen wird. Man selbst kann es jedenfalls nicht wissen.

Wenn ich diese Seiten noch einmal durchsehe, dann muß ich feststellen, daß mein Bericht über den hier behandelten Zeitabschnitt im großen und ganzen zu einer deprimierenden Interpretation führen kann. Ich möchte deshalb, bevor ich zum Schluß komme, alles tun, um diesen Eindruck – besonders im Hinblick auf das Leben im auswärtigen Dienst – zu korrigieren.

Die Aufgaben in der amerikanischen Berufsdiplomatie werden, das ist richtig, durch einen gewissen tragischen Widerspruch belastet. Der Beamte im auswärtigen Dienst lernt und wird ermutigt, zu glauben, daß er dem *nationalen* Interesse diene – d. h. den Interessen des ganzen Landes –, wenn er außenpolitisch tätig ist. Er muß jedoch später feststellen, daß er für Leute arbeitet, deren Hauptsorge nicht die Außen-, sondern die Innenpolitik ist. Die Interessen, die sie auf innenpolitischem Gebiet verfolgen, stehen nicht nur oft, sondern fast immer im Gegensatz zu einer vernünftigen, im nationalen Interesse geführten Außenpolitik. Die Teilnehmer an dem Machtkampf in der amerikanischen Innenpolitik sind in solchem Ausmaß egozentrisch, daß die Möglichkeit, auf außenpolitischem Gebiet etwas zu unternehmen – oder, was häufiger vorkommt, außenpolitische Erklärungen abzugeben –, für sie in erster Linie als Mittel dafür angesehen wird, auf der innenpolitischen Bühne diesen oder jenen Effekt zu erzielen. Die Folge ist, daß sich die amerikanische Diplomatie nur selten ausschließlich auf die Ziele richtet, die sie eigentlich verfolgen sollte, und das geschieht oft nur, wenn es sich um Fragen handelt, die innenpolitisch keine besondere Bedeutung zu haben scheinen. Es geschieht außerdem innerhalb erträglicher Grenzen in Kriegszeiten oder wenn sich die Nation in großer Gefahr befindet. Aber im übrigen neigt das offizielle Washington dazu, alles, was im Lande selbst geschieht, für wichtiger zu halten als das, was in der übrigen Welt vorgeht, oder als unsere Beziehungen zur übrigen Welt. So kommt es dazu, daß die Ziele der amerikanischen Diplomatie, wie sie der Berufsdiplomat zu sehen gelernt hat, sich häufig von denjenigen unterscheiden, die in den Anweisungen zum Ausdruck kommen, welche er von seiner Regierung erhält. Da es ihm nun unmöglich wird, seine Zielvorstellungen ohne die Unterstützung der Regierung zu verwirklichen, ist es nur selten möglich, sie überhaupt zu verwirklichen.

Das wäre vielleicht gar nicht so schlimm, wenn dieser Mangel an Übereinstimmung zugegeben werden könnte. Es ist aber leider so, daß dies niemals zugegeben werden darf. Wenn die auswärtigen Beziehungen den Interessen des innenpolitischen Machtkampfes dienen sollen, dann hängt der Erfolg des Verfahrens gerade davon ab, daß man es verleugnet. Um innenpolitisch erfolgreich zu sein, muß die von innenpolitischen Gesichtspunkten inspirierte Außenpolitik glaubwürdig als echte außenpolitische Maßnahme getarnt werden. Sogar wenn der außenpolitische Apparat ausschließlich von Leuten besetzt wäre, welche die führende Bürokratie in Washington politisch unterstützten, und deren einziges Ziel es wäre, das politische Geschick der letzteren zu fördern, dann müßten sie ihre Tätigkeit dennoch so tarnen, als verfolgten sie ausschließlich außenpolitische nationale Interessen.

Die Zeit von 1945 bis 1949 war eine jener seltenen Perioden (ich bin nicht einmal sicher, daß es außer der Zeit kurz nach dem Ersten Weltkrieg eine zweite derartige Periode gegeben hat), in denen die amerikanische Diplomatie in Friedenszeiten sich ausschließlich damit beschäftigte, außenpolitischen Zielen zu dienen. Das war ohne Zweifel zum Teil eine Nachwirkung der Atmosphäre des selbstlosen Einsatzes im öffentlichen Dienst, welche einschließlich aller begangenen Fehler die Außenpolitik während des Krieges gekennzeichnet hatte.

Die Bühne in Washington wurde noch immer durch die Gegenwart und in manchen Fällen durch den Geist von Männern wie General George Marshall, Henry Stimson, James Forrestal, Robert Lovett und John McCloy beherrscht, die alle in gewissem Sinne freiwillige und innenpolitisch unbeeinflußte Arbeiter im Weinberg der Regierung gewesen waren. Es kam hinzu, daß die Herausforderung durch den stalinistischen Kommunismus angesichts der schweren Erschütterungen und der allgemeinen Unsicherheit der Zeit nach Einstellung der Feindseligkeiten noch stark genug war, um in Washington ganz allgemein das Verständnis für den Primat der Außenpolitik lebendig zu erhalten. Aber das alles wurde anders, als Harry Truman 1948 nach gewonnenen Wahlen das Amt des Präsidenten übernahm. Als das geschehen war, kehrten die innenpolitischen Geier in Schwärmen auf die ihnen vertraute Szene zurück und setzten es durch, daß die auswärtigen Beziehungen des Landes nicht mehr als wichtig genug angesehen wurden, um auf den innenpolitischen Machtkampf einen entscheidenden Einfluß nehmen zu dürfen. Diese Geier verlangten jetzt nach ihrem Recht, das man ihnen so lange vorenthalten hatte. Alles normalisierte sich wieder.

Die Geschehnisse, über die ich in dem vorliegenden Band berichtet habe, fallen alle in diese Jahre. In ihnen spiegeln sich notwendigerweise die oben erwähnten Widersprüchlichkeiten. In meinem Fall waren diese Erscheinungen um so schmerzlicher, als ich dazu neigte (und das ist vielleicht sogar eine Schwäche gewesen), die amerikanische Innenpolitik unbeachtet zu lassen. Andere glaubten, in der wichtigtuerischen Geschäftigkeit innenpolitischer Vorgänge wesentliche und wichtige Probleme zu sehen – Probleme von so weltweiter Bedeutung, daß sie gegenüber den akuten außenpolitischen Fragen angeblich vorrangig behandelt werden mußten. Diese Leute glaubten auch, die Außenwelt interessiere sich lebhaft für den Triumph dieser oder jener innenpolitischen Richtung in Amerika. Sie konnten daher den Primat, den diese Angelegenheiten im Rahmen der Motivationen für die amerikanische Diplomatie beanspruchten, wenn nicht mit Verständnis, so doch wenigstens resigniert hinnehmen.

Ich konnte das nicht. Eine strengere administrative Logik, ein größeres Feingefühl im Hinblick auf die Zuteilung von Aufgaben und Verantwortlichkeiten, der Sinn für die Notwendigkeit einer sauberen und präzisen Abgrenzung der Funktionen, die Auffassung, daß Hierarchie und Autorität über Kompromissen und Manipulationen stehen müßten, und ein fast zum Abscheu werdendes Mißfallen gegenüber der chaotischen Unordnung, die im politischen Leben Amerikas herrschte, das alles beeinflußte meine Haltung gegenüber den politischen Kräften in Washington. Ich bezweifelte nicht die Notwendigkeit der trostlosen Verwirrung, die als amerikanische Innenpolitik bezeichnet wird; ich machte den Menschen, die daran beteiligt waren, keinen Vorwurf daraus. Irgend jemand mußte diese Dinge tun, und das war eine Frage des Temperaments. Einige von ihnen schätzte ich sogar sehr. Ich betrachtete es aber als bedauerlich, wenn auch unvermeidbar, daß menschlichen Schwächen Zugeständnisse gemacht werden mußten, und ich glaubte, man dürfte sich nicht darüber täuschen, worum es sich hier handelte, oder glauben, es wäre mehr. Wo andere eine Bühne erblickten, auf der wichtige Fragen in dramatischer Weise gelöst wurden, da sah ich nur eine unerfreuliche, endlose Schmierenkomödie, die von verwöhnten und aufgeblasenen Egos gespielt wurde; und ich konnte mich nie zu der Hoffnung überwinden, daß es hier zu konstruktiven oder lohnenden Ergebnissen kommen werde. Da dies so war, schmerzte es mich, und ich konnte mich nicht darauf einstellen, daß solche Dinge so oft in die Außenpolitik hineinspielten.

Unser Aufgabenbereich, der Aufgabenbereich des Berufsdiplomaten, war nach meiner Auffassung klar abgesteckt. Hier ging es um Pflichterfüllung, Hingabe, Vernunft und Integrität. Obwohl ich keinen Geschmack an den innenpolitischen Vorgängen finden konnte, habe ich in jenen Jahren niemals daran gezweifelt, daß unsere nationalen Ziele vernünftig und anständig waren, daß es wünschenswert sei, die Achtung und das Verständnis anderer zu gewinnen; daß es uns möglich wäre, eine nützliche und konstruktive Rolle in der Welt zu spielen, und daß es richtig sei, wenn wir uns darum bemühten, es zu tun. Ich war durchaus bereit, die These zu akzeptieren, daß der Erfolg der Sache des Friedens und des Fortschritts in der Welt wesentlich, wenn nicht sogar ausschließlich, von den vernünftigen politischen Vorstellungen und der Qualität der politischen Führung abhinge, die wir als Weltmacht zur Wirkung bringen konnten. Ich habe deshalb im Hinblick auf die Bedeutung unserer Rolle in der Weltpolitik nie eine zynische Einstellung gehabt, und ich habe auch, selbst wenn ich einzelne Elemente unserer Politik scharf ablehnen mußte, niemals bezweifelt, daß wir auf dem Gebiet der internationalen Politik eine Kraft sein konnten und sollten, die das Gute fördert; daß die Stoßkraft unserer Außenpolitik im allgemeinen positive und nicht negative Auswirkungen hatte und daß wir einer guten Sache dienten, wenn wir uns um die Verbesserung und den Ausbau der Beziehungen zu anderen Ländern bemühten. Das letztere schien mir in der Tat eine sehr ernste Verpflichtung zu sein; unvergleichlich viel wichtiger als irgendwelche persönlichen Ambitionen oder Parteiinteressen, die ihren Ausdruck im innenpolitischen Leben fanden. Wenn sich daher diese weniger wichtigen Faktoren in die Außenpolitik hineinschlichen, wie es oft geschah, dann war das für mich die unerträgliche Korruption ihrer essentiellen Integrität. Ich kam mir vor wie etwa ein Chirurg, dem jemand sagt, er solle das Skalpell bei einer Operation in eine andere Richtung führen, weil dies auf die Zuschauer in den Rängen einen besseren Eindruck machen werde.

Wenn nun meine Bemühungen und Absichten in der Diplomatie im allgemeinen fehlgeschlagen zu sein scheinen, dann muß man diese Fehlschläge im Lichte dieser meiner natürlichen Veranlagungen sehen. Man darf auch nicht glauben, sie hätten mich persönlich allzusehr enttäuscht. Mein Leben hat nicht nur aus Enttäuschungen bestanden. Die Karriere eines Diplomaten kann nur tragisch sein, wenn man sie an ihren Erfolgen mißt, aber gewöhnlich nicht im Hinblick darauf, was man dabei erlebt. In den gut dreißig Jahren, die ich im auswärtigen Dienst zugebracht habe, hat es Tausende von Vormittagen gegeben, an denen ich lebensfroh und entzückt von dem, was mir in einer fremden Umgebung geboten wurde, in mein Büro gegangen bin. Die Telegramme des Außenministeriums, die ich auf meinem Schreibtisch vorfand, haben mich dann mit ihrem manchmal albernen Inhalt nicht nur geärgert, sondern auch amüsiert. Manchmal triumphierte man, wenn es einem gelungen war, geschickt die Verständnislosigkeit der heimatlichen Behörden zu überspielen. Oft gab es Aufgaben am Rande, die viel von einem verlangten und deren Erfüllung Freude bereitete. Vor allem aber bekam das Leben einen Sinn und erwärmte sich das Herz durch die Freundschaft und das Zusammengehörigkeitsgefühl mit den Mitarbeitern – gar nicht zu reden von dem Verständnis und der Treue, die man in der eigenen Familie empfing, wo Mann und Frau gerade in diesem Beruf die Probleme, die Erfolge und die Enttäuschungen miteinander teilen wie nur in wenigen anderen. Im Detail ist es ein reiches Leben gewesen, wenn auch in den großen Zusammenhängen oft schwierig und verworren. Es war aber noch mehr; dieser Beruf war erzieherisch wie kaum ein anderer es sein kann, und er ist als Vorbereitung für das spätere Leben als Wissenschaftler fast in jeder Phase wertvoll gewesen.

Da ich weiß, daß der einzelne nicht fähig ist, den Nutzen, den seine Bemühungen bewirkt haben, einigermaßen objektiv und deutlich zu erkennen, und weil ich – um mit den Worten unserer Vorfahren zu sprechen – weiß, daß Gottes Wege, auch wenn sie uns deutlich erkennbar wären, was sie nicht sind, nicht unsere Wege sein können, lehne ich es ab, auch nur für mich selbst feststellen zu wollen, was ich in meinem Beruf Nützliches geleistet habe. Wie das Leben eines jeden älteren Menschen, so enthält auch meines im Rückblick viele einzelne Episoden, von denen ich wünschte, sie wären anders verlaufen. Da gibt es Dinge, die besser unausgesprochen geblieben wären, Handlungen, die ich besser unterlassen hätte, Dinge, die ich, wenn überhaupt, dann anders hätte tun sollen. Wenn ich dieses Leben aber im ganzen überblicke, dann habe ich nichts zu bereuen und glaube, es ist nicht weniger erfüllt gewesen als die meisten anderen.

Ein französischer Schriftsteller hat einmal mit jener wunderbaren Prägnanz, deren die französische Sprache fähig ist, gesagt: »Dans les choses humaines rarement peut on tout; on peut un peu. C'est toute une vie que de réaliser ce peu[1].« Meine Erinnerungen sind ein Bericht über dieses »peu«. Ich hoffe, der Leser wird nicht mehr davon erwarten.

[1] Paul Marin, *Français et Russes vis à vis la Triple Alliance*, Paris 1890.

Anhang

Die Sowjetunion und der Atlantikpakt

Angesichts der augenscheinlich zunehmenden Bedeutung der Probleme, die sich aus den Auswirkungen der Politik und der Aktivität der NATO auf die Sowjetunion ergibt, und angesichts der Wahrscheinlichkeit, daß diese Probleme von unserer Regierung bald sorgfältig geprüft werden müssen, habe ich geglaubt, daß es nützlich sein könnte, wenn ich jetzt gewisse Überlegungen darüber anstelle, welchen Platz der Nordatlantikpakt im sowjetischen Denken einnimmt und welche Auswirkungen er auf die sowjetische Außenpolitik hat.

Als der Zweite Weltkrieg zu Ende war, hatten die führenden Männer in der Sowjetunion kein Verlangen, auch in weiterer Zukunft wieder einen größeren Krieg zu führen. In der Sowjetunion hatte der Krieg eine allgemeine große Erschöpfung und ungeheure Verwüstungen bewirkt. Außerdem waren die Bemühungen der sowjetischen Führung, auf dem alten russischen Staatsgebiet ein starkes militärisches Potential zu errichten, um etwa zehn Jahre zurückgeworfen worden. Die Sowjets wußten, daß Rußland auch dann, wenn es gelungen war, die Kriegsschäden zu beseitigen und sich von den Anstrengungen zu erholen, immer noch ein Land sein würde, das nur über eine unausgewogene, in den ersten Anfängen steckende industrielle Basis verfügte und dem es an den notwendigsten Energiequellen und einem modernen Transportsystem mangelte. Schließlich sah sich der Kreml in den Gebieten der neu hinzugewonnenen Satellitenstaaten dem gewaltigen Problem gegenüber, seinen Einfluß zu festigen, und dazu gehörten die Liquidierung der bis dahin einflußreichen Klassen und politischen Gruppen, die Ausbildung einer neuen Klasse von Verwaltungsbeamten, die Aufstellung einer neuen Polizei und neuer Streitkräfte usw. Das alles kostete Zeit. Allein der Ausbau eines neuen Transportsystems in der Sowjetunion würde, da man nicht mit einer wesentlichen Unterstützung aus kapitalistischen

Quellen rechnen durfte, wenigstens zehn bis fünfzehn Jahre in Anspruch nehmen. Eine militärische Auseinandersetzung, welche die Erfüllung dieser Aufgaben außerordentlich erschweren würde, mußte unerwünschte und höchst abträgliche Auswirkungen haben und zum Teil sogar die Sicherheit der Sowjetmacht gefährden. Aus all diesen spezifisch innenpolitischen Gründen hatten die Führer im Kreml kein Verlangen, nach Beendigung des Zweiten Weltkrieges in absehbarer Zeit in einen neuen großen Krieg verwickelt zu werden, und das bedeutete – nach den politischen Maßstäben, die in der Sowjetunion galten – einen Zeitraum von bis zu fünfzehn oder zwanzig Jahren.

Wir dürfen mit Sicherheit annehmen, daß auch die sowjetischen Führer es 1945 bis 1946 nicht für wahrscheinlich gehalten haben, ein solcher Krieg könne ihnen in absehbarer Zeit aufgezwungen werden. Auch die westlichen Demokratien waren durch die lange dauernden Kriegsanstrengungen erschöpft. Die Vereinigten Staaten demobilisierten ihre Streitkräfte sehr rasch. In Japan verfolgten die Besatzungsstreitkräfte aus den verschiedensten Gründen – obwohl die Sowjetunion hier kein Mitspracherecht hatte – eine Politik, die sich in vieler Hinsicht nicht von dem unterschied, was Moskau verlangt hätte. Dazu gehörten insbesondere die vollkommene Entmilitarisierung und die rasche Demontage des Rüstungspotentials des Landes. Vor allem war Deutschland, das für die sowjetische Sicherheit wichtigste Land, absolut entmachtet. Es war besetzt, zerschlagen und aufgeteilt. Ein großer Teil des deutschen Staatsgebiets und Rüstungspotentials war an die Sowjetunion oder sowjetische Satellitenstaaten abgetreten worden, und ein weiterer Teil war von den Sowjets militärisch besetzt. Unter diesen Umständen war an die Bildung eines gegen die Sowjetunion gerichteten Militärbündnisses fremder Staaten kaum zu denken. Die Männer im Kreml konnten hoffen, daß es jedenfalls viele Jahre dauern werde, bevor sie wieder befürchten mußten, daß ihnen durch die Initiative fremder Staaten ein Krieg aufgezwungen werden könnte.

Bevor wir die Frage nach den Auffassungen des Kreml zum Problem von Krieg und Frieden nach Ende des Zweiten Weltkrieges beiseite legen, müssen wir jedoch unbedingt erkennen, daß es zwei Dinge gab, welche diesen Auffassungen nicht entsprachen.

Erstens gab der Kreml nicht die Hoffnung auf, seinen Machtbereich in Zukunft auszuweiten. Wir müssen hier daran denken, daß es die bolschewistischen Führer nie gelernt hatten, ein direkter militärischer Angriff der Sowjetunion gegen die kapitalistische Welt sei das erfolgversprechende oder richtige Verfahren, viel weniger aber das einzig mögliche Verfahren zur Ausweitung der kommunistischen Macht. Diese Auffassung gründete sich nicht auf moralische Bedenken, sondern hatte eine Reihe anderer Gründe. Zu ihnen gehörte die angeborene Vorsicht der russischen Staatsmänner, die sich darauf einstellten, daß Rußland eine Landmacht ist, und die außerdem halbe Asiaten waren. Besonders rechneten die Russen bis dahin auch damit, daß der Kommunismus noch schwächer sei als die stärksten Kräfte in der kapitalistischen Welt und daß er deshalb aus Klugheit eine offene Auseinandersetzung mit dem Kapitalismus vermeiden müsse. Schließlich waren die Sowjets davon überzeugt, daß die kapitalistische Welt an unheilbaren Schwächen krankte, an Uneinigkeit und Entartung, an Zuständen also, welche mit unerbittlicher Logik ihre Macht und ihren Zusammenhalt schwächen mußten, auch wenn es zwischen den Streitkräften des »Sozialismus« und des »Kapitalismus« nicht zu einer größeren Auseinandersetzung käme.

Deshalb war es seit Beginn der Revolution die orthodoxe kommunistische Strategie gewesen, nicht die offene und allgemeine militärische Konfrontation mit dem Kapitalismus zu suchen, sondern eine solche Konfrontation ausdrücklich zu vermeiden und den gegen die kapitalistische Welt gerichteten Angriff viel vorsichtiger zu führen, und zwar in einem – wie Lenin das genannt hatte – »Teilkrieg«. Dabei sollten die verschiedensten Taktiken elastisch nach den jeweiligen Erfordernissen angewendet werden. Zu ihnen gehörten die Täuschung des Gegners, getarnte Unterwanderung und Subversion, psychologische Kriegführung und vor allem die geschickte Ausnutzung jeder nur erkennbaren Spaltung in der kapitalistischen Gesellschaft im internationalen Rahmen oder im Rahmen der inneren Struktur einzelner kapitalistischer Staaten. Man glaubte, die Sowjetunion könne durch solche Methoden die Gefahr der Vernichtung vermeiden, die ihr, wie man meinte, in einem regelrechten Krieg zwischen dem Kommunismus und dem Kapitalismus drohte, um dabei doch die Schwächen, die Uneinigkeit und die Krankheiten, von denen die kapitalistische Welt angeblich befallen war, am geschicktesten auszunutzen.

Die weltpolitische Lage nach Beendigung des Zweiten Weltkrieges schien für solche Taktiken in der Tat erfolgversprechend zu sein. Die Auswirkungen der nationalsozialistischen Herrschaft auf die Gesellschaftsstruktur der besetzten Länder ebenso wie auf Deutschland selbst hatten die traditionellen Einrichtungen dieser Länder geschwächt und sogar einen großen Teil dessen bewirkt, was die Kommunisten ohnedies hätten erreichen wollen, um diese Länder weich zu machen und damit die Machtübernahme durch kommunistische Minderheiten vorzubereiten. Die Erschöpfung und die Unsicherheit, welche die Völker überall ergriffen hatten, machten sie gegenüber dem Druck und den Täuschungsmanövern der Kommunisten noch verwundbarer. Die beim Vormarsch der Roten Armee in den letzten Phasen des Krieges in Osteuropa erreichten Stellungen und das sowjetische Recht, auf der Grundlage der Verträge von Jalta und Potsdam bei der Gestaltung der Zukunft Deutschlands entscheidend mitzureden, das durch das Vetorecht im Rat der Außenminister gesichert war, ließen es für Moskau unwahrscheinlich erscheinen, daß die westeuropäischen Länder ihre Stärke, ihre Hoffnungen und ihre wirtschaftliche Kraft anders als nach den von Moskau festgesetzten Bedingungen wiedererlangen könnten; und nach Meinung des Kreml würden diese Bedingungen sich so gestalten, daß der Triumph der von den Sowjets beherrschten Kräfte gesichert wäre. Außerdem war es den Kommunisten in Frankreich und Italien gelungen, den Widerstand gegen die Deutschen und die Befreiung vom deutschen Joch dazu auszunutzen, die wichtigsten Positionen zur politischen, militärischen und wirtschaftlichen Kontrolle dieser Länder zu besetzen. Damit hatten sie eine einflußreiche Stellung gewonnen und hielten es für unwahrscheinlich, daß sie, ohne daß es zum Chaos und zum Bürgerkrieg kam, daraus verdrängt werden könnten. Unter solchen Umständen hatte der Kreml begründete Hoffnungen, daß die Kommunisten in verhältnismäßig kurzer Zeit – sagen wir in drei bis fünf Jahren – in ganz Westeuropa an die Macht kommen oder wenigstens dort einen starken Einfluß ausüben würden, auch wenn die Sowjetunion militärisch nichts mehr unternahm. Als Folge einer Entwicklung, wie Moskau sie voraussah, würde sich der größte Teil des Rüstungspotentials der Welt unter sowjetischer Kontrolle vereinigen. England würde bestenfalls einen isolierten industriellen Slum darstellen, der weitgehend von dem von den Kommunisten beherrschten Kontinent jenseits des Kanals abhängig wäre. Zusammen mit den Möglichkeiten für einen kommunistischen Erfolg in China, wo die zunächst angestrebte Phase des »Hinauswerfens der Imperialisten« unglaublich reibungslos abzulaufen schien, ohne daß Moskau einen Finger rühren mußte, bedeutete dies alles, daß die Aussichten für eine rasche Entwicklung nicht ungünstig waren, in deren Verlauf der Kreml in der gesamten Welt eine fast unanfechtbare Vormachtstellung erlangen würde. Daß die Sowjets einen neuen großen Krieg weder wünschten noch erwarteten, bedeutete daher nicht, daß Moskau in der Nachkriegszeit keine Hoffnungen hegte, die bolschewistische Macht auszuweiten.

Das zweite, was *nicht* in den sowjetischen Auffassungen hinsichtlich kriegerischer Entwicklungen nach Beendigung der großen militärischen Auseinandersetzung mit den Deutschen enthalten war, war die Notwendigkeit einer drastischen Demobilisierung der sowjetischen Streitkräfte, wie sie im Westen durchgeführt worden war. Während die Sowjets in der Sowjetunion selbst weitreichende Demobilisierungsmaßnahmen trafen, blieben Streitkräfte unter den Waffen, die an Zahl und Schlagkraft – besonders was die Erdtruppen betraf – bei weitem alles übertrafen, was im nicht-kommunistischen Teil der Welt noch vorhanden war.

Dafür gab es eine Reihe von Gründen. Man betrachtete die sowjetischen Luft- und Seestreitkräfte bei Ende des Krieges als den entsprechenden westlichen Kontingenten so weit unterlegen, daß für Moskau keine andere Militärpolitik denkbar war als die energische Aufrüstung dieser Teile der Streitkräfte. Was die übrigen Truppen betraf, so war die Unterhaltung von unverhältnismäßig starken Verbänden der Erdtruppe nicht erst unter sowjetischer Herrschaft, sondern in Rußland überhaupt seit langer Zeit Tradition. Aus der Geschichte des 19. Jahrhunderts kennen wir zahlreiche Beschwerden anderer Mächte über gerade diese Militärpolitik der zaristischen Regierung. In den 20er und 30er Jahren unseres Jahrhunderts wurde sie wieder praktiziert. Damals waren die sowjetischen Erdtruppen im allgemeinen jeder anderen Streitmacht in Europa zahlenmäßig weit überlegen, und das blieb so bis zur Vollendung der deutschen Aufrüstung Ende der 1930er Jahre. Daß die Sowjets nach dem Zweiten Weltkrieg sofort zu den gleichen Praktiken zurückkehrten, schien ihren Führern eine ganz normale Sache zu sein.

Betrachtet man die psychologischen Grundlagen dafür, dann stellt man fest, daß dabei eine große Anzahl von Überlegungen und Erklärungen eine Rolle spielt. Die russischen Streitkräfte sind im allgemeinen aus den verschiedensten Gründen dem Außenstehenden viel bedrohlicher und stärker vorgekommen – und dieser Eindruck wurde oft ganz bewußt erweckt –, besonders im Hinblick auf ihre Eignung für einen offensiven Einsatz, als ihren eigenen Herren in Rußland. Die politische Führung in Rußland mußte gewöhnlich mit erheblichen Unsicherheiten und Gefahren auf innenpolitischem und wirtschaftlichem Gebiet fertig werden; das erhöhte das ihnen angeborene Gefühl der Unsicherheit und veranlaßte sie, in ihrem Sicherheitsstreben zahlenmäßig stärkere Streitkräfte zu unterhalten, als dies anderswo für erforderlich angesehen wurde. Die Unterhaltung von Erdtruppen in Rußland ist im allgemeinen finanziell keine besonders große Belastung gewesen und brachte gewisse innenpolitische Vorteile, denn ein hoher Prozentsatz der jungen Männer blieb dabei unter der straffen Kontrolle und Disziplin des Staates. Schließlich haben es die sowjetischen Führer, die immer daran interessiert gewesen sind, ihre wirkliche Macht durch Maßnahmen zu erweitern, bei denen es gerade noch nicht zu einem allgemeinen Kriege kam, nicht übersehen, daß es Drohungen und Einschüchterung gibt – die Möglichkeit, mit dem Schatten von Streitkräften zu operieren, der nicht ihrer Substanz entspricht –, um so das politische Verhalten anderer Völker zu beeinflussen. In der Zeit nach dem Zweiten Weltkrieg hat die Unterhaltung starker Erdtruppenverbände (wobei die Zahl der jeweils verhältnismäßig schwachen Divisionen noch übertrieben wurde) sich hervorragend dazu geeignet, diesen Zweck zu erfüllen, besonders angesichts der großen Nervosität der vom Kriege erschütterten und in Angst und Schrecken versetzten Völker in Westeuropa.

Wenn wir daher die sowjetische Haltung unmittelbar nach dem Kriege im Hinblick auf die Erwartungen, ob mit Krieg oder Frieden zu rechnen sei, zusammenfassen wollen, dann können wir sagen, daß sie sich Anfang 1946 etwa wie folgt darstellte: Ein dritter Weltkrieg war nicht wünschenswert und war auf viele Jahre hinaus auch nicht zu erwarten. In dieser Zeit würden die Sowjets jedoch den »Teilkrieg« gegen die westliche Gesellschaft mit unverminderter Stärke und mit sehr guten Aussichten auf Erfolg weiterführen. Der Tradition folgend und als nützlichen Beitrag zum politischen Ringen würde der Kreml auch weiterhin starke sowjetische Streitkräfte unterhalten und sie so rasch wie möglich durch von Kommunisten beherrschte und kommunistisch indoktrinierte Streitkräfte der Satellitenstaaten ergänzen.

Das Jahr 1947 und die ersten Monate des Jahres 1948 brachten eine Reihe von Entwicklungen, die aus sowjetischer Sicht überraschend und unangenehm waren. Erstens weigerten sich die Westmächte, obwohl sie Friedensverträgen mit den Satellitenstaaten zugestimmt hatten, welche die Struktur der sowjetischen Machtstellung in diesen Ländern unberührt ließen, Verträgen mit Deutschland und Österreich zuzustimmen, durch welche die Macht und der Einfluß der Sowjets in diesen Ländern auf die Dauer gefestigt werden würden. In jedem Falle gelang es ihnen, das sowjetische Veto im Rat der Außenminister zu umgehen, indem sie unabhängig darangingen, in den von ihnen kontrollierten Zonen die Hoffnung auf eine bessere Zukunft und ein neues Leben wieder herzustellen. Das war der erste gegen die sowjetischen Erwartungen im politischen Krieg geführte schwere Schlag. Dann kam im Frühjahr 1947 eine ernste und unheilschwangere Herausforderung für die weitere politische Expansion der Sowjets in Europa, als die Vereinigten Staaten die Verantwortung für die Unterstützung Griechenlands übernahmen. Diesem Ereignis folgten die Rede von General Marshall in Harvard und die Verwirklichung des Marshallplans mit weitreichenden Auswirkungen. Diese Ereignisse standen im direkten Zusammenhang mit der Krise im Frühjahr 1948, die begleitet wurde von der endgültigen Verabschiedung der ersten regelrechten ERP-Gesetze im Kongreß der Vereinigten Staaten, dem Eintreffen der ersten umfangreichen Hilfslieferungen in Europa, dem Scheitern der von den Kommunisten inspirierten Streikwelle und der gegen die innere Ordnung in Frankreich gerichteten Störversuche und schließlich der Niederlage der italienischen Kommunisten bei den Wahlen im gleichen Frühjahr.
Die Blockade Berlins und das sowjetische Eingreifen in der Tschechoslowakei waren Reaktionen auf diese Rückschläge Moskaus im Kalten Krieg. Was die Reaktion des Westens betraf, so war die Entwicklung in der Tschechoslowakei von besonderer Bedeutung. Seit der Rückkehr der Regierung Beneš im Jahre 1945 war die Lage in der Tschechoslowakei in Wirklichkeit vollkommen unter die Kontrolle von Moskau geraten. Der Kreml hatte es für richtig gehalten, daß die tschechoslowakischen Kommunisten 1946–1947 die Zügel schleifen ließen, und hatten den Tschechoslowaken bis zu jener Zeit ein gewisses Ausmaß an äußerer Freiheit zugestanden. Sie taten das zum Teil, weil sich die Dinge hinter den Kulissen weitgehend in ihrem Sinne entwickelten, zum Teil in der Hoffnung, die Intellektuellen in

Westeuropa täuschen zu können, die glauben sollten, daß eine kommunistische Regierung nicht unbedingt die extreme und sofortige Sowjetisierung des betreffenden Landes bedeutete, sondern »liberale« Verhältnisse schuf, die für die Bevölkerung durchaus annehmbar seien. Eine solche relativ gemäßigte und liberale Politik versprach Erfolg und ließ sich verhältnismäßig gefahrlos verfolgen, solange Moskau in Westeuropa in der politischen Offensive stand. Wie oben gesagt, war sie ein Täuschungsmanöver und sollte die Öffentlichkeit in Westeuropa beruhigen, deren Toleranz oder Mitarbeit für die Verwirklichung der kommunistischen Pläne erforderlich war. Wenn diese Politik auch gewisse Gefahren und Nachteile brachte, so waren die Kommunisten doch bereit, sie auf sich zu nehmen, *wenn* man im Lauf der Zeit mit weiteren Erfolgen rechnen konnte. Sobald sich jedoch die kommunistischen Kräfte in Westeuropa in die Defensive gedrängt sahen, wie das im Sommer 1947 nach Anlaufen des Marshallplans geschah, wurde es für Moskau gefährlich, in der Tschechoslowakei weiterhin soviel Freiheit und Liberalität zuzulassen. Solange man sich in der politischen Offensive befand, konnte man es sich leisten, hinter den eigenen Linien starke feindliche Widerstandsnester zu ignorieren. Befand man sich aber in der Defensive, dann wurden diese Widerstandsnester unerträglich. Das sowjetische Eingreifen in der Tschechoslowakei im Jahre 1948 war deshalb eine logische Folge des Inkrafttretens des Marshallplans und wurde schon sechs Monate vorher von Beobachtern der Regierung der Vereinigten Staaten richtig vorausgesagt.

Aus dem oben Gesagten geht klar hervor, daß die plötzliche Konsolidierung kommunistischer Macht in der Tschechoslowakei 1948 kein Zeichen für eine neue »sowjetische Aggressivität« war und nichts mit einem sowjetischen Entschluß zu tun hatte, militärisch gegen den Westen vorzugehen. Dennoch entstand im Frühjahr 1948 und besonders kurz nach den neuen Entwicklungen in der Tschechoslowakei in allen westlichen Ländern eine Welle starker Besorgnisse im militärischen Bereich und sogar eine gewisse »Kriegsfurcht«, die besonders von Berichten westlicher Beobachter in Berlin genährt wurde. Bis heute sind keine Tatsachen bekannt geworden, aus denen man schließen könnte, daß Moskau damals daran gedacht hat, seine Streitkräfte gegen den Westen antreten zu lassen, oder daß die Haltung der Sowjets sich gegenüber der oben beschriebenen geändert hätte. Trotzdem festigte sich in westlichen Kreisen die Überzeugung, daß die

Gefahr eines sowjetischen Angriffs bestünde. Sie wurde von dem Gefühl begleitet, daß man, anstatt die politischen Gewinne der letzten Jahre zu konsolidieren und mit der Wiederherstellung normaler wirtschaftlicher Verhältnisse in den betreffenden Ländern die kommunistischen Parteien zu zerschlagen, jetzt ein westliches Militärbündnis gegen die Sowjetunion schließen müsse. Zumindest aber müsse beides gleichzeitig geschehen. Wie man sich erinnern wird, begannen im Juni 1948 die Verhandlungen, die dieses zum Ziel hatten. Es waren die Verhandlungen über den Atlantikpakt, die im Dezember des gleichen Jahres abgeschlossen wurden.

Ich will nicht behaupten, der Abschluß des Atlantikpaktes sei nicht gerechtfertigt gewesen. Viele Menschen in Westeuropa und den Vereinigten Staaten konnten die russischen Methoden der Unterwanderung und des »Teilkrieges« nicht verstehen und waren nicht in der Lage, in den Kategorien dieser Methoden zu denken. Sie konnten sich internationale Entwicklungen nur im Rahmen der hergebrachten Kategorien des regelrechten Krieges oder des uneingeschränkten Friedens vorstellen. Es war ihnen unbegreiflich, daß die Unabhängigkeit ihrer Länder wirklich und ernsthaft durch etwas bedroht werden könnte, was nicht in Gestalt fremder Armeen über ihre Grenzen kam. Deshalb war es natürlich, daß sie, um eine Bedrohung von außen abzuwenden, nach dem alten und bewährten Mittel eines Militärbündnisses griffen. Sie hatten verstanden, daß es eine Bedrohung gab; sie hatten aber das Wesen dieser Bedrohung nicht begriffen und waren auch kaum dazu in der Lage.

Niemand konnte sie davon überzeugen, daß diese Auffassung völlig falsch war. Erstens hatte es sich bisher noch nie ausschließen lassen, daß sich in der sowjetischen Trickkiste auch die Möglichkeit der Gewaltanwendung befand. Die Gewaltanwendung nahm in dieser Sammlung sogar einen sehr wichtigen Platz ein. Man konnte nicht einmal sagen, daß internationale Gewalt, d. h. kriegerische Auseinandersetzungen, völlig ausgeschlossen werden könnten. Nach sowjetischer Auffassung war die Anwendung von Gewalt im internationalen Rahmen unter bestimmten Voraussetzungen immer noch zulässig. Daß die Sowjets zu dieser Zeit nicht die Absicht hatten, einen größeren Krieg auszulösen, lag in erster Linie an der besonderen Lage, in der ein solches Vorgehen kaum einen Erfolg versprach. Sollte die westliche Welt in einen Zustand militärischer Schwäche geraten, der zu einer Aggression einlud, bei der Aufwand und Kosten gering bleiben würden, dann war es durchaus möglich, daß die Sowjets ihre Haltung änderten. Wenn andererseits der politische Krieg vom sowjetischen Standpunkt aus günstig genug verlief, dann war es immer möglich, daß die Sowjets sich im Anschluß an erfolgreiche politische Operationen zu einem Einsatz der Roten Armee entschlossen, um damit die endgültige Entscheidung zu erzwingen oder die Lage mit möglichst geringen Verlusten ein für allemal zu bereinigen.

Jede drastische Veränderung in der allgemeinen Lage und im Verlauf des Kalten Krieges zugunsten oder zuungunsten der Sowjetunion hätte dazu beitragen können, die sowjetische Haltung im Hinblick auf kriegerische Auseinandersetzungen zu ändern.

Darüber hinaus war es klar, daß jede größere Unausgewogenheit zwischen den bewaffneten Streitkräften der kommunistischen und der nicht-kommunistischen Welt zuungunsten der letzteren vom Kreml rücksichtslos, wenn auch in subtiler Weise, dazu ausgenutzt werden würde, die Völker Westeuropas einzuschüchtern, ihnen das Gefühl der Sicherheit und des Vertrauens zu nehmen, und damit ihren Widerstand gegenüber dem politischen Druck der Kommunisten zu schwächen. Schon die bloße Existenz einer solchen Unausgewogenheit würde diese Wirkung haben, auch wenn die Sowjets sie nicht bewußt und offen ausnutzen würden. Es bestand deshalb das klare, legitime und unbestreitbare Bedürfnis für eine entschiedene militärische Stärke des Westens. Nach den Gesichtspunkten der modernen Rüstung bedeutete dies, daß man Vorsorge dafür treffen mußte, die militärischen Hilfsquellen und die territorialen Möglichkeiten gemeinsam zur Wirkung zu bringen, die man für eine moderne Kriegführung großen Stils brauchte.

Niemand konnte deshalb behaupten, der Krieg habe im sowjetischen Denken keinen Raum, oder die Gegenseite habe es nicht notwendig, sich militärisch stark zu machen. Aber doch gab es in der Art und Weise, mit der das Konzept des Atlantikpakts dargestellt und in der westlichen Gesellschaft aufgenommen wurde, fraglos eine falsche Verteilung der Prioritäten und einen Mangel an Gleichgewicht. Die entscheidende Tatsache bestand ganz einfach darin, daß trotz der guten und vernünftigen Gründe für eine Aufrüstung und ein Militärbündnis im Westen in der gegenwärtigen Lage ein gegen Westeuropa geführter Angriff unwahrscheinlich war. Ein solcher Angriff war nicht das Mittel, durch welches die Sowjets damals ihre Macht in Westeuropa zu erweitern hofften oder erwarteten. Bei der Bedrohung Westeuropas, die es fraglos gab, und deren sich die europäischen Völker durchaus bewußt waren, lag der Akzent ganz einfach nicht auf der Möglichkeit der offenen Aggression durch die Rote Armee; er lag auf der weiteren Ausübung intensiven politischen Druckes durch eine Vielzahl von erheblich subtileren und heimtückischeren Mitteln. Es lag in der Art dieser Methoden, daß man ihnen nicht ausreichend und nicht entscheidend dadurch begegnen konnte, daß die Westmächte den Entschluß faßten, sich zum Zwecke der militärischen Verteidigung zusammenzuschließen. Die einzige wichtige und sofortige Auswirkung eines solchen Entschlusses läge darin, wieweit man es dem Kreml dadurch unmöglich machte, die Waffe der militärischen Einschüchterung einzusetzen. Diese Waffe stellte einen wesentlichen Teil der Stärke des Kreml im »Teilkrieg« dar, aber sie war keineswegs der einzige Bestandteil, ja nicht einmal der Hauptbestandteil dieser Strategie. Doch diese Zusammenhänge sind der Weltöffentlichkeit nicht deutlich gemacht worden, als man sie mit dem Projekt des Atlantikpakts konfrontierte.

Deshalb glaube ich, die Männer im Kreml waren irgendwie erstaunt und verwirrt durch die Art und Weise, wie die Westmächte 1948 beim Abschluß eines Militärbündnisses vorgingen, eine Art und Weise, bei der es zu Rückschlägen im Wirtschaftshilfeprogramm kommen mußte, das die Vereinigten Staaten eben in Angriff genommen hatten und das in seinen Anfangsstadien so erstaunliche politische Erfolge zu verzeichnen hatte. Den sowjetischen Führern, die sich ihrer eigenen Haltung gegenüber militärischen Problemen bewußt waren und glaubten, auch die Westmächte müßten sie kennen, erschien es unverständlich, daß allein defensive Überlegungen die westlichen Regierungen veranlassen konnten, einem Programm eine relativ so große Bedeutung zuzumessen, das in vieler Hinsicht keinen Einfluß auf den Ausgang des politischen Ringens in Westeuropa haben würde (auf welches Moskau alles setzte), und sich – wie Moskau es sah – als Reaktion auf die wirklichen sowjetischen Absichten nur zum Teil rechtfertigen ließ.

Die sowjetische Reaktion verstärkte sich wahrscheinlich auch noch dadurch, daß die Verhandlungen über den Pakt in westlichen Ländern stark von der Öffentlichkeit beachtet wurden, und durch die Argumente, welche die Abgeordneten in den westlichen Parlamenten zu seiner Begründung vortrugen. Um den Bündnisvertrag als Ge-

genmaßnahme gegen die sowjetische Bedrohung zu rechtfertigen, war es unbedingt notwendig, das Wesen des Vertrages zu simplifizieren und gewissermaßen zu verzerren. Bei den Sowjets erregte das Verdacht. Die Führer im Kreml versuchten auf jede mögliche Art, die Struktur der nicht-kommunistischen Welt zu schwächen und zu zerstören. Im Verlauf dieses Vorhabens unternahmen sie vieles, was westlichen Politikern ausreichende Gründe für Beschwerden lieferte. Sie wären nicht überrascht gewesen, wenn diese Dinge zum Anlaß westlicher Reaktionen genommen worden wären. Aber weshalb, so konnten sie fragen, wurden sie beschuldigt, gerade das getan zu haben, was sie *nicht* getan hatten; nämlich eine offene und nicht provozierte Invasion Westeuropas zu planen? Weshalb beschuldigte man sie dieser Absicht und behauptete, sie wäre der Anlaß für die westliche Aufrüstung? Bedeutete dies nicht, daß jene geheimnisvollen und finsteren Kräfte, die nach kommunistischer Überzeugung immer wie Spinnen im Mittelpunkt des Gewebes der kapitalistischen Macht saßen und mit ihren Absichten alle Impulse anregten, die in dieser ganzen weit verzweigten Struktur spürbar wurden, irgendwelche hintergründigen Ziele verfolgten?
Als das militärische Programm, das gemäß den Bestimmungen des Atlantikpakts ausgearbeitet worden war, Gestalt anzunehmen begann, vertiefte sich dieses grundsätzliche Mißverständnis zwischen dem Kreml und den Westmächten durch die hier übliche Überschätzung der sowjetischen Streitkräfte, welche den Beginn der Remilitarisierung im Westen begleitete. Zum Teil waren die sowjetischen Führer hier die Opfer ihrer eigenen Leidenschaft für Geheimhaltung und Täuschungsmanöver; denn es war ihnen irgendwie gelungen, den ausländischen Nachrichtendiensten ein allgemeines Bild von ihrer Leistungsfähigkeit zu vermitteln, das in gewisser Weise eine Übertreibung der Wirklichkeit darstellte. Es gab aber in den westlichen Ländern auch natürliche Tendenzen, die dazu beitrugen, übertriebene Vorstellungen von der sowjetischen Stärke zu erzeugen. Die Verpflichtung militärischer Planer, immer von den pessimistischsten und ungünstigsten Hypothesen als der vernünftigsten Basis für jede Planung auszugehen, und die Neigung, die Anforderungen für Mittel damit zu rechtfertigen, daß man sie mit der militärischen Gleichung und nicht mit militärpolitischen Überlegungen begründete, trugen beide zum Entstehen derartiger Vorstellungen bei. Zu der Verzerrung der tatsächlichen zahlenmäßigen und waffenmäßigen Stärke der so-

wjetischen Streitkräfte kam jetzt eine ähnliche Verzerrung ihrer Kampfbereitschaft hinzu. Die überraschende Eröffnung von Feindseligkeiten durch die Nordkoreaner im Jahre 1950 mit der darauf folgenden Tendenz schlecht informierter Leute, die Nachrichtendienste dafür verantwortlich zu machen, daß sie diese Entwicklung nicht vorausgesehen hatten, wirkten in genau dem gleichen Sinne; denn nun sahen sich die westlichen Nachrichtendienste gezwungen, zu ihrem eigenen Schutz von der Voraussetzung auszugehen, daß überall dort, wo sich nicht das Gegenteil beweisen ließ (und das war praktisch überall so), die Sowjets und die von ihnen kontrollierten Streitkräfte als ständig in höchster Alarmbereitschaft für jede denkbare Operation angesehen werden mußten, und zwar ohne daß sie weiterer Vorbereitungen bedürften und ohne daß der Westen damit rechnen könnte, vorher gewarnt zu werden. Aber diese Vorstellung, die so gar nicht den russischen Ambitionen und der russischen Wirklichkeit entsprach, war auch ohne Frage eine Verzerrung und eine Übertreibung.

Man darf deshalb wohl sagen, daß es sich bei der Durchführung der kollektiven westlichen Wiederaufrüstungsanstrengungen, zu denen natürlich das Verständnis und die Zustimmung sehr vieler Menschen gehörten – das waren Beamte, Parlamentarier, Journalisten und Leute, die die öffentliche Meinung beeinflußten –, als unmöglich erwies, so maßvoll und feinfühlig vorzugehen, daß der Weltöffentlichkeit jederzeit ein zutreffendes Bild von der sowjetischen Bedrohung vermittelt wurde und daß nicht anstelle eines solchen Bildes in der Vorstellung des Westens und in der westlichen Öffentlichkeit ein allzu vereinfachtes und ungenaues Bild entstand, bei dem die wirklichen Grenzen der sowjetischen Absichten und der sowjetischen Stärke verwischt und verzerrt wurden.

Die Folge all dessen war es, daß die sowjetischen Führer, die sich im Umgang mit ihrer Außenwelt selbst in so vieler Hinsicht irrational verhielten, jetzt mit einer politischen Linie der Westmächte konfrontiert wurden, die sie sich nicht mehr recht erklären konnten. Wäre es ihnen möglich gewesen, aufmerksam und leidenschaftslos das Wesen der westlichen Gesellschaft zu untersuchen, dann hätten sie ohne Zweifel die Logik verstanden, nach der die überraschte und empörte Reaktion der Öffentlichkeit im Westen auf ihren »Teilkrieg« keine andere Form annehmen konnte als die überlieferte eines Militärbündnisses, dessen Zweck es ist, gegen eine offene Aggression Schutz zu gewähren. Sie würden auch verstanden haben, weshalb eine kollektive westliche Rüstungsanstrengung von erheblichen Verzerrungen der Absichten und der Stärke des potentiellen Hauptgegners begleitet sein mußte.

Aber die sowjetischen Führer waren nicht Leute dieses Schlages und nicht fähig, ihre Umwelt so zu analysieren. Die Überzeugung, daß die kapitalistische Welt eine Verschwörung sei, an deren Spitze wenige mächtige und schlaue Pläneschmieder standen, die sich irgendwo in Wallstreet versteckt hielten, hatte sich zu tief in den sowjetischen Gehirnen festgesetzt. Sie nahm in der Struktur ihrer Philosophie und in den Vorstellungen vom menschlichen Verhalten, wie sie selbst es kannten und praktizierten, einen zu wichtigen Platz ein, als daß sie sie hätten aufgeben können. Da sie die westliche Welt als eine Verschwörung ansahen, da sie keine vollkommen logische Rechtfertigung für den Atlantikpakt (in der Form, in der er dargestellt wurde) als eine Maßnahme ihrer kapitalistischen Gegner im *politischen* Krieg finden konnten, weil sie feststellten, daß der Pakt die politische Moral in den westlichen Ländern in gewisser Weise untergrub und nicht förderte, und weil sie schließlich beobachteten, daß das Bündnis an der Öffentlichkeit mit einer Darstellung ihrer Absichten und ihrer Stärke begründet wurde, die – wie sie wußten – nicht ganz den Tatsachen entsprach, war es kein Wunder, daß die sowjetischen Führer allzu leicht zu dem Schluß kamen, das Projekt des Atlantikpakts verberge Absichten, die der Öffentlichkeit nicht dargelegt würden, und diese Absichten beinhalteten die Entschlossenheit der Westmächte, es auf einen militärischen Konflikt mit der Sowjetunion ankommen zu lassen, sobald auf westlicher Seite die dafür erforderliche militärische Stärke gewonnen sei.

Dabei darf man nicht übersehen, daß solche Folgerungen für die mißtrauischen Sowjets dadurch gestützt wurden, daß das atomare Potential von der amerikanischen Presse in sensationeller Weise in den Vordergrund gerückt wurde, daß man hier Karten abdruckte, die zeigten, wie verwundbar sowjetische Städte gegenüber amerikanischen strategischen Bombenangriffen waren, daß die Öffentlichkeit darüber diskutierte, ob die Bombe als Mittel der politischen Einschüchterung angewendet werden sollte oder nicht (»Gib nach, oder wir werden die Bombe fallen lassen!«), und daß die Öffentlichkeit in den Vereinigten Staaten sich fieberhaft für die Probleme der zivilen Verteidigung, Radarnetze usw. zu interessieren begann. Sie wurden auch dadurch in ihren Auffassungen bestärkt, daß sich hier die ideologischen Glaubenssätze des Marxismus-Leninismus in prophetischer Weise zu bestätigen schienen, nach denen die Kapitalisten, wenn sie sich durch die fortschreitende Revolution in die Enge getrieben fühlten, kehrtmachen und versuchen würden, den Sozialismus in einer letzten verzweifelten militärischen Anstrengung zu vernichten. 1918 hatte Lenin davon gesprochen, daß »jenes wilde Tier, der Kapitalismus, im Angesicht des Todes in eine gewaltige und wilde Raserei« geraten werde, und 1933 hatte Stalin gesagt: »Wir müssen daran denken, daß das Anwachsen der Macht des Sowjetstaates den Widerstand der letzten Überreste der sterbenden Klassen intensivieren wird. Gerade weil sie im Sterben liegen ... werden ihre Angriffe immer schärfere Formen annehmen[1].«

Derartige »Mißverständnisse zwischen den Gegnern« vermehrten sich mit dem Ausbruch des Koreakrieges, denn nichts deutet darauf hin, daß eine der beiden Seiten in dieser Hinsicht die Motive, die dem Verhalten der anderen Seite zugrunde lagen, richtig verstand.

Das Unternehmen in Korea wurde von Moskau in erster Linie als »vorbeugende Gegenmaßnahme« begonnen, und der Anlaß dafür, gerade diesen Zeitpunkt zu wählen, ist wahrscheinlich darin zu sehen, daß die Absicht der Vereinigten Staaten, einen separaten Friedensvertrag mit Japan abzuschließen und nach dem Kriege amerikanische Truppen auf den japanischen Inseln zu stationieren, immer deutlicher erkennbar wurde. Nichts läßt vermuten, daß das Unternehmen in Korea Teil eines weltweiten Planes beabsichtigter militärischer Maßnahmen der Sowjets oder Ausdruck einer »neuen Aggressivität« seitens der Sowjetunion war. Es stellte nur das Ingangsetzen einer militärpolitischen Aktion dar (gedacht als Maßnahme im Rahmen des »Teilkrieges«), die der Kreml augenscheinlich energisch und ohne den Versuch, sie zu tarnen, schon einige Jahre vorbereitet hatte, und die, wenn sie ihren Zweck erfüllen sollte, gerade im Augenblick der größten militärischen Überlegenheit der Streitkräfte Nordkoreas über diejenigen Südkoreas und vor dem Zeitpunkt begonnen werden sollte, zu dem ein gestärktes und wiederbewaffnetes Japan in Korea eingreifen konnte. Darüber hinaus wurde die Aktion in Korea von Moskau als *Bürgerkrieg* in einem dritten Lande angesehen und war damit ein Ereignis, für welches die sowjetische Regierung

[1] Beide Zitate aus Nathan Leites, *The Operational Code of the Politburo,* S. 59, New York, McGraw-Hill, 1951.

oder die sowjetischen Streitkräfte nicht offiziell verantwortlich gemacht werden durften. Wenigstens bis zu dieser Zeit hatte Moskau die Anstiftung zum Bürgerkrieg in einem dritten Land als durchaus faire und zulässige politische Maßnahme angesehen, zu der jeder berechtigt sei, der das Geschick und den Unternehmungsgeist dafür aufbrachte. Moskau glaubte nicht (und war, als es diese Auffassung in seinen Protesten vor den Vereinten Nationen vertrat, ganz aufrichtig), daß ein Bürgerkrieg dazu berechtigte, den Internationalen Gerichtshof anzurufen oder die Vereinten Nationen zum Eingreifen zu veranlassen. Besonders glaubten die Sowjets nicht, daß es die Vereinten Nationen etwas anginge, welche politischen Kräfte einen Bürgerkrieg inspiriert hatten.

In den Vereinigten Staaten verdichteten sich andererseits die Meinungen dahin, daß der Angriff Nordkoreas nur der Eröffnungsschachzug in einem komplexen sowjetischen Programm für eine gegen die freie Welt gerichtete bewaffnete Aggression wäre. In offiziellen amerikanischen Erklärungen wurde der Angriff deshalb ganz offen als Beispiel für eine neue sowjetische Aggressivität bezeichnet. Das überraschte die Sowjets in gewisser Weise, denn in Moskau betrachtete man das Unternehmen nur als den Versuch, eine politisch günstige Situation auszunutzen, die herbeizuführen die Sowjets sich große Mühe gemacht hatten und die nach ihrer Meinung durchaus den internationalen Spielregeln entsprach.

Ich möchte an dieser Stelle besonders darauf hinweisen, daß die Landung amerikanischer Streitkräfte in Korea nicht zu einem Mißverständnis der Art geführt hat, von der ich oben gesprochen habe. Unsere Intervention war für den Kreml eine taktische Überraschung, denn die sowjetischen Führer hatten nicht damit gerechnet. Aber nach ihrer Vorstellung ließ sie sich logisch und eindeutig erklären. Nur unser Entschluß, einen Bürgerkrieg als einen Akt internationaler Aggression zu behandeln und die Vereinten Nationen mit dieser Begründung anzurufen, erschien den Sowjets ungewöhnlich und unaufrichtig, und sie glaubten, wir wollten damit andere Absichten tarnen.

Eine ähnliche Reaktion hätte durchaus bei den sowjetischen Führern ausgelöst werden können, wenn die Westmächte und besonders die Vereinigten Staaten es unterlassen hätten, im Hinblick auf das künftige Schicksal Deutschlands und Japans einen nach Auffassung Moskaus realistischen Kompromiß zu suchen, um statt dessen Japan und

Westdeutschland wieder aufzurüsten. Die sowjetischen Führer wären höchstwahrscheinlich bereit gewesen, sich offiziell damit zufriedenzugeben, daß Japan entmilitarisiert wurde und nicht militärisch besetzt blieb, und sie hätten es vermutlich nicht militärisch angegriffen, solange es seine eigene kommunistische Partei unter Kontrolle hielt und solange sich die weltpolitische Lage nicht entscheidend änderte. Es ist schwer zu sagen, ob man die Sowjets wirklich dazu hätte bringen können, auf der Grundlage einer weiteren Entmilitarisierung jenes Landes und der wirklichen politischen Freiheit in Deutschland einem Truppenabzug aus Deutschland zuzustimmen; der Anschein sprach jedenfalls dagegen. Aus dem gleichen Grunde erstaunte es sie wahrscheinlich, daß wir nicht auf eine solche Lösung drängten.

Hätten sich die Verhältnisse in umgekehrter Richtung entwickelt und wäre ihre Sache und nicht unsere im weitaus größten Teil Deutschlands politisch unterstützt worden, dann hätten sie sicherlich nicht lautstark und unaufhörlich den Truppenabzug, die Aufhebung der Teilung Deutschlands und die sofortige Gewährung der politischen Freiheit für die Deutschen verlangt. Daß wir mit unseren in ihren Augen so großen politischen Vorteilen in Deutschland diesen Kurs nicht einschlugen und statt dessen darangingen, Westdeutschland wieder zu bewaffnen und zu »integrieren«, muß nach russischer Vorstellung wieder eine Politik gewesen sein, die über das hinausging, was sich mit einer vorsichtigen Haltung erklären ließ, und es war nach ihrer Ansicht mit Sicherheit durch andere und bedrohlichere Überlegungen motiviert.

Wir dürfen uns durch diese Gedanken nicht zu dem Schluß verleiten lassen, daß *alle* von den Sowjets zum Ausdruck gebrachten Verdächtigungen gegenüber den Vereinigten Staaten aufrichtig waren oder daß sie alle mit Dingen begründet wurden wie dem Abschluß des Atlantikpakts, dem Koreakrieg oder der Deutschlandpolitik der Westmächte. Einer der verwirrendsten Aspekte der sowjetischen Haltung ist die Tatsache, daß sie so oft eine Mischung aus Aufrichtigkeit und Unaufrichtigkeit, Ehrlichkeit und Unehrlichkeit, Wahrheit und Lüge ist. Der sowjetische Kommunismus hat die Motive der kapitalistischen Mächte seit seinem Bestehen mit Mißtrauen und Zynismus betrachtet, und man darf nicht vergessen, daß das Ausmaß, in dem die Sowjetunion im Verlauf ihrer Geschichte tatsächlich von außen bedroht worden ist, niemals den jeweils geltenden

Vorstellungen von der Gefahr, die ihr von außen drohte, entsprochen hat, soweit die sowjetische Führung es versucht hat, der Bevölkerung diese Gefahr darzustellen. Der Versuch, die Außenwelt als eine ernste Bedrohung hinzustellen – ob dies nun zu einem gegebenen Zeitpunkt zutraf oder nicht –, gehörte zu den Standardmethoden der sowjetischen Politik. Aber neben dieser gleichbleibend zynischen Politik haben die sowjetischen Führer natürlich in jeder entscheidenden Phase ihre eigenen Überlegungen über das Ausmaß der Bedrohung von außen angestellt, und die Ergebnisse dieser Beurteilung sind zu verschiedenen Zeiten und in verschiedenen Situationen sehr unterschiedlich gewesen. Wenn wir von den oben geschilderten Reaktionen der Sowjets ausgehen, dann ergibt sich, so scheint es mir, daraus nur, daß man, wenn man von allen propagandistischen Verzerrungen und Verleumdungen angeblicher böser Absichten des Auslandes absieht, die für die Sprachregelung und allgemeine Haltung der Sowjets ganz normal sind, feststellen würde, die sowjetische Führung habe in den letzten Jahren zum Teil wirklich an die bösen Absichten des Westens geglaubt, und diese Überzeugung sei im wesentlichen, wenn auch nicht allein, das Ergebnis einer falschen Interpretation der Politik der Westmächte in der Zeit von 1948 bis heute gewesen.

Geht man also von der These aus, daß die Sowjets mit ihrer Behauptung, der Westen hege aggressive Absichten, bis zum gewissen Grade aufrichtig sind, wie hat sich das auf die sowjetische Politik und das Verhalten der sowjetischen Regierung ausgewirkt? Wieweit ist der Kreml wirklich durch diese vermeintlichen Erkenntnisse beunruhigt worden? Haben sich die Sowjets veranlaßt gesehen, ihre Haltung gegenüber Bedrohungen von außen oder gegenüber einer Expansion des Westens zu korrigieren oder nicht?

Diese Fragen lassen sich sehr schwer beantworten. Die Hinweise, die wir besitzen, sind so wenig schlüssig und manchmal so widersprüchlich, daß man annehmen könnte, diese Fragen seien auch innerhalb der sowjetischen Hierarchie selbst von Zeit zu Zeit sehr verschieden beantwortet worden. Bei dem Versuch, sich eine Vorstellung von diesen Antworten zu machen, wäre es vielleicht am besten, gewisse feststellbare oder kalkulierbare Elemente der sowjetischen Reaktion zu isolieren und zu bestimmen. Das folgende könnte in diese Kategorie gehören:

1) Mit dem Fortschreiten der Wiederaufrüstung des Westens und als

man in Moskau beobachtet und begriffen hatte, daß der Westen dem militärischen Aspekt des Problems einen besonderen Wert beimaß, muß es in sowjetischen Kreisen fraglos eine entsprechende Tendenz gegeben haben, die militärischen Aspekte des Ost-West-Konflikts auf Kosten der politischen stärker zu betonen. Die Entwicklung der westlichen Politik muß dazu geführt haben, daß in Moskau eher mit der Wahrscheinlichkeit eines dritten Weltkrieges gerechnet wurde. Das wiederum muß das sowjetische Denken und Verhalten wesentlich beeinflußt haben.

Der sowjetische Machtapparat kann zwar weder von einem Parlament noch von einer freien Presse unter Druck gesetzt werden; er ist jedoch nicht ganz immun gegen die Wirkungen der im politischen Leben bestehenden Gesetzmäßigkeit, nach der militärische Vorbereitungen eine eigene Dynamik entwickeln und deshalb gerade dazu neigen, die Dinge herbeizuführen, die sie, wie alle Regierungen übereinstimmend behaupten, abwenden und verhindern sollen. Bei jeder Regierung entstehen durch die Überlegungen über die Wahrscheinlichkeit des Ausbruchs militärischer Konflikte so etwas wie magnetische Felder, die ihrerseits das Verhalten beeinflussen. Wenn man zu Recht oder zu Unrecht an die Wahrscheinlichkeit eines Krieges glaubt, dann verhält man sich so, daß durch das eigene Verhalten diese Wahrscheinlichkeit erhöht wird, denn Alternativen werden vernachlässigt, und man muß sich in mancher Hinsicht so verhalten, als wüßte man sicher, daß es zum Kriege kommen werde. Was daher über die Haltung der Sowjets 1945 und 1946 gesagt wurde, trifft auf die sowjetische Haltung in den Jahren 1950 und 1951 nicht mehr ganz zu. Zu dieser Zeit muß die ursprüngliche Überzeugung des Kreml, man brauche für die nächste Zukunft nicht mit dem Ausbruch eines Krieges zu rechnen, erheblich erschüttert worden sein. Der Kreml hat sich vermutlich gezwungen gesehen, seine Politik und seine Pläne mehr darauf einzustellen, daß es zum Kriege kommen könnte. Mit anderen Worten, die sowjetische Politik muß in gewisser Weise in das Magnetfeld des Glaubens an eine größere Wahrscheinlichkeit des Kriegsausbruchs hineingezogen worden sein; und da das, was man tut, um sich auf einen Krieg vorzubereiten, sehr oft im Gegensatz zu dem steht, was man tun würde, wenn man ihn vermeiden wollte, muß auch die Fähigkeit der Sowjets, eine politische Linie zu verfolgen, deren Ziel es wäre, einen künftigen Krieg zu vermeiden, entsprechend gelitten haben.

Die große nicht beantwortete Frage ist die nach dem Ausmaß, in dem die sowjetische Politik in dieser Richtung beeinflußt worden ist – mit anderen Worten, für wie wahrscheinlich oder innerhalb der nächsten drei bis vier Jahre unvermeidlich haben die sowjetischen Führer selbst einen größeren militärischen Konflikt gehalten, und wie sehr haben sie ihre Politik auf diese Wahrscheinlichkeit eingestellt? Das ist eine außerordentlich wichtige Frage, denn wenn der Kreml an die Unvermeidbarkeit eines baldigen Kriegsausbruchs geglaubt hätte, dann hätte auch er sich dafür entscheiden können, das Überraschungsmoment auszunutzen und den Konflikt zu dem für ihn günstigsten Zeitpunkt und auf die für die Sowjetunion vorteilhafteste Weise auszulösen.

Nichts deutet jedoch darauf hin, daß Moskau bis an diesen Punkt gelangt war. Ich würde meinen, daß die Sowjets, was dieses Thema betrifft, immer noch verhältnismäßig flexibel und unentschlossen sind. Die Leute, die in der Sowjetunion die politische Linie bestimmen, sind im Vergleich mit uns in ihren politischen Analysen wesentlich durch den Umstand unterstützt worden, daß ihr System der politischen Planung nicht von ihnen verlangt, Denkschriften über dieses Thema zu verfassen. Ich glaube, sie sind sich mehr als wir der Tatsache bewußt, daß es in der Außenpolitik auf die Wechselwirkungen von Aktion und Reaktion ankommt. Sie erkennen besser, wie die Ereignisse zusammenspielen und sich gegenseitig reflektieren und eine wie große Zahl verschiedener Möglichkeiten zu einer um Jahre vorausliegenden Situation führen können. Aus diesem Grunde werden sie weniger dazu neigen, im Augenblick über die Wahrscheinlichkeit eines Krieges in weiterer Zukunft zu einer definitiven oder abschließenden Beurteilung zu kommen. Innerhalb dieser Grenzen würde ich glauben, sie könnten es für durchaus möglich und vielleicht wahrscheinlich halten, daß sie irgendwann in den nächsten Jahren mit uns in einen Krieg verwickelt würden, und zwar eher durch unsere Initiative als durch ihre, wenn auch nicht in allernächster Zeit. Ich glaube aber auch, daß dies ihre Politik nicht so stark beeinflussen wird, wie wir es glauben könnten, weil sie sich viel deutlicher dessen bewußt sind, welche Bedeutung den Dingen zukommt, die in der Zwischenzeit geschehen können, und weil sie wissen, daß unsere Möglichkeiten, gegen sie Krieg zu führen, bis dahin durch im Verlauf des politischen Krieges eintretende, für die Sowjetunion günstige Ereignisse erheblich modifiziert werden könnten.

2) Die sowjetischen Führer haben natürlich sehr schnell erfaßt, wie weit die Überbetonung der rein militärischen Gefahr in der Politik des Westens dazu ausgenutzt werden konnte, das Vertrauen im westlichen Lager zu den Vereinigten Staaten zu untergraben und die Einigkeit der Westmächte zu schwächen. Wenn einer der wichtigsten Aspekte der sowjetischen Politik in den letzten drei Jahren die Überbetonung des Themas »Frieden« und die Errichtung einer weltweiten »Friedensbewegung« als Deckmantel für die eigene politische Kriegführung gewesen ist, dann war das so, weil die Westmächte den Sowjets diesen Fragenkomplex gebrauchsfertig präsentiert hatten. Die Tatsache, daß sie ihre eigenen militärischen Vorbereitungen ganz aus dem Blickfeld der Öffentlichkeit nehmen konnten und es nicht nötig hatten, einen Widerstand im Parlament zu brechen, hatte sie in die günstige Lage versetzt, die Rolle der Friedensapostel zu spielen, während im Westen die Parlamente alle militärischen Mittel bewilligen mußten und das nur taten, wenn ihnen die militärischen Gefahren und die Wahrscheinlichkeit eines Kriegsausbruchs ständig vor Augen gehalten wurden. Die sowjetischen Friedenskongresse des Jahres 1952 sind der Preis, den die westlichen Demokratien dafür bezahlen mußten, daß sie nicht in der Lage waren, die Aufrüstung und den Abschluß militärischer Bündnisse gegenüber ihren Völkern weniger primitiv und klarer zu begründen, und deshalb die Gefahr eines Krieges überbetonen mußten.

3) Fraglos hat der Kreml seine Kriegsbereitschaft so gut er konnte erhöht, um gegen alles, was im Westen geschah, gerüstet zu sein. Er hat es jedoch getan, ohne diese Maßnahmen nach außen erkennbar werden zu lassen und ohne den Eindruck zu erwecken, daß er seine friedlichen Entwicklungsvorhaben deswegen vernachlässigte. Es war ihm gelungen, in seinem eigenen Volk und bei einem Teil der Welt den Eindruck zu erwecken, daß die Sowjetunion, während andere sich bis zu den Zähnen bewaffneten und vom Kriege sprachen, vertrauensvoll auf dem Wege des friedlichen Aufbaus fortschritte, Kanäle und Wasserkraftwerke baute, Bäume pflanzte und Land bewässerte, die Fruchtbarkeit der Erde vermehrte und die Möglichkeiten der menschlichen Produktivität für friedliche Zwecke förderte, während andere fieberhaft an der Vervollkommnung der Werkzeuge der Zerstörung arbeiteten.

4) Die sowjetischen Führer haben überall dort, wo es zu einem Konflikt mit den Westmächten kommen könnte, verhältnismäßig starke

Kräfte zusammengezogen und haben sich im Hinblick auf die Unverletzbarkeit ihrer Grenzen außerordentlich sensibel und wachsam gezeigt. Damit haben sie zweifellos demonstrieren wollen, daß sie sich durch die Wiederaufrüstung des Westens nicht einschüchtern ließen und nicht bereit seien, eine Bedrohung ihres Territoriums oder ihrer Streitkräfte hinzunehmen. Sie sind sich der Dynamik sehr wohl bewußt, die dort zum Ausdruck kommt, wo sich bestimmte Stärken oder Schwächen zeigen, und sie kennen sehr gut die Möglichkeiten, den Gegner zu erpressen, die sich dann ergeben, wenn irgend jemand offensichtlich oder augenscheinlich vor der überlegenen Stärke des anderen zurückweicht, ohne daß die Gegenpartei ihre Stärke dabei zur Geltung bringen muß. Sehr oft werden sie der Überlegenheit ihrer Gegner weichen, aber nicht, wenn sie damit nicht den gegen sie eingesetzten Druck verringern und sich dagegen schützen können, daß man von ihnen verlangt, sie sollten auf die gleichen Druckmaßnahmen mit ähnlichen und wiederholten Zugeständnissen reagieren. Mit anderen Worten, sie werden einem Druck nicht nachgeben, wenn sie glauben, damit auf einen Weg gedrängt zu werden, dessen Ende nicht abzusehen ist. Aus diesem Grund werden sie es nicht zulassen, daß ein Gegner die Grenzen ihres Staatsgebiets bedroht, und werden diese Grenzen mit äußerster Wachsamkeit schützen. Diese Wachsamkeit wird auch dann nicht nachlassen, wenn sich das militärische Gleichgewicht verlagern sollte.

5) In Übereinstimmung mit diesen Überlegungen und weil sie immer deutlicher erkannten, daß starke militärische Kräfte gegen sie aufgestellt wurden, haben sich die Sowjets, was die Verletzlichkeit ihrer Küsten betrifft, als besonders empfindlich erwiesen, denn sie konnten diese Küsten nicht wie die anderen Grenzen durch einen Gürtel von Marionettenstaaten schützen. Ihr Wunsch, das Schwarze Meer und die Ostsee als sowjetische Binnengewässer anerkennen zu lassen, entspricht der gleichen Einstellung, die sie veranlaßt hat, ihre Landgrenzen durch Pufferstaaten abzusichern. Daß es ihnen nicht gelungen ist, dieses Ziel zu erreichen, macht die sowjetischen Führer außerordentlich nervös. Als Landmacht, die es nicht gewohnt war, sich mit maritimen Problemen auseinanderzusetzen, erschien es der Sowjetunion unerträglich, daß fremde Flugzeuge und Schiffe sich ihren an der Küste gelegenen militärischen Anlagen ungestraft bis auf wenige Meilen nähern konnten. Aus diesen Gründen sind sie, was die Unverletzbarkeit ihrer Küsten betrifft, außerordentlich, ja

fast krankhaft empfindlich gewesen und werden das auch in Zukunft sein.

6) Trotz dieser übertriebenen und besonderen Empfindsamkeit haben die sowjetischen Führer sowohl bei der Blockade Berlins als auch im Koreakrieg eine deutliche Zurückhaltung gezeigt und bewiesen, daß ihnen alles daran gelegen ist, bei solchen Gelegenheiten nicht in einen größeren militärischen Konflikt mit den Westmächten hineingezogen zu werden.

7) Praktisch haben die sowjetischen Führer die diplomatischen Beziehungen zur westlichen Welt abgebrochen. Die Tatsache, daß sie noch westliche diplomatische Missionen in Moskau dulden und selbst solche Missionen in den westlichen Hauptstädten unterhalten, ändert nichts daran. Die westlichen Missionen in Moskau sind so vollkommen und wirksam isoliert, als befänden sie sich im Kriege auf feindlichem Territorium. Die sowjetische Regierung betrachtet sie nicht als Einrichtungen zur Pflege des Gedankenaustausches mit den westlichen Regierungen und benutzt sie auch nicht zu diesem Zweck. Die Lage ändert sich nicht durch den Umstand, daß demonstrative Mitteilungen, deren Zweck es nicht ist, das Denken der Gegenpartei zu beeinflussen, sondern die den Gegner nur in den Augen der Öffentlichkeit bloßstellen sollen, durch die technischen Einrichtungen dieser Missionen weitergegeben werden. Es bleibt dabei, daß die diplomatischen Beziehungen im normalen und herkömmlichen Sinne, die zwischen der Sowjetunion und den Westmächten in den 1920er und 1930er Jahren und auch während des Zweiten Weltkrieges zum Teil und unvollständig bestanden haben, jetzt vollständig aufgehört haben.
Das hat auf die Reaktion der Sowjetunion und der westlichen Länder auf militärische Ereignisse und Impulse wichtige Auswirkungen, und zwar insofern, als hier nicht mehr das übliche diplomatische Kissen vorhanden ist, das anderswo die Auswirkungen solcher Ereignisse abfangen kann. Die Vertreter westlicher Länder in Moskau haben z. B. keine Möglichkeit, auf normale Art die Bedeutung einzelner militärischer Maßnahmen des Westens zu erläutern oder festzustellen, ob bei den Sowjets im Hinblick auf solche Maßnahmen ernste Mißverständnisse entstanden sind. Wenn diese Maßnahmen zu den Frieden bedrohenden Gegenmaßnahmen führen, dann kann ein Diplomat nur wenig dazu beitragen, daß sich die Lage nicht verschlechtert. Da die Diplomaten ihre normalen Aufgaben nicht erfüllen können, kann es allzu leicht dazu kommen, daß die Westmächte in

Situationen geraten, in denen sie auf die Sowjetunion nicht anders einen Druck ausüben können als durch eine Demonstration ihrer Bereitschaft, wegen einer bestimmten Frage in einen Krieg einzutreten. Unter solchen Umständen wird die Behandlung aller Fragen immer schwieriger, bei denen es um militärische Vorbereitungen in Friedenszeiten geht, besonders wenn es sich dabei um eine Verwendung des Gebiets dritter Länder handelt, denn, da auf diplomatischem Wege nicht darüber gesprochen werden kann, werden solche Maßnahmen und die Reaktionen darauf selbst zu einer Form der Kommunikation zwischen beiden Lagern, und hier gibt es eine Fülle von Gelegenheiten, einander falsch zu verstehen.

8) Der sowjetische Propagandaapparat hat auch weiterhin einflußreiche und verantwortliche Parteikreise in der Sowjetunion und in den Satellitenstaaten in der Annahme bestärkt, daß die Aufrüstung die Westmächte nicht nur *nicht* von ihren fatalen Schwächen der Uneinigkeit und Hinfälligkeit befreit hat, sondern daß diese Zustände dadurch nur gefördert worden sind, und daß die in Moskau so bezeichnete »allgemeine Krise des Kapitalismus« als Folge der Rüstungen nur intensiviert worden ist. Wir dürfen mit einiger Sicherheit annehmen, daß unter diesen Umständen sogar die höchsten sowjetischen Stellen von der Richtigkeit dieser These überzeugt sind.

Wenn wir unsere Analyse auf diese Voraussetzungen stützen, dann darf man erwarten, daß die Sowjets auf die in letzter Zeit vom Westen verfolgte Politik und vor allem auf die Aktivitäten der NATO wie folgt reagieren werden (um das lebendiger darzustellen, habe ich versucht, es in der Form auszudrücken, die die sowjetischen Führer vielleicht selbst wählen würden):

»Die westlichen Führer haben sich entschlossen, aufzurüsten und, wenn sie es können, uns in einer militärischen Auseinandersetzung zu vernichten. Darin spiegelt sich das Bewußtsein ihrer Unterlegenheit im politischen Krieg. Es bestätigt die marxistische Analyse vom inneren Verfall des Kapitalismus und der zunehmenden Sterilität seiner politischen Potenz. Es bestätigt auch die leninistische Analyse, die besagt, daß die Kapitalisten, wenn sie sich der Hoffnungslosigkeit ihrer Lage bewußt werden und erkennen, daß sie dem Untergang geweiht sind, sich wie wilde Tiere zum Kampf stellen und versuchen werden, den erfolgreichen Kräften des Sozialismus einen letzten verzweifelten Schlag zu versetzen.«

»Wir haben die Kapitalisten von jeher verabscheut und uns darum bemüht, ihre Macht zu brechen. Viele Jahre haben sie das nicht recht erkennen wollen, und es erwies sich für uns als günstig, aus ihrer Halbblindheit Kapital zu schlagen, ihre Unachtsamkeit auszunutzen und in diplomatischen Verhandlungen mit ihnen ihre wirtschaftlichen Hilfsquellen anzuzapfen. Aber heute sind auch sie sich dessen bewußt geworden, was uns trennt, und sie haben endlich gelernt, uns als ihre Feinde zu betrachten. Wir werden daher auch weiterhin keinen besonderen Wert auf diese traurige Farce der Teilnahme an einem überlieferten System internationaler Beziehungen legen. Wir werden die kapitalistischen Länder auf diplomatischer Ebene so behandeln, als befänden wir uns mit ihnen im Kriege.«

»Im Hinblick auf die militärischen Gefahren müssen wir wachsam und vorsichtig sein, wenn es auch im Augenblick nicht notwendig ist, nach außen Nervosität zu zeigen oder Sofortmaßnahmen zu ergreifen. Die Amerikaner sind noch nicht bereit. Ihre Aufrüstung befindet sich erst im Anfangsstadium. Sie werden uns gegenwärtig noch nicht von sich aus angreifen, wenn wir auch weiterhin wachsam und entschlossen bleiben und ihnen keinen Anlaß geben, mit leichten Erfolgen zu rechnen.«

»Natürlich würden sie uns gerne irgendwann angreifen und vernichten, aber es fragt sich, ob sie dazu imstande sein werden. Wird jemals die Zeit kommen, zu der es ihnen aussichtsreich und zweckmäßig erscheinen wird, zuzuschlagen? Der Krieg ist eine im höchsten Grade ernste Angelegenheit und darf nicht auf die leichte Schulter genommen werden. Er könnte uns in große Gefahr bringen, bietet uns aber unter Umständen auch große Möglichkeiten. Das hinge von den Umständen ab, unter denen es zum Kriege käme; von den Fehlern, die unsere Gegner begehen oder nicht begehen, von der Art der militärischen Operationen usw. Der Gedanke an einen Krieg muß zwar ernst genommen werden, darf uns aber nicht veranlassen, nach außenhin nervös zu erscheinen. Wir machen ständige Fortschritte bei der Weiterentwicklung unseres militärischen Potentials, und zwar sowohl bei den Streitkräften als auch in der Rüstungsindustrie. Die Amerikaner verlassen sich in erster Linie auf die Atombombe und die Möglichkeit strategischer Bombenangriffe, aber wir entwickeln unsere eigene Kernwaffenkapazität, und die Amerikaner werden bald feststellen, daß die Massenvernichtungswaffen ihren Einsatz gegenseitig ausschließen, wenn beide Seiten über eine sehr große Menge solcher Waffen verfügen. Im Lauf der Zeit werden ihnen ihre eigenen Widersprüche bewußt werden, und sie werden ihren Kampfwillen und ihre Bewegungsfreiheit lähmen. Während daher *ihre* Waffe, die strategische Luftwaffe, mit der Weiterentwicklung unserer Vergeltungswaffen immer weniger erfolgversprechend wird, wird *unsere* Waffe, die politische Kriegführung, an Stärke und Wirksamkeit stetig zunehmen.«

»Die größte Gefahr liegt natürlich darin, daß der Krieg vorzeitig oder unbeabsichtigt durch eine Korea oder Deutschland betreffende Frage ausgelöst werden könnte. Wir werden versuchen, eine solche Entwicklung zwar nicht zu fördern, aber wir werden unsere Politik nicht wesentlich ändern, um sie auszuschließen. Wenn es geschehen muß, dann soll es auch geschehen. Es wird eine böse und gefährliche Sache werden, aber nicht gefährlicher als der Einfall Hitlers in die Sowjetunion. Den Amerikanern fehlen die Geländevorteile, die Hitler besaß. Wie Hitler werden auch sie Fehler begehen, und wir werden daraus profitieren. Sie werden uns vielleicht mit Bomben angreifen können, aber sie werden auch selbst schwere Verluste hinnehmen müssen, und die Auswirkungen dieser Bombenangriffe auf unser militärisches Potential werden voraussichtlich nicht tödlich sein. Wenn sie ihre Luftangriffe auf unsere Städte konzentrieren und nicht dort, wo sie unserer Wirtschaft am meisten schaden könnten, was sie vielleicht aus für sie charakteristischen Gründen tun werden, dann werden die Verluste, die sie unserer Zivilbevölkerung beibringen, unter Umständen die Moral in unserem Lande eher stärken als schwächen. Unsere Landstreitkräfte werden indessen nicht untätig bleiben, ebenso wenig die kommunistischen Parteien im Ausland. Wir werden vielleicht einige Bombenangriffe ertragen müssen, aber *sie* könnten sich gezwungen sehen, große Teile Europas aufzugeben.«

»Kein anderer größerer Krieg wäre nach unserer Auffassung einem Kriege dieser Art vorzuziehen; denn wenn es nicht zu einem solchen Kriege kommt, werden wir vielleicht eines Tages ohnedies die Herrschaft in ganz Europa gewinnen, und werden nicht den Schaden erleiden müssen, den jeder Krieg zur Folge haben würde. Aber wenn er kommen muß, dann werden wir damit fertig werden. Jetzt ist jedoch die Kriegsgefahr nicht so groß, daß wir unserer Bevölkerung den Eindruck vermitteln müßten, wir bereiteten uns auf eine Mobilmachung zum Kriege vor. Wenn wir den gegenteiligen Eindruck erwecken, dann werden wir auch weiter die Rolle der Friedensapostel spielen und den politischen Nutzen daraus ziehen, der uns in einer

Welt erwächst, die sich nach nichts mehr sehnt als nach Sicherheit und Gewaltlosigkeit.«

Hier kommt vielleicht eine im allgemeinen allzu zuversichtliche Auffassung der Sowjets zum Ausdruck. Im Hinblick auf einzelne Elemente, vor allem auf die Wahrscheinlichkeit eines in nächster Zeit zu erwartenden Angriffs der Westmächte, auf die Gefährlichkeit eines solchen Angriffs und die Vor- und Nachteile des Versuchs, den sowjetischen Interessen dadurch zu dienen, daß man mit den Westmächten wieder so etwas wie diplomatische Beziehungen aufnehmen müßte, gehen die Meinungen wahrscheinlich ziemlich auseinander. Hier gibt es vermutlich nicht nur innerhalb der sowjetischen Hierarchie Zweifel und Konflikte, nicht nur Einzelpersönlichkeiten oder Gruppen unterscheiden sich in ihren Auffassungen, sondern auch jeder einzelne wird hier in seinen Auffassungen schwanken. Die Unsicherheiten, Befürchtungen, Hoffnungen und Erwartungen steigen und fallen mit dem Barometer der Ereignisse auf der internationalen Bühne, und dieses Barometer reagiert recht empfindlich auf die Äußerungen und das Verhalten der westlichen Gesellschaft. Das oben gezeichnete Bild entspricht nur dem, was sich nach dem Augenschein aus dem Verhalten und den Äußerungen der Sowjets in den letzten Monaten zu ergeben scheint. Das soll aber nicht heißen, daß diese Einstellung nicht in mancher Hinsicht starken Spannungen unterworfen ist, besonders was die Interpretation der Tendenzen im Ablauf der Ereignisse in der westlichen Welt betrifft; und ich will damit nicht sagen, daß diese Haltung sich nicht durch die weltpolitische Entwicklung sowie durch die Entscheidungen und Maßnahmen der Westmächte wesentlich ändern könnte.

Wenn wir berücksichtigen wollen, was wir oben gesagt haben, dann stellt sich uns schließlich noch die Frage, von welchen allgemeinen Grundsätzen sich die in der NATO verbündeten Staaten am besten leiten lassen sollten, wenn sie einen militärischen Konflikt mit der Sowjetunion, der mit allen verfügbaren Mitteln ausgetragen würde, vermeiden und in der politischen Auseinandersetzung die Oberhand gewinnen wollen (was, wie ich glaube, die politischen Ziele des Westens mit wenigen Worten umreißt). Wenn wir von den obigen Überlegungen ausgehen, dann läßt sich diese Frage nach meiner Ansicht mit den folgenden Punkten beantworten:

1) Die NATO-Mächte sollten sich, auch wenn sie weiterhin rasch und energisch wiederaufrüsten, bewußt und systematisch darum bemühen,

jede Überbetonung der militärischen Gefahr, jedes Säbelrasseln, alle Erklärungen, die als gegen die Sowjetunion gerichtete Drohung mit militärischen Maßnahmen gedeutet werden könnten, und alle Worte und Handlungen zu vermeiden, aus denen sich entnehmen ließe, der Westen glaube, der Krieg sei unvermeidlich oder auch nur wahrscheinlich. Man sollte sich darum bemühen, den Völkern in den westlichen Ländern verständlich zu machen, weshalb das Wiederaufrüsten und das Abschließen von Bündnissen als wichtige und unverzichtbare Bestandteile der westlichen Reaktion auf den von der Sowjetunion geführten politischen Krieg angesehen werden müssen. Das heißt, wir dürfen in unseren Erklärungen nicht, wie wir es oft tun, den Anschein erwecken, wir glaubten, die Sowjetunion plane einen Angriff gegen den Westen, wenn wir diese Möglichkeit auch niemals ganz ausschließen dürfen, und wir müssen es den Menschen verständlich machen, warum es trotzdem notwendig ist, aufzurüsten. Zugleich ist es unbedingt erforderlich, zu betonen, daß die Aufrüstung nur ein Teil der Antwort ist und dem gesamten Komplex der Maßnahmen zur Verteidigung des Westens schaden kann, wenn sie nicht durch viele andere Faktoren aufgewogen wird wie etwa durch gesunde wirtschaftliche Verhältnisse, politisches Vertrauen und den Glauben und die Hoffnung auf eine friedliche Zukunft. Soweit dies gelingt, d. h. soweit die Wiederaufrüstung und die Bündnispolitik als Sicherungsmaßnahmen für etwas Friedliches und Konstruktives dargestellt werden können, auf dessen Verwirklichung wir zuversichtlich hoffen, und nicht als die Vorbereitung auf einen Krieg, den wir für unvermeidlich halten, wird es uns auch gelingen, den Sowjets die »Friedenskarte« aus der Hand zu schlagen und die sowjetischen Erfolgsaussichten im politischen Krieg zu verringern.

2) Ein bestimmtes Schema militärischer Vorbereitungen erweckt in der Öffentlichkeit immer den Eindruck, daß es ein bestimmtes Schema von Überlegungen und Absichten widerspiegelt. Es ist wichtig, daß beim Aufbau der Struktur der NATO nicht der Eindruck entsteht, hier bereiteten sich die Völker, die den Krieg für unvermeidbar halten, fieberhaft darauf vor und befänden sich dabei im Wettlauf mit der Zeit. Diese Maßnahmen müssen vielmehr so wirken, als hätten sich die Menschen in aller Ruhe entschlossen, einen Zaun zu bauen – nicht weil sie glauben, irgend jemand werde ihn niederreißen, sondern weil sie meinen, es müsse nach allen Seiten hin Klarheit geschaffen und jedes Mißverständnis vermieden werden. Diese Hal-

tung muß natürlich gewisse Nachteile haben, wenn man davon ausgeht, möglichst rasch die günstigste militärische Position erringen zu wollen. Diese Nachteile müssen jedoch in Kauf genommen werden, und man muß daran denken, daß zwischen den beiden Zielen – die ideale militärische Ausgangsstellung zu besetzen und den politischen Krieg zu gewinnen – ein nicht aus der Welt zu schaffender Konflikt besteht, denn der politische Krieg ist schon in vollem Gange, und wir haben keine andere Wahl, als darin weiterzukämpfen. Wollten wir alle Erfordernisse für eines der beiden Vorhaben, für den politischen oder den militärischen Krieg, bis zum äußersten erfüllen, dann würden wir damit die Aussichten auf Erfolg in dem jeweils anderen Unternehmen wesentlich verringern. Betrachteten wir die Probleme nur vom politischen Standpunkt aus, dann würden die daraus folgenden militärischen Vorbereitungen für den Kriegsfall nicht ausreichen. Wenn andererseits die berufsmäßigen militärischen Planer alles bekämen, was sie sich für die Vorbereitung ihrer Streitkräfte auf einen Krieg gegen die Sowjetmacht wünschen, dann würde sich das auf den politischen Widerstand der Völker im Westen wahrscheinlich sehr nachteilig auswirken.

Wir brauchen deshalb einen vernünftigen Kompromiß, der beiden Erfordernissen gerecht wird, und ich glaube, wir würden ihn etwa dort finden, wo die uneingeweihte Öffentlichkeit die Aufrüstung im Westen als eine entschlossene und vernünftige Vorsichtsmaßnahme gegen die Folgen von Mißverständnissen, Zufällen oder bösem Willen ansähe, aber nicht als Anzeichen dafür, daß wir uns Hals über Kopf in ein Wettrüsten gestürzt haben. Wir müssen es vermeiden, den Eindruck zu erwecken, wir seien von der unbarmherzigen und trügerischen Logik der militärischen Gleichung fasziniert und darin verstrickt. Man muß den Menschen zeigen, daß wir die Herren und nicht die Sklaven der im politischen und militärischen Spannungsfeld ablaufenden Vorgänge sind.

3) Die NATO-Staaten sollten sich der Tatsache bewußt sein, daß die sowjetischen Führer sehr eigenartige Leute sind, die zum Teil folgerichtig denken, andererseits aber auch ganz irrational reagieren können. Sie haben sich bei den verschiedensten Gelegenheiten ziemliche Zurückhaltung auferlegt und in jüngster Zeit nicht zu erkennen gegeben, daß sie einen bewaffneten Konflikt wünschen. Aber sie sind verschwiegen und oft unberechenbar, so daß man nicht leicht voraussagen kann, wann man einen neuralgischen Punkt berührt, und wo

das logische Denken bei ihnen aufhört. Was die Grenzen ihres Machtbereichs und besonders die an der Küste gelegenen Grenzen betrifft, so sind sie außerordentlich empfindlich. Ebenso unangenehm ist es ihnen, von einem Ring von Luftstützpunkten umgeben zu sein, die offensichtlich zu dem Zweck eingerichtet worden sind, von hier aus in den Luftraum über sowjetischem Gebiet einzudringen.

Es ist schwer, eine klare Trennungslinie zwischen offensiven und defensiven militärischen Überlegungen zu ziehen. Viele unserer Defensivmaßnahmen müssen den Russen als durch offensive Überlegungen motiviert erscheinen. Ebenso selbstverständlich ist es, daß wir dadurch unsere Verteidigungsanstrengungen nicht paralysieren lassen dürfen. Aber auch hier ist das Bessere der Feind des Guten. Wenn man mit seinen Basen und militärischen Einrichtungen gegen die sowjetischen Grenzen vorrückt, dann gelangt man schließlich an einen Punkt, an dem gerade das geschieht, was man vermeiden will. Wir dürfen nicht voraussetzen, daß der sowjetischen Geduld angesichts der Einkreisung durch amerikanische Basen keine Grenzen gesetzt seien. Ganz abgesehen von politischen Überlegungen kann kein großes Land, sei es nun friedlich oder aggressiv, vernünftig oder unvernünftig, gleichgültig zusehen, wie eine mit ihm in Konkurrenz stehende zweite Großmacht in unmittelbarer Nähe seiner Grenzen militärische Basen errichtet. Auch hier muß man zu einem Kompromiß kommen, der natürlich nicht den militärischen Idealvorstellungen entsprechen kann. Dieser Kompromiß muß die Eigenarten der russischen Mentalität und Tradition berücksichtigen. Wir müssen daran denken, daß die einzige Sprache, in der wir heute mit den sowjetischen Führern sprechen können, die Sprache der offenen militärischen und politischen Maßnahmen ist. Wenn wir noch hoffen, daß die letzte Entscheidung ausschließlich auf politischem Gebiet gesucht und dort auch fallen wird, dann sollten wir dafür sorgen, daß alles, was wir in dieser Sprache sprechen, bei den sowjetischen Führern nicht den gleichen Eindruck erweckt, der schon bei den Leuten überall auf der Welt besteht, die an die Unvermeidbarkeit des Krieges glauben und meinen, daß es nicht mehr darum ginge, *ob* es zum Kriege kommen werde, sondern dies nur noch eine Frage der Zeit sei.

Zum Schluß sei es mir erlaubt, noch das folgende zu sagen: Im gegenwärtigen Zeitpunkt befinden wir uns in mancher Hinsicht in einer so ausweglosen Lage, wie sie früher zum Ausbruch großer Kriege geführt hat, und es läßt sich bisher noch nicht sagen, wie wir mit nicht-militärischen Mitteln aus der Sackgasse herauskommen werden. Man kann unter solchen Umständen leicht behaupten, der Krieg sei unvermeidbar, und seine Seele an diesen Gedanken verkaufen. Die Ereignisse der letzten vier bis fünf Jahre haben den Krieg fraglos mehr in den Bereich der Möglichkeiten gerückt und die Gefahr eines Kriegsausbruchs erhöht, und zwar nicht so sehr als Folge des Wunsches einer Seite, daß es dazu kommen sollte, sondern vielmehr als Ergebnis der Unfähigkeit, beim Eintreten bestimmter Zufälle eine annehmbare Alternativlösung zu finden. Bei genauer Betrachtung der Moskauer Szene kommt man jedoch zu dem Schluß, daß es keinen Grund dafür gibt, zu glauben, der Krieg sei unvermeidbar, und die Haltung derjenigen, die alles auf diese eine Karte setzen, wird durch die Verhältnisse dort nicht gerechtfertigt. Wir dürfen, und das ist beruhigend, mit der ungeheuer wichtigen Tatsache rechnen, daß es keine Anzeichen dafür gibt, daß die sowjetischen Führer, sosehr sie den Westen hassen und so taub sie gegenüber der Stimme der Vernunft sein mögen, die Schrecken und Leiden eines neuen Weltkrieges in Kauf nehmen wollen, um auf diesem Wege ihre Ziele zu verwirklichen. Zudem dürfen wir annehmen, daß auch die Entwicklung der modernen Waffen sie nicht in diese Richtung treiben wird. Im Augenblick scheinen sie sich damit zufriedengeben zu wollen, die Auseinandersetzung des von ihnen begonnenen, eigenartigen »Teilkrieges« fortzusetzen; und ich möchte glauben, daß wir ihnen auf diesem Gebiet durchaus gewachsen sind. Ob sie die Auseinandersetzung auf politischem Gebiet weiterführen werden, wenn dieser »Teilkrieg« sich ungünstig für sie entwickeln sollte, und wie lange die politische Auseinandersetzung weitergehen wird, kann ich nicht sagen. Ich glaube aber, wir dürfen von ihnen das gleiche sagen, was sie jetzt von uns behaupten; wenn sie durch politische Rückschläge zur Verzweiflung getrieben werden sollten, und wenn dann ihr militärisches Potential wesentlich abgenommen hat, dann würden sie – wie ein in die Enge getriebenes Tier – den Kampf mit aller Kompromißlosigkeit und Härte aufnehmen.

Aus diesen Gründen würde ich dafür plädieren, daß wir unsere Politik auch weiterhin auf die Erfordernisse der Möglichkeit gründen, daß es einerseits nicht zum Kriege kommen werde, daß dies aber andererseits nicht ausgeschlossen werden kann. Wenn die Geschichte und unsere Erfahrungen uns skeptisch stimmen und uns von einem solchen relativen Optimismus abzuraten scheinen, dann würde ich wieder sagen, die besonderen, gerade in unserer Zeit herrschenden Verhältnisse geben uns nicht das Recht, aus unseren Erfahrungen die allerpessimistischsten Rückschlüsse zu ziehen, berechtigen uns aber auch nicht dazu, überoptimistisch zu sein. Aus der Geschichte der Menschheit kennen wir zahlreiche internationale Situationen, aber keine entspricht genau dem Konflikt, der 1952 zwischen der kommunistischen und der nicht-kommunistischen Welt besteht.

Personenverzeichnis